AF606197

NÓMINAS, SEGURIDAD SOCIAL Y CONTRATACIÓN LABORAL 2026

CARLOS JAVIER GALÁN

Nóminas, seguridad social y contratación laboral 2026

Autor: Carlos Javier Galán

Diseño de cubierta: Martín Ángel Rodríguez Molina

Maquetador: Carlos Benita Rodríguez

Correctora: Ligia Boga

Edita:
© FUNDACIÓN CONFEMETAL
Príncipe de Vergara, 74 – 28006 Madrid
Tel.: 917.823.630
editorial@fundacionconfemetal.es
www.fundacionconfemetal.com

ISBN: 978-84-10315-51-8
Depósito legal: M-10716-2026

Si quiere información acerca de nuestras publicaciones, visítenos en:

www.fundacionconfemetal.com

o escríbanos a:

editorial@fundacionconfemetal.es

Síganos en:

 Fundación Confemetal

 @FCONFEMETAL

 Fundación Confemetal

ÍNDICE

PARTE I
CONTRATACIÓN Y RELACIÓN LABORAL

Capítulo 2.
El contrato de trabajo y sus modalidades.............................. 41

PARTE II
NÓMINAS Y SALARIO

PARTE III
SEGURIDAD SOCIAL

Sobre el autor

Carlos Javier Galán Gutiérrez es magistrado del orden jurisdiccional social desde diciembre de 2019.

Anteriormente ejerció como abogado (1992-2019) y fue director de la asesoría Alberche Consultores, en la provincia de Ávila, y del despacho Alberche Abogados, en Madrid.

Es profesor de materias laborales en el Máster Universitario de Abogacía de la Universitat Oberta de Catalunya (UOC) y formador habitual para administraciones públicas y entidades privadas, entre ellas la Fundación Confemetal.

Además de este manual, es autor de los libros *La empresa ante las administraciones públicas. Cómo sobrevivir al papeleo* (2003), *Derecho laboral para no expertos* (2006, y 2.ª edición en 2010), *La empresa ante la Inspección de Trabajo* (2013), así como del libro electrónico *Flexibilidad laboral: herramientas legales para la empresa* (2014), y es coordinador y coautor de *La empresa ante las bajas por incapacidad temporal* (2011, y 2.ª edición en 2024), todos ellos publicados por FC Editorial. Por otro lado, es también coautor de *Más allá de la oficina: desafíos laborales emergentes en un mundo hiperconectado* (Aranzadi, 2024).

Fue el primer presidente de la sección de derecho laboral del Colegio de la Abogacía de Madrid (2014-18).

@cjgalan

www.linkedin.com/in/carlosjgalan

Introducción

Una vez más, como venimos haciendo desde el año 2005, les ofrecemos una nueva edición actualizada de esta guía práctica laboral, que pretendemos que sea un instrumento de consulta para los responsables empresariales y un manual para actividades formativas.

En el libro pueden estudiarse los aspectos más destacados de la contratación laboral en España, de la confección de nóminas y de las cotizaciones al sistema público de Seguridad Social, junto con numerosos aspectos complementarios que es conveniente conocer por tratarse de vicisitudes de la relación laboral que tienen su reflejo en el recibo de salario o en las cotizaciones sociales. La obra ofrece un panorama global básico para quien se acerca a estas materias por primera vez, pero también un texto de consulta para quien, estando ya familiarizado con las mismas, desea resolver alguna duda o verificar algunos datos.

Las frecuentes modificaciones normativas que se producen en materia de contratación laboral, nóminas y seguridad social obligan a que la revisión del libro sea, cuando menos, anual, sin perjuicio de actualizaciones extraordinarias cuando así lo exigen algunas reformas legales de calado. No obstante, en el texto se incluyen remisiones a webs oficiales del Instituto Nacional de la Seguridad Social (INSS), de la Tesorería General de la Seguridad Social (TGSS), del Servicio Público de Empleo Estatal (SEPE), de la Agencia Tributaria (AEAT) y de otras entidades públicas, para encontrar fuentes actualizadas en el caso de posibles cambios que tuvieran lugar con posterioridad a cerrarse la edición.

La obra está abierta a las sugerencias o propuestas que deseen hacernos llegar quienes han venido siendo durante estos años sus principales destinatarios –los departamentos de administración de personal de las empresas, las asesorías laborales y los centros de formación– o cualesquiera otros lectores, con el fin de enriquecer su contenido en próximas ediciones y contribuir así al objeto que nos planteamos con este libro y que no es otro que el de su utilidad práctica.

PARTE I
CONTRATACIÓN Y RELACIÓN LABORAL

CAPÍTULO 1
LA RELACIÓN LABORAL

1.1. CONCEPTO

La relación laboral viene definida de forma indirecta en el artículo 1 del Estatuto de los Trabajadores que, al delimitar el ámbito de aplicación de la norma, se refiere a:

> «... los trabajadores que voluntariamente presten sus servicios retribuidos por cuenta ajena y dentro del ámbito de organización y dirección de otra persona, física o jurídica, denominada empleador o empresario».

De esa definición se deducen las principales características de dicha relación laboral:

- Es **bilateral**, porque hay dos partes: por un lado, el empresario o empleador y, por otro lado, el trabajador o empleado.
- Es **consensual**, esto es, parte de un acuerdo entre ambos. Desde ese punto de vista la relación de trabajo es **voluntaria**. Las prestaciones personales de carácter obligatorio que puedan existir en la ley (como lo eran, antiguamente, el servicio militar o la prestación social sustitutoria, por ejemplo) no serán nunca relaciones laborales. La relación de trabajo parte de una decisión voluntaria inicial. Esta voluntariedad no hay que confundirla con el hecho de que, suscrito un contrato de trabajo, las partes asumen obligaciones mutuas y el empleado se obliga a trabajar. Ciertamente se da una obligación, pero se asume voluntariamente en origen a cambio de una remuneración.
- Es una relación **retribuida**. El trabajo que se realiza gratuitamente por razón de amistad, familiaridad, solidaridad, etc., no es una relación laboral ni, en consecuencia, le serán de aplicación las normas propias de esta.

(continuación...)

- Es una relación de **ajenidad**. Esto quiere decir que el fruto de la actividad del trabajador está cedido al empresario desde el comienzo. En una relación con un tercero que trabaje por cuenta propia, los frutos son inicialmente suyos aunque se puedan transmitir después. Por ejemplo, si yo soy un artesano autónomo, los frutos de mi actividad son míos, aunque luego puedo venderlos para que los adquiera otra persona. Pero, en la relación de trabajo por cuenta ajena, el resultado de la actividad del trabajador no se transmite posteriormente, sino que es del empresario desde su origen.
- Existe un **poder de organización y dirección** del empresario. El empresario es quien dirige la actividad del empleado, organizando el trabajo y cursando órdenes e instrucciones. A diferencia de una prestación de servicios de tipo mercantil, donde se suele concertar un resultado y la persona contratada tiene autonomía para organizar su propio trabajo, en la relación laboral el empresario tiene la facultad de decir qué se tiene que hacer y cómo se tiene que hacer, estableciendo sistemas de trabajo, métodos, tiempos, distribución de tareas, etc.
- Es una relación **personalísima**. Se contrata a un trabajador concreto e identificado, y este no puede decidir que le sustituya otra persona para que acuda en su lugar. Cuando yo contrato un servicio a profesionales por cuenta propia (por ejemplo, contrato la reparación de un grifo que gotea en mi casa) normalmente –salvo que se haya acordado así expresamente– no estamos ante un contrato personalísimo. La empresa con la que he concertado los servicios tiene la potestad de mandarme a un fontanero o a otro. Por el contrario, en la relación de trabajo, obviamente, no es así. Cuando se contrata a un trabajador se está acordando el desarrollo de la prestación laboral con él personalmente.

1.2. DERECHOS Y DEBERES DEL TRABAJADOR

1.2.1. Derechos

Son derechos básicos del trabajador reconocidos en nuestras leyes:

- El **derecho al trabajo**.
- La **libre elección de profesión** u oficio.
- La libre **sindicación**.
- La **negociación colectiva**.
- La adopción de medidas de **conflicto colectivo** y la **huelga**.
- La **reunión**.
- La **información**, la **consulta** y la **participación en la empresa**.
- La **ocupación efectiva** en la relación laboral.
- La **promoción y formación** profesional en el trabajo.
- La **no discriminación** para el empleo, o una vez empleado, por razones de sexo, estado civil, edad (dentro de los límites marcados por la ley), raza, condición social, ideas religiosas o políticas, orientación sexual, sindicación, lengua, o discapacidades físicas, psíquicas o sensoriales (salvo ineptitud para el empleo de que se trate).
- Su **integridad física** y una adecuada política de **seguridad e higiene** en el trabajo.
- El respeto a su **intimidad** y a la consideración debida a su **dignidad**, incluyendo la **protección frente al acoso** por razones étnicas o raciales, de religión o convicciones, discapacidad, edad u orientación sexual y frente al acoso sexual o por razón de sexo.

(continuación...)

- Percibir puntualmente la **remuneración** establecida.
- El ejercicio individual de las **acciones derivadas de su contrato de trabajo**.
- Todos los demás que se deriven específicamente del contrato de trabajo suscrito.

1.2.2. Deberes

Son deberes básicos de los trabajadores:

- Cumplir con las **obligaciones** concretas de su puesto de trabajo, de conformidad con la **buena fe y diligencia**.
- Observar las **medidas de seguridad e higiene** que se adopten.
- Cumplir las **órdenes e instrucciones** del empresario en el ejercicio ordinario de sus facultades de dirección.
- **No concurrir** con la actividad de la empresa (no hacer competencia desleal a su propia empresa).
- Contribuir a la mejora de la **productividad**.
- Los demás que se deriven del contrato de trabajo que tenga suscrito.

1.3. DERECHOS Y DEBERES DEL EMPRESARIO

El principal derecho del empresario es su **poder de dirección**, que puede ejercer directamente o delegando en otra persona. La organización y dirección empresarial implica la facultad de cursar órdenes o normas de trabajo.

El empresario tiene, además, **potestad disciplinaria**, esto es, la posibilidad de sancionar un incumplimiento del contrato o de las órdenes cursadas.

Los deberes del empresario **se derivan de los propios derechos del trabajador** que ya hemos enunciado: el deber de darle ocupación efectiva, de remunerar su trabajo, etc.

1.4. EL TIEMPO DE TRABAJO

Dejando por el momento a un lado las cuestiones salariales (que se abordarán en el apartado de nóminas), en lo que respecta al contenido de la relación laboral requiere especial atención todo lo relativo al tiempo de trabajo, es decir, la jornada laboral y los permisos y vacaciones.

1.4.1. La jornada laboral

La duración de la jornada laboral es la que se haya pactado en el convenio colectivo aplicable. En cualquier caso, **no puede exceder** de 40 horas semanales de promedio, en cómputo anual.

También existe una **limitación diaria**: el tiempo de trabajo no puede ser superior a 9 horas diarias, salvo que el convenio colectivo (o un acuerdo entre empresa y representantes de trabajadores) establezca otra distribución, que siempre debe respetar el descanso entre jornadas. Esto suele pasar en actividades con características especiales que requieren, por ejemplo, guardias, y normalmente esa mayor duración continuada de la jornada diaria se compensa también con mayores descansos.

Los **menores de 18 años** no pueden realizar más de 8 horas diarias de trabajo efectivo (incluyendo el tiempo dedicado a la formación y, si prestan servicios para varias empresas, el tiempo dedicado a todas).

No se computan para el máximo de jornada ordinaria diaria los trabajos motivados por una emergencia, como prevenir o reparar siniestros u otros daños extraordinarios y urgentes. Normalmente el exceso de tiempo por este motivo suele compensarse como horas extraordinarias pero sin que cuente para el máximo de las autorizadas.

Mediante convenio colectivo o acuerdo entre empresa y representantes de los trabajadores puede establecerse una distribución irregular de la jornada a lo largo del año. En defecto de pacto, la empresa podrá distribuir el 10 % de la jornada de trabajo de manera irregular a lo largo del año. En el momento de cierre de la edición, está en trámite una reforma legislativa para reducir la jornada máxima.

1.4.2. Registro de jornada

La empresa debe habilitar un **registro diario** de jornada, que incluirá el horario concreto de inicio y el de finalización de la jornada de cada persona trabajadora, sin perjuicio de las medidas de flexibilidad horaria.

Se organizará y documentará este registro de jornada mediante negociación colectiva o acuerdo de la empresa o, en su defecto, decisión del empresario previa consulta con los representantes legales de los trabajadores en la empresa. En el momento de cierre de la edición, está en trámite una reforma legislativa para modificar el sistema de registro de jornada.

La empresa conservará los registros del mismo durante 4 años, que permanecerán a disposición de su plantilla, de la representación legal de los trabajadores y de la Inspección de Trabajo.

1.4.3. Descanso diario y semanal

Entre el final de una jornada de trabajo y el comienzo de la siguiente mediarán, como mínimo, 12 horas.

Si la duración de la jornada diaria continuada excede de 6 horas, debe establecerse un período de descanso durante la misma, de duración no inferior a 15 minutos. Es el tiempo al que suele denominarse coloquialmente como «para el desayuno», «para el bocadillo» o con expresiones parecidas. Si el convenio o el contrato así lo establece, ese período se considerará tiempo de trabajo efectivo; si no, será tiempo recuperable, pero habrá de disfrutarse.

En el caso de menores de 18 años, ese período de descanso tendrá una duración mínima de 30 minutos y debe establecerse siempre que la jornada exceda de 4 horas y media.

Los trabajadores tienen derecho a un descanso mínimo semanal de día y medio ininterrumpido –si bien acumulable por períodos de hasta catorce días– y que, como regla general, comprenderá el domingo completo y, o bien la tarde del sábado o bien la mañana del lunes. De este modo, el trabajador puede agrupar aquellos descansos que correspondan a períodos de hasta 14 días de trabajo y disfrutarlos como un único descanso.

El descanso semanal de los menores de 18 años será como mínimo de 2 días ininterrumpidos.

Los convenios colectivos pueden mejorar esta previsión y, de hecho, es frecuente que en muchos sectores exista un descanso de 2 días completos, a menudo coincidente con el fin de semana, salvo que la naturaleza de la propia actividad exija trabajar en el mismo.

En aquellos sectores que, por sus peculiaridades, así lo requieran, el Gobierno –previa consulta con organizaciones empresariales y sindicales– puede establecer ampliaciones y reducciones en la ordenación de la jornada y los descansos.

Así, a título de ejemplo, puede citarse que actualmente está regulada la ampliación de jornada en sectores tales como el de los porteros de fincas urbanas, el comercio, la hostelería, el trabajo en el mar, etc.; y la reducción de jornada en la construcción, en los trabajos en cámaras frigoríficas, en el interior de las minas, etc.

1.4.4. Trabajo nocturno

Se considera trabajo nocturno el realizado entre las 10 de la noche y las 6 de la mañana.

Cuando un empresario recurre regularmente al mismo –no con carácter excepcional, sino habitual–, debe informar a la autoridad laboral.

Se considera trabajador nocturno al que realice normalmente una parte no inferior a 3 horas de su jornada diaria en el período citado, así como a aquel que se prevea que va a realizar en el mismo período una porción no inferior a 1/3 de su jornada de trabajo anual.

La jornada de trabajo de los trabajadores nocturnos no podrá exceder de 8 horas diarias de promedio en un período de referencia de 15 días y no podrán realizarse horas extraordinarias.

Estas limitaciones generales tienen solamente algunas excepciones contempladas:

- En los sectores de actividad que tienen aprobada la ampliación de jornada.

  En este caso, no pueden superar las 8 horas de promedio en un período de referencia de 4 meses, o 6 si así lo establece el convenio.
- En los casos de prevención y reparación de siniestros o de daños extraordinarios y urgentes.

  En este caso, no pueden superarse las 8 horas diarias de promedio en un período de referencia de 4 semanas y debe reducirse la jornada en los días siguientes para lograr el promedio.
- En el trabajo a turnos, cuando haya irregularidades en el relevo por causas no imputables a la empresa.

  Al igual que en el caso anterior, no puede superarse las 8 horas diarias de promedio en un período de referencia de 4 semanas, y debe reducirse la jornada en los días siguientes para lograr el promedio.

1.4.5. Trabajo a turnos

Se considera trabajo a turnos la forma de organización del trabajo en equipo en la cual los trabajadores ocupan sucesivamente los mismos puestos de trabajo, con un ritmo determinado continuo o discontinuo, que implica la necesidad de que el trabajador preste sus servicios en horas diferentes en un período determinado de días o semanas.

En la organización del trabajo por turnos, las empresas que tienen procesos productivos continuos durante las 24 horas del día deben tener en cuenta la rotación ya que, salvo adscripción voluntaria, ningún trabajador puede estar en el turno de noche más de 2 semanas consecutivas.

En el trabajo a turnos se permite modificar el descanso semanal de día y medio, de forma que se puede separar el medio día del día completo, o incluso acumular ese medio día por períodos de hasta 4 semanas.

El descanso mínimo entre jornadas que no se pueda disfrutar se podrá reducir, con un mínimo de 7 horas, y se compensará hasta las 12 horas en los días inmediatamente siguientes.

1.4.6. Adaptación de jornada

Las personas trabajadoras tienen derecho a solicitar las adaptaciones de la duración y la distribución de la jornada de trabajo, tanto en la ordenación del tiempo de trabajo como en la forma de prestación (incluida la prestación de su trabajo a distancia) para hacer efectivo su derecho a la conciliación de la vida familiar y laboral. Dichas adaptaciones deberán ser razonables y proporcionadas en relación con las necesidades de la persona trabajadora y con las necesidades organizativas y productivas de la empresa.

En el caso de que tengan hijos, el derecho a efectuar dicha solicitud será hasta que los hijos cumplan los 12 años.

Tendrán también este derecho quienes tengan necesidades de cuidado respecto de hijos o hijas mayores de 12 años, cónyuge, pareja de hecho, familiares por consanguinidad hasta el segundo grado u otras personas dependientes cuando, en este último caso, convivan en el mismo domicilio, y que por razones de edad, accidente o enfermedad no puedan valerse por sí mismos, debiendo justificar las circunstancias en las que fundamenta su petición.

En la negociación colectiva se pactarán los términos de su ejercicio y, si no se ha regulado, la empresa deberá abrir, ante la solicitud de adaptación de jornada, un proceso de negociación con la persona trabajadora durante un período máximo de 15 días. Finalizado el mismo:

- Comunicará por escrito la aceptación de la petición.
- O bien planteará una propuesta alternativa que posibilite las necesidades de la persona trabajadora explicando las razones objetivas en que sustenta su decisión.
- O, en su caso, manifestará la negativa a su ejercicio con la misma explicación de razones que en el caso anterior.

En caso de concederse la adaptación de jornada, la persona trabajadora tendrá derecho a solicitar el regreso a su situación anterior una vez concluido el período acordado, o cuando el cambio de las circunstancias así lo justifique. Si en el plazo indicado la empresa no se opone motivadamente, se entenderá concedida la adaptación.

1.4.7. Ausencia o reducción de jornada por cuidado de lactante

En los supuestos de nacimiento, adopción, guarda con fines de adopción o acogimiento, las personas trabajadoras tienen derecho a 1 hora de ausencia retribuida del trabajo para el cuidado del lactante –que podrán dividir en dos fracciones–y hasta que el pequeño cumpla 9 meses.

La duración del permiso se incrementará proporcionalmente en los casos de nacimiento, adopción, guarda con fines de adopción o acogimiento múltiples.

Quien ejerza este derecho puede sustituirlo por una reducción de su jornada en media hora, con la misma finalidad. También puede acumularlo en jornadas completas en los términos previstos en la negociación colectiva o en el acuerdo a que llegue con la empresa respetando, en su caso, lo establecido en aquella.

Esta ausencia o reducción de jornada constituye un derecho individual de las personas trabajadoras, sin que pueda transferirse su ejercicio al otro progenitor, adoptante, guardador o acogedor.

No obstante, si 2 personas trabajadoras de la misma empresa ejercen este derecho por el mismo sujeto causante, la dirección empresarial podrá limitar su ejercicio simultáneo por razones justificadas de funcionamiento de la empresa, que deberá comunicar por escrito.

Cuando ambos progenitores, adoptantes, guardadores o acogedores ejerzan este derecho con la misma duración y régimen, el periodo de disfrute podrá extenderse hasta que el lactante cumpla 12 meses, pero con reducción proporcional del salario a partir del cumplimiento de los 9 meses.

1.4.8. Ausencia y reducción de jornada por nacimiento prematuro u hospitalización del recién nacido

Las personas trabajadoras tendrán derecho a ausentarse del trabajo durante 1 hora retribuida en el caso de nacimiento prematuro de hijo o hija, o si, por cualquier causa, deben permanecer hospitalizados a continuación del parto.

Asimismo, tendrán derecho a reducir su jornada de trabajo hasta un máximo de 2 horas, pero en este caso será con la disminución proporcional del salario.

1.4.9. Reducciones de jornada por cuidado de familiares

Las personas trabajadoras tienen derecho a una reducción de su jornada diaria de trabajo entre 1/8 y 1/2, con disminución proporcional de salario, cuando tengan la guarda legal de un menor de 12 años o un discapacitado que no desempeñe actividad retribuida.

También dispondrán de la misma posibilidad cuando tengan a su cargo a un familiar, hasta segundo grado de consanguinidad o afinidad que, por razones de edad, accidente o enfermedad, no pueda valerse por sí mismo y no desempeñe actividad retribuida.

Los trabajadores también tienen derecho a una reducción de jornada –con disminución proporcional del salario– de, al menos, el 50 %

de la duración de aquella y hasta el 100 %, para el cuidado del menor a su cargo afectado por cáncer (tumores malignos, melanomas y carcinomas) durante lo que dure la hospitalización y el tratamiento continuado. También por cualquier otra enfermedad grave que implique un ingreso hospitalario de larga duración, al que se equipara la posterior necesidad de cuidado directo, continuo y permanente en el hogar, acreditada por informe del servicio público de salud y, como máximo, hasta que el menor cumpla los 18 años. Cumplidos los 18 años, podrá reconocerse el derecho a la reducción de jornada hasta que el causante cumpla 23 años, si el padecimiento fue diagnosticado antes de alcanzar la mayoría de edad y se mantiene la necesidad de cuidado. Por convenio colectivo, se podrán establecer las condiciones y supuestos en los que esta reducción de jornada se podrá acumular en jornadas completas.

La persona trabajadora determinará el horario y la duración de estas reducciones, dentro de los límites señalados, y debe preavisar del inicio de la reducción y de la reincorporación a la jornada ordinaria con 15 días de antelación.

1.4.10. Ausencia o reducción de jornada para víctimas. de violencia de género, de violencia sexual o de terrorismo

Las personas trabajadoras que tengan la consideración de víctimas de violencia de género, de violencia sexual o del terrorismo tendrán derecho, para hacer efectiva su protección o su derecho a la asistencia social integral, a la reducción de la jornada de trabajo, con disminución proporcional del salario, o a la reordenación del tiempo de trabajo, a través de la adaptación del horario, de la aplicación de un horario flexible o de otras formas de ordenación del tiempo de trabajo que se utilicen en la empresa. También tendrán derecho a realizar su trabajo total o parcialmente a distancia, o a dejar de hacerlo en esa modalidad, siempre que la modalidad de prestación de servicios sea compatible con el puesto y las funciones desarrolladas.

1.4.11. Licencias retribuidas

El trabajador tiene derecho a permiso, con derecho a remuneración, previo aviso y posterior justificación a la empresa, en los siguientes supuestos:

- Por **matrimonio o registro de pareja de hecho**: 15 días naturales.
- Por **accidente o enfermedad graves, hospitalización o intervención quirúrgica** sin hospitalización que precise reposo domiciliario del cónyuge, pareja de hecho o parientes hasta el segundo grado por consanguineidad o afinidad o conviviente que requiera cuidado efectivo: 5 días.
- Por **fallecimiento del cónyuge, pareja de hecho o parientes** hasta el segundo grado de consanguinidad o afinidad: 2 días, o 4 si precisa desplazamiento.
- Por **traslado** de domicilio: 1 día.
- Por el cumplimiento de **un deber inexcusable de carácter público y personal** (ejercicio del voto, ser jurado popular, ser citado como testigo a un juicio, renovar el DNI, etc.): el tiempo indispensable para ello. A veces, la propia norma que regula este tipo de deberes establece cuál es el tiempo que tiene que concederse.
- Para la realización de **funciones sindicales o de representación** del personal: en los términos regulados en la normativa específica.
- Para la realización de **exámenes prenatales y técnicas de preparación al parto** que deban realizarse dentro de la jornada de trabajo: el tiempo indispensable.

(continuación...)

- Por **imposibilidad de acceder al centro de trabajo o de transitar por las vías de circulación** necesarias para llegar al mismo, como consecuencia de recomendaciones, limitaciones o prohibiciones de la autoridad, o por riesgo grave e inminente, incluidas catástrofes o fenómenos meteorológicos: hasta 4 días.
- Para **actos preparatorios de donación de órganos o tejidos** que deban tener lugar durante la jornada de trabajo: el tiempo indispensable.

Además, la persona trabajadora tiene derecho a ausentarse del trabajo por causa de **fuerza mayor** cuando sea necesario por motivos familiares urgentes relacionados con familiares o personas convivientes, en los casos de enfermedad o accidente que hagan indispensable su presencia inmediata. De estas ausencias, son retribuidas las equivalentes a 4 días al año.

1.4.12. Permiso parental

Las personas trabajadoras tendrán derecho a un **permiso parental** que, en realidad, supone una suspensión del contrato. La duración de este permiso no será superior a 8 semanas, sean continuas o discontinuas, y tendrá por finalidad el cuidado del hijo o menor que haya sido acogido por un tiempo superior a 1 año y hasta el momento en que el mismo cumpla 8 años.

1.4.13. Vacaciones anuales

La duración de las vacaciones será la que establezca el convenio colectivo aplicable, que no podrá ser inferior a 30 días naturales al año.

La fecha de disfrute se fijará de acuerdo entre el empresario y el trabajador, de conformidad con el procedimiento o reglas que establezca el convenio aplicable. Si existe desacuerdo, puede presentarse demanda para que el juez fije la fecha de disfrute, en un procedimiento sumario y preferente y cuya sentencia no admite recurso.

El calendario de vacaciones se fijará en cada empresa. El trabajador debe conocer las fechas que le corresponden al menos 2 meses antes del comienzo de disfrute de las mismas.

Cuando el período fijado coincida con una incapacidad temporal o con los permisos por nacimiento o adopción, se tendrá derecho a una nueva fijación para su posterior disfrute, incluso fuera del año natural.

Las vacaciones no son sustituibles por compensación económica, salvo en el caso de que la extinción del contrato de trabajo (o el carácter eventual o de temporada de la relación laboral) imposibilite el disfrute de las mismas.

1.4.14. Fiestas laborales

Anualmente se fijan las fiestas laborales, con carácter retribuido y no recuperable.

No pueden exceder de 14 al año, de las cuales 2 serán locales. Se tienen que respetar, como fiestas de ámbito nacional, el Año Nuevo (1 de enero), la Fiesta del Trabajo (1 de mayo), la Fiesta Nacional de España (12 de octubre) y la Navidad (25 de diciembre).

Las fiestas que coincidan con domingo se trasladan al lunes inmediatamente posterior. El Gobierno, respetando estas fiestas de ámbito nacional, puede trasladar al lunes otras que tengan lugar entre semana.

Las comunidades autónomas pueden señalar fiestas propias, dentro del límite anual de 14 días festivos, sustituyendo las fiestas nacionales que coincidan con domingo (esto es, en lugar de trasladarlas al lunes se pueden sustituir por una propia de la comunidad) o las que reglamentariamente permita el Gobierno.

CAPÍTULO 2
EL CONTRATO DE TRABAJO Y SUS MODALIDADES

2.1. LAS PARTES EN EL CONTRATO DE TRABAJO

El contrato de trabajo es el acuerdo en el que se concreta la relación laboral. Como hemos visto, el contrato de trabajo lo suscriben dos partes: el empresario y el trabajador.

Tienen capacidad para contratar en calidad de empresarios tanto las personas físicas (mayores de edad y que no hayan sido declaradas incapaces) como las personas jurídicas (sociedades mercantiles, asociaciones, fundaciones, etc.).

Los trabajadores serán necesariamente personas físicas, mayores de 16 años y con capacidad legal. No obstante, los trabajadores con 16 años o más pero menores de 18 años tienen ciertas limitaciones. No pueden realizar trabajos nocturnos ni los que están declarados por la legislación como insalubres, penosos, nocivos o peligrosos para su salud o formación. Tampoco pueden realizar horas extraordinarias. Para contratar, necesitan, además, la autorización de sus padres o de la persona o institución que, en su caso, tenga su tutela.

2.2. LA FORMA DEL CONTRATO DE TRABAJO

Genéricamente, el contrato de trabajo se puede celebrar por escrito o de palabra, si bien veremos que existen numerosas modalidades de contrato de trabajo en los que la norma exige que sea necesariamente por escrito.

Cualquiera de las partes puede exigir que se documente el contrato por escrito, ya sea antes de la relación laboral o incluso durante el transcurso de esta.

2.3. DURACIÓN DEL CONTRATO DE TRABAJO

El contrato de trabajo puede concertarse por tiempo indefinido, o por una duración determinada en aquellos supuestos en que sea legalmente posible.

A pesar del alto índice de temporalidad existente en nuestro país, se supone que la norma general es que sea indefinido y solo puede hacerse por duración determinada cuando se da alguno de los supuestos regulados en las distintas modalidades contractuales que estudiaremos. Es decir, las modalidades de contrato temporales se basan siempre en alguna causa que justifique esa temporalidad y se definen como excepción al carácter indefinido que, por defecto, debería tener todo contrato.

2.3.1. El período de prueba

Dentro del tiempo de duración del contrato, puede concertarse optativamente un período de prueba. El trabajador tiene entonces los mismos derechos y deberes que correspondan a su puesto de trabajo, pero con la excepción de que, durante ese período, se puede poner fin a la relación laboral por decisión unilateral de cualquiera de las partes, sin alegar causa alguna y sin necesidad de preaviso (salvo que se haya pactado).

Este período de prueba no podrá exceder del tiempo que fijen los convenios colectivos y, si no existe pacto alguno en el convenio aplicable, no podrá ser superior a:

- **6 meses** para los técnicos titulados.
- **2 meses** para los demás trabajadores que no sean técnicos titulados, si la empresa tiene más de 25 trabajadores.
- **3 meses** para los trabajadores que no sean técnicos titulados, si la empresa tiene menos de 25 trabajadores.

El período de prueba no podrá exceder de 1 mes en los contratos temporales de duración determinada que se hayan concertado por un tiempo inferior a 6 meses y en los contratos para la obtención de práctica profesional, salvo que el convenio colectivo aplicable permita otra cosa.

No podrá establecerse período de prueba en el contrato de formación en alternancia.

Se considera abusivo –y, en consecuencia, no se admite– el establecimiento de un período de prueba cuando el trabajador ya ha desempeñado con anterioridad las mismas funciones en la empresa, sea cual sea la modalidad de contratación.

Las situaciones de maternidad, adopción o acogimiento que afecten al trabajador durante el período de prueba interrumpirán el cómputo del plazo del mismo siempre que exista un acuerdo expreso en tal sentido en el contrato de trabajo.

El período de prueba se computa a efectos de antigüedad.

2.4. EL CONTRATO INDEFINIDO

Es aquel que se concierta sin establecer límites de tiempo en la prestación de los servicios, en cuanto a la duración del contrato.

El contrato de trabajo indefinido podrá celebrarse a jornada **completa**, **parcial** o para la **prestación de servicios fijos discontinuos**.

El contrato de trabajo indefinido podrá ser **verbal** o **escrito**, aunque se exigirá forma escrita en el supuesto de acogerse a algunas cláusulas específicas.

De no observarse la formalización por escrito cuando sea exigible, el contrato se presumirá celebrado por tiempo indefinido y a jornada completa, salvo prueba en contrario que acredite su naturaleza temporal o el carácter a tiempo parcial de los servicios. En todo caso, cualquiera de las partes podrá exigir que el contrato se formalice por escrito incluso durante el transcurso de la relación laboral.

La legislación establece que adquirirán la condición de fijos, cualquiera que haya sido la modalidad que se haya empleado:

- Los trabajadores que no hubieran sido dados de alta en la Seguridad Social, una vez transcurrido un plazo igual al que legalmente se hubiera podido fijar para el período de prueba, salvo que de la propia naturaleza de las actividades o de los servicios contratados se deduzca claramente la duración temporal de los mismos.
- Los contratos celebrados en fraude de ley. Se entiende que se produce un fraude de ley cuando se utiliza formalmente una norma pero para un fin desviado respecto al que dicha norma persigue.

Adquirirán la condición de fijas las personas trabajadoras que en un período de 24 meses hubieran estado contratadas durante un plazo superior a 18 meses, con o sin solución de continuidad, para el mismo o diferente puesto de trabajo con la misma empresa (o grupo de empresas) mediante 2 o más contratos por circunstancias de la producción, ya sea directamente o a través de su puesta a disposición por empresas de trabajo temporal. Esta previsión será también de aplicación cuando se produzcan supuestos de sucesión o subrogación empresarial.

Asimismo, adquirirá la condición de fija la persona que ocupe un puesto de trabajo que haya estado desempeñando con o sin solución de continuidad durante más de 18 meses en un período de 24 meses y mediante contratos por circunstancias de la producción, incluidos los contratos de puesta a disposición realizados con empresas de trabajo temporal.

Dependiendo de las características de la empresa, del trabajador, de la jornada, de la existencia de incentivos, etc., caben en esta modalidad contractual una serie de cláusulas específicas previstas en la normativa.

Reseñamos a continuación las más comunes, las aplicables para empresas en general, dejando al margen algunas que solo afectan a empresas específicas (como los centros especiales de empleo, las empresas de inserción, etc.) o las de relaciones con especialidades (como el servicio del hogar familiar o la alta dirección).

2.4.1. De personas con discapacidad

Es el contrato que se concierta con personas trabajadoras:

- Con discapacidad de grado igual o superior al 33 %, reconocido como tal por el organismo competente.
- O con pensionistas de la Seguridad Social que tengan reconocida una pensión de incapacidad permanente en el grado de total, absoluta o gran invalidez.
- O con pensionistas de clases pasivas que tengan reconocida una pensión de jubilación o de retiro por incapacidad permanente para el servicio, o inutilidad.
- O con personas que estén inscritas como demandantes de empleo en el servicio público de empleo.

Los trabajadores no deben haber estado vinculados a la empresa o grupo de empresas en los 24 meses anteriores a la contratación mediante un contrato por tiempo indefinido, y se excluyen a los que han finalizado una relación laboral de carácter indefinido en los 3 meses previos, salvo que se trate de trabajadores con especiales dificultades de inserción laboral (personas con parálisis cerebral, enfermedad mental o discapacidad intelectual en grado igual o superior al 33 % o personas con discapacidad física o sensorial con un grado igual o superior al 65 %).

Si la empresa cumple los requisitos de hallarse al corriente de sus obligaciones tributarias o con la Seguridad Social y no ha sido excluida de beneficios por sanción, percibirá, por cada persona contratada con esta modalidad, una **subvención** de 5500,00€ con carácter general, o de 6000,00€ si se trata de mujer, de alguien mayor de 45 años o de persona perteneciente a otro colectivo vulnerable determinado por el servicio público de empleo competente.

Si se contrata a personas con discapacidad determinadas por la norma como aquellas que presentan mayores dificultades de acceso al mercado de trabajo, la subvención será de 7000,00€ o 7500,00€ si se trata de mujer, persona mayor de 45 años, o perteneciente a colectivo vulnerable.

Las cuantías de las subvenciones se incrementan hasta en 2000,00€ cuando la contratación se realice por personas trabajadoras autónomas o por una cooperativa o sociedad laboral que contraten a su primer empleado, o bien cuando las personas trabajadoras con discapacidad procedan de un enclave laboral.

Además, podrá bonificarse en las cuotas empresariales a la Seguridad Social en las siguientes cuantías, dependiendo de las condiciones de la persona contratada:

- Trabajadores sin discapacidad severa:
  - Menores de 45 años: 4500,00€ / año si es hombre o 5350,00€ / año si es mujer.
  - Mayores de 45 años: 5700,00€ / año.
- Trabajadores con discapacidad severa:
  - Menores de 45 años: 5100,00€ / año si es hombre o 5950,00€ / año si es mujer.
  - Mayores de 45 años: 6300,00€ / año.

Además, la empresa podrá contar con una subvención para la adaptación de puestos de trabajo, eliminación de barreras o dotación de medios de protección personal de hasta 1800,00 €.

La empresa también puede aplicarse una deducción en la cuota íntegra del Impuesto de Sociedades por cada persona / año de incremento del promedio de la plantilla de trabajadores con discapacidad, contratados por tiempo indefinido, respecto a la plantilla media de trabajadores con discapacidad del ejercicio inmediatamente anterior. Esa deducción será de 9 000,00 € si la discapacidad es igual o superior al 33 % e inferior al 65 %, y será de 12 000,00 € si es igual o superior al 65 %.

Las empresas beneficiarias estarán obligadas a mantener la estabilidad de estos trabajadores por un tiempo mínimo de 3 años y, en caso de cese voluntario, despido procedente o extinción de la relación laboral por causas objetivas, deberán sustituir a tales empleados por otros trabajadores con discapacidad.

Los mismos incentivos se aplican en el caso de que se produzca la conversión de contratos temporales de personas con discapacidad en contratos indefinidos.

2.4.2. De personas con capacidad intelectual límite

Es el suscrito con personas que poseen capacidad intelectual limite, esto es, entre el 20 y el 33 % de discapacidad intelectual, y que estén inscritas en los Servicios Públicos de Empleo como demandantes.

La empresa tendrá derecho a una **subvención** de 2 000,00 € por cada contrato celebrado a tiempo completo. Cuando se celebre a tiempo parcial, la subvención se reducirá proporcionalmente.

Además, se aplica una **bonificación** en las cuotas empresariales a la Seguridad Social de 128,00 € / mes durante 4 años.

Puede también obtenerse una subvención por adaptación de puesto de trabajo, con un máximo de 1 800,00 €.

2.4.3. De personas desempleadas de larga duración

Mediante esta modalidad se contrata indefinidamente a personas desempleadas que hayan estado inscritas en la oficina de empleo durante al menos 12 meses en los 18 meses anteriores a la contratación.

Las bonificaciones en la cuota empresarial a la Seguridad Social serán de 110,00 € / mes, en el caso de contratación de hombres, y de 128,00 € / mes, en el caso de contratación de mujeres, durante 3 años. Se aplicarán en proporción a la jornada de trabajo si el contrato se celebra a tiempo parcial.

La empresa deberá mantener como empleada a la persona contratada al menos durante 3 años desde la fecha de inicio de la relación laboral.

2.4.4. Para trabajadores en situación de exclusión social

Este contrato se concierta con aquellos trabajadores que estén en situación de exclusión social acreditada por los servicios sociales competentes, y que se encuentren desempleados o bien trabajando en otras empresas con un contrato a tiempo parcial, siempre que su jornada de trabajo sea inferior a 1/3 de la de un trabajador a tiempo completo comparable.

La situación de exclusión social queda determinada por la pertenencia a alguno de los siguientes colectivos:

- Perceptores de Rentas Mínimas de Inserción y miembros de la unidad de convivencia que sean beneficiarios de las mismas.
- Personas que no puedan acceder a dichas prestaciones por falta del período exigido de residencia o de empadronamiento, o para la constitución de la unidad perceptora, o que han agotado el período máximo de percepción legalmente establecido.
- Jóvenes mayores de 18 años y menores de 30, procedentes de Instituciones de Protección de Menores.
- Personas con problemas de drogadicción u otros trastornos adictivos que se encuentren en proceso de rehabilitación o reinserción social.
- Internos de centros penitenciarios cuya situación penitenciaria les permita acceder a un empleo, así como liberados condicionales y ex reclusos.
- Menores internos cuya situación les permita acceder a un empleo, así como los que se encuentran en situación de libertad vigilada y los ex internos.

(continuación...)

- Personas procedentes de centros de alojamiento alternativo autorizados por las comunidades autónomas y las ciudades autónomas de Ceuta y Melilla.
- Personas procedentes de servicios de prevención e inserción social autorizados por las comunidades autónomas y las ciudades autónomas de Ceuta y Melilla.
- Otros que determinen los servicios de empleo público competentes de cada comunidad autónoma.

El trabajador no podrá tener relación de parentesco (por consanguinidad o afinidad hasta el segundo grado inclusive) con el empresario o con quienes ostenten cargos de dirección o sean miembros de los órganos de administración de las sociedades.

El trabajador no debe haber estado vinculado a la empresa, grupo de empresa o entidad en los 24 meses anteriores a la contratación mediante contrato indefinido, o en los últimos 6 meses mediante un contrato de duración determinada, temporal o formativo, de relevo o de sustitución por jubilación. Quedan excluidos los trabajadores que hayan finalizado su relación laboral de carácter indefinido en un plazo de 3 meses previos a la formalización del contrato, salvo que se trate de despido reconocido o declarado improcedente, o despido colectivo.

Cada contrato indefinido, o transformación del temporal en indefinido, dará derecho a una **bonificación** en la cuota empresarial a la Seguridad Social de 128,00 €/mes durante 4 años. La bonificación se aplicará proporcionalmente a la jornada en los casos de contrato a tiempo parcial.

La empresa deberá hallarse al corriente en el cumplimiento de las obligaciones tributarias y de la Seguridad Social y no haber sido excluida del acceso a beneficios derivados de programas de empleo por sanción.

Los beneficios establecidos no podrán, en concurrencia con otras ayudas públicas para la misma finalidad, superar el 60 % del coste salarial anual correspondiente al contrato que se bonifica.

2.4.5. Para víctimas de violencia de género, violencias sexuales, terrorismo o trata de seres humanos

Esta cláusula está prevista para la contratación de mujeres que tengan acreditada por la administración competente la condición de víctima de violencia de género, víctima de violencias sexuales o víctima de trata de seres humanos, sin que sea necesaria la condición de estar en situación de desempleo.

Cada contrato, o transformación de contratos temporales en indefinidos, dará derecho a una bonificación mensual de la cuota empresarial a la Seguridad Social de 128,00 € / mes durante 4 años.

Cuando los contratos se concierten a **tiempo parcial**, la bonificación se aplicará proporcionalmente a la jornada.

La empresa deberá hallarse al corriente en el cumplimiento de las obligaciones tributarias y de la Seguridad Social y no haber sido excluida del acceso a beneficios derivados de programas de empleo por sanción.

Los beneficios establecidos no podrán, en concurrencia con otras ayudas públicas para la misma finalidad, superar el 60 % del coste salarial anual correspondiente al contrato que se bonifica.

2.4.6. Para víctimas del terrorismo

La contratación indefinida de personas que tengan acreditada la condición de víctima del terrorismo dará lugar a una bonificación de 128,00 € / mes durante 4 años.

2.4.7. Para personas que realizan formación práctica

Las empresas que contraten de forma **indefinida** a las personas que desarrollen formación práctica en ellas tendrán derecho a una bonificación de 138,00 € / mes durante 3 años, tras la finalización de dicha formación o durante el desarrollo de la misma, o durante toda la vigencia del contrato si se ha contratado a una persona con discapacidad.

La empresa no debe haber sido inhabilitada para obtener subvenciones ni excluida de beneficios por sanción. Además, debe hallarse al corriente de las obligaciones tributarias y de la Seguridad Social y contar con plan de igualdad, si está obligada a ello.

La persona contratada debe mantenerse como tal, al menos, 3 años, salvo en los casos en que la relación laboral se extinga por causas objetivas y despidos colectivos o disciplinarios que no hayan sido declarados o reconocidos como improcedentes, y en los casos de extinciones por jubilación, muerte o incapacidad permanente del empresario.

2.4.8. Para trabajadores mayores de 52 años beneficiarios de subsidio de desempleo

Se trata de una cláusula específica prevista para la contratación indefinida de trabajadores desempleados mayores de 52 años que estén inscritos en el servicio público de empleo y sean beneficiarios de subsidios de desempleo.

El trabajador no podrá tener relación de parentesco con el empresario (por consanguinidad o afinidad, hasta el segundo grado inclusive) o con quienes ostenten cargos de dirección o sean miembros de los órganos de administración de las sociedades.

Permite a la persona trabajadora seguir percibiendo el 50 % de la cuantía del subsidio con un tope máximo del doble del tiempo pendiente de percibir. Además, si el trabajo le obliga a cambiar de residencia, puede percibir un pago equivalente a 3 mensualidades de subsidio. La empresa abonará la diferencia hasta el salario que le corresponda percibir y el total de la cotización a la Seguridad Social.

Esta posibilidad es compatible con las bonificaciones que puedan corresponder por aplicación de otras cláusulas de la contratación indefinida.

No podrán aplicar esta medida las empresas que tengan autorizado un expediente de regulación de empleo en vigor o en aquellas en las que la persona desempleada haya trabajado en los 12 meses anteriores.

2.4.9. Trabajo en grupo

Es el contrato celebrado entre una empresa y un grupo de trabajadores considerado en su totalidad.

El empresario no tendrá, frente a cada uno de sus miembros, los derechos y deberes que le competen como tal, sino que el jefe de grupo ostentara la representación de los miembros que lo integran, respondiendo de las obligaciones inherentes a dicha representación.

2.4.10. Fijo discontinuo

El contrato por tiempo indefinido fijo discontinuo se puede concertar para:

- La realización de trabajos de naturaleza estacional o vinculados a actividades productivas de temporada.
- O para el desarrollo de aquellos que no tengan dicha naturaleza pero que, siendo de prestación intermitente, tengan períodos de ejecución ciertos, sean determinados o indeterminados.

Entre estos últimos se incluye la prestación de servicios en el marco de ejecución de contratas mercantiles o administrativas que, siendo previsibles, formen parte de la actividad ordinaria de la empresa.

Puede concertarse un contrato fijo discontinuo entre una empresa de trabajo temporal y una persona contratada para ser cedida.

Este contrato se deberá formalizar necesariamente por escrito y reflejar los elementos esenciales de la actividad laboral, como pueden ser, entre otros, la duración del período de actividad, la jornada y su distribución horaria, etc., si bien estos últimos podrán figurar con carácter estimado, sin perjuicio de su concreción en el momento del llamamiento.

Por convenio colectivo o, en su defecto, acuerdo de empresa, se establecerán los criterios objetivos y formales por los que debe regirse el llamamiento de las personas fijas discontinuas. En todo caso, el llamamiento deberá realizarse por escrito o por otro medio que permita dejar constancia de la notificación a la persona interesada, incluyendo las indicaciones precisas de las condiciones de su incorporación y con una antelación adecuada.

La empresa deberá trasladar a la representación legal de las personas trabajadoras, con la suficiente antelación y al inicio de cada año natural, un calendario con las previsiones de llamamiento anual o, en su caso, semestral, así como los datos de las altas efectivas de las personas fijas discontinuas una vez que se produzcan.

Cuando la contratación se justifique por la celebración de contratas, subcontratas o concesiones administrativas, los períodos de inactividad solo podrán producirse como plazos de espera de recolocación entre subcontrataciones. Los convenios colectivos podrán determinar un plazo máximo de inactividad entre subcontratas que, en defecto de previsión convencional, será de 3 meses. Una vez cumplido dicho plazo, la empresa adoptará las medidas coyunturales o definitivas que procedan.

Los convenios colectivos podrán acordar la celebración a tiempo parcial de los contratos fijos discontinuos.

2.5. CONTRATO TEMPORAL

El contrato temporal es aquel que tiene por objeto el establecimiento de una relación laboral entre el empresario y el trabajador por un tiempo determinado.

El contrato de trabajo temporal podrá celebrarse a jornada **completa** o **parcial** y se formalizará por escrito, si bien podrá ser verbal cuando, en la situación de eventual por circunstancias de la producción, la duración del mismo sea inferior a 4 semanas y la jornada sea completa.

El contrato temporal ofrece también la posibilidad de acogerse a diversas cláusulas específicas, según el objeto de la contratación. Reseñamos a continuación las más usuales, prescindiendo de aquellos que son más específicos por razón del tipo de empleador (centros especiales de empleo, penados en instituciones penitenciarias, centros de menores, etc.) o de la relación (hogar familiar, alta dirección, predoctoral, etc.).

2.5.1. Por circunstancias de la producción

Es el contrato que se concierta para atender aquellas circunstancias de la producción que consisten en:

- O bien en un **incremento ocasional e imprevisible** y las oscilaciones que (aun tratándose de la actividad normal de la empresa) generan un desajuste temporal entre el empleo estable disponible y el que se requiere, siempre que no se trate de una situación propia del contrato fijo discontinuo. Entre estas oscilaciones se entenderán incluidas las que derivan de las vacaciones anuales.

(continuación...)

Cuando el contrato de duración determinada obedezca a estas circunstancias de la producción, su duración no podrá ser superior a 6 meses. Mediante convenio colectivo de ámbito sectorial se podrá ampliar la duración máxima del contrato hasta 1 año.

En caso de que el contrato se hubiera concertado por una duración inferior a la máxima legal o convencionalmente establecida, podrá prorrogarse (mediante acuerdo de las partes) por una única vez, sin que la duración total del contrato pueda exceder de dicha duración máxima.

- O bien en **situaciones ocasionales**, previsibles y que tengan una duración reducida y delimitada en el tiempo.

  Las empresas solo podrán utilizar esta submodalidad del contrato un máximo de 90 días en el año natural, independientemente de las personas trabajadoras que sean necesarias para atender las concretas situaciones, personas que deberán estar debidamente identificadas en el contrato. Estos 90 días no podrán ser utilizados de manera continuada. Las empresas, en el último trimestre de cada año, deberán trasladar a la representación legal de las personas trabajadoras una previsión anual de uso de estos contratos.

  No podrá identificarse como causa de este contrato la realización de los trabajos en el marco de contratas, subcontratas o concesiones administrativas que constituyan la actividad habitual u ordinaria de la empresa, sin perjuicio de su celebración cuando concurran las circunstancias de la producción en los términos anteriores.

En ambos casos, el contrato podrá concertarse a tiempo **completo** o a tiempo **parcial**, y es obligatorio formalizarlo por escrito.

El contrato por circunstancias de la producción se extinguirá, previa denuncia de cualquiera de las partes, por la expiración del tiempo convenido. A la finalización del contrato, llegado a término, el trabajador tendrá derecho a recibir una indemnización de 12 días de salario por cada año de servicio prestado.

2.5.2. De sustitución de persona trabajadora

Este contrato se puede utilizar para:

- **Sustituir** a trabajadores con derecho a reserva del puesto de trabajo, especificando en el contrato el nombre de la persona sustituida y la causa de sustitución.

  Puede iniciarse antes de que se produzca la ausencia de la persona sustituida, por el tiempo imprescindible para garantizar el desempeño adecuado del puesto y, como máximo, durante 15 días.

  Deberá realizarse a jornada completa, salvo que el trabajador sustituido estuviera contratado a tiempo parcial.

  Se extingue con la reincorporación del trabajador sustituido, con el vencimiento del plazo legal o convencionalmente establecido para la reincorporación, o por extinción de la causa que dio lugar a la reserva del puesto de trabajo.

(continuación...)

- **Complementar** la jornada reducida de otra persona, cuando la reducción de jornada se ampare en causas reguladas en la ley o en convenio colectivo, especificando en el contrato el nombre de la persona sustituida y la causa de sustitución.
- **Cubrir** temporalmente un puesto de trabajo durante el proceso de selección o promoción para su cobertura definitiva.

  Deberá celebrarse a jornada completa, salvo que la plaza objeto del proceso de cobertura vaya a ser a tiempo parcial. Se extingue por la cobertura de la plaza o por el transcurso de su duración máxima, que es de 3 meses o el plazo inferior recogido en convenio colectivo.

Se entenderán prorrogados tácitamente, hasta la correspondiente duración máxima, aquellos contratos de sustitución que tengan establecida legal o convencionalmente una duración máxima y que se hubiesen concertado por una duración inferior a la misma. Es preciso, no obstante, que no hubiese mediado denuncia o prórroga expresa antes de su vencimiento y que el trabajador continuase prestando servicios.

2.5.3. De sustitución para sustituir a trabajadores en formación por beneficiarios de desempleo

Si la cláusula específica de sustitución se utiliza para sustituir a trabajadores en formación financiados por las administraciones públicas y se concierta con beneficiarios de prestaciones por desempleo:

- El trabajador desempleado y que sea contratado percibirá el 50 % de la cuantía de la prestación contributiva o el subsidio por desempleo a que tuviera derecho, con el límite máximo del doble del período pendiente de percibir de la prestación o del subsidio.
- El empresario, durante ese período, deberá abonar al trabajador la diferencia hasta completar el salario que le corresponda, siendo responsable de la totalidad de las cotizaciones a la Seguridad Social por todas las contingencias y por el total del salario indicado, incluyendo el importe de la prestación o del subsidio por desempleo.

2.5.4. De sustitución durante permiso de nacimiento y cuidado del menor, riesgo durante el embarazo, riesgo durante la lactancia natural, o ejercicio corresponsable del cuidado de lactante

Para los casos en los que el sustituto contratado sea un joven desempleado menor de 30 años, existirá derecho a una **bonificación** en la cotización de 366,00 € / mes, en el período en el que se superpongan el contrato de sustitución y la respectiva prestación.

Quedan excluidas las contrataciones que afecten al cónyuge o a parientes (hasta el segundo grado por consanguinidad o afinidad) del empresario o de quienes tengan el control empresarial, ostenten cargos de dirección o sean miembros de los órganos de administración de las entidades o de las empresas que revistan la forma jurídica de sociedad.

(continuación...)

También quedan excluidas de este supuesto las contrataciones de personas trabajadoras que en los 12 meses anteriores hubiesen prestado servicios en la misma empresa mediante contrato indefinido, o en los últimos seis meses mediante un contrato temporal. E, igualmente, quedan excluidas las que hubieran causado baja en otra empresa en los tres meses previos, teniendo contrato indefinido, salvo los casos de despido improcedente o colectivo.

2.5.5. De sustitución para sustituir bajas por IT de personas con discapacidad

Si se contrata a personas desempleadas con discapacidad para sustituir a trabajadores discapacitados que tengan suspendido su contrato de trabajo por incapacidad temporal, se tendrá derecho a una **bonificación** de 366,00 €/mes en las cuotas empresariales a la Seguridad Social.

2.5.6. De sustitución para sustituir a víctimas de violencia de género o violencias sexuales

Si el contrato de sustitución se concierta para sustituir a trabajadoras víctimas de violencia de género o violencias sexuales que:

- Hayan suspendido su contrato de trabajo.
- O ejercitado el derecho a la movilidad geográfica o al cambio de centro de trabajo.

Se tendrá derecho a una **bonificación** del 100 % de las cuotas empresariales a la Seguridad Social por contingencias comunes durante todo el período de suspensión de la trabajadora sustituida, que será de 6 meses en los supuestos de movilidad geográfica o cambio de centro de trabajo.

2.5.7. Para trabajadores en situación de exclusión social

Este contrato se concierta con trabajadores que estén en situación de exclusión social, acreditada por los servicios sociales competentes, y se encuentren desempleados, o bien trabajando en otras empresas con un contrato a tiempo parcial, siempre que su jornada de trabajo sea inferior a 1/3 de la jornada de trabajo de un trabajador a tiempo completo comparable. La situación de exclusión social queda determinada por la pertenencia a alguno de los siguientes colectivos:

- Perceptores de Rentas Mínimas de Inserción y miembros de la unidad de convivencia beneficiarios de las mismas.
- Personas que no puedan acceder a dichas prestaciones por falta del período exigido de residencia o de empadronamiento, o para la constitución de la unidad perceptora, o que han agotado el período máximo de percepción legalmente establecido.
- Jóvenes mayores de 18 años y menores de 30, procedentes de Instituciones de Protección de Menores.
- Personas con problemas de drogadicción u otros trastornos adictivos que se encuentren en proceso de rehabilitación o reinserción social.
- Internos de centros penitenciarios cuya situación penitenciaria les permita acceder a un empleo así como liberados condicionales y ex reclusos.

(continuación...)

- Menores internos cuya situación les permita acceder a un empleo, así como los que se encuentran en situación de libertad vigilada y los ex internos.
- Personas procedentes de centros de alojamiento alternativo autorizados por las comunidades autónomas y las ciudades autónomas de Ceuta y Melilla.
- Personas procedentes de servicios de prevención e inserción social autorizados por las comunidades autónomas y las ciudades autónomas de Ceuta y Melilla.

El trabajador no podrá tener una relación de parentesco por consanguinidad o afinidad hasta el segundo grado inclusive con el empresario o con quienes ostenten cargos de dirección o sean miembros de los órganos de administración de las sociedades. No será de aplicación esta exclusión cuando el empleador sea un trabajador autónomo sin asalariados y contrate a un solo familiar menor de 45 años que no conviva en su hogar ni esté a su cargo, ni en el supuesto de hijos del trabajador autónomo menores de 30 años que trabajen con él, convivan o no con él.

El trabajador no debe haber estado vinculado a la empresa, grupo de empresa o entidad en los 24 meses anteriores a la contratación mediante contrato indefinido, o en los últimos 6 meses mediante un contrato de duración determinada, temporal o formativo, de relevo o de sustitución por jubilación. Quedan excluidos los trabajadores que hayan finalizado su relación laboral de carácter indefinido en un plazo de 3 meses previos a la formalización del contrato, salvo que se trate de un despido reconocido o declarado improcedente, o un despido colectivo.

Cada contrato temporal dará derecho a una **bonificación** de 147,00 € / mes durante toda la vigencia del contrato. La bonificación se aplicará proporcionalmente a la jornada en los casos de contrato a tiempo parcial.

La empresa deberá hallarse al corriente en el cumplimiento de sus obligaciones tributarias y con la Seguridad Social y no haber sido excluida del acceso a beneficios derivados de programas de empleo por sanción.

Los beneficios establecidos no podrán superar, en concurrencia con otras ayudas públicas para la misma finalidad, el 60 % del coste salarial anual correspondiente al contrato que se bonifica.

2.5.8. Para trabajadores mayores de 52 años beneficiarios de subsidio de desempleo

Se trata de una cláusula específica prevista para la contratación de trabajadores mayores de 52 años, inscritos en el servicio público de empleo, que sean beneficiarios del subsidio de desempleo y a los que se contrate temporalmente por tiempo superior a 3 meses.

No podrán tener relación de parentesco por consanguinidad o afinidad hasta el segundo grado inclusive con el empresario o con quienes ostenten cargos de dirección o sean miembros de los órganos de administración de las sociedades.

Permite al trabajador seguir percibiendo el 50 % de la cuantía de subsidio con el tope máximo del doble del tiempo pendiente de percepción. Además, si le obliga a cambiar de residencia, puede percibir un pago equivalente a 3 mensualidades del subsidio. La empresa abonará la diferencia hasta el salario que le corresponda percibir y cotizará a la Seguridad Social por el total.

No podrán aplicar esta medida las empresas que tengan un expediente de regulación de empleo (ERE) en vigor o si el desempleado ha trabajado en ellas en los 12 meses anteriores.

2.5.9. De situación de jubilación parcial

Es la situación de contrato de trabajo a tiempo parcial con el trabajador que reúne los requisitos de jubilación parcial y concierta con su empresa una reducción de jornada y de salario entre un 25 % y un 50 %. Puede ser hasta el 75 % si el trabajador relevista es contratado a jornada completa con un contrato indefinido.

Si el trabajador no ha alcanzado la edad de jubilación ordinaria, la empresa tiene que concertar simultáneamente un contrato temporal de relevo con un desempleado.

2.5.10. De relevo

Este contrato se concierta con un trabajador inscrito como desempleado o que tuviese concertado con la empresa un contrato de duración determinada para sustituir a un trabajador de la empresa que accede a situación de jubilación parcial. Se celebrará simultáneamente con el contrato a tiempo parcial que se pacte con este último.

La **duración** del contrato tiene que ser indefinida o por el tiempo que le falte al trabajador sustituido para alcanzar la edad de jubilación total ordinaria. Si el trabajador sustituido alcanza dicha edad pero no se jubila, el contrato de relevo se va prorrogando por anualidades.

No obstante, si la reducción de jornada y de salario del trabajador sustituido pudiera alcanzar el 75 %, el contrato de relevo deberá alcanzar al menos una duración igual al resultado de sumar 2 años al tiempo que le falte al trabajador sustituido para alcanzar la edad de jubilación ordinaria. En el supuesto de que el contrato se extinga antes de alcanzar esa duración mínima, el empresario estará **obligado** a celebrar un nuevo contrato, por el tiempo restante, y en los mismos términos del extinguido.

Podrá tener una duración indefinida o anual el contrato de relevo celebrado por la empresa para sustituir la parte de jornada que ha dejado vacante el trabajador parcialmente jubilado tras haber alcanzado la edad de jubilación ordinaria.

En este supuesto, el contrato se prorrogará automáticamente por periodos anuales, extinguiéndose en todo caso al finalizar el periodo correspondiente al año en que se produzca la jubilación total del trabajador relevado.

Salvo el supuesto en que deba celebrarse obligatoriamente a tiempo completo, el contrato podrá serlo a jornada completa o a tiempo parcial, pero en este caso la jornada deberá ser, como mínimo, igual a la reducción de jornada acordada por el trabajador sustituido.

El horario de trabajo del trabajador relevista podrá completar el del trabajador sustituido o simultanearse con él.

El puesto de trabajo del trabajador relevista podrá ser el mismo del trabajador sustituido y, en todo caso, deberá existir una correspondencia entre las bases de cotización de ambos.

A la finalización del contrato, el trabajador tendrá derecho a una indemnización de 12 días de salario por año de servicio.

2.5.11. De personas con discapacidad

Cuando se contrate a un trabajador inscrito como desempleado con una discapacidad de grado igual o superior al 33 % por una duración de 1 a 3 años, o un pensionista por incapacidad permanente total, absoluta o gran invalidez, la empresa podrá bonificarse en las cuotas empresariales a la Seguridad Social en las siguientes cuantías:

- Trabajadores sin discapacidad severa:
  - Menores de 45 años: 3 500,00 € / año (si es hombre) o 4 100,00 € / año si es mujer.
  - Mayores de 45 años: 4 100,00 € / año (hombre) o 4 700,00 € / año (mujer).
- Trabajadores con discapacidad severa:
  - Menores de 45 años: 4 100,00 € / año (si es hombre) o 4 700,00 € / año si es mujer.
  - Mayores de 45 años: 4 700,00 € / año (hombre) o 5 300,00 € / año (mujer).

Las bonificaciones se aplicarán proporcionalmente en caso de las contrataciones a tiempo parcial.

Al término del contrato, el trabajador percibirá una indemnización equivalente a 12 días de salario por año de servicio.

2.5.12. De trabajo en grupo

Es el contrato celebrado entre una empresa y un grupo de trabajadores considerado en su totalidad.

El empresario no tendrá (frente a cada uno de sus miembros) los derechos y deberes que como tal le competen, sino que el jefe de grupo ostentara la representación de los miembros que lo integran, y responderá de las obligaciones inherentes a dicha representación.

2.6. CONTRATO DE FORMACIÓN EN ALTERNANCIA

> El contrato para la formación en alternancia tendrá por objeto compatibilizar una actividad laboral retribuida con los correspondientes procesos formativos en el ámbito de la formación profesional, de los estudios universitarios o del catálogo de especialidades formativas del Sistema Nacional de Empleo.

Para cumplir con el objetivo de cualificación profesional, la actividad laboral desempeñada en régimen de alternancia ha de complementar, coordinarse e integrarse con la actividad formativa en un programa común, en el marco de los acuerdos y convenios de cooperación suscritos por los centros universitarios o de formación profesional y las entidades formativas acreditadas o inscritas con las empresas y entidades colaboradoras.

El puesto de trabajo debe permitir la formación complementaria prevista, y la actividad laboral desempeñada en la empresa deberá estar directamente relacionada con la actividad formativa que justifica la contratación laboral.

Los contratos para la formación en alternancia pueden ser beneficiarios de **incentivos** a la contratación cuando se cumplan los requisitos que se exijan por la normativa aplicable, dependiendo del tamaño de la plantilla de la empresa. El incentivo será una reducción del 100 % en las cuotas a la Seguridad Social del trabajador contratado y del 100 % en las cuotas empresariales a la Seguridad Social cuando la plantilla de la empresa sea menor de 250 personas, o del 75 % si es igual o mayor de 250 trabajadores.

Agotada su duración máxima, si el contrato se transforma en indefinido, las empresas tendrán derecho a una reducción en las cuotas de la Seguridad Social de 1 500 euros durante los 3 primeros años, o de 1 800 euros en el caso de ser mujer.

La formalización del contrato y el anexo relativo al convenio de colaboración suscrito entre el centro o entidad formativa deberá constar por escrito en los modelos oficiales establecidos por el Servicio Público de Empleo Estatal.

2.6.1. Ordinario

Este contrato se podrá celebrar con las personas que carezcan de la cualificación profesional reconocida por las titulaciones o de los certificados requeridos que le permitirían concertar un contrato formativo para obtener cierta práctica profesional. Sin perjuicio de lo anterior, se podrán realizar contratos vinculados a estudios de formación profesional o universitaria con personas que posean otra titulación, siempre que no hayan tenido otro contrato formativo previo en una formación del mismo nivel formativo y del mismo sector productivo.

La persona contratada no podrá ser menor de 16 años ni mayor de 30.

No obstante, el límite de 30 años no será de aplicación en el supuesto de contratos de formación en alternancia con estudios universitarios, de formación profesional y de certificados de profesionalidad de nivel 3.

La actividad desempeñada por la persona trabajadora en la empresa deberá estar **directamente relacionada** con las actividades formativas que justifican la contratación laboral, coordinándose e integrándose en un programa de formación común que haya sido elaborado en el marco de los acuerdos y convenios de cooperación suscritos por las autoridades laborales o educativas (de formación profesional o universidades) con empresas y entidades colaboradoras.

Son parte sustancial de este contrato tanto la formación teórica dispensada por el centro o entidad de formación o la propia empresa, cuando así se establezca, como la correspondiente formación práctica dispensada por la empresa y el centro. El puesto de trabajo debe permitir la formación complementaria prevista, y la actividad laboral desempeñada en la empresa deberá estar directamente relacionada con la actividad formativa que justifica la contratación laboral.

La formación inherente al contrato para la formación en alternancia también se podrá impartir en la propia empresa si dispone de instalaciones adecuadas y personal con formación técnica y didáctica adecuada a los efectos de la acreditación de la competencia o cualificación profesional, sin perjuicio de la necesidad, en su caso, de realizar periodos de formación complementaria en otros centros formativos. En todo caso, la empresa deberá estar autorizada para ofertar la formación de ciclos formativos, o acreditada como centro para impartir la formación dirigida a obtener certificados de profesionalidad, o inscrita para impartir formación del catálogo de especialidades formativas del Sistema Nacional de Empleo, para lo cual deberá reunir los requisitos establecidos en la normativa de aplicación, así como las condiciones que puedan determinar las administraciones educativas y laborales en el ámbito de sus competencias. En estos supuestos no será precisa la suscripción de convenio o acuerdo de cooperación, debiendo elaborar en todo caso el correspondiente plan formativo individual.

La duración del contrato será la prevista en el correspondiente plan o programa formativo, con un mínimo de 3 meses y un máximo de 2 años, y podrá desarrollarse al amparo de un solo contrato de forma no continuada, a lo largo de diversos periodos anuales coincidentes con los estudios, en el caso de estar previsto en el plan o programa formativo.

En caso de que el contrato se hubiera concertado por una duración **inferior** a la máxima legal establecida y no se hubiera obtenido el título, certificado, acreditación o diploma asociado al contrato formativo, podrá prorrogarse mediante acuerdo de las partes hasta la obtención de dicho título, certificado, acreditación o diploma sin superar nunca la duración máxima de 2 años.

Solo podrá celebrarse un contrato de formación en alternancia por cada ciclo formativo de formación profesional y titulación universitaria, certificado de profesionalidad o itinerario de especialidades formativas del catálogo de especialidades formativas del Sistema Nacional de Empleo.

No obstante, podrán formalizarse contratos de formación en alternancia con varias empresas en base al mismo ciclo, certificado de profesionalidad o itinerario de especialidades del catálogo citado, siempre que dichos contratos respondan a distintas actividades vinculadas al ciclo, plan o programa formativo y sin que la duración máxima de todos los contratos pueda exceder el límite previsto en el apartado anterior.

La jornada de los contratos de formación en alternancia será la suma del tiempo de trabajo efectivo en la empresa más el tiempo de formación teórica. Sin perjuicio de que dicha suma pueda resultar inferior a la duración máxima de la jornada ordinaria, estos contratos se entenderán asimilados a contratos a tiempo completo. En todo caso, el tiempo de trabajo efectivo no podrá ser superior, durante el primer año, al 65 % de la jornada máxima prevista en el convenio colectivo de aplicación en la empresa o, en su defecto, de la jornada máxima legal, ni superior al 85 % durante el segundo año.

En los supuestos en que la jornada diaria de trabajo incluya tanto tiempo de trabajo efectivo como actividad formativa, los desplazamientos necesarios para asistir al centro de formación computarán como tiempo de trabajo efectivo no retribuido.

En todo caso, el tiempo de trabajo efectivo en la empresa habrá de adecuarse a las actividades formativas en los siguientes términos:

- El tiempo de trabajo efectivo deberá ser suficientemente complementario del aprendizaje adquirido a través de las actividades formativas.
- Asimismo, habrá de ser compatible con el tiempo dedicado a dichas actividades formativas, permitiendo su correcto desarrollo y seguimiento.

Las personas contratadas por medio de un contrato de formación en alternancia no podrán realizar horas complementarias ni horas extraordinarias, salvo el supuesto de las destinadas a prevenir o reparar siniestros u otros daños extraordinarios y urgentes. Tampoco podrán realizar trabajos nocturnos ni trabajo a turnos.

Excepcionalmente, podrán realizarse actividades laborales en los citados períodos cuando las actividades formativas para adquirir los aprendizajes previstos en el plan formativo no puedan desarrollarse en otros momentos debido a la naturaleza de la actividad.

No se podrán celebrar contratos formativos en alternancia cuando la actividad o el puesto de trabajo correspondiente al contrato haya sido desempeñado con anterioridad por la persona trabajadora en la misma empresa, bajo cualquier modalidad, por tiempo superior a 6 meses.

No podrá establecerse un periodo de prueba en estos contratos.

Para estos contratos, la **retribución** será la establecida en el convenio colectivo de aplicación. En defecto de previsión convencional, la retribución no podrá ser inferior al 60 % (el primer año) ni al 75 % (el segundo) respecto de la fijada en el convenio para el grupo profesional y nivel retributivo que se correspondan a las funciones desempeñadas, y en proporción al tiempo de trabajo efectivo. En ningún caso la retribución podrá ser inferior al salario mínimo interprofesional (SMI) y en proporción al tiempo de trabajo efectivo.

El contrato para la formación en alternancia deberá incorporar como anexo el convenio de colaboración suscrito entre la empresa y el centro o entidad formativa en la que el estudiante desarrolle su formación.

Los convenios de colaboración que se suscriban entre las empresas y los centros o entidades de formación, para celebrar contratos de formación en alternancia, definirán con carácter previo las competencias y conocimientos básicos que se pretendan alcanzar de forma complementaria y coordinada con los conocimientos que la persona trabajadora adquiera durante la formación en dicho centro o entidad, de conformidad con lo dispuesto en la normativa educativa aplicable y con lo dispuesto en este capítulo.

El convenio de colaboración contemplará, como mínimo, los siguientes aspectos:

- Criterios para establecer la jornada y horario en el centro y en la empresa.
- Plan formativo individual, que deberá contener, como mínimo:
  - Itinerario formativo-laboral, que concrete los contenidos de la actividad laboral en la empresa a lo largo del contrato hasta alcanzar el total de funciones o conocimientos necesarios para el desarrollo integral del puesto de trabajo o tareas. Para ello deberán establecerse objetivos medibles e hitos calendarizados.
  - Mecanismos de coordinación entre la actividad formativa y la actividad en la empresa para el seguimiento de los objetivos e hitos integrados en el itinerario formativo-laboral.
  - Mecanismos de tutoría y supervisión.
  - Sistemas de evaluación de la actividad laboral desarrollada.
- En su caso, compromisos de contratación ordinaria por parte de la empresa, una vez concluido el contrato de formación en alternancia.

La empresa pondrá en conocimiento de la **representación legal** de las personas trabajadoras los acuerdos de colaboración que se concierten para la contratación formativa, así como, de forma específica, los planes individuales.

La persona trabajadora que sea titular del contrato de formación en alternancia contará con la tutela de una persona designada por la empresa y otra por el centro o entidad de formación, que deberán disponer de la experiencia o formación adecuadas. La persona designada por la empresa deberá tutelar el desarrollo de la actividad laboral, asegurando que se efectúa de conformidad con lo previsto en el convenio de colaboración, y será responsable del seguimiento del itinerario formativo-laboral, de la supervisión de la persona trabajadora y de la evaluación de la actividad laboral desarrollada, debiendo elaborar, al finalizar la actividad laboral de la persona trabajadora, un informe sobre el desempeño del puesto de trabajo, todo ello en los términos fijados en el plan formativo individual.

Sin perjuicio de lo anterior, si así se prevé en el propio plan, el tutor principal en la empresa podrá designar a otras personas trabajadoras de la empresa que, por sus competencias profesionales, participarán en el desarrollo del itinerario formativo-laboral.

La empresa deberá garantizar que la persona designada como tutora cuenta con el tiempo y los medios necesarios para asegurar el cumplimiento del plan formativo individual, todo ello sin perjuicio de la fijación, en su caso, de una retribución específica que compense el desarrollo de dichas funciones.

La persona tutora designada por el centro o entidad de formación deberá garantizar, más allá de lo especificado en el convenio de colaboración, la coordinación efectiva con la persona tutora designada por la empresa.

Los centros de formación profesional, las entidades formativas acreditadas o inscritas y los centros universitarios, en el marco de los acuerdos y convenios de cooperación, elaborarán, con la participación de la empresa, los planes formativos individuales donde se especifique el contenido de la formación, el calendario y las actividades y los requisitos de tutoría para el cumplimiento de sus objetivos.

La acción protectora de la Seguridad Social del trabajador contratado para la formación en alternancia comprenderá todas las contingencias, situaciones protegibles y prestaciones, incluido el desempleo. Asimismo, se tendrá derecho a la cobertura del Fondo de Garantía Salarial (FOGASA).

Si se continúa prestando servicio en la empresa una vez cumplido el término máximo del contrato, se considera tácitamente como contrato ordinario por tiempo indefinido, salvo prueba en contrario.

2.6.2. Con personas con discapacidad

No será de aplicación el límite máximo de edad cuando el contrato se concierte con personas con discapacidad.

En el caso de suscribirse el contrato de formación en alternancia con personas con discapacidad, el límite de la duración máxima podrá ampliarse en 1 año, de acuerdo con las previsiones especificas incluidas en el plan formativo y en el convenio de colaboración.

Si existe discapacidad intelectual, podrá dedicarse hasta un 25 % del tiempo de trabajo a rehabilitación, habilitación o ajuste personal o social.

Si fuera necesario, la oferta formativa podrá flexibilizarse de acuerdo con la normativa específica, así como facilitación de la accesibilidad a los centros de formación.

Las empresas tendrán derecho a una bonificación, durante la duración del contrato, a tiempo completo o parcial, del 50 % de la cuota empresarial de la Seguridad Social prevista para los contratos para la formación en alternancia.

2.7. CONTRATO FORMATIVO PARA LA OBTENCIÓN DE PRÁCTICA PROFESIONAL

> Este contrato tendrá por objeto la obtención de la práctica profesional adecuada al nivel de estudios o formativo objeto del contrato, mediante la adquisición de las habilidades y capacidades necesarias para el desarrollo de la actividad laboral correspondiente al título que la persona trabajadora haya obtenido con carácter previo.

Los contratos formativos para la obtención de la práctica profesional pueden ser beneficiarios de incentivos a la contratación.

Deberá formalizarse por **escrito** haciendo constar expresamente la titulación del trabajador, la duración del contrato y el puesto a desempeñar durante las prácticas.

En el supuesto de trabajadores **a distancia**, el contrato deberá constar el lugar en que se realice la prestación.

Si el contrato se celebra a tiempo **parcial**, en él deberán figurar el número de horas ordinarias de trabajo al día, a la semana, al mes o al año que se hayan contratado y su distribución.

2.7.1. Ordinario

> Este contrato podrá concertarse con quienes estuviesen en posesión de un título universitario o de un título de grado medio o superior, especialista, máster profesional o certificado del sistema de formación profesional, así como con quienes posean un título equivalente de enseñanzas artísticas o deportivas del sistema educativo, que habiliten o capaciten para el ejercicio de la actividad laboral.

El contrato de trabajo para la obtención de práctica profesional deberá concertarse dentro de los 3 años siguientes a la terminación de los correspondientes estudios.

En el caso de personas que hayan realizado sus estudios en el extranjero, dicho cómputo se efectuará desde la fecha del reconocimiento u homologación del título en España, cuando tal requisito sea exigible para el ejercicio profesional.

No podrá suscribirse con quien ya haya obtenido experiencia profesional o realizado actividad formativa en la misma actividad dentro de la empresa por un tiempo superior a 3 meses, sin que se computen a estos efectos los periodos de formación o prácticas que formen parte del currículo exigido para la obtención de la titulación o certificado que habilita esta contratación.

No obstante, las empresas podrán concertar contratos para la obtención de la práctica profesional con personas que hubieran ocupado el mismo puesto de trabajo mediante un contrato formativo previo, siempre y cuando no se haya alcanzado el máximo legal, en cuyo caso podrá concertarse por el periodo restante hasta alcanzar dicho máximo.

Ninguna persona podrá ser contratada en la misma o distinta empresa por tiempo superior a los máximos previstos, en virtud de la misma titulación o certificado profesional.

A estos efectos, los títulos de grado, máster y doctorado correspondientes a los estudios universitarios no se considerarán la misma titulación, salvo que la persona trabajadora estuviera ya en posesión del título superior de que se trate al ser contratada por primera vez mediante este contrato.

El puesto de trabajo deberá permitir la obtención de la práctica profesional adecuada al nivel de estudios o de formación que sea objeto del contrato. La empresa elaborará el plan formativo individual en el que se especifique el contenido de la práctica profesional, y asignará un tutor o tutora que cuente con la formación o la experiencia adecuadas para el seguimiento del plan y el correcto cumplimiento del objeto del contrato.

La **duración** de este contrato no podrá ser inferior a 6 meses ni exceder de 1 año. Dentro de estos límites, los convenios colectivos de ámbito sectorial estatal o autonómico, o en su defecto, los convenios colectivos sectoriales de ámbito inferior, podrán determinar la duración de este contrato, atendiendo a las características del sector y a las prácticas profesionales a realizar.

Si el contrato se hubiera concertado por una duración inferior a la máxima establecida, las partes podrán acordar su prórroga, salvo disposición en contrario por convenio, sin que la duración total del contrato pueda exceder de la citada duración máxima.

En ningún caso la duración de cada prórroga podrá ser inferior a la duración mínima del contrato establecida legal o convencionalmente.

No obstante, las personas contratadas con un contrato de formación para la obtención de práctica profesional **no podrán realizar horas extraordinarias**, salvo en los supuestos de prevención o reparación de siniestros u otros daños urgentes y extraordinarios.

La **retribución** por el tiempo de trabajo efectivo será la fijada en el convenio colectivo aplicable en la empresa para estos contratos o, en su defecto, la del grupo profesional y nivel retributivo correspondiente a las funciones desempeñadas. En ningún caso la retribución podrá ser inferior a la retribución mínima establecida para el contrato para la formación en alternancia ni al salario mínimo interprofesional (SMI) en proporción al tiempo de trabajo efectivo.

Se podrá establecer un **periodo de prueba** que, en ningún caso, podrá exceder de 1 mes, salvo lo dispuesto en convenio colectivo.

El plan formativo individual de cada contrato para la obtención de práctica profesional deberá incorporar, como mínimo, los siguientes contenidos:

- Itinerario formativo-laboral, que concrete los contenidos de la actividad laboral en la empresa a lo largo del contrato, hasta alcanzar el total de funciones o conocimientos necesarios para el desarrollo integral del puesto de trabajo o tareas.
- Sistemas de evaluación de la actividad laboral desarrollada.
- Actividades de tutoría a realizar.

A la finalización del contrato para la obtención de la práctica profesional, la persona trabajadora tendrá derecho a la certificación del contenido de la práctica realizada.

2.7.2. De personas con discapacidad

En este caso, se permite concertar el contrato dentro de los 5 años siguientes a la terminación de los correspondientes estudios.

Se puede contratar a personas trabajadoras con discapacidad con un grado igual o superior al 33 %, reconocido como tal por el organismo competente, o a pensionistas de la Seguridad Social que tengan reconocida una pensión de incapacidad permanente en el grado de total, absoluta o gran invalidez.

El contrato se formalizará por **escrito**, en ejemplar cuadruplicado y modelo oficial. Al contrato se acompañará la solicitud de alta en el régimen correspondiente de la Seguridad Social, así como el certificado de discapacidad.

Las empresas tendrán derecho a una **bonificación**, durante la duración del contrato, sea a tiempo completo o parcial, del 50 % de la cuota empresarial de la Seguridad Social correspondiente a las contingencias comunes.

Puede obtenerse una **subvención** para la adaptación de puestos de trabajo, eliminación de barreras o dotación de medios de protección personal, siempre que su duración sea igual o superior a 12 meses.

Además, la empresa tendrá derecho a una **deducción** de la cuota íntegra de 9 000,00 € / año por cada persona contratada cuando, en el período impositivo, exista un incremento del promedio de la plantilla de los trabajadores contratados que tengan una discapacidad en un grado igual o superior al 33 % e inferior al 65 % respecto a la plantilla media de trabajadores de la misma naturaleza del ejercicio anterior. Y la empresa también tendrá derecho a una deducción de 12 000,00 € / año por cada persona si el incremento se refiere a trabajadores con una discapacidad en grado igual o superior al 65 %.

2.7.3. Con personas con capacidad intelectual límite

En caso de personas con capacidad intelectual limite (entre el 20 y el 33 % de discapacidad intelectual) inscritas en los Servicios Públicos de Empleo como demandantes de empleo, la **duración** máxima del contrato podrá ampliarse previo informe favorable del Servicio Público de Empleo competente, sin que, en ningún caso, pueda exceder de cuatro años.

Las personas contratadas podrán realizar, ya sea en el puesto de trabajo o en procesos formativos presenciales, la formación de módulos formativos que no sean a distancia.

Durante su vigencia, dará derecho a una **bonificación** de 91,00 € / mes en la cuota empresarial. Asimismo, a una bonificación de 28,00 € / mes en las cuotas de la persona trabajadora a la Seguridad Social.

En la web del Servicio Público de Empleo Estatal (www.sepe.es) está publicada una guía de contratos con las modalidades vigentes en cada momento, sus características y requisitos.

En el momento del cierre de esta edición está disponible en el enlace: https://www.sepe.es/HomeSepe/que-es-el-sepe/comunicacion-institucional/publicaciones/publicaciones-oficiales/listado-pub-empleo/guia-contratos.html

Igualmente, desde la misma web pueden descargarse y cumplimentarse los impresos oficiales de las distintas modalidades de contratos.

En el momento del cierre de esta edición, el enlace activo es: https://www.sepe.es/HomeSepe/empresas/Contratos-de-trabajo/modelos-contrato.html

MINISTERIO DE TRABAJO Y ECONOMÍA SOCIAL

SERVICIO PÚBLICO DE EMPLEO ESTATAL | SEPE

Unión Europea
Fondo Social Europeo
"El FSE invierte en tu futuro"

CONTRATO DE TRABAJO INDEFINIDO

DATOS DE LA EMPRESA

CIF/NIF/NIE		
D./DÑA.	NIF/NIE	EN CONCEPTO (1)
NOMBRE O RAZÓN SOCIAL DE LA EMPRESA	DOMICILIO SOCIAL	
PAÍS	MUNICIPIO	C. POSTAL

DATOS DE LA CUENTA DE COTIZACIÓN

RÉGIMEN	CÓDIGO CUENTA COTIZACIÓN	ACTIVIDAD ECONÓMICA

DATOS DEL CENTRO DE TRABAJO

PAÍS	MUNICIPIO

DATOS DEL/DE LA TRABAJADOR/A

D./DÑA.	NIF/NIE	FECHA NACIMIENTO	Nº AFILIACIÓN SEGURIDAD SOCIAL
NIVEL FORMATIVO		NACIONALIDAD	
MUNICIPIO DEL DOMICILIO		PAÍS DOMICILIO	

con la asistencia legal, en su caso, de D./Dña. ....
con NIF/NIE ...., en calidad de (2) ....

DECLARAN

Que reúnen los requisitos exigidos para la celebración del presente contrato y, en su consecuencia, acuerdan formalizarlo con arreglo a las siguientes:

CLÁUSULAS

PRIMERA: el/la trabajador/a prestará sus servicios como (3) ....
incluido en el grupo profesional de ....
para la realización de las funciones (4) ....
de acuerdo con el sistema de clasificación profesional vigente en la empresa. En el centro de trabajo ubicado en (calle, nº y localidad)
....

☐ Trabajo a distancia (5)

SEGUNDA: el contrato se concierta para realizar trabajos fijos-discontinuos de acuerdo con el artículo 16 del Estatuto de los Trabajadores (6)
....
dentro de la actividad cíclica intermitente de (7) ....
La duración estimada de la actividad será de (8) ....
La jornada estimada dentro del período de actividad será de .... horas (9) ....
y la distribución horaria estimada será ....
Los/as trabajadores/as serán llamados/as en el orden y forma que se determine en el Convenio Colectivo de
.... o acuerdo de empresa.

Si el convenio colectivo de ámbito sectorial permite en los contratos fijos-discontinuos utilizar la modalidad de tiempo parcial, indique si se acoge al mismo: ◯ SÍ ◯ NO

(1) Director/a, Gerente, etc.
(2) Padre, madre, tutor/a o persona o institución que le tenga a su cargo.
(3) Indicar la profesión, oficio o puesto de trabajo a desempeñar.
(4) Las funciones pueden ser todas las del grupo profesional o solamente alguna de ellas.

MOD CIND CAS 09_2023

1

MINISTERIO
DE TRABAJO
Y ECONOMÍA SOCIAL

TERCERA: la jornada de trabajo será:

◯ A tiempo completo: la jornada de trabajo será de .... horas semanales, prestadas de .... , a .... , con los descansos establecidos legal o convencionalmente. (10).

◯ A tiempo parcial: la jornada de trabajo ordinaria será de .... horas ◯ al día, ◯ a la semana, ◯ al mes, ◯ al año, siendo esta jornada inferior a la de un trabajador a tiempo completo comparable (11).

La distribución del tiempo de trabajo será de (12) .... , conforme a lo previsto en el convenio colectivo.

En el caso de jornada a tiempo parcial señálese si existe o no pacto sobre la realización de horas complementarias (13): ◯SÍ ◯NO

CUARTA: la duración del presente contrato será INDEFINIDA, iniciándose la relación laboral en fecha ...., y se establece un período de prueba de (14) ....

QUINTA: el/la trabajador/a percibirá una retribución total de .... euros brutos (15) .... que se distribuirán en los siguientes conceptos salariales (16) ....

SEXTA: la duración de las vacaciones anuales será de (17) ....

SÉPTIMA: en lo no previsto en este contrato, se estará a la legislación vigente que resulte de aplicación y particularmente en el Estatuto de los Trabajadores y el Convenio Colectivo de

....

OCTAVA: el presente contrato se formaliza bajo la modalidad de contrato de relevo: ◯SÍ ◯NO

El/la trabajador/a:

◯ Que está en desempleo e inscrito/a como demandante en el Servicio Público de Empleo de ....

◯ Que tiene concertado con la empresa un contrato de duración determinada que fue registrado en el Servicio Público de Empleo de ...., con el número .... con fecha ....

El/la representante de la empresa:

Que el/la trabajador/a de la empresa, D/Dña. ...., nacido el ...., que presta sus servicios en el centro de trabajo ubicado en (calle, nº y localidad) .... con la profesión de ...., incluido en el grupo profesional .... de acuerdo con el sistema de clasificación profesional vigente en la empresa que reduce su jornada ordinaria de trabajo y su salario en un ....(18) por acceder a la situación de jubilación parcial regulada por el artículo 215 del Real Decreto Legislativo 8/2015, de 30 de octubre, por el que se aprueba el texto refundido de la Ley General de la Seguridad Social ha suscrito con fecha ...., y hasta .... el correspondiente contrato de trabajo a tiempo parcial registrado en el Servicio Público de Empleo de ...., con el número .... con fecha ....

NOVENA: ESTE CONTRATO PODRÁ SER COFINANCIADO POR EL FONDO SOCIAL EUROPEO.

DÉCIMA: el contenido del presente contrato se comunicará al Servicio Público de Empleo de ...., en el plazo de los 10 días hábiles siguientes a su concertación.

UNDÉCIMA: PROTECCIÓN DE DATOS. - Los datos consignados en el presente modelo tendrán la protección derivada del Reglamento (UE) 2016/679 del Parlamento Europeo, de 27 de abril de 2016 y de la Ley Orgánica 3/2018, de 5 de diciembre.

---

(5) El trabajo a distancia se regula por lo dispuesto en la Ley 10/2021, de 9 de julio y requiere la firma del correspondiente acuerdo.
(6) Esta cláusula solo se cumplimentará en caso de desarrollar trabajos de carácter fijos discontinuos. Indicar la actividad profesional a desarrollar por el/la trabajador/a.
(7) Indicar la actividad fija discontinua o de temporada de la empresa y su duración.
(8) Diarios, semanales, mensuales o anuales. Detallar Convenio.
(9) Indique el número de horas según convenio colectivo para jornada completa, máximo legal o lo del trabajador a tiempo completo.
(10) Indique la jornada del trabajador.
(11) Se entenderá por «trabajador a tiempo completo comparable» a un trabajador a tiempo completo de la misma empresa y centro de trabajo con el mismo tipo de contrato de trabajo y que realice un trabajo idéntico o similar. Si en la empresa no hubiera ningún trabajador comparable a tiempo completo, se considerará la jornada a tiempo completo prevista en el convenio colectivo de aplicación, o, en su defecto, la jornada máxima legal.
(12) Indique la distribución del tiempo de trabajo según el convenio colectivo.
(13) Señálese lo que proceda y en caso afirmativo adjunte el anexo si hay horas complementarias.
(14) Respetando lo establecido en el artículo 14.1 del Estatuto de los Trabajadores.
(15) Diarios, semanales, mensuales o anuales.
(16) Salario base, complementos salariales, pluses.
(17) Mínimo: 30 días naturales.
(18) Un mínimo del 25 % y un máximo del 75 %.

MOD CIND CAS 09_2023

Unión Europea
Fondo Social Europeo
"El FSE invierte en tu futuro"

2

SERVICIO PÚBLICO DE EMPLEO ESTATAL | SEPE

Que el CONTRATO INDEFINIDO que se celebra (marque la casilla que corresponda) se realiza con las siguientes cláusulas específicas:

- ☐ INDEFINIDO ORDINARIO .... pág. 4
- ☐ PARA PERSONAS CON DISCAPACIDAD .... pág. 5
- ☐ PARA PERSONAS CON CAPACIDAD INTELECTUAL LÍMITE .... pág. 6
- ☐ PARA PERSONAS CON DISCAPACIDAD EN CENTROS ESPECIALES DE EMPLEO .... pág. 7
- ☐ PARA PERSONAS TRABAJADORAS READMITIDAS TRAS HABER CESADO EN LA EMPRESA POR INCAPACIDAD PERMANENTE TOTAL O ABSOLUTA .... pág. 8
- ☐ PARA PERSONAS DESEMPLEADAS DE LARGA DURACIÓN .... pág. 9
- ☐ PARA PERSONAS TRABAJADORAS EN SITUACIÓN DE EXCLUSIÓN SOCIAL .... pág. 10
- ☐ PARA MUJERES TRABAJADORAS VÍCTIMAS DE VIOLENCIA DE GÉNERO, VÍCTIMAS DE VIOLENCIAS SEXUALES, VÍCTIMAS DE TRATA DE SERES HUMANOS, TANTO CON FINES DE EXPLOTACIÓN SEXUAL COMO LABORAL Y MUJERES EN CONTEXTO DE PROSTITUCIÓN, O PERSONAS VÍCTIMAS DE TERRORISMO .... pág. 11
- ☐ PARA PERSONAS TRABAJADORAS EN SITUACIÓN DE EXCLUSIÓN SOCIAL EN EMPRESAS DE INSERCIÓN .... pág. 12
- ☐ PARA PERSONAS TRABAJADORAS JÓVENES CON BAJA CUALIFICACIÓN BENEFICIARIAS DEL SISTEMA NACIONAL DE GARANTÍA JUVENIL .... pág. 13
- ☐ PARA PERSONAS QUE REALIZAN FORMACIÓN PRÁCTICA EN EMPRESAS .... pág. 14
- ☐ PARA PERSONAS MAYORES DE 52 AÑOS BENEFICIARIAS DE SUBSIDIOS POR DESEMPLEO .... pág. 15
- ☐ PARA PERSONAS PROCEDENTES DE UN CONTRATO FORMATIVO DE EMPRESAS DE TRABAJO TEMPORAL .... pág. 16
- ☐ PARA PERSONAS TRABAJADORAS AL SERVICIO DEL HOGAR FAMILIAR .... pág. 17
- ☐ CONVERSIÓN DE CONTRATO TEMPORAL EN INDEFINIDO .... pág. 18
- ☐ OTRAS SITUACIONES .... pág. 19

y cumple los requisitos exigidos en la norma regulatoria.

MOD OIND CAS 09_2023

Unión Europea
Fondo Social Europeo
"El FSE invierte en tu futuro"

3

SERVICIO PÚBLICO DE EMPLEO ESTATAL | SEPE

INDEFINIDO ORDINARIO

CÓDIGO DE CONTRATO

◯	TIEMPO COMPLETO	1 0 0
◯	TIEMPO PARCIAL	2 0 0
◯	FIJO-DISCONTINUO	3 0 0

MOD CIND CAS 09_2023

Unión Europea
Fondo Social Europeo
"El FSE invierte en tu futuro"

4

SERVICIO PÚBLICO DE EMPLEO ESTATAL | SEPE

☐ **CLÁUSULAS ESPECÍFICAS PARA PERSONAS CON DISCAPACIDAD**

CÓDIGO DE CONTRATO	
◯ TIEMPO COMPLETO	130
◯ TIEMPO PARCIAL	230
◯ FIJO-DISCONTINUO	330

Que el/la trabajador/a, es persona con discapacidad (1) y que tiene reconocida la condición de tal como se acredita mediante certificación expedida por (2): ....

En el caso de contratos celebrados a tiempo completo, la empresa podrá tener derecho a las subvenciones correspondientes de acuerdo con lo establecido en el Real Decreto 818/2021, de 28 de septiembre, en los términos que determine el servicio público de empleo competente y a las siguientes bonificaciones, de acuerdo con la Ley 43/2006, de 29 de diciembre, en la cuota empresarial a la Seguridad Social durante toda la vigencia del contrato:

TRABAJADORES/AS CON DISCAPACIDAD SIN ESPECIALES DIFICULTADES PARA SU INSERCIÓN LABORAL (3)

	HOMBRES	MUJERES
MENORES DE 45 AÑOS	◯ 375 euros/mes	◯ 445,83 euros/mes
MAYORES DE 45 AÑOS	◯ 475 euros/mes	◯ 475 euros/mes

TRABAJADORES/AS CON DISCAPACIDAD CON ESPECIALES DIFICULTADES PARA SU INSERCIÓN LABORAL (3)

	HOMBRES	MUJERES
MENORES DE 45 AÑOS	◯ 425 euros/mes	◯ 495,83 euros/mes
MAYORES DE 45 AÑOS	◯ 525 euros/mes	◯ 525 euros/mes

En el caso de contratos celebrados a tiempo parcial, la empresa podrá tener derecho a las subvenciones correspondientes de acuerdo con lo establecido en el Real Decreto 818/2021, de 28 de septiembre, en los términos que determine el servicio público de empleo competente y las bonificaciones que resulten de aplicar en proporción a la jornada establecida en el contrato. (Artículo 10.2 del Real Decreto-ley 1/2023, de 10 enero).

Si el/la trabajador/a proviene de un Centro Especial de Empleo o un enclave laboral no se requerirá la inscripción como demandante de empleo en los servicios públicos de empleo a efectos de la aplicación de las bonificaciones y podrá tener derecho a las subvenciones correspondientes de acuerdo con lo establecido en el Real Decreto 818/2021, de 28 de septiembre, en los términos que determine el servicio público de empleo competente.

◯ El/la trabajador/a proviene de un Centro Especial de Empleo.

◯ El/la trabajador/a proviene de un enclave laboral.

(1) De acuerdo con lo establecido en el artículo 2.2.5). de la Ley 43/2006, de 29 de diciembre.
(2) Indicar el Organismo Oficial que ha expedido la certificación.
(3) Personas con discapacidad con especiales dificultades para su inserción laboral. Artículo 2.2.2). de la Ley 43/2006, de 29 de diciembre.

MOD CIND CAS 09_2023

5

SERVICIO PÚBLICO DE EMPLEO ESTATAL | SEPE

☐ **CLÁUSULAS ESPECÍFICAS PARA PERSONAS CON CAPACIDAD INTELECTUAL LÍMITE**

CÓDIGO DE CONTRATO

◯	TIEMPO COMPLETO	1 5 0
◯	TIEMPO PARCIAL	2 5 0
◯	FIJO-DISCONTINUO	3 5 0

1.- Que el trabajador/a es persona con capacidad intelectual límite, de acuerdo con lo establecido en el Real Decreto 368/2021, de 25 de mayo y que tiene reconocida tal consideración como se acredita mediante certificación expedida por (1):

....

2.- En el caso de contratos celebrados a tiempo completo, la empresa podrá tener derecho a una subvención de 2.000 euros, si se cumplen los requisitos establecidos en el Real Decreto 1451/1983, de 11 de mayo, modificado por el Real Decreto 368/2021, de 25 de mayo, en los términos que determine el Servicio Público de Empleo competente.

Asimismo la empresa tendrá derecho a una bonificación mensual de la cuota a la Seguridad Social o, en su caso, por su equivalente diario, por trabajador/a contratado/a de 128 euros/mes, durante 4 años, de acuerdo con lo establecido en el Real Decreto-ley 1/2023, de 10 enero.

3.- En el caso de que el contrato se celebre a tiempo parcial la empresa podrá tener derecho a una subvención si se cumplen los requisitos establecidos en el Real Decreto 1451/1983, de 11 de mayo, modificado por el Real Decreto 368/2021, de 25 de mayo y a las bonificaciones que resulten de aplicar en proporción a la jornada establecida en el contrato, sin que esta pueda ser inferior, a efectos de la aplicación de los correspondientes incentivos, al 50 % de la jornada a tiempo completo de una persona trabajadora comparable. (Artículo 10.2 del Real Decreto-ley 1/2023, de 10 enero).

(1) Indicar el Organismo Oficial que ha expedido la certificación.

MOD CIND CAS 09_2023

Unión Europea
Fondo Social Europeo
"El FSE invierte en tu futuro"

6

SERVICIO PÚBLICO DE EMPLEO ESTATAL | SEPE

☐ **CLÁUSULAS ESPECÍFICAS PARA PERSONAS CON DISCAPACIDAD EN CENTROS ESPECIALES DE EMPLEO**

CÓDIGO DE CONTRATO

◯	TIEMPO COMPLETO	1 5 0
◯	TIEMPO PARCIAL	2 5 0
◯	FIJO-DISCONTINUO	3 5 0

Que el/la trabajador/a, es persona con discapacidad y que tiene reconocida la condición de tal como se acredita mediante certificación expedida por (1): ....

Que se establece un período de adaptación al trabajo que a su vez tendrá el carácter de periodo de prueba de (2)

....

en las condiciones siguientes (3)

....

....

....

....

Para lograr la adecuación del puesto de trabajo a las características del/de la trabajador/a, la empresa se compromete a realizar las siguientes adaptaciones al puesto de trabajo:

....

....

....

....

y/o en caso de que el contrato sea a domicilio se realizarán los servicios de ajuste de personal y social siguientes:

....

....

....

....

Los centros especiales de empleo que contraten indefinidamente a personas con discapacidad, tendrán derecho ,durante toda la vigencia del contrato, a las bonificaciones del 100 % de la cuota empresarial a la Seguridad Social, incluidas las de accidente de trabajo y enfermedad profesional y las cuotas de recaudación conjunta, de acuerdo con lo establecido en la Ley 43/2006, de 29 de diciembre.y el Real Decreto-ley 1/2023, de 10 enero.

Asimismo podrá tener derecho a las subvenciones correspondientes de acuerdo con lo establecido en el Real Decreto 818/2021, de 28 de septiembre, en los términos que determine el servicio público de empleo competente.

En lo no previsto en este contrato se estará a la legislación vigente que resulte de aplicación, y en particular el Real Decreto 1368/1985, de 17 de julio y en el Estatuto de los Trabajadores.

(1) Indicar el Organismo Oficial que ha expedido la certificación.
(2) No podrá exceder de 6 meses.
(3) Las condiciones del período de adaptación al trabajo serán las determinadas, en su caso, por el equipo multiprofesional.

MOD CIND CAS 09_2023

Unión Europea
Fondo Social Europeo
"El FSE invierte en tu futuro"

7

SERVICIO PÚBLICO DE EMPLEO ESTATAL | SEPE

☐ **CLÁUSULAS ESPECÍFICAS PARA PERSONAS TRABAJADORAS READMITIDAS TRAS HABER CESADO EN LA EMPRESA POR INCAPACIDAD PERMANENTE, TOTAL O ABSOLUTA (1)**

CÓDIGO DE CONTRATO

○ TIEMPO COMPLETO	1 5 0
○ TIEMPO PARCIAL	2 5 0
○ FIJO-DISCONTINUO	3 5 0

Señalar lo que proceda:

- ○ La persona trabajadora cesó en la empresa por haberle reconocido una incapacidad permanente total o absoluta recobrando su plena capacidad laboral y es readmitida en la misma empresa en su categoría o grupo profesional.
- ○ La persona trabajadora cesó en la empresa por haberle reconocido una invalidez permanente y pasa a incapacidad permanente parcial y es readmitida en la misma empresa.
- ○ La persona trabajadora es mayor de 55 años con incapacidad permanente y se reincorpora en su empresa con otra categoría.
- ○ La persona trabajadora es mayor de 55 años con incapacidad permanente y recupera su capacidad y es contratada por otra empresa.

En estos supuestos la contratación indefinida a tiempo completo de estas personas trabajadoras dará derecho a una bonificación de 138 euros/mes durante 2 años, siempre que la readmisión no responda a un derecho de las personas trabajadoras a reincorporarse al puesto de trabajo. (Artículo 15 del Real Decreto-ley 1/2023, de 10 enero).

Si el contrato se celebra a tiempo parcial, la bonificación se reducirá proporcionalmente en función de la jornada establecida en el contrato, sin que esta pueda ser inferior a efectos de la aplicación de los correspondientes incentivos al 50 % de la jornada a tiempo completo de una persona trabajadora comparable. (Artículo 10.2 del Real Decreto-ley 1/2023, de 10 enero).

(1) Según lo establecido en el artículo 15 del Real Decreto-ley 1/2023, de 10 de enero.

MOD CIND CAS 09_2023

Unión Europea
Fondo Social Europeo
"El FSE invierte en tu futuro"

8

SERVICIO PÚBLICO DE EMPLEO ESTATAL | SEPE

☐ **CLÁUSULAS ESPECÍFICAS PARA PERSONAS DESEMPLEADAS DE LARGA DURACIÓN**

CÓDIGO DE CONTRATO

◯ TIEMPO COMPLETO	1 5 0
◯ TIEMPO PARCIAL	2 5 0
◯ FIJO-DISCONTINUO	3 5 0

El/la trabajador/a ha estado desempleado/a e inscrito/a en la oficina de empleo al menos 12 meses en los 18 meses anteriores a la contratación.

Si reúnen los requisitos y condiciones establecidos en el artículo 21 del Real Decreto-ley 1/2023, de 10 enero, la contratación indefinida a tiempo completo dará derecho a las siguientes bonificaciones:

	HOMBRES	MUJERES
MENORES DE 45 AÑOS	◯ 110 euros/mes durante 3 años	◯ 128 euros/mes durante 3 años
MAYORES DE 45 AÑOS	◯ 128 euros/mes durante 3 años	◯ 128 euros/mes durante 3 años

Si el contrato se celebra a tiempo parcial la bonificación se reducirá proporcionalmente en función de la jornada establecida en el contrato, sin que esta pueda ser inferior, a efectos de la aplicación de los correspondientes incentivos, al 50 % de la jornada a tiempo completo de una persona trabajadora comparable. (Artículo 10.2 del Real Decreto-ley 1/2023, de 10 enero).

MOD CIND CAS 09_2023

Unión Europea
Fondo Social Europeo
"El FSE invierte en tu futuro"

SERVICIO PÚBLICO DE EMPLEO ESTATAL | SEPE

☐ **CLÁUSULAS ESPECÍFICAS PARA PERSONAS TRABAJADORAS EN SITUACIÓN DE EXCLUSIÓN SOCIAL**

CÓDIGO DE CONTRATO

○ TIEMPO COMPLETO	1 5 0
○ TIEMPO PARCIAL	2 5 0
○ FIJO-DISCONTINUO	3 5 0

Que el/la trabajador/a está desempleado/a y se encuentra incluido/a en alguna de las situaciones contempladas en el artículo 6.d del Real Decreto-ley 1/2023, de 10 enero. y que acredita mediante certificación emitida por los Servicios Sociales competentes de (1):

....

que pertenece al colectivo de:

○ Perceptores/as de Rentas Mínimas de Inserción, o cualquier otra prestación de igual o similar naturaleza, según la denominación adoptada en cada Comunidad Autónoma, así como los miembros de la unidad de convivencia beneficiarios de ella.

○ Personas que no puedan acceder a las prestaciones a las que se hace referencia en el párrafo anterior, por alguna de las siguientes causas:

- Falta de período exigido de residencia o empadronamiento, o para la constitución de la Unidad Perceptora.
- Haber agotado el período máximo de percepción legalmente establecido.

○ Jóvenes mayores de dieciocho años y menores de treinta procedentes de Instituciones de Protección de Menores.

○ Personas con problemas de drogodependencia u otros trastornos adictivos que se encuentren en procesos de rehabilitación o reinserción social.

○ Internos/as de centros penitenciarios cuya situación penitenciaria les permita acceder a un empleo y cuya relación laboral no esté incluida en el ámbito de aplicación de la relación laboral especial regulada en el artículo 1 del Real Decreto 782/2001, de 6 de julio, así como liberados/as condicionales y exreclusos/as.

○ Menores internos incluidos en el ámbito de aplicación de la Ley Orgánica 5/2000, de 12 de enero, reguladora de la responsabilidad penal de los menores, cuya situación les permita acceder a un empleo y cuya relación laboral no esté incluida en el ámbito de aplicación de la relación laboral especial a que se refiere el artículo 53.4 del reglamento de la citada Ley, aprobado por el Real Decreto 1774/2004, de 30 de julio, así como los/as que se encuentren en situación de libertad vigilada y los/as exinternos/as.

○ Personas procedentes de centros de alojamiento alternativo autorizado por las Comunidades Autónomas y las ciudades de Ceuta y Melilla.

○ Personas procedentes de servicios de prevención e inserción social autorizados/as por las Comunidades Autónomas y las ciudades de Ceuta y Melilla.

○ Otros colectivos que tengan acreditada la condición de persona en riesgo o situación de exclusión social por los Servicios Sociales competentes.

Si se reúnen los requisitos y condiciones establecidos en el artículo 20 del Real Decreto-ley 1/2023, de 10 de enero, la contratación indefinida a tiempo completo de personas trabajadoras en situación de exclusión social dará derecho a una bonificación en la cotización de 128 euros/mes durante 4 años.

○ SÍ ○ NO ha finalizado un contrato de trabajo en una empresa de inserción social durante los 12 meses anteriores. En este caso, la bonificación será de 147 euros/mes durante 12 meses, y a partir de ese período será de aplicación una bonificación de 128 euros/mes durante 3 años.

Si el contrato se celebra a tiempo parcial la bonificación se reducirá proporcionalmente en función de la jornada establecida en el contrato, sin que esta pueda ser inferior, a efectos de la aplicación de los correspondientes incentivos, al 50 % de la jornada a tiempo completo de una persona trabajadora comparable. (Artículo 10.2 del Real Decreto-ley 1/2023, de 10 enero).

En lo no previsto en este contrato, se estará a la legislación vigente que resulte de aplicación, y en particular, a lo dispuesto en el Estatuto de los Trabajadores y en el Real Decreto-ley 1/2023, de 10 enero.

(1) Indicar el Organismo Oficial que ha expedido la certificación.

MOD CIND CAS 09_2023

Unión Europea
Fondo Social Europeo
"El FSE invierte en tu futuro"

10

SERVICIO PÚBLICO DE EMPLEO ESTATAL | SEPE

☐ **CLÁUSULAS ESPECÍFICAS PARA MUJERES TRABAJADORAS VÍCTIMAS DE VIOLENCIA DE GÉNERO, VÍCTIMAS DE VIOLENCIAS SEXUALES, VÍCTIMAS DE TRATA DE SERES HUMANOS, TANTO CON FINES DE EXPLOTACIÓN SEXUAL COMO LABORAL Y MUJERES EN CONTEXTO DE PROSTITUCIÓN, O PERSONAS VÍCTIMAS DE TERRORISMO**

CÓDIGO DE CONTRATO

○ TIEMPO COMPLETO	1 5 0
○ TIEMPO PARCIAL	2 5 0
○ FIJO-DISCONTINUO	3 5 0

Señalar lo que proceda:

○ A - Que la trabajadora tiene reconocida la consideración, como se acredita mediante certificación expedida por los Servicios Sociales competentes de (1): ....
de MUJER VÍCTIMA DE VIOLENCIA DE GÉNERO de conformidad con lo previsto en el artículo 23 de la Ley Orgánica 1/2004, de 28 de diciembre y puede acceder a las bonificaciones establecidas en el artículo 16 del Real Decreto-ley 1/2023, de 10 de enero.

○ B - Que la trabajadora tiene reconocida la consideración, como se acredita mediante certificación expedida por los Servicios Sociales competentes de (1): ....
de MUJER VÍCTIMA DE VIOLENCIAS SEXUALES de conformidad con lo previsto en el artículo 37 de la Ley Orgánica 10/2022, de 6 de septiembre y puede acceder a las bonificaciones establecidas en el artículo 16 del Real Decreto-ley 1/2023, de 10 de enero.

○ C - Que la trabajadora tiene reconocida la consideración, como se acredita mediante certificación expedida por los Servicios Sociales competentes de (1): ....
de MUJER VÍCTIMA DE TRATA DE SERES HUMANOS, DE EXPLOTACIÓN SEXUAL O LABORAL Y MUJER EN CONTEXTO DE PROSTITUCIÓN de acuerdo con lo previsto en el artículo 47 del Real Decreto-ley 6/2022, de 29 de marzo y puede acceder a las bonificaciones establecidas en el artículo 16 del Real Decreto-ley 1/2023, de 10 de enero.

○ D - Que el/la trabajador/a tiene reconocida la consideración, como se acredita mediante certificación expedida por el organismo competente de (1): ....
de PERSONA VÍCTIMA DE TERRORISMO de acuerdo a lo dispuesto en el artículo 34 de la Ley 29/2011, de 22 de septiembre y puede acceder a las bonificaciones establecidas en el artículo 22 del Real Decreto-ley 1/2023, de 10 de enero.

Si se reúnen los requisitos establecidos en el artículo 16 para los supuestos A, B y C o en el artículo 22 en el supuesto D del Real Decreto-ley 1/2023, de 10 de enero, la contratación indefinida a tiempo completo dará derecho a una bonificación en la cotización de 128 euros/mes durante 4 años.

Si el contrato se celebra a tiempo parcial la bonificación se reducirá proporcionalmente en función de la jornada establecida en el contrato, sin que esta pueda ser inferior, a efectos de la aplicación de los correspondientes incentivos, al 50 % de la jornada a tiempo completo de una persona trabajadora comparable. (Artículo 10.2 del Real Decreto-ley 1/2023, de 10 enero).

(1) Indicar el Organismo Oficial que ha expedido la certificación.

MOD CIND CAS 09_2023

Unión Europea
Fondo Social Europeo
"El FSE invierte en tu futuro"

11

SERVICIO PÚBLICO DE EMPLEO ESTATAL | SEPE

☐ CLÁUSULAS ESPECÍFICAS PARA PERSONAS TRABAJADORAS EN SITUACIÓN DE EXCLUSIÓN SOCIAL EN EMPRESAS DE INSERCIÓN

CÓDIGO DE CONTRATO

○	TIEMPO COMPLETO	1 5 0
○	TIEMPO PARCIAL	2 5 0
○	FIJO-DISCONTINUO	3 5 0

Que el/la trabajador/a está desempleado/a y se encuentra Incluido/a en alguna de las situaciones contempladas en el artículo 2 de la Ley 44/2007, de 13 de diciembre, por la que se regulan las empresas de inserción y que acredita mediante certificación emitida por los Servicios Sociales competentes de (1):

....

que pertenece al colectivo de:

○ Perceptores/as de Rentas Mínimas de Inserción, o cualquier otra prestación de igual o similar naturaleza, según la denominación adoptada en cada Comunidad Autónoma, así como los miembros de la unidad de convivencia beneficiarios de ella.

○ Personas que no puedan acceder a las prestaciones a las que se hace referencia en el párrafo anterior, por alguna de las siguientes causas:
- Falta de período exigido de residencia o empadronamiento, o para la constitución de la Unidad Perceptora.
- Haber agotado el período máximo de percepción legalmente establecido.

○ Jóvenes mayores de dieciocho años y menores de treinta procedentes de Instituciones de Protección de Menores.

○ Personas con problemas de drogodependencia u otros trastornos adictivos que se encuentren en procesos de rehabilitación o reinserción social.

○ Internos/as de centros penitenciarios cuya situación penitenciaria les permita acceder a un empleo y cuya relación laboral no esté incluida en el ámbito de aplicación de la relación laboral especial regulada en el artículo 1 del Real Decreto 782/2001, de 6 de julio, así como liberados/as condicionales y exreclusos/as.

○ Menores internos incluidos en el ámbito de aplicación de la Ley Orgánica 5/2000, de 12 de enero, reguladora de la responsabilidad penal de los menores, cuya situación les permita acceder a un empleo y cuya relación laboral no esté incluida en el ámbito de aplicación de la relación laboral especial a que se refiere el artículo 53.4 del reglamento de la citada Ley, aprobado por el Real Decreto 1774/2004, de 30 de julio, así como los/as que se encuentren en situación de libertad vigilada y los/as exinternos/as.

○ Personas procedentes de centros de alojamiento alternativo autorizado por las Comunidades Autónomas y las ciudades de Ceuta y Melilla.

○ Personas procedentes de servicios de prevención e inserción social autorizados/as por las Comunidades Autónomas y las ciudades de Ceuta y Melilla.

Señalar lo que proceda:

○ Si se reúnen los requisitos establecidos en la Ley 44/2007, de 13 de diciembre, en los términos establecidos en la disposición adicional sexta del Real Decreto-ley 1/2023, de 10 de enero, la empresa se bonificará en la cuota empresarial a la Seguridad Social en 70,83 euros/mes, durante tres años, si el contrato se celebra a tiempo completo.

○ Si el contrato se suscribe con personas menores de 30 años o menores de 35 que tengan un grado de discapacidad igual o superior al 33 % la bonificación será de 147 euros/mes durante 3 años. (Disposición adicional sexta del Real Decreto-ley 1/2023, de 10 de enero).

Si el contrato se celebra a tiempo parcial la bonificación se reducirá proporcionalmente en función de la jornada establecida en el contrato, sin que esta pueda ser inferior, a efectos de la aplicación de los correspondientes incentivos, al 50 % de la jornada a tiempo completo de una persona trabajadora comparable. (Artículo 10.2 del Real Decreto-ley 1/2023, de 10 enero).

En lo no previsto en este contrato, se estará a la legislación vigente que resulte de aplicación, y en particular, a lo dispuesto en el Estatuto de los Trabajadores, en la Ley 44/2007, de 13 de diciembre, en los artículos 5 al 9 de la Ley 43/2006, de 29 de diciembre y en el Real Decreto-ley 1/2023, de 10 de enero.

(1) Indicar el Organismo Oficial que ha expedido la certificación.

MOD CIND CAS 09_2023

Unión Europea
Fondo Social Europeo
"El FSE invierte en tu futuro"

12

SERVICIO PÚBLICO DE EMPLEO ESTATAL | SEPE

☐ **CLÁUSULAS ESPECÍFICAS PARA PERSONAS JÓVENES CON BAJA CUALIFICACIÓN BENEFICIARIAS DEL SISTEMA NACIONAL DE GARANTÍA JUVENIL (1)**

CÓDIGO DE CONTRATO

○ TIEMPO COMPLETO	1 5 0
○ TIEMPO PARCIAL	2 5 0
○ FIJO-DISCONTINUO	3 5 0

La persona trabajadora es joven menor de 30 años, con baja cualificación (2) y beneficiaria del Sistema Nacional de Garantía Juvenil.

La contratación indefinida a tiempo completo, dará derecho a una bonificación en la cotización de 275 euros/mes, durante 3 años. (Disposición adicional primera del Real Decreto-ley 1/2023, de 10 de enero).

Si el contrato se celebra a tiempo parcial la bonificación se reducirá proporcionalmente en función de la jornada establecida en el contrato, sin que esta pueda ser inferior, a efectos de la aplicación de los correspondientes incentivos, al 50 % de la jornada a tiempo completo de una persona trabajadora comparable. (Artículo 10.2 del Real Decreto-ley 1/2023, de 10 de enero).

(1) Disposición adicional primera del Real Decreto-ley 1/2023, de 10 de enero.
(2) Se consideran personas jóvenes con baja cualificación, aquellas que no hayan alcanzado los estudios correspondientes al título de bachillerato o ciclo formativo de grado medio del Sistema de Formación Profesional.

MOD CIND CAS 09_2023

Unión Europea
Fondo Social Europeo
"El FSE invierte en tu futuro"

13

SERVICIO PÚBLICO DE EMPLEO ESTATAL | SEPE

☐ **CLÁUSULAS ESPECÍFICAS PARA PERSONAS QUE REALIZAN FORMACIÓN PRÁCTICA EN EMPRESAS (1)**

		CÓDIGO DE CONTRATO
○ PERSONAS SIN DISCAPACIDAD	○ TIEMPO COMPLETO	150
	○ TIEMPO PARCIAL	250
	○ FIJO-DISCONTINUO	350

		CÓDIGO DE CONTRATO
○ PERSONAS CON DISCAPACIDAD	○ TIEMPO COMPLETO	130
	○ TIEMPO PARCIAL	230
	○ FIJO-DISCONTINUO	330

La persona trabajadora ha desarrollado formación práctica en la empresa contratante.

☐ La persona trabajadora es persona con discapacidad y tiene reconocida esa condición tal y como se acredita en la certificación expedida por (2) ....

La contratación indefinida a tiempo completo por parte de la empresa donde está desarrollando la formación práctica dará derecho a una bonificación en la cotización de 138 euros/mes durante 3 años o toda la vigencia del contrato en caso de contratar a una persona con discapacidad. Artículo 25 del Real Decreto-ley 1/2023, de 10 de enero.

Si el contrato se celebra a tiempo parcial la bonificación se reducirá proporcionalmente en función de la jornada establecida en el contrato, sin que esta pueda ser inferior, a efectos de la aplicación de los correspondientes incentivos, al 50 % de la jornada a tiempo completo de una persona trabajadora comparable. El citado límite de duración mínima de la jornada a tiempo parcial no resulta de aplicación al colectivo de personas con discapacidad. (Artículo 10.2 del Real Decreto-ley 1/2023, de 10 de enero).

(1) Artículo 25 del Real Decreto-ley 1/2023, de 10 de enero.
(2) Indicar el organismo oficial que ha expedido la certificación.

MOD CIND CAS 09_2023

Unión Europea
Fondo Social Europeo
"El FSE invierte en tu futuro"

14

SERVICIO PÚBLICO DE EMPLEO ESTATAL | SEPE

☐ **CLÁUSULAS ESPECÍFICAS PARA PERSONAS MAYORES DE 52 AÑOS BENEFICIARIAS DE SUBSIDIOS POR DESEMPLEO**

		CÓDIGO DE CONTRATO
◯ TIEMPO COMPLETO	◯ CON BONIFICACIÓN	150
	◯ SIN BONIFICACIÓN	100

		CÓDIGO DE CONTRATO
◯ FIJO-DISCONTINUO	◯ CON BONIFICACIÓN	350
	◯ SIN BONIFICACIÓN	300

El/la trabajador/a

Que es mayor de 52 años, se encuentra inscrito en el Servicio Público de Empleo y es beneficiario/a de cualquiera de los subsidios por desempleo:

◯ Recogidos en el artículo 274 del Texto Refundido de la Ley General de la Seguridad Social.

◯ Trabajadores/as eventuales incluidos en el Régimen Especial Agrario de la Seguridad Social (REASS).

La Entidad Gestora de las prestaciones abonará mensualmente al/a la trabajador/a el 50 % de la cuantía del subsidio durante la vigencia del contrato, con el límite máximo del doble del período pendiente de percibirlo. El/la empresario/a, durante este tiempo, tendrá cumplida la obligación del pago del salario que corresponda al/a la trabajador/a, completando la cuantía del subsidio recibido por el/la trabajador/a hasta el importe de dicho salario, siendo responsable de las cotizaciones a la Seguridad Social por todas las contingencias y por el total del salario indicado, incluyendo el importe del subsidio.

En el supuesto de trabajadores/as incluidos/as en el REASS, la entidad gestora abonará al/a la trabajador/a el 50 % del importe de la cuota fija del REASS durante la vigencia del contrato y el/la empresario/a será responsable de la cotización por jornadas reales al REASS por las contingencias que correspondan.

Si se reúnen los requisitos y condiciones establecidos en la Ley 43/2006, de 29 de diciembre, o en el Real Decreto-ley 1/2023, de 10 de enero, y la persona contratada pertenece a algún colectivo de estas leyes, la empresa tendrá derecho a la bonificación en la cotización que corresponda en función del colectivo.

COLECTIVO: ....

MOD CIND CAS 09_2023

Unión Europea
Fondo Social Europeo
"El FSE invierte en tu futuro"

15

SERVICIO PÚBLICO DE EMPLEO ESTATAL | SEPE

☐ **CLÁUSULAS ESPECÍFICAS PARA PERSONAS TRABAJADORAS PROCEDENTES DE UN CONTRATO FORMATIVO (FORMACIÓN EN ALTERNANCIA O PARA LA OBTENCIÓN DE LA PRÁCTICA PROFESIONAL) DE UNA EMPRESA DE TRABAJO TEMPORAL**

CÓDIGO DE CONTRATO

◯ TIEMPO COMPLETO	1 5 0
◯ TIEMPO PARCIAL	2 5 0
◯ FIJO-DISCONTINUO	3 5 0

Que el/la trabajador/a ha estado contratado/a por una Empresa de Trabajo Temporal con un contrato formativo (de formación en alternancia o para la obtención de la práctica profesional) prestando servicios en la empresa usuaria, y sin solución de continuidad se celebra este contrato, la empresa tendrá derecho a la bonificación en la cotización a la Seguridad Social establecida en el artículo 24 del Real Decreto-ley 1/2023, de 10 de enero, con la siguiente cuantía, si el contrato se celebra a tiempo completo:

◯ HOMBRES: 128 euros/mes, durante 3 años.

◯ MUJERES: 147 euros/mes, durante 3 años.

Si el contrato se celebra a tiempo parcial la bonificación se reducirá proporcionalmente en función de la jornada establecida en el contrato, sin que esta pueda ser inferior, a efectos de la aplicación de los correspondientes incentivos, al 50 % de la jornada a tiempo completo de una persona trabajadora comparable. (Artículo 10.2 del Real Decreto-ley 1/2023, de 10 de enero).

MOD CIND CAS 09_2023

Unión Europea
Fondo Social Europeo
"El FSE invierte en tu futuro"

16

SERVICIO PÚBLICO DE EMPLEO ESTATAL | SEPE

☐ **CLÁUSULAS ESPECÍFICAS PARA PERSONAS TRABAJADORAS AL SERVICIO DEL HOGAR FAMILIAR**

CÓDIGO DE CONTRATO

◯ TIEMPO COMPLETO	1 0 0
◯ TIEMPO PARCIAL	2 0 0
◯ FIJO-DISCONTINUO	3 0 0

◯ SÍ ◯ NO , se acuerda la prestación de horas de presencia a disposición del empleador.

Las horas de presencia serán .... horas semanales, distribuidas de la siguiente manera:

....

....

El tiempo de presencia sea objeto de retribución o compensación de forma siguiente (señale lo que proceda):

◯ Compensación con periodos equivalentes de descanso retribuido.

◯ Retribución con un salario de cuantía no inferior al correspondiente a las horas ordinarias.

◯ De cualquiera de las anteriores maneras.

◯ SÍ ◯ NO , se acuerda que el/la trabajador/a pernocte en el domicilio familiar.

El régimen de las pernoctas será de .... noches a la semana.

Durante el descanso semanal y el período de vacaciones el/la trabajador/a no está obligado a residir en el domicilio familiar.

◯ SÍ ◯ NO , se acuerdan prestaciones salariales en especie.

La persona contratante tendrá derecho en la cotización empresarial a una reducción del 20 % por contingencias comunes. Si se cumplen los requisitos del artículo 9 de la Ley 40/2013, de 18 de noviembre, se podrá aplicar una bonificación del 45 % en el caso de familias numerosas, que será incompatible con la reducción del 20 % anterior.

Asimismo se aplicará una bonificación del 80 % en las aportaciones empresariales a la cotización por desempleo y al Fondo de Garantía Salarial. (Disposición adicional primera y disposición adicional séptima, apartado 4 del Real Decreto-ley 16/2022, de 6 de septiembre.

En lo no previsto en este contrato, se estará a la legislación vigente que resulte de aplicación, y particularmente al Real Decreto 1620/2011 , de 14 de noviembre, por el que se regula la relación laboral de carácter especial del servicio de hogar familiar y supletoriamente en lo que resulte compatible, el Estatuto de los Trabajadores..

La persona contratada tendrá derecho a la cobertura de contingencias de protección por desempleo y Fondo de Garantía Salarial en los términos previstos en la normativa aplicable.

El contenido del presente contrato se presentará en la Tesorería General de la Seguridad Social en el trámite de alta de el/la empleado/a de hogar de la Seguridad Social a efectos de comunicación del contenido del contrato al Servicio Público de Empleo.

MOD CIND CAS 09_2023

17

SERVICIO PÚBLICO DE EMPLEO ESTATAL | SEPE

CLÁUSULAS ESPECÍFICAS DE LA CONVERSIÓN DE CONTRATO TEMPORAL EN CONTRATO INDEFINIDO

◯ TIEMPO COMPLETO	CÓDIGO DE CONTRATO	◯ TIEMPO PARCIAL	CÓDIGO DE CONTRATO	◯ FIJO-DISCONTINUO	CÓDIGO DE CONTRATO
◯ PERSONAS CON DISCAPACIDAD	1 3 9	◯ PERSONAS CON DISCAPACIDAD	2 3 9	◯ PERSONAS CON DISCAPACIDAD	3 3 9
◯ BONIFICADO (1)	1 0 9	◯ BONIFICADO (1)	2 0 9	◯ BONIFICADO (1)	3 0 9
◯ CON BONIFICACIÓN CEE (2)	1 0 9	◯ CON BONIFICACIÓN CEE (2)	2 0 9	◯ CON BONIFICACIÓN CEE (2)	3 0 9
◯ SIN BONIFICACIÓN	1 8 9	◯ SIN BONIFICACIÓN	2 8 9	◯ SIN BONIFICACIÓN	3 8 9

COMUNICAN al Servicio Público de Empleo de ....
que con fecha .... , han acordado la CONVERSIÓN en:

◯ Contrato INDEFINIDO.

◯ Contrato FIJO-DISCONTINUO.

De un contrato (3) ....
celebrado por las partes arriba mencionadas el día .... y que fue registrado o comunicado al Servicio Público de empleo de ...., en fecha .... y con el número ....

(1) Cuando la conversión en indefinido se trate de un contrato formativo o de relevo o en fijo-discontinuo para los contratos temporales suscritos con personas trabajadoras por cuenta ajena agrarias.
(2) Conversión en indefinido en Centro Especial de Empleo.
(3) Indique la modalidad de contrato temporal que se convierte en indefinido. Se pueden convertir con derecho a bonificación los contratos formativos, de relevo, temporales de fomento del empleo para personas con discapacidad y temporales en Centros Especiales de Empleo. Asimismo, se pueden convertir con derecho a bonificación en fijos discontinuos los contratos temporales suscritos con personas trabajadoras por cuenta ajena agrarias.

MOD CIND CAS 09_2023

Unión Europea
Fondo Social Europeo
"El FSE invierte en tu futuro"

18

SERVICIO PÚBLICO DE EMPLEO ESTATAL | SEPE

☐ **OTRAS SITUACIONES**

CÓDIGO DE CONTRATO

◯	CONTRATO EN GRUPO	9 9 0
◯	ALTA DIRECCIÓN	9 9 0
◯	OTROS	9 9 0

MOD CIND CAS 09_2023

Unión Europea
Fondo Social Europeo
"El FSE invierte en tu futuro"

19

SERVICIO PÚBLICO DE EMPLEO ESTATAL | SEPE

CLÁUSULAS ADICIONALES

....

Y para que conste, se extiende este contrato por triplicado ejemplar en el lugar y fecha a continuación indicados, firmando las partes interesadas.

En .... a .... de .... de ....

El/la trabajador/a	El/la representante de la empresa	El/la representante legal del/la menor, si procede

IMPORTANTE

(TODAS LAS PÁGINAS CUMPLIMENTADAS DE ESTE CONTRATO DEBERÁN IR FIRMADAS EN EL MARGEN IZQUIERDO PARA MAYOR SEGURIDAD JURÍDICA)

MOD CIND CAS 09_2023

Unión Europea
Fondo Social Europeo
"El FSE invierte en tu futuro"

20

SERVICIO PÚBLICO DE EMPLEO ESTATAL | SEPE

FONDO SOCIAL EUROPEO
El FSE invierte en tu futuro

COMUNICACIÓN DEL LLAMAMIENTO A LA ACTIVIDAD DE LOS/AS TRABAJADORES/AS FIJOS DISCONTINUOS

DATOS DE LA EMPRESA

CIF./NIF./NIE.

D./DÑA.	NIF./NIE	EN CONCEPTO (1)
NOMBRE O RAZÓN SOCIAL DE LA EMPRESA	DOMICILIO SOCIAL	
PAIS	MUNICIPIO	C. POSTAL

DATOS DE LA CUENTA DE COTIZACIÓN

RÉGIMEN	COD. PROV.	NÚMERO	DIG. CONTR.	ACTIVIDAD ECONÓMICA

DATOS DEL CENTRO DE TRABAJO

PAIS	MUNICIPIO

A efectos de realizar el llamamiento previsto en el art. 1 6 del R.D.LG. 2/2015, de 23 de octubre y en su caso, garantizando la ocupación prevista en el Convenio Colectivo de ....se comunica a los/as TRABAJADORES/AS QUE A CONTINUACIÓN SE RELACIONAN:

APELLIDOS Y NOMBRE	NIF. / NIE.	FECHA INICIO	FECHA FIN PREVISTA	Nº REGISTRO O COMUNICACIÓN CONTRATO (2)
1				
2				
3				
4				
5				
6				
7				
8				
9				
10				

Firma y sello de la Oficina

En ...., ... de .... de ....

Por la empresa

(1) Director/a, Gerente, etc.
(2) Indicar el Servicio Público de Empleo en el que se registró o comunicó, el nº de registro o comunicación
(3) Protección de datos.-Los datos del presente contrato tendrán la protección derivada del Reglamento (UE) 2016/679 del Parlamento Europeo y del Consejo, de 27/04/2016 y de la Ley Organica 3/2018.

Mod. PE-192 (V)

http://www.sepe.es

MINISTERIO DE TRABAJO Y ECONOMÍA SOCIAL

SERVICIO PÚBLICO DE EMPLEO ESTATAL | SEPE

Unión Europea
Fondo Social Europeo
"El FSE invierte en tu futuro"

CONTRATO DE TRABAJO TEMPORAL

DATOS DE LA EMPRESA

CIF/NIF/NIE

D./DÑA.	NIF/NIE	EN CONCEPTO (1)
NOMBRE O RAZÓN SOCIAL DE LA EMPRESA	DOMICILIO SOCIAL	
PAÍS	MUNICIPIO	C. POSTAL

DATOS DE LA CUENTA DE COTIZACIÓN

RÉGIMEN	CÓDIGO CUENTA COTIZACIÓN	ACTIVIDAD ECONÓMICA

DATOS DEL CENTRO DE TRABAJO

PAÍS	MUNICIPIO

DATOS DEL/DE LA TRABAJADOR/A

D./DÑA.	NIF/NIE	FECHA NACIMIENTO	Nº AFILIACIÓN SEGURIDAD SOCIAL
NIVEL FORMATIVO		NACIONALIDAD	
MUNICIPIO DEL DOMICILIO		PAÍS DOMICILIO	

con la asistencia legal, en su caso, de D./Dña ....
con NIF/NIE ...., en calidad de (2) ....

DECLARAN

Que reúnen los requisitos exigidos para la celebración del presente contrato y, en su consecuencia, acuerdan formalizarlo con arreglo a las siguientes:

CLÁUSULAS

PRIMERA: el/la trabajador/a prestará sus servicios como (3) .... incluido en el grupo profesional de ....
para la realización de las funciones (4) ....
de acuerdo con el sistema de clasificación profesional vigente en la empresa. En el centro de trabajo ubicado en (calle, nº y localidad)
....

☐ Trabajo a distancia (5) ....

SEGUNDA: la jornada de trabajo será (6):

◯ A tiempo completo: la jornada de trabajo será de .... horas semanales, prestadas de ...., a ...., con los descansos establecidos legal o convencionalmente. (7)

◯ A tiempo parcial: la jornada de trabajo ordinaria será de .... horas ◯ al día, ◯ a la semana, ◯ al mes, ◯ al año (6). Siendo esta jornada inferior a la de un trabajador a tiempo completo comparable (8).

La distribución del tiempo de trabajo será de (9) ...., conforme a lo previsto en el convenio colectivo.

En el caso de jornada a tiempo parcial señálese si existe o no pacto sobre la realización de horas complementarias (10): ◯ SÍ ◯ NO

MOD CTEM CAS 09_2023

1

TERCERA: la duración del presente contrato se extenderá desde ...., hasta .... Se establece un período de prueba de (11) ....

CUARTA: el/la trabajador/a percibirá una retribución total de .... euros brutos (12) .... que se distribuirán en los siguientes conceptos salariales (13) ....

QUINTA: la duración de las vacaciones anuales será de (14) ....

SEXTA: a la finalización del contrato por circunstancias de la producción y temporal de fomento de empleo para personas con discapacidad, el/la trabajador/a tendrá derecho a recibir una indemnización de acuerdo con el artículo 49.1 del Estatuto de los Trabajadores, o con la disposición adicional primera de la Ley 43/2006, de 29 de diciembre.

SÉPTIMA: en lo no previsto en este contrato, se estará a la legislación vigente que resulte de aplicación y particularmente, el Estatuto de los Trabajadores y el Convenio Colectivo de
....

OCTAVA: el contenido del presente contrato se comunicará al Servicio Público de Empleo de ....,
en el plazo de los 10 días hábiles siguientes a su concertación.

NOVENA: ESTE CONTRATO PODRÁ SER COFINANCIADO POR EL FONDO SOCIAL EUROPEO.

DÉCIMA: PROTECCIÓN DE DATOS. - Los datos consignados en el presente modelo tendrán la protección derivada del Reglamento (UE) 2016/679 del Parlamento Europeo, de 27 de abril de 2016 y de la Ley Orgánica 3/2018, de 5 de diciembre.

(1) Director/a, Gerente, etc.
(2) Padre, madre, tutor/a o persona o institución que le tenga a su cargo.
(3) Indicar profesión, oficio o puesto de trabajo a desempeñar.
(4) Las funciones pueden ser todas las del grupo profesional o solamente algunas de ellas.
(5) El trabajo a distancia se regula por lo dispuesto en la Ley 10/2021, de 9 de julio y requiere la firma del correspondiente acuerdo.
(6) Marque lo que corresponda.
(7) Indique la jornada del trabajador.
(8) Se entenderá por «trabajador a tiempo completo comparable» a un trabajador a tiempo completo de la misma empresa y centro de trabajo con el mismo tipo de contrato de trabajo y que realice un trabajo idéntico o similar. Si en la empresa no hubiera ningún trabajador comparable a tiempo completo, se considerará la jornada a tiempo completo prevista en el convenio colectivo de aplicación, o, en su defecto, la jornada máxima legal.
(9) Indique la distribución del tiempo de trabajo según el convenio colectivo.
(10) Señálese lo que proceda y en caso afirmativo adjúntese el anexo si hay horas complementarias.
(11) Respetando lo establecido en el art. 14.1 del Estatuto de los Trabajadores.
(12) Diarios, semanales, mensuales o anuales.
(13) Salario base, complementos salariales, pluses.
(14) Mínimo: 30 días naturales.

MOD CTEM CAS 09_2023

Unión Europea
Fondo Social Europeo
"El FSE invierte en tu futuro"

2

SERVICIO PÚBLICO DE EMPLEO ESTATAL | SEPE

Que el CONTRATO TEMPORAL que se celebra (marque la casilla que corresponda) se realiza con las siguientes cláusulas específicas:

- ☐ POR CIRCUNSTANCIAS DE LA PRODUCCIÓN ..... pág. 4
- ☐ PARA SUSTITUCIÓN DE PERSONA TRABAJADORA ..... pág. 5
- ☐ PARA PERSONAS TRABAJADORAS EN SITUACIÓN DE EXCLUSIÓN SOCIAL EN EMPRESA DE INSERCIÓN ..... pág. 6
- ☐ PARA PERSONAS TRABAJADORAS MAYORES DE 52 AÑOS BENEFICIARIAS DE LOS SUBSIDIOS POR DESEMPLEO ..... pág. 7
- ☐ PARA PERSONAS TRABAJADORAS EN SITUACIÓN DE JUBILACIÓN PARCIAL ..... pág. 8
- ☐ DE RELEVO ..... pág. 9
- ☐ VINCULADO A PROGRAMAS DE POLÍTICAS ACTIVAS DE EMPLEO ..... pág. 10
- ☐ DE DURACION DETERMINADA VINCULADO A PROGRAMAS FINANCIADOS CON FONDOS EUROPEOS ..... pág. 11
- ☐ DE DURACIÓN DETERMINADA DE ARTISTAS Y PERSONAL TÉCNICO Y AUXILIAR EN ESPECTÁCULOS PÚBLICOS ..... pág. 12
- ☐ PARA DEPORTISTAS PROFESIONALES ..... pág. 13
- ☐ DE DURACIÓN DETERMINADA PARA PERSONAL DOCENTE E INVESTIGADOR DE UNIVERSIDADES ..... pág. 14
- ☐ PARA PERSONAS TRABAJADORAS AL SERVICIO DEL HOGAR FAMILIAR ..... pág. 15
- ☐ PARA PERSONAS CON DISCAPACIDAD ..... pág. 16
- ☐ PARA PERSONAS CON DISCAPACIDAD EN CENTROS ESPECIALES DE EMPLEO ..... pág. 17
- ☐ PARA PERSONAL INVESTIGADOR ..... pág. 18
- ☐ PARA PERSONAS TRABAJADORAS PENADAS EN INSTITUCIONES PENITENCIARIAS ..... pág. 19
- ☐ PARA PERSONAS MENORES Y JÓVENES EN CENTROS DE MENORES (SOMETIDOS A MEDIDAS DE INTERNAMIENTO PREVISTAS EN LA LEY ORGÁNICA 5/2000 DE 21 DE ENERO) ..... pág. 20
- ☐ OTRAS SITUACIONES ..... pág. 21

y cumple los requisitos exigidos en la norma regulatoria.

MOD CTEM CAS 09_2023

Unión Europea
Fondo Social Europeo
"El FSE invierte en tu futuro"

3

SERVICIO PÚBLICO DE EMPLEO ESTATAL | SEPE

☐ **CLÁUSULAS ESPECÍFICAS POR CIRCUNSTANCIAS DE LA PRODUCCIÓN (1)**

☐ INCREMENTO OCASIONAL IMPREVISIBLE O LAS OSCILACIONES QUE, AÚN TRATÁNDOSE DE LA ACTIVIDAD NORMAL DE LA EMPRESA, GENERAN UN DESAJUSTE TEMPORAL ENTRE EL EMPLEO ESTABLE DISPONIBLE Y EL QUE SE REQUIERE

CÓDIGO DE CONTRATO

◯	TIEMPO COMPLETO	4 0 2
◯	TIEMPO PARCIAL	5 0 2

Las circunstancias concretas que justifican este contrato son:
....
....
....

La duración prevista, que no podrá exceder de 6 meses (hasta 1 año por convenio colectivo sectorial) será:
....

La conexión entre las circunstancias concretas que justifican este contrato y su duración es:
....
....
....

☐ SITUACIONES OCASIONALES PREVISIBLES Y DE DURACIÓN REDUCIDA Y DELIMITADA

CÓDIGO DE CONTRATO

◯	TIEMPO COMPLETO	4 0 2
◯	TIEMPO PARCIAL	5 0 2

Se entenderá por situaciones ocasionales previsibles las consistentes en:
....
....
....
....
cuya duración no podrá exceder de 90 días en el año natural.

(1) Artículo 15.2 del Estatuto de los Trabajadores.

MOD CTEM CAS 09_2023

Unión Europea
Fondo Social Europeo
"El FSE invierte en tu futuro"

4

SERVICIO PÚBLICO DE EMPLEO ESTATAL | SEPE

☐ **CLÁUSULAS ESPECÍFICAS PARA SUSTITUCIÓN DE PERSONA TRABAJADORA (1)**

CÓDIGO DE CONTRATO

○	TIEMPO COMPLETO	4 1 0
○	TIEMPO PARCIAL	5 1 0

Sustituir al/a la trabajador/a .... con NIF/NIE .... siendo la causa:

○ Sustituir a trabajadores/as con derecho a reserva del puesto de trabajo.

○ Sustituir a trabajadoras/es por maternidad/paternidad, sin bonificación de cuotas.

○ Para cubrir temporalmente un puesto de trabajo durante el proceso de selección o promoción, para su cobertura definitiva.

○ Sustituir a trabajadores/as en formación por trabajadores/as beneficiarios/as de prestaciones por desempleo.

○ Sustituir a trabajadores/as con discapacidad que tengan suspendido su contrato por incapacidad temporal, contratando a personas con discapacidad. Bonificación de 366 euros/mes en la cotización. (Real Decreto-ley 1/2023, de 10 de enero).

○ Sustituir a trabajadoras victimas de violencia de género o víctimas de violencia sexual. (Ley Orgánica 1/2004, de 28 de diciembre y Ley Orgánica 10/2022, de 6 de septiembre).

Señálese lo que proceda:

○ Que hayan suspendido su contrato de trabajo.
(Bonificación del 100 % de las cuotas empresariales a la Seguridad Social por contingencias comunes durante todo el período de suspensión).

○ Que hayan ejercitado su derecho a la movilidad geográfica o al cambio del centro de trabajo.
(Bonificación del 100 % de las cuotas empresariales a la Seguridad Social por contingencias comunes, durante 6 meses).

○ Personas trabajadoras que tengan suspendido el contrato de trabajo y sean sustituidas por personas jóvenes desempleadas menores de 30 años durante los períodos por (2):

○ Maternidad.
○ Paternidad.
○ Adopción.
○ Acogimiento preadoptivo o permanente.
○ Riesgo durante el embarazo.
○ Riesgo durante la lactancia natural.
○ Cuidado del menor o de la menor o ejercicio corresponsable del cuidado del o de la menor lactante.

○ Sustituir a trabajadores/as autónomos/as por conciliación de la vida profesional y familiar. (Artículo 30 de la Ley 20/2007, de 11 de julio).

○ Sustituir con personas desempleadas a personas trabajadoras autónomas o socios/as trabajadores/as o de trabajo de sociedades cooperativas durante los períodos por (2):

○ Maternidad.
○ Paternidad.
○ Adopción.
○ Acogimiento preadoptivo o permanente.
○ Riesgo durante el embarazo.
○ Riesgo durante la lactancia natural.
○ Cuidado del menor o de la menor o ejercicio corresponsable del cuidado del o de la menor lactante.

(1) Artículo 15.3 del Estatuto de los Trabajadores.
(2) Se podrá aplicar una bonificación en la cotización de 366 euros/mes en la cotización. (Real Decreto-ley 1/2023, de 10 de enero).

MOD CTEM CAS 05_2023

Unión Europea
Fondo Social Europeo
"El FSE invierte en tu futuro"

5

SERVICIO PÚBLICO DE EMPLEO ESTATAL | SEPE

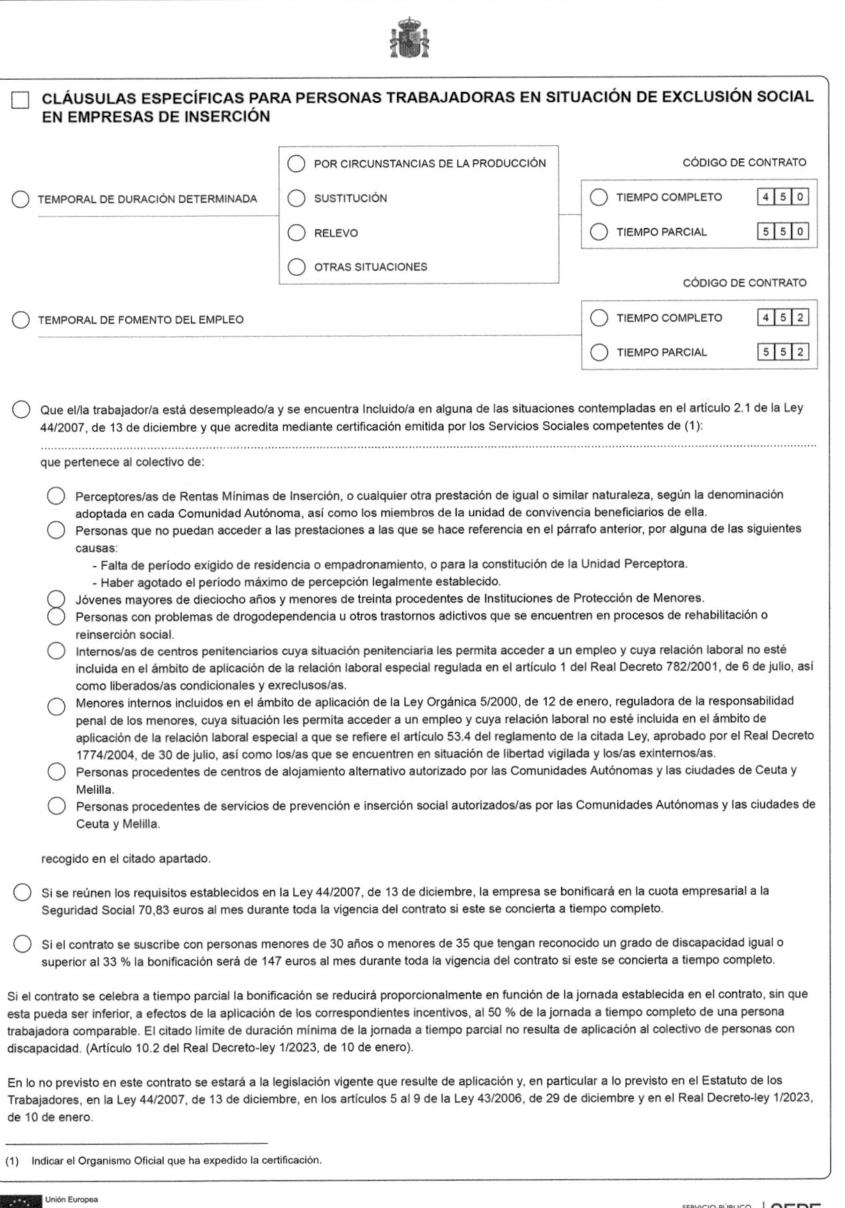

☐ **CLÁUSULAS ESPECÍFICAS PARA PERSONAS TRABAJADORAS EN SITUACIÓN DE EXCLUSIÓN SOCIAL EN EMPRESAS DE INSERCIÓN**

○ TEMPORAL DE DURACIÓN DETERMINADA

- ○ POR CIRCUNSTANCIAS DE LA PRODUCCIÓN
- ○ SUSTITUCIÓN
- ○ RELEVO
- ○ OTRAS SITUACIONES

	CÓDIGO DE CONTRATO
○ TIEMPO COMPLETO	450
○ TIEMPO PARCIAL	550

○ TEMPORAL DE FOMENTO DEL EMPLEO

	CÓDIGO DE CONTRATO
○ TIEMPO COMPLETO	452
○ TIEMPO PARCIAL	552

○ Que el/la trabajador/a está desempleado/a y se encuentra Incluido/a en alguna de las situaciones contempladas en el artículo 2.1 de la Ley 44/2007, de 13 de diciembre y que acredita mediante certificación emitida por los Servicios Sociales competentes de (1):

....

que pertenece al colectivo de:

- ○ Perceptores/as de Rentas Mínimas de Inserción, o cualquier otra prestación de igual o similar naturaleza, según la denominación adoptada en cada Comunidad Autónoma, así como los miembros de la unidad de convivencia beneficiarios de ella.
- ○ Personas que no puedan acceder a las prestaciones a las que se hace referencia en el párrafo anterior, por alguna de las siguientes causas:
  - Falta de período exigido de residencia o empadronamiento, o para la constitución de la Unidad Perceptora.
  - Haber agotado el período máximo de percepción legalmente establecido.
- ○ Jóvenes mayores de dieciocho años y menores de treinta procedentes de Instituciones de Protección de Menores.
- ○ Personas con problemas de drogodependencia u otros trastornos adictivos que se encuentren en procesos de rehabilitación o reinserción social.
- ○ Internos/as de centros penitenciarios cuya situación penitenciaria les permita acceder a un empleo y cuya relación laboral no esté incluida en el ámbito de aplicación de la relación laboral especial regulada en el artículo 1 del Real Decreto 782/2001, de 6 de julio, así como liberados/as condicionales y exreclusos/as.
- ○ Menores internos incluidos en el ámbito de aplicación de la Ley Orgánica 5/2000, de 12 de enero, reguladora de la responsabilidad penal de los menores, cuya situación les permita acceder a un empleo y cuya relación laboral no esté incluida en el ámbito de aplicación de la relación laboral especial a que se refiere el artículo 53.4 del reglamento de la citada Ley, aprobado por el Real Decreto 1774/2004, de 30 de julio, así como los/as que se encuentren en situación de libertad vigilada y los/as exinternos/as.
- ○ Personas procedentes de centros de alojamiento alternativo autorizado por las Comunidades Autónomas y las ciudades de Ceuta y Melilla.
- ○ Personas procedentes de servicios de prevención e inserción social autorizados/as por las Comunidades Autónomas y las ciudades de Ceuta y Melilla.

recogido en el citado apartado.

○ Si se reúnen los requisitos establecidos en la Ley 44/2007, de 13 de diciembre, la empresa se bonificará en la cuota empresarial a la Seguridad Social 70,83 euros al mes durante toda la vigencia del contrato si este se concierta a tiempo completo.

○ Si el contrato se suscribe con personas menores de 30 años o menores de 35 que tengan reconocido un grado de discapacidad igual o superior al 33 % la bonificación será de 147 euros al mes durante toda la vigencia del contrato si este se concierta a tiempo completo.

Si el contrato se celebra a tiempo parcial la bonificación se reducirá proporcionalmente en función de la jornada establecida en el contrato, sin que esta pueda ser inferior, a efectos de la aplicación de los correspondientes incentivos, al 50 % de la jornada a tiempo completo de una persona trabajadora comparable. El citado límite de duración mínima de la jornada a tiempo parcial no resulta de aplicación al colectivo de personas con discapacidad. (Artículo 10.2 del Real Decreto-ley 1/2023, de 10 de enero).

En lo no previsto en este contrato se estará a la legislación vigente que resulte de aplicación y, en particular a lo previsto en el Estatuto de los Trabajadores, en la Ley 44/2007, de 13 de diciembre, en los artículos 5 al 9 de la Ley 43/2006, de 29 de diciembre y en el Real Decreto-ley 1/2023, de 10 de enero.

(1) Indicar el Organismo Oficial que ha expedido la certificación.

MOD CTEM CAS 09_2023

Unión Europea
Fondo Social Europeo
"El FSE invierte en tu futuro"

6

SERVICIO PÚBLICO DE EMPLEO ESTATAL | SEPE

☐ **CLÁUSULAS ESPECÍFICAS PARA PERSONAS MAYORES DE 52 AÑOS BENEFICIARIAS DE SUBSIDIOS POR DESEMPLEO**

CÓDIGO DE CONTRATO

○	POR CIRCUNSTANCIAS DE LA PRODUCCIÓN	4 0 2
○	SUSTITUCIÓN	4 1 0
○	OTROS CONTRATOS	9 9 0

El/la trabajador/a:

Que es mayor de 52 años, se encuentra inscrito/a en el Servicio Público de Empleo y es beneficiario/a de cualquiera de los subsidios por desempleo:

○ Recogidos en el artículo 274 del Texto Refundido de la Ley General de la Seguridad Social.

○ Trabajadores/as eventuales incluidos en el Régimen Especial Agrario de la Seguridad Social.

La Entidad Gestora de las prestaciones abonará mensualmente al/a la trabajador/a el 50 % de la cuantía del subsidio durante la vigencia del contrato, con el límite máximo del doble del período pendiente de percibirlo. El/la empresario/a, durante este tiempo, tendrá cumplida la obligación del pago del salario que corresponda al/la trabajador/a, completando la cuantía del subsidio recibido por el/la trabajador/a hasta el importe de dicho salario, siendo responsable de las cotizaciones a la Seguridad Social por todas las contingencias y por el total del salario indicado, incluyendo el importe del subsidio.

En el supuesto de trabajadores/as incluidos/as en el Régimen Especial Agrario de la Seguridad Social, la entidad gestora abonará al/a la trabajador/a el 50 % del importe de la cuota del Régimen Especial Agrario de la Seguridad Social durante la vigencia del contrato y el/la empresario/a será responsable de la cotización por jornadas reales al REASS por las contingencias que correspondan.

MOD CTEM CAS 09_2023

Unión Europea
Fondo Social Europeo
"El FSE invierte en tu futuro"

7

SERVICIO PÚBLICO DE EMPLEO ESTATAL | SEPE

☐ **CLÁUSULAS ESPECÍFICAS PARA PERSONAS TRABAJADORAS SITUACIÓN DE JUBILACIÓN PARCIAL**

CÓDIGO DE CONTRATO

○	SITUACIÓN DE JUBILACIÓN PARCIAL	5 4 0

Reducir la jornada de trabajo y el salario en un (1) .... cuando el/la trabajador/a reúna las condiciones generales exigidas para tener derecho a la pensión contributiva de jubilación de la Seguridad Social,de acuerdo con lo establecido en el artículo 215 del Real Decreto Legislativo 8/2015, de 30 de octubre.

(1) Reducción de la jornada y el salario entre un mínimo del 25 % y un máximo del 50 %. La reducción de la jornada y el salario podrán alcanzar el 75 % cuando el contrato de relevo se concierte de manera indefinida y a jornada completa.

MOD CTEM CAS 09_2023

Unión Europea
Fondo Social Europeo
"El FSE invierte en tu futuro"

8

SERVICIO PÚBLICO DE EMPLEO ESTATAL | SEPE

☐ **CLÁUSULAS ESPECÍFICAS DE RELEVO**

CÓDIGO DE CONTRATO

◯	TIEMPO COMPLETO	4 4 1
◯	TIEMPO PARCIAL	5 4 1

☐ **El/la trabajador/a**:

◯ Que está en desempleo y está inscrito/a como demandante en el Servicio Público de Empleo de:
....

◯ Que tiene concertado con la empresa un contrato de duración determinada que fue comunicado en el Servicio Público de Empleo de
....
con el número .... con fecha ....

☐ **El/la representante de la Empresa**:

Que el/la trabajador/a de la Empresa D/Dña.: ....
nacido el .... que presta sus servicios en el centro de trabajo ubicado en (calle, nº y localidad):
....
con la profesión de .... incluido en el grupo laboral/nivel ....
de acuerdo con el sistema de clasificación profesional vigente en la empresa que reduce su jornada ordinaria de trabajo y su salario en un (1) ....por acceder a la situación de jubilación parcial regulada en el Real Decreto-Legislativo 2/2015, de 23 de octubre ha suscrito con fecha .... y hasta .... el correspondiente contrato de trabajo a tiempo parcial comunicado en el Servicio Público de Empleo de...
con el número .... con fecha ....

(1) Un mínimo del 25 % y un máximo del 50 %. La reducción de la jornada y el salario podrán alcanzar el 75 % cuando el contrato de relevo se concierte de manera indefinida y a jornada completa o bien el 85 % en los supuestos que resulte de aplicación el apartado 5º de la disposición transitoria cuarta del Real Decreto Legislativo 8/2015 o, en su caso, el apartado 6º de la citada Disposición para empresas clasificadas de industria manufacturera.

MOD CTEM CAS 09_2023

Unión Europea
Fondo Social Europeo
"El FSE invierte en tu futuro"

9

SERVICIO PÚBLICO DE EMPLEO ESTATAL | SEPE

☐ **CLÁUSULAS ESPECÍFICAS DE CONTRATOS VINCULADOS A PROGRAMAS DE POLÍTICAS ACTIVAS DE EMPLEO (1)**

CÓDIGO DE CONTRATO

◯	TIEMPO COMPLETO	4 0 5
◯	TIEMPO PARCIAL	5 0 5

Que este contrato se realiza para:

◯ **Programa de fomento de empleo agrario (Real Decreto 939/1997, de 20 de junio).**

Que el empleador es Corporación Local.

Datos de la Oferta de trabajo del Programa de Empleo:
....
....
....

Número de Expediente de Programa de Fomento de Empleo Agrario
Provincia: ....
Localidad obra: ....
Año: ....
Ent. Grupo: ....
Programa: ....
Número de Sección: ....

◯ **Otros programas** (especificar):
....
....
....

La duración de estos contratos no podrá exceder de 12 meses, de acuerdo con lo establecido en la disposición adicional novena de la Ley 3/2023, de 28 de febrero.

(1) Disposición adicional 9ª de la Ley 3/2023, de 28 de febrero.

MOD CTEM CAS 09_2023

Unión Europea
Fondo Social Europeo
"El FSE invierte en tu futuro"

10

SERVICIO PÚBLICO DE EMPLEO ESTATAL | SEPE

☐ **CLÁUSULAS ESPECÍFICAS DE CONTRATOS DE DURACIÓN DETERMINADA VINCULADOS A PROGRAMAS FINANCIADOS CON FONDOS EUROPEOS (1)**

CÓDIGO DE CONTRATO

◯	TIEMPO COMPLETO	4 0 6
◯	TIEMPO PARCIAL	5 0 6

Que el contrato se formaliza para la ejecución de otros fondos de la Unión Europea distintos de los destinados a financiar el Plan de Recuperación, Transformación y Resiliencia (especificar):

....

....

....

Tendrá la duración necesaria para la ejecución del proyecto:

....

....

....

cuya duración será: ....

(1) Disposición adicional quinta del Real Decreto-ley 32/2021, de 28 de diciembre.

MOD CTEM CAS 09_2023

Unión Europea
Fondo Social Europeo
"El FSE invierte en tu futuro"

11

SERVICIO PÚBLICO DE EMPLEO ESTATAL | SEPE

☐ **CLÁUSULAS ESPECIFICAS DEL CONTRATO ARTÍSTICO DE DURACIÓN DETERMINADA DE LAS PERSONAS ARTISTAS QUE DESARROLLAN SU ACTIVIDAD EN LAS ARTES ESCÉNICAS, AUDIOVISUALES Y MUSICALES, ASÍ COMO LAS PERSONAS QUE REALIZAN ACTIVIDADES TÉCNICAS O AUXILIARES (1)**

CÓDIGO DE CONTRATO

◯	TIEMPO COMPLETO	4 0 7
◯	TIEMPO PARCIAL	5 0 7

Este contrato se celebra para cubrir necesidades temporales de la empresa:

Siendo la causa de la contratación (2):
....
....
....

Siendo su duración determinada (3): ....

La persona trabajadora prestará su actividad como:

◯ Artista.

◯ Personal técnico o auxiliar.

Otras especificaciones:
....
....
....

A la finalización del contrato artístico la persona trabajadora tendrá derecho a recibir una indemnización, según lo establecido en el artículo 10.2 del Real Decreto 1435/1985, de 1 de agosto, modificado por el Real Decreto-ley 5/2022.

En lo no previsto en este contrato, se estará la la legislación vigente que resulte de aplicación, y en particular, a lo dispuesto en el Real Decreto 1435/1985, de 1 de agosto.

(1) Real Decreto 1435/1985, de 1 de agosto, modificado por Real Decreto-ley 5/2022, de 22 de marzo
(2) Especifíquese con precisión la causa habilitante de la contratación temporal, las circunstancias concretas que lo justifican y su conexión con la duración prevista.
(3) Para una o varias actuaciones por tiempo cierto, por una temporada, por el tiempo que una obra permanezca en cartel o por el tiempo que duren las distintas fases de la producción.

MOD CTEM CAS 09_2023

Unión Europea
Fondo Social Europeo
"El FSE invierte en tu futuro"

12

SERVICIO PÚBLICO DE EMPLEO ESTATAL | SEPE

☐ **CLÁUSULAS ESPECÍFICAS DEL CONTRATO PARA DEPORTISTAS PROFESIONALES (1)**

CÓDIGO DE CONTRATO

◯	TIEMPO COMPLETO	4 1 3
◯	TIEMPO PARCIAL	5 1 3

El/la trabajador/a cumple los requisitos establecidos en el artículo 1 del Real Decreto 1006/1985, de 26 de junio, a efectos de la aplicación de la relación laboral especial de deportistas profesionales.

El objeto del contrato será (2):
....
....
....

Siendo su duración determinada (3):
....
....
....

En lo no previsto en este contrato se estará a la legislación vigente que resulte de aplicación y en particular al Real Decreto 1006/1985, de 26 de junio, y suplementariamente, en lo que resulte compatible el Estatuto de los Trabajadores.

(1) Real Decreto 1006/1985, de 26 de junio.
(2) Especifíquese con precisión el objeto del contrato.
(3) Por tiempo cierto o para la realización de un número de actividades deportivas que constituyan en conjunto una unidad identificable en el ámbito de la actividad deportiva desarrollada. (Artículo 6 del Real Decreto 1006/1985, de 26 de junio).

MOD CTEM CAS 09_2023

Unión Europea
Fondo Social Europeo
"El FSE invierte en tu futuro"

13

SERVICIO PÚBLICO DE EMPLEO ESTATAL | SEPE

☐ **CLÁUSULAS ESPECÍFICAS DEL CONTRATO DE DURACIÓN DETERMINADA PARA PERSONAL DOCENTE E INVESTIGADOR DE UNIVERSIDADES (1)**

CÓDIGO DE CONTRATO

◯ TIEMPO COMPLETO	4 0 9
◯ TIEMPO PARCIAL	5 0 9

La persona trabajadora prestará su actividad como:

◯ Profesor Ayudante Doctor.

◯ Profesor Visitante.

La duración del contrato será de:
....
....
....

Otras especificaciones:
....
....
....

En lo no previsto en este contrato, se estará la la legislación vigente que resulte de aplicación, y en particular, a lo dispuesto en los artículos 78 y 83 de la Ley Orgánica 2/2023, de 22 de marzo.

(1) De acuerdo con lo establecido en la Ley Orgánica 2/2023, de 22 de marzo.
(2) Tiempo parcial solo para profesor visitante.

MOD CTEM CAS 09_2023

Unión Europea
Fondo Social Europeo
"El FSE invierte en tu futuro"

14

SERVICIO PÚBLICO DE EMPLEO ESTATAL | SEPE

☐ CLÁUSULAS ESPECÍFICAS PARA PERSONAS TRABAJADORAS AL SERVICIO DEL HOGAR FAMILIAR

CÓDIGO DE CONTRATO

○ SUSTITUCIÓN

	CÓDIGO
○ TIEMPO COMPLETO	4 1 0
○ TIEMPO PARCIAL	5 1 0

○ CIRCUNSTANCIAS DE LA PRODUCCIÓN (*)

CÓDIGO DE CONTRATO

- ○ INCREMENTO OCASIONAL IMPREVISIBLE
- ○ SITUACIONES OCASIONALES PREVISIBLES Y DE DURACIÓN REDUCIDA Y DELIMITADA (**)

	CÓDIGO
○ TIEMPO COMPLETO	4 0 2
○ TIEMPO PARCIAL	5 0 2

(*) Las circunstancias concretas que justifican este contrato son:
....
....
....

La duración prevista, que no podrá exceder de 6 meses, hasta 1 año por convenio colectivo sectorial, será: ....

(**) Se entenderá por situaciones ocasionales previsibles consistentes en:
....
....
....
cuya duración no podrá exceder de un máximo de 90 días en el año natural.

○ SI ○ NO se acuerda la prestación de horas de presencia a disposición del empleador. Las horas de presencia serán .... horas semanales, distribuidas de la siguiente manera ....

El tiempo de presencia será objeto de retribución o compensación de forma siguiente (señale lo que proceda):

○ Compensación con períodos equivalentes de descanso retribuido.

○ Retribución con un salario de una cuantía no inferior al correspondiente a las horas ordinarias.

○ De cualquiera de las anteriores maneras.

○ SI ○ NO se acuerda que el/la trabajador/a pernocte en el domicilio familiar del empleador. El régimen de las pernoctas será de .... noches a la semana. Durante el descanso semanal y el período de vacaciones el/la trabajador/a no está obligado a residir en el domicilio familiar del empleador.

○ SI ○ NO se acuerdan prestaciones salariales en especie.

La persona contratante tendrá derecho en la cotización empresarial a una reducción del 20 % por contingencias comunes. Si se cumplen los requisitos del artículo 9 de la Ley 40/2013, de 18 de noviembre, se podrá aplicar una bonificación del 45 % en el caso de familias numerosas, que será incompatible con la reducción del 20 % anterior.

Asimismo se aplicará una bonificación del 80 % en las aportaciones empresariales a la cotización por desempleo y al Fondo de Garantía Salarial. (Disposición adicional primera y disposición adicional séptima apartado 4 del Real Decreto-ley 16/2022, de 6 de septiembre).

En lo no previsto en este contrato, se estará a la legislación vigente que resulte de aplicación, y particularmente al Real Decreto 1620/2011, de 14 de noviembre y supletoriamente en lo que resulte compatible, el Estatuto de los Trabajadores.

La persona contratada tendrá derecho a la cobertura de las contingencias de protección por desempleo y Fondo de Garantía Salarial en los términos previstos en la normativa aplicable.

El contenido del presente contrato se presentará en la Tesorería General de la Seguridad Social en el trámite de alta de el/la empleado/a del hogar en la Seguridad Social a efectos de comunicación del contenido del contrato al Servicio Público de Empleo.

MOD CTEM CAS 09_2023

Unión Europea
Fondo Social Europeo
"El FSE invierte en tu futuro"

15

SERVICIO PÚBLICO DE EMPLEO ESTATAL | SEPE

CLÁUSULAS ESPECÍFICAS DEL CONTRATO TEMPORAL DE FOMENTO DE EMPLEO PARA PERSONAS CON DISCAPACIDAD

		CÓDIGO DE CONTRATO
◯ TIEMPO COMPLETO	◯ CON BONIFICACIÓN	430
	◯ SIN BONIFICACIÓN	430

		CÓDIGO DE CONTRATO
◯ TIEMPO PARCIAL	◯ CON BONIFICACIÓN	530
	◯ SIN BONIFICACIÓN	530

El/la trabajador/a:

Que es persona con discapacidad y tiene reconocida la condición de tal, como se acredita con la certificación expedida por (1)

....

de acuerdo con el artículo 2.2 de la Ley 43/2006, de 29 de diciembre, si el contrato se celebra a tiempo completo, la empresa tendrá derecho a las siguientes bonificaciones en la cuota empresarial a la Seguridad Social durante la vigencia del contrato. En el supuesto de que el contrato sea a tiempo parcial, las bonificaciones que resulten de aplicar serán en proporción a la jornada establecida en el contrato.(Artículo 10.2 del Real Decreto-ley 1/2023, de 10 de enero).

TRABAJADORES/AS CON DISCAPACIDAD SIN ESPECIALES DIFICULTADES PARA SU INSERCIÓN LABORAL (2)

	HOMBRES	MUJERES
MENORES DE 45 AÑOS	◯ 291,66 euros/mes	◯ 341,66 euros/mes
MAYORES DE 45 AÑOS	◯ 341,66 euros/mes	◯ 391,66 euros/mes

TRABAJADORES/AS CON DISCAPACIDAD CON ESPECIALES DIFICULTADES PARA SU INSERCIÓN LABORAL (2)

	HOMBRES	MUJERES
MENORES DE 45 AÑOS	◯ 341,66 euros/mes	◯ 391,66 euros/mes
MAYORES DE 45 AÑOS	◯ 391,66 euros/mes	◯ 441,66 euros/mes

En lo no previsto en este contrato, se estará a la legislación vigente que resulte de aplicación, y particularmente a la disposición adicional primera de la Ley 43/2006, de 29 de diciembre y el Estatuto de los Trabajadores.

(1) Indicar el organismo oficial que emite la certificación.
(2) Personas con discapacidad con especiales dificultades para su inserción laboral. Artículo 2.2.2). de la Ley 43/2006, de 29 de diciembre.

MOD CTEM CAS 09_2023

Unión Europea
Fondo Social Europeo
"El FSE invierte en tu futuro"

16

SERVICIO PÚBLICO DE EMPLEO ESTATAL | SEPE

☐ CLÁUSULAS ESPECÍFICAS PARA PERSONAS CON DISCAPACIDAD EN CENTROS ESPECIALES DE EMPLEO

◯ TIEMPO COMPLETO	CÓDIGO DE CONTRATO	◯ TIEMPO PARCIAL	CÓDIGO DE CONTRATO
◯ POR CIRCUNSTANCIAS DE LA PRODUCCIÓN	402	◯ POR CIRCUNSTANCIAS DE LA PRODUCCIÓN	502
◯ SUSTITUCIÓN	410	◯ SUSTITUCIÓN	510
◯ TEMPORAL PERSONA CON DISCAPACIDAD	430	◯ TEMPORAL PERSONA CON DISCAPACIDAD	530
		◯ SITUACIÓN DE JUBILACIÓN PARCIAL	540
◯ RELEVO	441	◯ RELEVO	541
◯ OTRAS SITUACIONES	990	◯ OTRAS SITUACIONES	990

Se establece un período de adaptación al trabajo que a su vez tendrá el carácter de período de prueba de (1) ....
en las condicione siguientes (2):
....
....
....

Para lograr la adecuación del puesto de trabajo a las características del/de la trabajador/a, la empresa se compromete a realizar las siguientes adaptaciones al puesto de trabajo:
....
....
....

y/o en caso de que el contrato sea a distancia se realizarán los servicios de ajuste de personal y social siguientes:
....
....
....

Los centros especiales de empleo que contraten temporalmente a personas con discapacidad tendrán derecho durante toda la vigencia del contrato a la bonificación del 100 % de la cuota empresarial a la Seguridad Social, incluidas las de accidente de trabajo y enfermedad profesional y las cuotas de recaudación conjunta, de acuerdo con lo establecido en la Ley 43/2006, de 29 de diciembre y el Real Decreto-ley 1/2023, de 10 de enero.

Asimismo, podrán tener derecho a las subvenciones correspondientes, de acuerdo con lo establecido en el Real Decreto 818/2021, de 28 de septiembre, en los términos que determine el Servicio Público de Empleo competente.

Las partes se comprometen a observar lo dispuesto en la legislación vigente que resulte de aplicación, y en particular, en el Real Decreto 1368/1985, de 17 de julio y en el Estatuto de los Trabajadores.

(1) No podrá exceder de 6 meses
(2) Las condiciones del período de adaptación al trabajo serán las determinadas, en su caso, por el equipo multiprofesional.

MOD CTEM CAS 09_2023

Unión Europea
Fondo Social Europeo
"El FSE invierte en tu futuro"

17

SERVICIO PÚBLICO DE EMPLEO ESTATAL | SEPE

☐ **CLÁUSULAS ESPECÍFICAS PARA EL PERSONAL INVESTIGADOR**

CONTRATO PREDOCTORAL DE PERSONAL INVESTIGADOR PREDOCTORAL EN FORMACIÓN (Artículo 21 de la Ley 14/2011 y Real Decreto 103/2019) (1)

CÓDIGO DE CONTRATO

◯ TIEMPO COMPLETO | 4 | 0 | 4 |

CONTRATO DE ACCESO DE PERSONAL INVESTIGADOR DOCTOR AL SISTEMA ESPAÑOL DE CIENCIA, TECNOLOGÍA E INNOVACIÓN. (Artículo 22 de la Ley 14/2011)

CÓDIGO DE CONTRATO

◯ TIEMPO COMPLETO | 4 | 1 | 2 |

Que el empleador/a es (2):

◯ Organismo Público de Investigación de la Administración General del Estado.

◯ Organismo de Investigación de otra Administración Pública.

◯ Universidad Pública.

◯ Universidades privadas y Universidades de la Iglesia Católica, cuando perciban fondos cuyo destino incluya la contratación de personal investigador, en los términos de la disposición adicional primera de la Ley 14/2011.

◯ Entidades privadas sin ánimo de lucro que realicen actividades de I+D tecnológico en los términos de la disposición adicional primera de la Ley 14/2011.

◯ Consorcios públicos y fundaciones del sector público en los términos de la disposición adicional primera de la Ley 14/2011.

◯ Otros organismos de investigación de la Administración General del Estado, en los términos de la disposición adicional primera de la Ley 14/2011.

◯ Otros agentes de ejecución del Sistema Español de Ciencia, Tecnología e Innovación de los contemplados en la disposición adicional primera de la Ley 14/2011.

◯ Centros del Sistema Nacional de Salud y aquellos vinculados o concertados con este.

◯ Otros.

Indíquese la opción elegida:

◯ A Que el/la trabajador/a para ser personal investigador predoctoral en formación está en posesión del título de Licenciado, Ingeniero, Arquitecto, Graduado Universitario de al menos 300 créditos ECTS o Máster Universitario o equivalente y ha sido admitido en un Programa de Doctorado (3).
Que el lugar de realización efectivo de las actividades del personal investigador predoctoral en formación es
....
....
....

◯ B Que el/la trabajador/a para acceder como personal investigador doctor al Sistema Español de Ciencia, Tecnología e Innovación, está en posesión del título de Doctor/a (4)
Que no ha estado contratado/a bajo esta modalidad en este u otro Organismo por tiempo superior a seis años, salvo personas con discapacidad en el que el tiempo no podrá ser superior a ocho años.

(1) Este contrato podrá dar derecho a la bonificación establecida en el artículo 27 del Real Decreto-ley 1/2023, de 10 de enero.
(2) Indicar la entidad contratante.
(3) El/la trabajador/a deberá entregar al empresario fotocopia compulsada del título, certificación de su solicitud o certificación acreditativa de la terminación de los estudios.
(4) Deberá acompañar el escrito de admisión al programa de doctorado expedido por la unidad responsable de dicho programa o por la escuela de doctorado o postgrado.

MOD CTEM CAS 09_2023

Unión Europea
Fondo Social Europeo
"El FSE invierte en tu futuro"

18

SERVICIO PÚBLICO DE EMPLEO ESTATAL | SEPE

☐ **CLÁUSULAS ESPECIFICAS PARA PERSONAS TRABAJADORAS PENADAS EN INSTITUCIONES PENITENCIARIAS**

CÓDIGO DE CONTRATO

◯ TIEMPO COMPLETO	4 5 0
◯ TIEMPO PARCIAL	5 5 0

PRIMERA

La persona trabajadora prestará su actividad como ....
incluido en el grupo profesional o nivel profesional de ....
de clasificación profesional vigente en la empresa, en el centro penitenciario ubicado en (calle número y localidad)
....
....

SEGUNDA

A esta contratación le será de aplicación:

- Bonificación del 65 % por los conceptos de recaudación conjunta de desempleo, Formación Profesional y Fondo de Garantía Salarial.
- Bonificación a las cuotas empresariales por contingencias comunes que estén establecidas para el colectivo de exclusión social.

TERCERA

En lo no previsto en este contrato, se estará a la legislación vigente que resulte de aplicación y, particularmente, a lo dispuesto en el Real Decreto 782/2001, de 6 de julio y sus normas de desarrollo.

MOD CTEM CAS 09_2023

Unión Europea
Fondo Social Europeo
"El FSE invierte en tu futuro"

19

SERVICIO PÚBLICO DE EMPLEO ESTATAL | SEPE

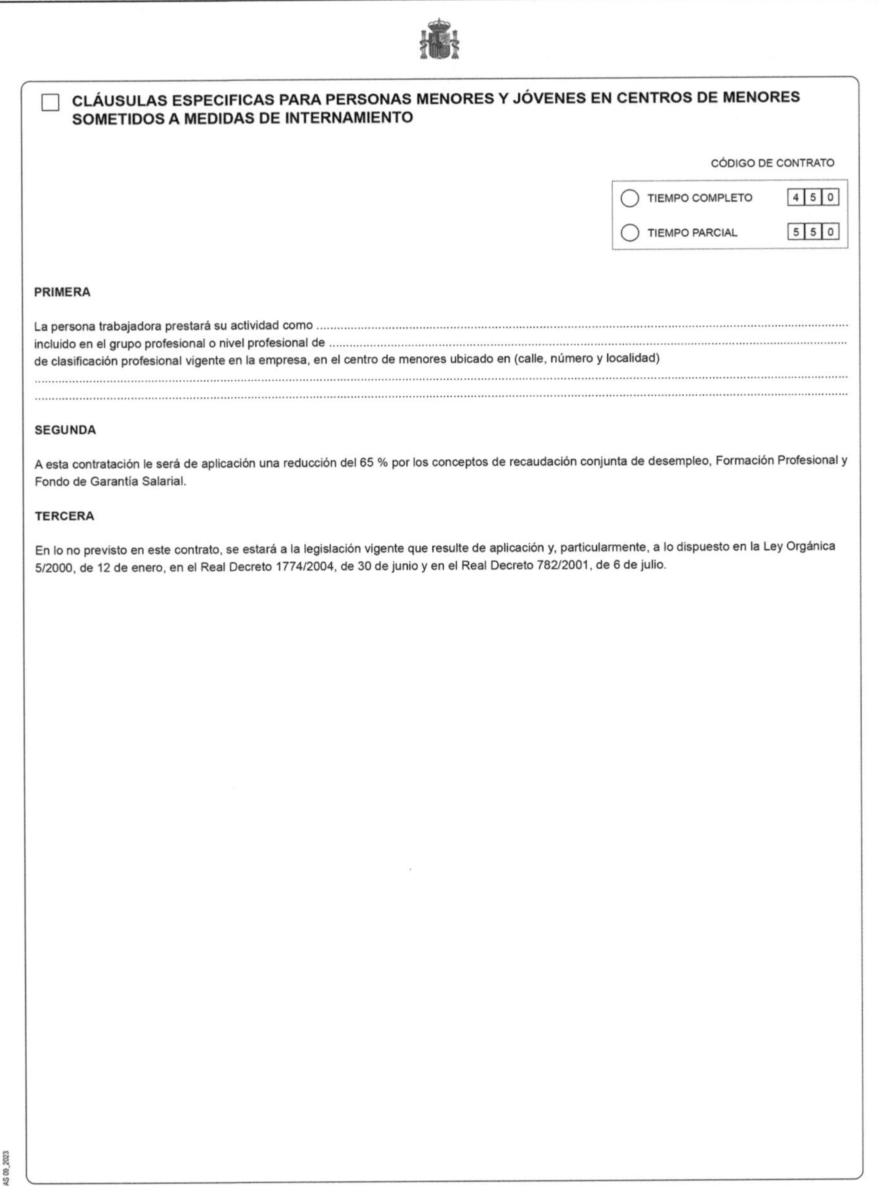

CLÁUSULAS ESPECIFICAS PARA PERSONAS MENORES Y JÓVENES EN CENTROS DE MENORES SOMETIDOS A MEDIDAS DE INTERNAMIENTO

CÓDIGO DE CONTRATO

TIEMPO COMPLETO	4 5 0
TIEMPO PARCIAL	5 5 0

PRIMERA

La persona trabajadora prestará su actividad como ....
incluido en el grupo profesional o nivel profesional de ....
de clasificación profesional vigente en la empresa, en el centro de menores ubicado en (calle, número y localidad)
....
....

SEGUNDA

A esta contratación le será de aplicación una reducción del 65 % por los conceptos de recaudación conjunta de desempleo, Formación Profesional y Fondo de Garantía Salarial.

TERCERA

En lo no previsto en este contrato, se estará a la legislación vigente que resulte de aplicación y, particularmente, a lo dispuesto en la Ley Orgánica 5/2000, de 12 de enero, en el Real Decreto 1774/2004, de 30 de junio y en el Real Decreto 782/2001, de 6 de julio.

MOD CTEM CAS 09_2023

Unión Europea
Fondo Social Europeo
"El FSE invierte en tu futuro"

20

SERVICIO PÚBLICO DE EMPLEO ESTATAL | SEPE

☐ **OTRAS SITUACIONES**

CÓDIGO DE CONTRATO

◯ CONTRATO EN GRUPO	9 9 0
◯ ALTA DIRECCIÓN	9 9 0
◯ OTROS	9 9 0

MOD CTEM CAS 09_2023

Unión Europea
Fondo Social Europeo
"El FSE invierte en tu futuro"

21

SERVICIO PÚBLICO DE EMPLEO ESTATAL | SEPE

CLÁUSULAS ADICIONALES

....

Y para que conste, se extiende este contrato por triplicado ejemplar en el lugar y fecha a continuación indicados, firmando las partes interesadas.

En .... a .... de .... de ....

El/la trabajador/a	El/la representante de la empresa	El/la representante legal del/la menor, si procede

IMPORTANTE

(TODAS LAS PÁGINAS CUMPLIMENTADAS DE ESTE CONTRATO DEBERÁN IR FIRMADAS EN EL MARGEN IZQUIERDO PARA MAYOR SEGURIDAD JURÍDICA)

MOD CTEM CAS 09_2023

Unión Europea
Fondo Social Europeo
"El FSE invierte en tu futuro"

22

SERVICIO PÚBLICO DE EMPLEO ESTATAL | SEPE

CONTRATO DE TRABAJO DE FORMACIÓN EN ALTERNANCIA

DATOS DE LA EMPRESA

CIF/NIF/NIE

D./DÑA.	NIF/NIE	EN CONCEPTO (1)
NOMBRE O RAZÓN SOCIAL DE LA EMPRESA	DOMICILIO SOCIAL	
PAÍS	MUNICIPIO	C. POSTAL

DATOS DE LA CUENTA DE COTIZACIÓN

RÉGIMEN	CÓDIGO CUENTA COTIZACIÓN	ACTIVIDAD ECONÓMICA

DATOS DEL CENTRO DE TRABAJO

PAÍS	MUNICIPIO

DATOS DEL/DE LA TRABAJADOR/A

D./DÑA.	NIF/NIE	FECHA NACIMIENTO	Nº AFILIACIÓN SEGURIDAD SOCIAL
NIVEL FORMATIVO		NACIONALIDAD	
MUNICIPIO DEL DOMICILIO		PAÍS DOMICILIO	

con la asistencia legal, en su caso, de D./Dña..
con NIF/NIE ...., en calidad de (2) ....

DECLARAN

PRIMERA: este contrato tiene por objeto compatibilizar la actividad laboral retribuida con los correspondientes procesos formativos en el ámbito de la formación profesional, los estudios universitarios o el Catálogo de Especialidades Formativas del Sistema Nacional de Empleo.

SEGUNDA: que el/la trabajador/a es:

- ◯ Mayor de 16 hasta 30 años inclusive.
- ◯ Trabajador/a contratado/a en el marco de estudios universitarios, formación profesional o certificados de profesionalidad nivel 3. (3).
- ◯ Trabajador/a con discapacidad (3) (4).
- ◯ Alumnos/as participantes en un programa público de empleo y formación al amparo de lo previsto en el artículo 13.3.b) de la Ley 3/2023, de 28 de febrero (3).
- ◯ Trabajador/a en situación de exclusión social, y el contrato se realiza en una empresa de inserción (3).
- ◯ Trabajador/a con capacidad intelectual límite. (5).

TERCERA: que el/la trabajador/a carece de cualificación profesional reconocida por las titulaciones o certificados requeridos para concertar un contrato formativo para la obtención de la práctica profesional.

(1) Director/a, Gerente, etc.
(2) Padre, madre, tutor/a o persona o institución que le tenga a su cargo.
(3) Sin límite de edad.
(4) Se aportará la certificación que acredite al trabajador la condición de persona con discapacidad expedido por el Organismo Oficial correspondiente.
(5) Se aportará la certificación que acredite al trabajador la condición de persona con capacidad intelectual límite expedido por el Organismo Oficial correspondiente.

MOD CFEA CAS 09_2023

1

CUARTA: que si el contrato está vinculado a estudios de formación profesional o universitarios, el trabajador no ha tenido otro contrato formativo previo en una formación del mismo nivel formativo y del mismo sector productivo.

QUINTA: que el/la trabajador/a no a desempeñado el puesto de trabajo correspondiente a este contrato en esta empresa por un tiempo superior a 6 meses.

SEXTA: que se reúnen los requisitos exigidos para la celebración del presente contrato y en consecuencia acuerdan formalizarlo con arreglo a las presentes:

CLÁUSULAS

PRIMERA: el contrato tiene por objeto la cualificación profesional en régimen de alternancia de:

a) Actividad laboral (6) .... CNO: ☐☐☐☐
incluido en el grupo profesional (7) ....,
de acuerdo con el sistema de calificación vigente en la empresa. En el centro de trabajo ubicado en (calle, número y localidad)
....
Siendo el/la tutor/a designado por la entidad de formación D/Dña (8). ....,
cuya cualificación profesional es (9) ....
Siendo el/la tutor/a designado por la empresa D/Dña. ....

b) La actividad formativa vinculada al contrato es ...., de acuerdo con el convenio de colaboración suscrito por la empresa con el centro o entidad formativa y que se incorpora como anexo en este contrato (10).

SEGUNDA: la jornada total será de (11) .... horas .... De ellas, el número de horas dedicadas a la actividad formativa será de .... horas, que representan un .... por ciento de la jornada máxima prevista en el convenio colectivo de
....

El tiempo efectivo de trabajo se prestará en el horario (12)
....
....
....

La actividad formativa se impartirá de acuerdo al siguiente calendario:
....
....
....
reflejado en el anexo del plan formativo individual.

☐ TRABAJO A DISTANCIA, siempre que se garantice como mínimo un 50 % de prestación de servicio presencial (13).

TERCERA: la duración del presente contrato será de (14) .... y se extenderá desde .... hasta ....

CUARTA: el/la trabajador/a percibirá por la prestación de sus servicios una retribución de (15) .... euros brutos (16) ....

QUINTA: la duración de las vacaciones anuales será (17) ....

SEXTA: la empresa se obliga a proporcionar trabajo efectivo relacionado con las actividades formativas y a facilitar la asistencia a las mismas. El trabajador/a se compromete a prestar el trabajo efectivo y recibir la formación relacionada.

(6) Indicar puesto de trabajo y ocupación según Clasificación Nacional de Ocupaciones vinculados a la formación. Las funciones pueden ser todas las del grupo profesional o solamente alguna de ellas.
(7) Señalar el grupo profesional que corresponda, según el sistema de clasificación profesional vigente en la empresa.
(8) Nombre y apellidos del tutor.
(9) Señalar el nivel profesional del tutor, según el sistema de clasificación profesional vigente en la empresa.
(10) En el plan formativo individual se debe especificar el contenido de la formación, el calendario, las actividades y los requisitos de tutoría para el cumplimiento de sus objetivos.
(11) La jornada y el total de horas de trabajo efectivo se puede expresar en horas al día, semana, mes o año, siempre que en ambos casos se utilice la misma referencia. Máximo de 65 % de la jornada prevista en el convenio, o en su defecto de la jornada máxima legal, en el primer año de contrato y el 85 % en el segundo.
(12) Indicar los días de trabajo efectivo y el horario.
(13) El trabajo a distancia se regula por lo dispuesto en la Ley 10/2021, de 9 de julio, y requiere la firma del correspondiente acuerdo.
(14) Mínimo 3 meses, máximo 2 años. En caso de personas con discapacidad o personas con capacidad intelectual límite, máximo 4 años.
(15) La fijada en convenio colectivo, sin que en su defecto pueda ser inferior al Salario Mínimo Interprofesional (SMI), en proporción al tiempo de trabajo efectivo.
(16) semanales, mensuales o anuales.
(17) Mínimo: 30 días naturales.

MOD CFEA CAS 09_2023

Unión Europea
Fondo Social Europeo

2

SERVICIO PÚBLICO DE EMPLEO ESTATAL | SEPE

SÉPTIMA: el presente contrato dará derecho a una bonificación de 91 euros al mes durante su vigencia, incluidas las prórrogas. También dará derecho a una bonificación de 28 euros en las cuotas de la persona trabajadora en la Seguridad Social por los conceptos de recaudación conjunta (artículo 23 del Real Decreto-ley 1/2023, de 10 de enero. En caso de personas con discapacidad, se podrá optar por aplicar la bonificación del 50 % en la cotización establecida en la disposición adicional vigésima del Estatuto de los Trabajadores.

OCTAVA: el presente contrato se extinguirá por la expiración del tiempo convenido, incluyendo, en su caso, las prórrogas que se puedan acordar, así como las demás causas previstas en el artículo 49 del Estatuto de los Trabajadores.

NOVENA: en lo no previsto en este contrato, se estará a la legislación vigente que resulte de aplicación y particularmente a lo dispuesto en el artículo 11 del Estatuto de los Trabajadores. Asimismo le será de aplicación lo dispuesto en el Convenio Colectivo de
....

DÉCIMA: el contenido del presente contrato se comunicará al Servicio Público de Empleo de .... en el plazo de los 10 días hábiles siguientes a su concertación. El/la empresario/a comunicará el fin de la relación laboral al Servicio Público de Empleo de .... en el plazo de los 10 días hábiles siguientes a su terminación.

UNDÉCIMA: ESTE CONTRATO PODRÁ SER COFINANCIADO POR EL FONDO SOCIAL EUROPEO.

DUODÉCIMA: PROTECCIÓN DE DATOS. - Los datos consignados en el presente modelo tendrán la protección derivada del Reglamento (UE) 2016/679 del Parlamento Europeo, de 27 de abril de 2016 y de la Ley Organica 3/2018, de 5 de diciembre.

MOD CFEA CAS 09_2023

3

SERVICIO PÚBLICO DE EMPLEO ESTATAL | SEPE

Que el CONTRATO DE FORMACIÓN EN ALTERNANCIA que se celebra (marque la casilla que corresponda) se realiza con las siguientes cláusulas específicas:

- ☐ PARA LA FORMACIÓN EN ALTERNANCIA ORDINARIO .... pág. 5
- ☐ PARA PERSONAS TRABAJADORAS EN SITUACIÓN DE EXCLUSIÓN SOCIAL EN EMPRESAS DE INSERCIÓN .... pág. 6
- ☐ PARA PERSONAS CON DISCAPACIDAD EN CENTROS ESPECIALES DE EMPLEO .... pág. 7
- ☐ PARA PERSONAS MAYORES DE 52 AÑOS BENEFICIARIAS DE LOS SUBSIDIOS POR DESEMPLEO .... pág. 8
- ☐ PARA PERSONAS PARTICIPANTES EN EL PROGRAMA FOMENTO DEL EMPLEO AGRARIO .... pág. 9

y cumple los requisitos exigidos en la norma regulatoria.

MOD CFEA CAS 09_2023

Unión Europea
Fondo Social Europeo
"El FSE invierte en tu futuro"

4

SERVICIO PÚBLICO DE EMPLEO ESTATAL | SEPE

☐ **PARA LA FORMACIÓN EN ALTERNANCIA ORDINARIO**

	CÓDIGO DE CONTRATO	
◯ SIN BONIFICACIÓN DE CUOTAS A LA SEGURIDAD SOCIAL	◯ TIEMPO COMPLETO	4 2 1
	◯ TIEMPO PARCIAL	5 2 1
◯ CON BONIFICACIÓN DE CUOTAS A LA SEGURIDAD SOCIAL (1)	◯ TIEMPO COMPLETO	4 5 0
	◯ TIEMPO PARCIAL	5 5 0
◯ CON BONIFICACIÓN DE CUOTAS A LA SEGURIDAD SOCIAL PARA PERSONAS CON DISCAPACIDAD (2)	◯ TIEMPO COMPLETO	4 5 0
	◯ TIEMPO PARCIAL	5 5 0

(1) Este contrato dará derecho a la bonificación establecida en el artículo 23 del Real Decreto-ley 1/2023, de 10 de enero.
(2) Este contrato dará derecho a la bonificación establecida en la disposición adicional vigésima del Estatuto de los Trabajadores.

MOD CFEA CAS 09_2023

Unión Europea
Fondo Social Europeo
"El FSE invierte en tu futuro"

5

SERVICIO PÚBLICO DE EMPLEO ESTATAL | SEPE

☐ CLÁUSULAS ESPECÍFICAS PARA LA FORMACIÓN EN ALTERNANCIA DE PERSONAS TRABAJADORAS EN SITUACIÓN DE EXCLUSIÓN SOCIAL EN EMPRESAS DE INSERCIÓN

CÓDIGO DE CONTRATO	
○ TIEMPO COMPLETO	4 5 0
○ TIEMPO PARCIAL	5 5 0

☐ Que el/la trabajador/a está desempleado/a y se encuentra Incluido/a en alguna de las situaciones contempladas en el artículo 2.1 de la Ley 44/2007, de 13 de diciembre, que regula las empresas de inserción, y que acredita mediante certificación emitida por los Servicios Sociales competentes de (1):

....

☐ Que pertenece al colectivo de:

- ○ Perceptores/as de Rentas Mínimas de Inserción, o cualquier otra prestación de igual o similar naturaleza, según la denominación adoptada en cada Comunidad Autónoma, miembros de la unidad de convivencia beneficiarios de ella.
- ○ Personas que no puedan acceder a las prestaciones a las que se hace referencia en el párrafo anterior, por alguna de las siguientes causas:
  - Falta de período exigido de residencia o empadronamiento, o para la constitución de la Unidad Perceptora.
  - Haber agotado el período máximo de percepción legalmente establecido.
- ○ Jóvenes mayores de dieciocho años y menores de treinta procedentes de Instituciones de Protección de Menores.
- ○ Personas con problemas de drogodependencia u otros trastornos adictivos que se encuentren en procesos de rehabilitación o reinserción social.
- ○ Internos/as de centros penitenciarios cuya situación penitenciaria les permita acceder a un empleo y cuya relación laboral no esté incluida en el ámbito de aplicación de la relación laboral especial regulada en el artículo 1 del Real Decreto 782/2001, de 6 de julio, así como liberados/as condicionales y ex reclusos/as.
- ○ Menores internos incluidos en el ámbito de aplicación de la Ley Orgánica 5/2000, de 12 de enero, reguladora de la responsabilidad penal de los menores, cuya situación les permita acceder a un empleo y cuya relación laboral no esté incluida en el ámbito de aplicación de la relación laboral especial a que se refiere el artículo 53.4 del reglamento de la citada Ley, aprobado por el Real Decreto 1774/2004, de 30 de julio, así como los/as que se encuentren en situación de libertad vigilada y los/as exinternos/as.
- ○ Personas procedentes de centros de alojamiento alternativo autorizado por las Comunidades Autónomas y las ciudades de Ceuta y Melilla.
- ○ Personas procedentes de servicios de prevención e inserción social autorizados/as por las Comunidades Autónomas y las ciudades de Ceuta y Melilla.

Señalar lo que proceda:

○ Si se reúnen los requisitos establecidos en la Ley 44/2007, de 13 de diciembre, en los términos establecidos en la disposición adicional sexta del Real Decreto-ley 1/2023, de 10 de enero, la empresa se bonificará en la cuota empresarial a la Seguridad Social en 70,83 euros/mes, durante toda la vigencia del contrato, si el contrato se celebra a tiempo completo.

○ Si el contrato se suscribe con personas menores de 30 años o menores de 35 que tengan un grado de discapacidad igual o superior al 33 % la bonificación será de 147 euros/mes durante toda la vigencia del contrato. (Disposición adicional sexta del Real Decreto-ley 1/2023, de 10 de enero).

Si el contrato se celebra a tiempo parcial la bonificación se reducirá proporcionalmente en función de la jornada establecida en el contrato, sin que esta pueda ser inferior, a efectos de la aplicación de los correspondientes incentivos, al 50 % de la jornada a tiempo completo de una persona trabajadora comparable. El citado límite de duración mínima de la jornada a tiempo parcial no resultará de aplicación al colectivo de personas con discapacidad. (Artículo 10.2 del Real Decreto-ley 1/2023, de 10 enero).

En lo no previsto en este contrato, se estará a la legislación vigente que resulte de aplicación, y en particular, a lo dispuesto en el Estatuto de los Trabajadores, en la Ley 44/2007, de 13 de diciembre, en los artículos 5 al 9 de la Ley 43/2006, de 29 de diciembre y en el Real Decreto-ley 1/2023, de 10 de enero.

(1) Indicar el organismo oficial que emite la certificación.

MOD CFEA CAS 09_2023

Unión Europea
Fondo Social Europeo
"El FSE invierte en tu futuro"

6

SERVICIO PÚBLICO DE EMPLEO ESTATAL | SEPE

☐ **CLÁUSULAS ESPECÍFICAS PARA LA FORMACIÓN EN ALTERNANCIA DE PERSONAS CON DISCAPACIDAD EN CENTROS ESPECIALES DE EMPLEO**

CÓDIGO DE CONTRATO

○ TIEMPO COMPLETO	4 2 1
○ TIEMPO PARCIAL	5 2 1

Se establece un período de adaptación al trabajo que a su vez tendrá el carácter de período de prueba de (1) .... en las condiciones siguientes (2)

....

....

....

Para lograr la adecuación del puesto de trabajo a las características del/de la trabajador/a, la empresa se compromete a realizar las siguientes adaptaciones al puesto de trabajo

....

....

....

y/o en caso de que el contrato sea a adistancia se realizarán los servicios de ajuste de personal y social siguientes

....

....

....

Los centros especiales de empleo que contraten temporalmente a personas con discapacidad, tendrán derecho durante toda la vigencia del contrato a las bonificaciones del 100 % de la cuota empresarial a la Seguridad Social, incluidas las de accidente de trabajo y enfermedad profesional y las cuotas de recaudación conjunta de acuerdo con lo establecido en la Ley 43/2006, de 29 de diciembre y el Real Decreto-ley 1/2023, de 10 de enero.

Asimismo podrá tener derecho a las subvenciones correspondientes de acuerdo con lo establecido en el Real Decreto 818/2021, de 28 de septiembre, en los términos que determine el servicio público de empleo competente.

En lo no previsto en este contrato se estará a la legislación vigente que resulte de aplicación, y en particular en el Real Decreto 1368/1985, de 17 de julio, en la Ley 43/2006, de 29 de diciembre, en el Real Decreto-ley 1/2023, de 10 de enero y en el Estatuto de los Trabajadores.

(1) No podrá exceder de 6 meses.
(2) Las condiciones del período de adaptación al trabajo serán las determinadas, en su caso, por el Equipo Multiprofesional.

MOD CFEA CAS 09_2023

Unión Europea
Fondo Social Europeo
"El FSE invierte en tu futuro"

7

SERVICIO PÚBLICO DE EMPLEO ESTATAL | SEPE

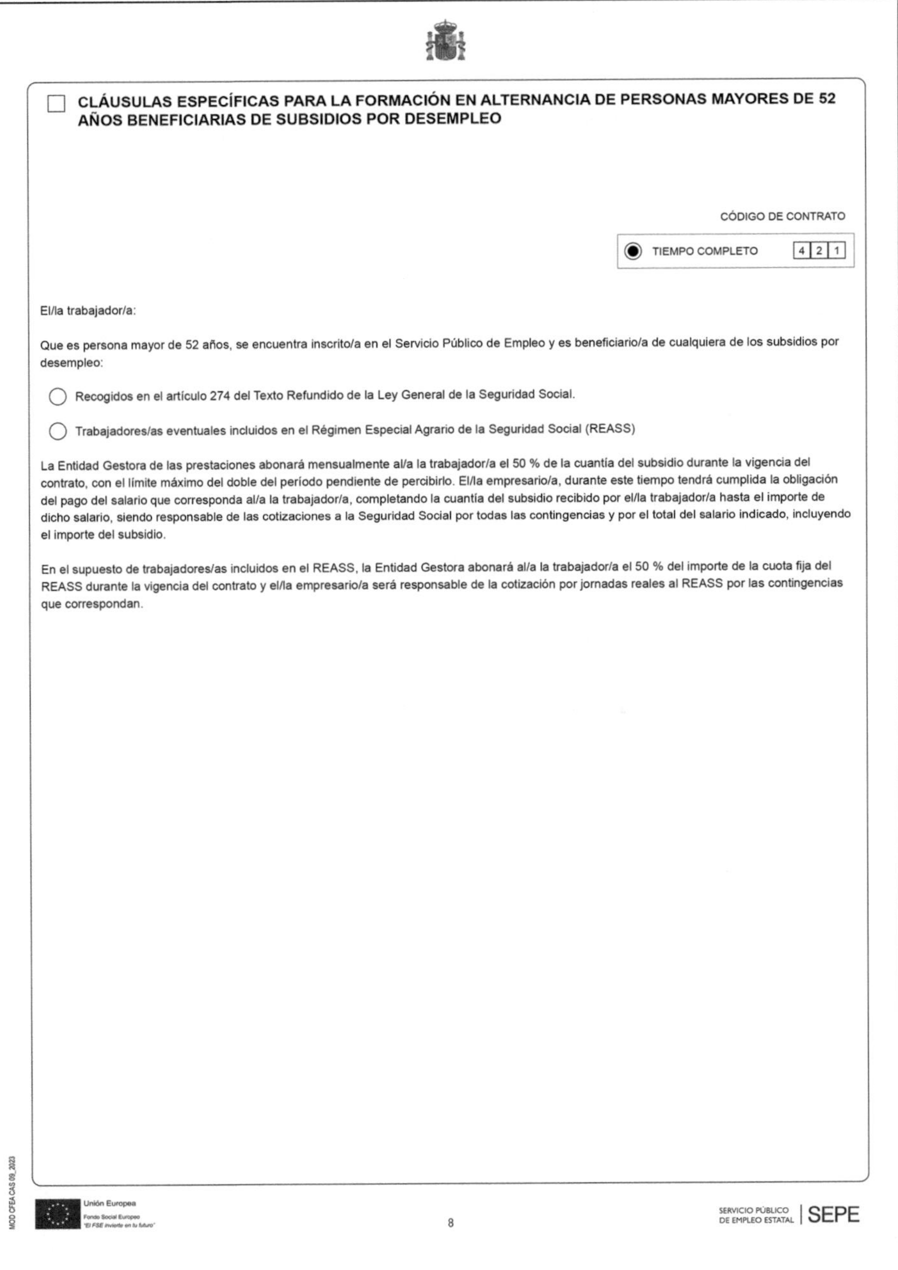

☐ **CLÁUSULAS ESPECÍFICAS PARA LA FORMACIÓN EN ALTERNANCIA DE PERSONAS MAYORES DE 52 AÑOS BENEFICIARIAS DE SUBSIDIOS POR DESEMPLEO**

CÓDIGO DE CONTRATO

◉ TIEMPO COMPLETO | 4 | 2 | 1 |

El/la trabajador/a:

Que es persona mayor de 52 años, se encuentra inscrito/a en el Servicio Público de Empleo y es beneficiario/a de cualquiera de los subsidios por desempleo:

○ Recogidos en el artículo 274 del Texto Refundido de la Ley General de la Seguridad Social.

○ Trabajadores/as eventuales incluidos en el Régimen Especial Agrario de la Seguridad Social (REASS)

La Entidad Gestora de las prestaciones abonará mensualmente al/a la trabajador/a el 50 % de la cuantía del subsidio durante la vigencia del contrato, con el límite máximo del doble del período pendiente de percibirlo. El/la empresario/a, durante este tiempo tendrá cumplida la obligación del pago del salario que corresponda al/a la trabajador/a, completando la cuantía del subsidio recibido por el/la trabajador/a hasta el importe de dicho salario, siendo responsable de las cotizaciones a la Seguridad Social por todas las contingencias y por el total del salario indicado, incluyendo el importe del subsidio.

En el supuesto de trabajadores/as incluidos en el REASS, la Entidad Gestora abonará al/a la trabajador/a el 50 % del importe de la cuota fija del REASS durante la vigencia del contrato y el/la empresario/a será responsable de la cotización por jornadas reales al REASS por las contingencias que correspondan.

MOD CFEA CAS 09_2023

Unión Europea
Fondo Social Europeo
"El FSE invierte en tu futuro"

8

SERVICIO PÚBLICO DE EMPLEO ESTATAL | SEPE

☐ **CLÁUSULAS ESPECÍFICAS PARA PERSONAS TRABAJADORAS PARTICIPANTES EN EL PROGRAMA DE FOMENTO DE EMPLEO AGRARIO**

CÓDIGO DE CONTRATO

◯ TIEMPO COMPLETO	4 2 1
◯ TIEMPO PARCIAL	5 2 1

Que este contrato se realiza en el marco del Programa de Fomento del Empelo Agrario. (Real Decreto 939/1997, de 20 de junio).

Que el empleador es corporación local.

Datos de la oferta de trabajo presentada en la oficina de empleo:
....
....
....

Número de expediente del Programa de Fomento de Empleo Agrario:

Provincia: ....

Localidad obra: ....

Año: ....

Ent. Grupo: ....

Programa: ....

Número de sección: ....

El presente contrato se regulará por lo dispuesto en la legislación vigente que resulte de aplicación y particularmente por el artículo 11 del Estatuto de los Trabajadores.

MOD CFEA CAS 09_2023

Unión Europea
Fondo Social Europeo
"El FSE invierte en tu futuro"

9

SERVICIO PÚBLICO DE EMPLEO ESTATAL | SEPE

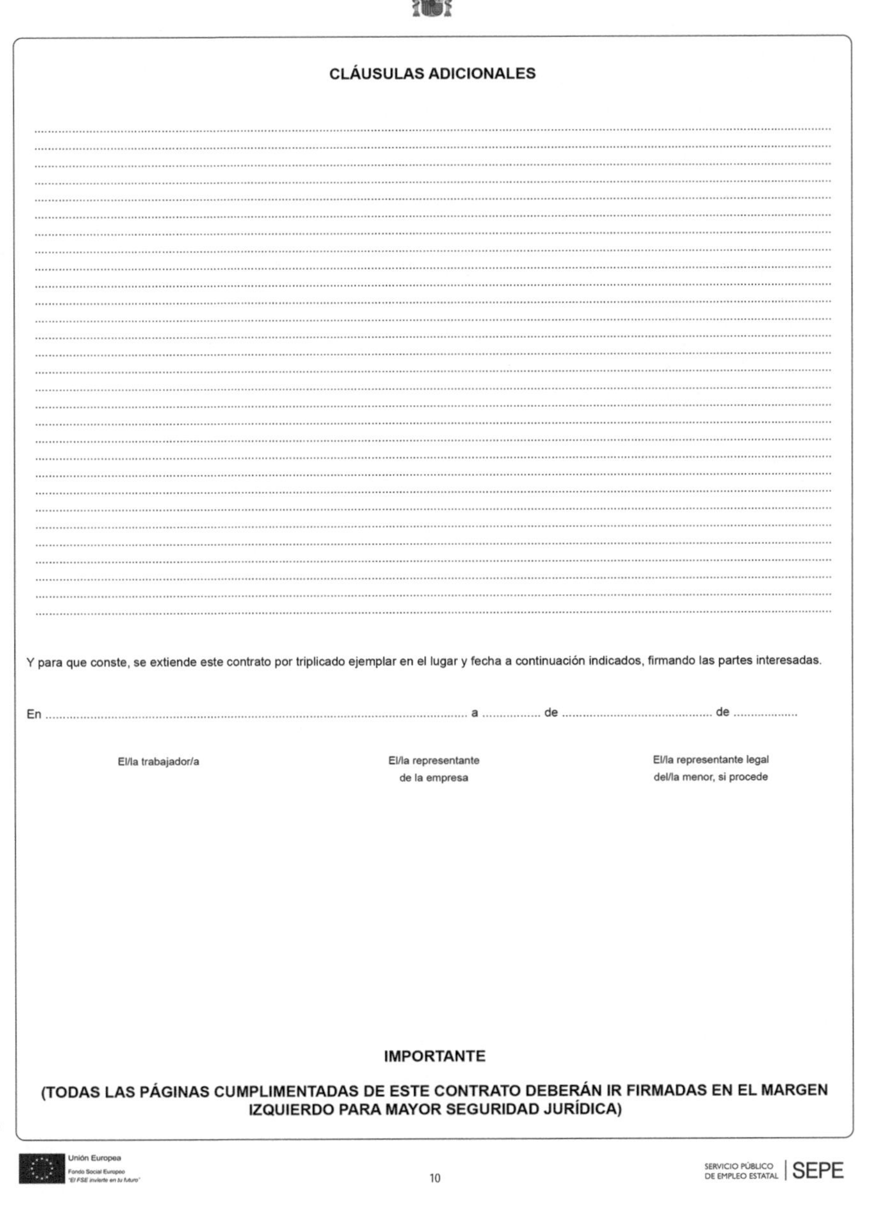

CLÁUSULAS ADICIONALES

....

Y para que conste, se extiende este contrato por triplicado ejemplar en el lugar y fecha a continuación indicados, firmando las partes interesadas.

En .... a .... de .... de ....

El/la trabajador/a	El/la representante de la empresa	El/la representante legal del/la menor, si procede

IMPORTANTE

(TODAS LAS PÁGINAS CUMPLIMENTADAS DE ESTE CONTRATO DEBERÁN IR FIRMADAS EN EL MARGEN IZQUIERDO PARA MAYOR SEGURIDAD JURÍDICA)

MOD CFEA CAS 09_2023

Unión Europea
Fondo Social Europeo
"El FSE invierte en tu futuro"

10

SERVICIO PÚBLICO DE EMPLEO ESTATAL | SEPE

CONTRATO DE TRABAJO FORMATIVO PARA LA OBTENCIÓN DE LA PRÁCTICA PROFESIONAL

DATOS DE LA EMPRESA

CIF/NIF/NIE

D./DÑA.	NIF/NIE	EN CONCEPTO (1)
NOMBRE O RAZÓN SOCIAL DE LA EMPRESA	DOMICILIO SOCIAL	
PAÍS	MUNICIPIO	C. POSTAL

DATOS DE LA CUENTA DE COTIZACIÓN

RÉGIMEN	CÓDIGO CUENTA COTIZACIÓN	ACTIVIDAD ECONÓMICA

DATOS DEL CENTRO DE TRABAJO

PAÍS	MUNICIPIO

DATOS DEL/DE LA TRABAJADOR/A

D./DÑA.	NIF/NIE	FECHA NACIMIENTO	Nº AFILIACIÓN SEGURIDAD SOCIAL
NIVEL FORMATIVO		NACIONALIDAD	
MUNICIPIO DEL DOMICILIO		PAÍS DOMICILIO	

con la asistencia legal, en su caso, de D./Dña...
con NIF/NIE ...., en calidad de (2) ....

DECLARAN

a) Que el/la trabajador/a está en posesión del título universitario, título o certificado del Sistema de Formación Profesional (3) ....,
o en condiciones de obtenerlo por haber terminado con fecha .... los estudios correspondientes al mismo que le capacitan para la práctica profesional objeto de este contrato (4).

b) Que no han transcurrido tres años, o cinco en el caso de personas con discapacidad, desde la terminación de los estudios o del reconocimiento u homologación del título en España..

c) Que el/la trabajador/a tiene reconocida la condición de persona con discapacidad, como se acredita con la certificación expedida por (5) ....

☐ Que el/la trabajador/a es persona con discapacidad, por lo que el presente contrato se acoge a la bonificación de cuotas a la Seguridad Social establecida en la disposición adicional vigésima del Estatuto de los Trabajadores.

d) Que el/la trabajador/a no ha estado contratado en formación para la obtención de la práctica profesional en esta u otra empresa por tiempo superior a un año.

Que reúnen los requisitos exigidos para la celebración del presente contrato y en consecuencia acuerdan formalizarlo con arreglo a las presentes:

CLÁUSULAS

PRIMERA: el/la trabajador/a prestará sus servicios como (6) ....,
para la obtención de la práctica profesional adecuada a su nivel de estudios, incluido en el grupo profesional (7) ....
de acuerdo con el sistema de calificación vigente en la empresa. En el centro de trabajo ubicado en (calle, número y localidad) ....

☐ TRABAJO A DISTANCIA, siempre que se garantice como mínimo un 50 % de prestación de servicio presencial (8).

MOD CFOPP CAS 09_2023

1

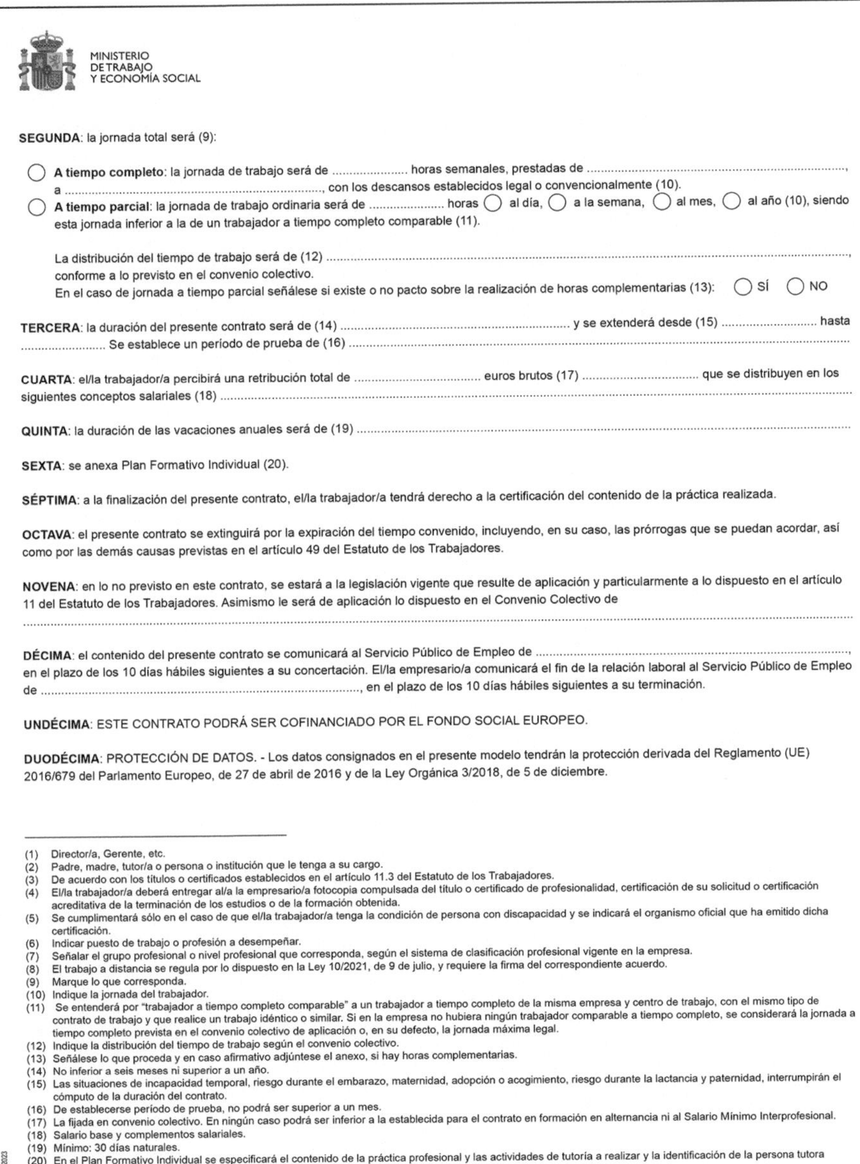

MINISTERIO
DE TRABAJO
Y ECONOMÍA SOCIAL

SEGUNDA: la jornada total será (9):

◯ **A tiempo completo**: la jornada de trabajo será de .... horas semanales, prestadas de ...., a ...., con los descansos establecidos legal o convencionalmente (10).

◯ **A tiempo parcial**: la jornada de trabajo ordinaria será de .... horas ◯ al día, ◯ a la semana, ◯ al mes, ◯ al año (10), siendo esta jornada inferior a la de un trabajador a tiempo completo comparable (11).

La distribución del tiempo de trabajo será de (12) ...., conforme a lo previsto en el convenio colectivo.
En el caso de jornada a tiempo parcial señálese si existe o no pacto sobre la realización de horas complementarias (13): ◯ SÍ ◯ NO

TERCERA: la duración del presente contrato será de (14) .... y se extenderá desde (15) .... hasta .... Se establece un período de prueba de (16) ....

CUARTA: el/la trabajador/a percibirá una retribución total de .... euros brutos (17) .... que se distribuyen en los siguientes conceptos salariales (18) ....

QUINTA: la duración de las vacaciones anuales será de (19) ....

SEXTA: se anexa Plan Formativo Individual (20).

SÉPTIMA: a la finalización del presente contrato, el/la trabajador/a tendrá derecho a la certificación del contenido de la práctica realizada.

OCTAVA: el presente contrato se extinguirá por la expiración del tiempo convenido, incluyendo, en su caso, las prórrogas que se puedan acordar, así como por las demás causas previstas en el artículo 49 del Estatuto de los Trabajadores.

NOVENA: en lo no previsto en este contrato, se estará a la legislación vigente que resulte de aplicación y particularmente a lo dispuesto en el artículo 11 del Estatuto de los Trabajadores. Asimismo le será de aplicación lo dispuesto en el Convenio Colectivo de ....

DÉCIMA: el contenido del presente contrato se comunicará al Servicio Público de Empleo de ...., en el plazo de los 10 días hábiles siguientes a su concertación. El/la empresario/a comunicará el fin de la relación laboral al Servicio Público de Empleo de ...., en el plazo de los 10 días hábiles siguientes a su terminación.

UNDÉCIMA: ESTE CONTRATO PODRÁ SER COFINANCIADO POR EL FONDO SOCIAL EUROPEO.

DUODÉCIMA: PROTECCIÓN DE DATOS. - Los datos consignados en el presente modelo tendrán la protección derivada del Reglamento (UE) 2016/679 del Parlamento Europeo, de 27 de abril de 2016 y de la Ley Orgánica 3/2018, de 5 de diciembre.

(1) Director/a, Gerente, etc.
(2) Padre, madre, tutor/a o persona o institución que le tenga a su cargo.
(3) De acuerdo con los títulos o certificados establecidos en el artículo 11.3 del Estatuto de los Trabajadores.
(4) El/la trabajador/a deberá entregar al/a la empresario/a fotocopia compulsada del título o certificado de profesionalidad, certificación de su solicitud o certificación acreditativa de la terminación de los estudios o de la formación obtenida.
(5) Se cumplimentará sólo en el caso de que el/la trabajador/a tenga la condición de persona con discapacidad y se indicará el organismo oficial que ha emitido dicha certificación.
(6) Indicar puesto de trabajo o profesión a desempeñar.
(7) Señalar el grupo profesional o nivel profesional que corresponda, según el sistema de clasificación profesional vigente en la empresa.
(8) El trabajo a distancia se regula por lo dispuesto en la Ley 10/2021, de 9 de julio, y requiere la firma del correspondiente acuerdo.
(9) Marque lo que corresponda.
(10) Indique la jornada del trabajador.
(11) Se entenderá por "trabajador a tiempo completo comparable" a un trabajador a tiempo completo de la misma empresa y centro de trabajo, con el mismo tipo de contrato de trabajo y que realice un trabajo idéntico o similar. Si en la empresa no hubiera ningún trabajador comparable a tiempo completo, se considerará la jornada a tiempo completo prevista en el convenio colectivo de aplicación o, en su defecto, la jornada máxima legal.
(12) Indique la distribución del tiempo de trabajo según el convenio colectivo.
(13) Señálese lo que proceda y en caso afirmativo adjúntese el anexo, si hay horas complementarias.
(14) No inferior a seis meses ni superior a un año.
(15) Las situaciones de incapacidad temporal, riesgo durante el embarazo, maternidad, adopción o acogimiento, riesgo durante la lactancia y paternidad, interrumpirán el cómputo de la duración del contrato.
(16) De establecerse período de prueba, no podrá ser superior a un mes.
(17) La fijada en convenio colectivo. En ningún caso podrá ser inferior a la establecida para el contrato en formación en alternancia ni al Salario Mínimo Interprofesional.
(18) Salario base y complementos salariales.
(19) Mínimo: 30 días naturales.
(20) En el Plan Formativo Individual se especificará el contenido de la práctica profesional y las actividades de tutoría a realizar y la identificación de la persona tutora asignada.

MOD CFOPP CAS 09_2023

Unión Europea
Fondo Social Europeo
"El FSE invierte en tu futuro"

2

SERVICIO PÚBLICO DE EMPLEO ESTATAL | SEPE

Que el CONTRATO PARA LA OBTENCIÓN DE LA PRÁCTICA PROFESIONAL que se celebra (marque la casilla que corresponda) se realiza con las siguientes cláusulas específicas:

- ☐ FORMATIVO PARA LA OBTENCIÓN DE LA PRÁCTICA PROFESIONAL ORDINARIO .... pág. 4
- ☐ PARA LA OBTENCIÓN DE LA PRÁCTICA PROFESIONAL DE PERSONAS TRABAJADORAS EN SITUACIÓN DE EXCLUSIÓN SOCIAL EN EMPRESAS DE INSERCIÓN .... pág. 5
- ☐ PARA LA OBTENCIÓN DE LA PRÁCTICA PROFESIONAL DE PERSONAS CON DISCAPACIDAD EN CENTROS ESPECIALES DE EMPLEO .... pág. 6
- ☐ PARA LA OBTENCIÓN DE LA PRÁCTICA PROFESIONAL DE PERSONAS MAYORES DE 52 AÑOS BENEFICIARIAS DE LOS SUBSIDIOS POR DESEMPLEO .... pág. 7
- ☐ PARA LA OBTENCIÓN DE LA PRÁCTICA PROFESIONAL DE PERSONAS TRABAJADORAS PARTICIPANTES EN EL PROGRAMA DE FOMENTO DEL EMPLEO AGRARIO .... pág. 8

y cumple los requisitos exigidos en la norma regulatoria.

MOD CFOPP CAS 09_2023

Unión Europea
Fondo Social Europeo
"El FSE invierte en tu futuro"

3

SERVICIO PÚBLICO DE EMPLEO ESTATAL | SEPE

☐ **FORMATIVO PARA LA OBTENCIÓN DE LA PRÁCTICA PROFESIONAL ORDINARIO**

		CÓDIGO DE CONTRATO
◯ SIN BONIFICACIÓN	◯ TIEMPO COMPLETO	4 2 0
	◯ TIEMPO PARCIAL	5 2 0

		CÓDIGO DE CONTRATO
◯ CON BONIFICACIÓN PERSONAS CON DISCAPACIDAD (1)	◯ TIEMPO COMPLETO	4 5 0
	◯ TIEMPO PARCIAL	5 5 0

(1) Disposición adicional vigésima del Estatuto de los Trabajadores.

MOD CFOPP CAS 09_2023

Unión Europea
Fondo Social Europeo
"El FSE invierte en tu futuro"

4

SERVICIO PÚBLICO DE EMPLEO ESTATAL | SEPE

☐ **CLÁUSULAS ESPECÍFICAS PARA LA OBTENCIÓN DE LA PRÁCTICA PROFESIONAL DE PERSONAS TRABAJADORAS EN SITUACIÓN DE EXCLUSIÓN SOCIAL EN EMPRESAS DE INSERCIÓN**

CÓDIGO DE CONTRATO

TIEMPO COMPLETO	4 5 0
TIEMPO PARCIAL	5 5 0

☐ Que el/la trabajador/a está desempleado/a y se encuentra Incluido/a en alguna de las situaciones contempladas en el artículo 2.1 de la Ley 44/2007, de 13 de diciembre, que regula las empresas de inserción, y que acredita mediante certificación emitida por los Servicios Sociales competentes de (1):

....

☐ Que pertenece al colectivo de:

○ Perceptores/as de Rentas Mínimas de Inserción, o cualquier otra prestación de igual o similar naturaleza, según la denominación adoptada en cada Comunidad Autónoma, miembros de la unidad de convivencia beneficiarios de ella.

○ Personas que no puedan acceder a las prestaciones a las que se hace referencia en el párrafo anterior, por alguna de las siguientes causas:
- Falta de periodo exigido de residencia o empadronamiento, o para la constitución de la Unidad Perceptora.
- Haber agotado el período máximo de percepción legalmente establecido.

○ Jóvenes mayores de dieciocho años y menores de treinta procedentes de Instituciones de Protección de Menores.

○ Personas con problemas de drogodependencia u otros trastornos adictivos que se encuentren en procesos de rehabilitación o reinserción social.

○ Internos/as de centros penitenciarios cuya situación penitenciaria les permita acceder a un empleo y cuya relación laboral no esté incluida en el ámbito de aplicación de la relación laboral especial regulada en el artículo 1 del Real Decreto 782/2001, de 6 de julio, así como liberados/as condicionales y ex reclusos/as.

○ Menores internos incluidos en el ámbito de aplicación de la Ley Orgánica 5/2000, de 12 de enero, reguladora de la responsabilidad penal de los menores, cuya situación les permita acceder a un empleo y cuya relación laboral no esté incluida en el ámbito de aplicación de la relación laboral especial a que se refiere el artículo 53.4 del reglamento de la citada Ley, aprobado por el Real Decreto 1774/2004, de 30 de julio, así como los/as que se encuentren en situación de libertad vigilada y los/as exinternos/as.

○ Personas procedentes de centros de alojamiento alternativo autorizado por las Comunidades Autónomas y las ciudades de Ceuta y Melilla.

○ Personas procedentes de servicios de prevención e inserción social autorizados/as por las Comunidades Autónomas y las ciudades de Ceuta y Melilla.

Señalar lo que proceda:

○ Si se reúnen los requisitos establecidos en la Ley 44/2007, de 13 de diciembre, en los términos establecidos en la disposición adicional sexta del Real Decreto-ley 1/2023, de 10 de enero, la empresa se bonificará en la cuota empresarial a la Seguridad Social en 70,83 euros/mes, durante toda la vigencia del contrato, si el contrato se celebra a tiempo completo.

○ Si el contrato se suscribe con personas menores de 30 años o menores de 35 que tengan un grado de discapacidad igual o superior al 33 % la bonificación será de 147 euros/mes durante toda la vigencia del contrato. (Disposición adicional sexta del Real Decreto-ley 1/2023, de 10 de enero).

Si el contrato se celebra a tiempo parcial la bonificación se reducirá proporcionalmente en función de la jornada establecida en el contrato, sin que esta pueda ser inferior, a efectos de la aplicación de los correspondientes incentivos, al 50 % de la jornada a tiempo completo de una persona trabajadora comparable. El citado límite de duración mínima de la jornada a tiempo parcial no resultará de aplicación al colectivo de personas con discapacidad. (Artículo 10.2 del Real Decreto-ley 1/2023, de 10 enero).

En lo no previsto en este contrato, se estará a la legislación vigente que resulte de aplicación, y en particular, a lo dispuesto en el Estatuto de los Trabajadores, en la Ley 44/2007, de 13 de diciembre, en los artículos 5 al 9 de la Ley 43/2006, de 29 de diciembre y en el Real Decreto-ley 1/2023, de 10 de enero.

(1) Indicar el organismo oficial que emite la certificación.

MOD CFOPP CAS 09_2023

Unión Europea
Fondo Social Europeo
"El FSE invierte en tu futuro"

5

SERVICIO PÚBLICO DE EMPLEO ESTATAL | SEPE

☐ **CLÁUSULAS ESPECÍFICAS PARA LA OBTENCIÓN DE LA PRÁCTICA PROFESIONAL DE PERSONAS CON DISCAPACIDAD EN CENTROS ESPECIALES DE EMPLEO**

CÓDIGO DE CONTRATO

◯	TIEMPO COMPLETO	4 2 0
◯	TIEMPO PARCIAL	5 2 0

Se establece un período de adaptación al trabajo que a su vez tendrá el carácter de período de prueba de (1) ....
en las condiciones siguientes (2)
....
....
....

Para lograr la adecuación del puesto de trabajo a las características del/de la trabajador/a, la empresa se compromete a realizar las siguientes adaptaciones al puesto de trabajo
....
....
....
y/o en caso de que el contrato sea a distancia se realizarán los servicios de ajuste de personal y social siguientes
....
....
....

Los centros especiales de empleo que contraten mediante un contrato formativo a personas con discapacidad, tendrán derecho durante toda la vigencia del contrato a las bonificaciones del 100 % de la cuota empresarial a la Seguridad Social, incluidas las de accidente de trabajo y enfermedad profesional y las cuotas de recaudación conjunta, de acuerdo con lo establecido en la Ley 43/2006, de 29 de diciembre y el Real Decreto-ley 1/2023, de 10 de enero.

Asimismo podrá tener derecho a las subvenciones correspondientes de acuerdo con lo establecido en el Real Decreto 818/2021, de 28 de septiembre, en los términos que determine el servicio público de empleo competente.

En lo no previsto en este contrato se estará a la legislación vigente que resulte de aplicación, y en particular en el Real Decreto 1368/1985, de 17 de julio, en la Ley 43/2006, de 29 de diciembre, en el Real Decreto-ley 1/2023, de 10 de enero y en el Estatuto de los Trabajadores.

(1) No podrá exceder de 6 meses.
(2) Las condiciones del período de adaptación al trabajo serán las determinadas, en su caso, por el Equipo Multiprofesional.

MOD CFOPP CAS 09_2023

Unión Europea
Fondo Social Europeo
"El FSE invierte en tu futuro"

6

SERVICIO PÚBLICO DE EMPLEO ESTATAL | SEPE

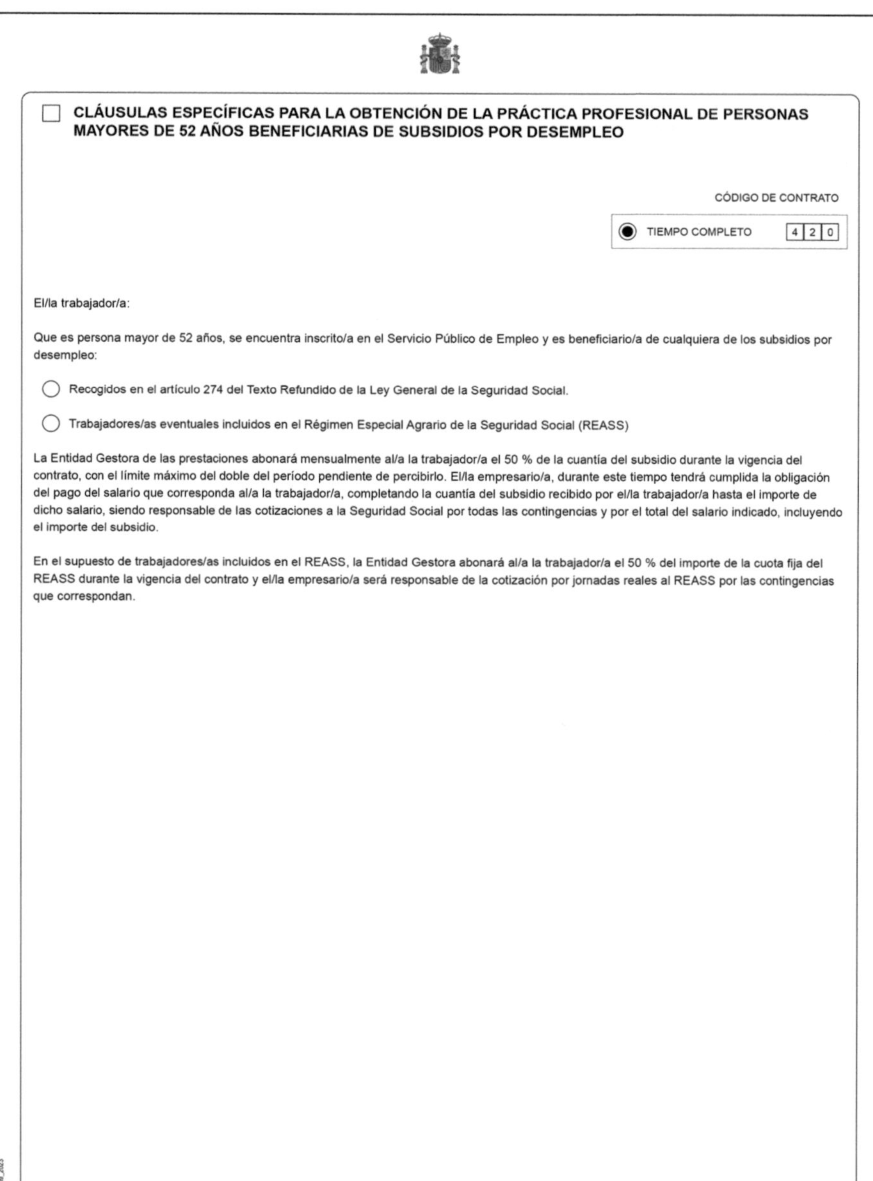

☐ **CLÁUSULAS ESPECÍFICAS PARA LA OBTENCIÓN DE LA PRÁCTICA PROFESIONAL DE PERSONAS MAYORES DE 52 AÑOS BENEFICIARIAS DE SUBSIDIOS POR DESEMPLEO**

CÓDIGO DE CONTRATO

◉ TIEMPO COMPLETO 4 2 0

El/la trabajador/a:

Que es persona mayor de 52 años, se encuentra inscrito/a en el Servicio Público de Empleo y es beneficiario/a de cualquiera de los subsidios por desempleo:

○ Recogidos en el artículo 274 del Texto Refundido de la Ley General de la Seguridad Social.

○ Trabajadores/as eventuales incluidos en el Régimen Especial Agrario de la Seguridad Social (REASS)

La Entidad Gestora de las prestaciones abonará mensualmente al/a la trabajador/a el 50 % de la cuantía del subsidio durante la vigencia del contrato, con el límite máximo del doble del período pendiente de percibirlo. El/la empresario/a, durante este tiempo tendrá cumplida la obligación del pago del salario que corresponda al/a la trabajador/a, completando la cuantía del subsidio recibido por el/la trabajador/a hasta el importe de dicho salario, siendo responsable de las cotizaciones a la Seguridad Social por todas las contingencias y por el total del salario indicado, incluyendo el importe del subsidio.

En el supuesto de trabajadores/as incluidos en el REASS, la Entidad Gestora abonará al/a la trabajador/a el 50 % del importe de la cuota fija del REASS durante la vigencia del contrato y el/la empresario/a será responsable de la cotización por jornadas reales al REASS por las contingencias que correspondan.

MOD CFOPP CAS 09_2023

Unión Europea
Fondo Social Europeo
"El FSE invierte en tu futuro"

7

SERVICIO PÚBLICO DE EMPLEO ESTATAL | SEPE

☐ **CLÁUSULAS ESPECÍFICAS PARA LA OBTENCIÓN DE LA PRÁCTICA PROFESIONAL DE PERSONAS TRABAJADORAS PARTICIPANTES EN EL PROGRAMA DE FOMENTO DE EMPLEO AGRARIO**

CÓDIGO DE CONTRATO

◯	TIEMPO COMPLETO	4 2 0
◯	TIEMPO PARCIAL	5 2 0

Que este contrato se realiza en el marco del Programa de Fomento del Empelo Agrario. (Real Decreto 939/1997, de 20 de junio).

Que el empleador es corporación local.

Datos de la oferta de trabajo presentada en la oficina de empleo:

....

....

....

Número de expediente del Programa de Fomento de Empleo Agrario:

Provincia: ....

Localidad obra: ....

Año: ....

Ent. Grupo: ....

Programa: ....

Número de sección: ....

El presente contrato se regulará por lo dispuesto en la legislación vigente que resulte de aplicación y particularmente por el artículo 11 del Estatuto de los Trabajadores.

MOD CFOPP CAS 09_2023

Unión Europea
Fondo Social Europeo
"El FSE invierte en tu futuro"

8

SERVICIO PÚBLICO DE EMPLEO ESTATAL | SEPE

CLÁUSULAS ADICIONALES

....
....
....
....
....
....
....
....
....
....
....
....
....
....
....
....
....
....
....
....
....
....
....
....
....
....
....
....
....

Y para que conste, se extiende este contrato por triplicado ejemplar en el lugar y fecha a continuación indicados, firmando las partes interesadas.

En .... a .... de .... de ....

El/la trabajador/a	El/la representante de la empresa	El/la representante legal del/la menor, si procede

IMPORTANTE

(TODAS LAS PÁGINAS CUMPLIMENTADAS DE ESTE CONTRATO DEBERÁN IR FIRMADAS EN EL MARGEN IZQUIERDO PARA MAYOR SEGURIDAD JURÍDICA)

MOD CFOPP CAS 09_2023

Unión Europea
Fondo Social Europeo
"El FSE invierte en tu futuro"

9

SERVICIO PÚBLICO DE EMPLEO ESTATAL | SEPE

FONDO SOCIAL EUROPEO
El FSE invierte en tu futuro

COMUNICACIÓN DE PRÓRROGA DE CONTRATO DE TRABAJO (1) …
ACOGIDO AL REAL DECRETO …

DATOS DE LA EMPRESA

CIF./NIF./NIE.

D./DÑA.	NIF./NIE	EN CONCEPTO (2)
NOMBRE O RAZÓN SOCIAL DE LA EMPRESA	DOMICILIO SOCIAL	
PAIS	MUNICIPIO	C. POSTAL

DATOS DE LA CUENTA DE COTIZACIÓN

RÉGIMEN	COD. PROV.	NÚMERO	DIG. CONTR.	ACTIVIDAD ECONÓMICA

DATOS DEL CENTRO DE TRABAJO

PAIS	MUNICIPIO

DATOS DEL/DE LA TRABAJADOR/A

D./DÑA.	NIF./NIE	FECHA DE NACIMIENTO
Nº AFILIACIÓN S.S.	NIVEL FORMATIVO	NACIONALIDAD
MUNICIPIO DEL DOMICILIO	PAIS DOMICILIO	

Con la asistencia legal, en su caso, de D./Dña. …
con NIF./NIE. …, en calidad de (3) …

COMUNICAN: a los Servicios Públicos de Empleo de …, que han acordado una … (4) prórroga, de … meses de duración, desde el …, hasta el …, del contrato que con fecha …, y por una duración inicial de … meses, fue celebrado por las partes arriba mencionadas y registrado en el Servicio Público de Empleo de … en fecha … con el número …, siendo el tiempo acumulado del contrato inicial más la/las prórroga/s de … (5)

En … a … de … de 20 …

El/la trabajador/a	El/la representante de la Empresa	El/la representante legal del/de la menor , si procede

Mod. PE-191(V)

(1) Indicar el modelo de contrato objeto de la prórroga.
(2) Director/a, Gerente, etc.
(3) Padre, madre, tutor/a o persona o institución que le tenga a su cargo
(4) Primera, segunda, tercera, etc.
(5) Protección de datos.-Los datos del presente contrato tendrán la protección derivada del Reglamento (UE) 2016/679 del Parlamento Europeo y del Consejo, de 27/04/2016 y de la Ley Organica 3/2018.

http://www.sepe.es

CAPÍTULO 3
MODIFICACIÓN, SUSPENSIÓN Y EXTINCIÓN DEL CONTRATO DE TRABAJO

3.1. MODIFICACIONES EN EL CONTRATO DE TRABAJO

3.1.1. Movilidad funcional

La movilidad funcional en la empresa se efectuará de acuerdo a las titulaciones académicas o profesionales precisas para ejercer la prestación laboral y con respeto a la dignidad del trabajador.

La movilidad funcional para la realización de funciones, tanto superiores como inferiores, que no correspondan al grupo profesional del trabajador, solo será posible si existen, además, razones técnicas u organizativas que la justifiquen y por el tiempo imprescindible para su atención. El empresario deberá comunicar su decisión, y las razones de esta, a los representantes de los trabajadores.

En el caso de encomienda de funciones superiores a las del grupo profesional que corresponda al trabajador por un periodo superior a 6 meses durante 1 año (u 8 meses durante 2 años) el trabajador podrá reclamar el ascenso (salvo que el convenio colectivo lo impida o fije otros plazos distintos) o, en todo caso, la cobertura de la vacante correspondiente a las funciones por él realizadas conforme a las reglas en materia de ascensos aplicables en la empresa.

Además, tiene derecho a la retribuciones correspondientes a las funciones que efectivamente realice, salvo en los casos de encomienda de funciones inferiores, en los que mantendrá la retribución de origen.

Todo cambio de funciones distintas de las pactadas que no cumpla estas condiciones requerirá el **acuerdo** de las partes o, en su defecto, el sometimiento a las reglas previstas para las modificaciones sustanciales de condiciones de trabajo o a las que a tal fin se hubieran establecido en convenio colectivo.

3.1.2. Movilidad geográfica

Cuando el trabajador no haya sido contratado expresamente para prestar sus servicios en empresas con centros de trabajo móviles o itinerantes, se produce un traslado si el trabajador es destinado a un centro de trabajo de la misma empresa pero en otra localidad, de tal modo que le exija un cambio de residencia definitiva o por un período superior a 12 meses en 3 años.

Los **motivos** para el traslado deben fundarse en causas económicas, técnicas, organizativas, de producción o contrataciones referidas a la propia actividad empresarial, todo debidamente justificado. Se consideran tales las que estén relacionadas con la competitividad, productividad, organización técnica o del trabajo en la empresa, así como las contrataciones referidas a la actividad empresarial.

El trabajador puede optar entre:

- **Aceptar** el traslado, percibiendo una compensación por los gastos propios que se produzcan por este motivo, así como los de los familiares a su cargo, en los términos que se convenga entre las partes, respetando los mínimos establecidos, en su caso, en el convenio.

(continuación...)

- **Extinguir** la relación laboral si considera que le ocasiona perjuicio, percibiendo en tal caso una indemnización equivalente a 20 días por cada año de servicio, con un máximo de 12 mensualidades.
- **Reclamar** contra el traslado si lo considera injustificado. Para ello, ha de presentar una demanda ante el Juzgado de lo Social. Entretanto, el traslado se llevará a cabo en la fecha prevista –salvo que el propio juzgado acuerde su suspensión como medida cautelar– hasta que la resolución lo confirme como justificado o lo revoque como injustificado, en cuyo caso el trabajador regresará al centro de trabajo originario.

Si el desplazamiento es **temporal**, inferior a 12 meses en 3 años, las causas han de ser las mismas, y el procedimiento de comunicación es idéntico, pero el trabajador solo tiene la opción de aceptar o de reclamar el traslado por injustificado, pero no la opción de extinguir la relación laboral con derecho a indemnización.

Se considerará **colectivo** el traslado que afecte a la totalidad de los trabajadores de un centro de trabajo, siempre que emplee a más de 5 trabajadores, o cuando, en un plazo de 90 días y sin implicar a la totalidad del centro, sí afecte sin embargo:

- Por lo menos a 10 trabajadores en las empresas que empleen a menos de 100 trabajadores.
- Al 10 % de trabajadores de la empresa que emplee entre 100 y 300 trabajadores.
- A 30 trabajadores en las empresas que empleen a 300 o más trabajadores.

Cuando el empresario, tratando de evitar la consideración de traslado colectivo y las normas aplicables, realice traslados en períodos sucesivos de 90 días en un número inferior a los marcados, pero sin que concurran nuevas causas, se considerarán hechos en **fraude de ley** y serán declarados nulos y sin efectos.

Cuando se vaya a producir un traslado colectivo, el empresario debe abrir un **período de consultas** no superior a 15 días con una representación de los trabajadores, que se constituirá conforme establece el Estatuto de los Trabajadores. De la apertura y desarrollo del mismo debe informar a las autoridades laborales.

Tras el período de consultas, si no ha habido acuerdo, el empresario comunicará su decisión. Los trabajadores afectados pueden actuar con las mismas opciones que en el traslado individual y, además, sus representantes pueden instar conflicto colectivo.

3.1.3. Modificación sustancial de las condiciones de trabajo

La empresa, cuando existan causas justificadas de tipo económico, técnico, organizativo o de producción, puede acordar modificaciones sustanciales de las condiciones de trabajo, que son las que afectan a:

- Jornada de trabajo.
- Horario.
- Régimen de trabajo a turnos.

(continuación...)

- Sistemas de remuneración salarial y cuantía salarial.
- Sistemas de trabajo y rendimiento.
- Funciones, cuando excedan de la movilidad funcional ya explicada.

La decisión de modificar sustancialmente las condiciones del trabajo se **notifica** al trabajador afectado, y a sus representantes legales, si los hay, con un mínimo de 15 días a la fecha de su efectividad.

Las opciones del trabajador son similares a las ya citadas en el caso de traslado:

- **Aceptar** la modificación.
- **Extinguir** su relación laboral, si resulta perjudicado, con una indemnización de 20 días por cada año de servicio, con un máximo de 9 mensualidades. Esta opción no será posible cuando la modificación solo afecte al sistema de trabajo y rendimiento.
- **Reclamar** ante el juzgado contra la decisión por considerarla injustificada, con la posibilidad de pedir la reintegración a las condiciones anteriores o la extinción del contrato con una indemnización similar a la del despido improcedente.

La modificación de las condiciones de la plantilla será colectiva cuando afecte:

- Al menos a 10 trabajadores en las empresas que empleen a menos de 100.
- Al 10 % de los trabajadores de la empresa que ocupe entre 100 y 300 empleados.
- A 30 trabajadores en las empresas que empleen a 300 o más trabajadores.

En ese caso, el empresario tendrá que abrir un **período de consultas** con una representación de los trabajadores que esté constituida conforme se regula en el Estatuto de los Trabajadores y, al término del mismo, comunicará su decisión si no ha habido acuerdo. Los trabajadores pueden aceptar tal decisión, ejercitar su derecho individual a rescindir la relación laboral con un derecho a indemnización o reclamar judicialmente. Además, sus representantes laborales pueden instar un **conflicto colectivo**.

3.1.4. Reducción de jornada por causas económicas, técnicas, organizativas o de producción

El empresario puede reducir la jornada de trabajo entre un 10 % y un 70 % por causas económicas, técnicas, organizativas o de producción.

Cualquiera que sea el número de trabajadores afectados, el empresario tiene que abrir un **período de consultas** con la representación de los trabajadores por un período no superior a 15 días, o 7 días en empresas de menos de 50 trabajadores, y dar traslado del mismo a la autoridad laboral.

Si el período de consultas finaliza sin acuerdo, el empresario notificará a los trabajadores afectados y a la autoridad laboral su decisión sobre la reducción de jornada.

La empresa habrá de **comunicar** el período dentro del cual se va a llevar a cabo la aplicación de la reducción de jornada, la identificación de las personas trabajadoras afectadas y el porcentaje máximo de reducción de jornada de cada una.

Durante el periodo de aplicación del expediente, la empresa podrá **desafectar** y **afectar** a las personas trabajadoras en función de las alteraciones de las circunstancias que se hayan señalado como causa justificativa de la medida. De ser así, informarán previamente de ello a la representación legal de las personas trabajadoras, a la entidad gestora de las prestaciones sociales y a la Tesorería General de la Seguridad Social.

La decisión empresarial puede ser impugnada por los afectados, a fin de que la jurisdicción social declare si la misma es justificada o injustificada, ordenando en este último caso la reposición a la jornada ordinaria.

La representación de los trabajadores también puede interponer un **conflicto colectivo** si la medida supera los mismos umbrales que son aplicables al traslado, modificación sustancial o despido colectivo.

Durante el periodo de reducción de jornada no podrán realizarse horas extraordinarias, no podrá externalizarse la actividad ni podrán efectuarse nuevas contrataciones laborales, salvo que las personas que presten servicios no pudieran, por formación, capacitación u otras razones objetivas, desarrollar las funciones objeto de contratación o externalización.

En cualquier momento, durante la vigencia de la medida, la empresa puede comunicar a la representación de las personas trabajadoras una propuesta de **prórroga** de la medida. La necesidad de esta prórroga deberá ser tratada en un periodo de consultas de duración máxima de 5 días, y la decisión empresarial será comunicada a la autoridad laboral en un plazo de 7 días, surtiendo efectos desde el día siguiente a la finalización del periodo inicial de reducción de jornada.

3.1.5. Reducción de jornada por fuerza mayor

También se puede reducir jornada por causa derivada de fuerza mayor temporal. La autoridad laboral deberá constatar la existencia de dicha fuerza mayor temporal como causa motivadora de la reducción de jornada de los contratos de trabajo, cualquiera que sea el número de personas trabajadoras afectadas.

Antes de dictar una resolución, la autoridad laboral solicitará preceptivamente un **informe** a la Inspección de Trabajo y Seguridad Social sobre la concurrencia de fuerza mayor.

La resolución de la autoridad laboral se dictará en el plazo de 5 días desde la solicitud y deberá limitarse, en su caso, a constatar la existencia de la fuerza mayor alegada por la empresa, correspondiendo a esta la decisión sobre la reducción de las jornadas de trabajo. La resolución surtirá efectos desde la fecha del hecho causante de la fuerza mayor y hasta la fecha determinada en la misma resolución. Se entenderá autorizada la medida si no se emite una resolución expresa en el plazo indicado.

En el supuesto de que se mantenga la fuerza mayor a la finalización del período determinado en la resolución del expediente, **se deberá solicitar una nueva autorización**.

Si la fuerza mayor temporal es debida a impedimentos o limitaciones en la actividad normalizada de la empresa que sean consecuencia de decisiones adoptadas por la autoridad pública competente, incluidas aquellas orientadas a la protección de la salud pública, no será preceptiva la solicitud de informe a la Inspección de Trabajo. La empresa deberá justificar la existencia de las concretas limitaciones o impedimento a su actividad como consecuencia de la decisión de la autoridad.

3.2. SUSPENSIÓN DEL CONTRATO DE TRABAJO

Se entiende por suspensión del contrato de trabajo la interrupción temporal de la prestación laboral sin que quede roto el vínculo contractual entre empresa y trabajador.

Las causas legales pueden ser:

- Mutuo acuerdo de las partes.
- Causas consignadas válidamente en el contrato.
- Excedencia.
- Incapacidad temporal.
- Nacimiento y cuidado de menor.
- Riesgo durante el embarazo.
- Privación de libertad mientras no exista sentencia condenatoria.
- Fuerza mayor temporal, con autorización de la autoridad laboral.
- Causas económicas, técnicas, organizativas o de producción.
- Ejercicio de un cargo de responsabilidad sindical de ámbito provincial o superior.

(continuación...)

- Ejercicio de un cargo público representativo.
- Ejercicio del derecho de huelga.
- Cierre legal de la empresa.
- Permiso de formación o perfeccionamiento profesional.
- Suspensión del contrato por 3 meses para la realización por el trabajador de un acuerdo de reconversión o readaptación a las modificaciones técnicas de su puesto de trabajo.

La **suspensión** del contrato deja sin efecto las obligaciones de ambas partes, tanto el hecho de trabajar como el de remunerar el trabajo.

En algunos supuestos (incapacidad temporal, nacimiento y cuidado del menor, riesgo durante el embarazo, riesgo durante la lactancia, etc.) existe una **prestación** pública durante dicho período.

Con carácter general, el trabajador tiene derecho a reincorporarse al trabajo una vez que cesan las causas que motivaron la suspensión, si bien en la ley se establecen algunos plazos especiales para cada supuesto.

Como casos de particular interés, exponemos a continuación la suspensión por causas objetivas y por fuerza mayor.

3.2.1. Suspensión del contrato por causas económicas, técnicas, organizativas o de producción

> La empresa puede suspender el contrato de trabajo por causas económicas, técnicas, organizativas o de producción. Es lo que coloquialmente y en los medios de comunicación sigue conociéndose como ERTE (expediente de regulación temporal de empleo) aunque en la ley ya no se cita con esa denominación.

El procedimiento, que será aplicable cualquiera que sea el **número** de trabajadores de la empresa y el número de afectados por la suspensión, se iniciará mediante **comunicación** a la autoridad laboral competente y la apertura simultánea de un periodo de consultas de duración no superior a 15 días, o a 7 días cuando la empresa no tenga más de 50 trabajadores, con una representación de los mismos constituida conforme a las reglas que marca el Estatuto de los Trabajadores.

Si el período finaliza sin acuerdo, el empresario **notificará** a los trabajadores y a la autoridad laboral su decisión sobre la suspensión de contratos, que surtirá efectos a partir de la fecha de su comunicación a la autoridad laboral, salvo que en ella se contemple una posterior.

La empresa habrá de comunicar el período dentro del cual se va a llevar a cabo la aplicación de la suspensión y la identificación de las personas trabajadoras afectadas.

Durante el periodo de aplicación del expediente, la empresa podrá desafectar y afectar a las personas trabajadoras en función de las alteraciones de las circunstancias señaladas como causa justificativa de la medida, informando previamente de ello a la representación legal de las personas trabajadoras, a la entidad gestora de las prestaciones sociales y a la Tesorería General de la Seguridad Social.

La decisión empresarial puede ser **impugnada** por la autoridad laboral o por los trabajadores, y la sentencia judicial declarará justificada o injustificada la medida, ordenando la reanudación del contrato de trabajo en este último caso.

Cuando exceda de los límites para ser considerada colectiva (los mismos que se citan en la movilidad geográfica, modificación sustancial, etc.) puede interponerse también un conflicto colectivo por parte de la representación de los trabajadores.

Durante el periodo de suspensión de contratos no podrán realizarse horas extraordinarias, no podrá externalizarse la actividad ni podrán efectuarse nuevas contrataciones laborales, salvo que las personas que presten servicios no pudieran, por formación, capacitación u otras razones objetivas, desarrollar las funciones objeto de contratación o externalización.

3.2.2. Suspensión de contrato por fuerza mayor

El contrato de trabajo también podrá ser suspendido por aquella causa derivada de fuerza mayor que impida temporalmente la actividad.

La existencia de una fuerza mayor temporal como causa motivadora de la suspensión de los contratos de trabajo **deberá ser constatada** por la autoridad laboral, cualquiera que sea el número de personas trabajadoras afectadas.

Antes de dictar resolución, la autoridad laboral solicitará preceptivamente un **informe** a la Inspección de Trabajo y Seguridad Social sobre la concurrencia de la fuerza mayor.

La resolución de la autoridad laboral se dictará en el plazo de 5 días desde la solicitud y deberá limitarse, en su caso, a constatar la existencia de la fuerza mayor alegada por la empresa, correspondiendo a esta la decisión sobre la suspensión de contratos de trabajo.

La resolución surtirá **efectos** desde la fecha del hecho causante de la fuerza mayor y hasta la fecha determinada en la misma resolución.

La medida se entenderá autorizada si no se emite resolución expresa en el plazo indicado.

Se deberá solicitar una nueva autorización en el supuesto de que se mantenga la fuerza mayor a la finalización del período determinado en la resolución del expediente.

No será preceptiva la solicitud de informe a la Inspección de Trabajo si la fuerza mayor temporal es debida a impedimentos o limitaciones en la actividad normalizada de la empresa que sean consecuencia de decisiones adoptadas por la autoridad pública competente, incluidas aquellas orientadas a la protección de la salud pública. La empresa deberá justificar la existencia de las limitaciones concretas o el impedimento a su actividad como consecuencia de la decisión de la autoridad.

3.3. EXTINCIÓN DEL CONTRATO DE TRABAJO

Supone la terminación de la relación laboral entre la empresa y el trabajador.

3.3.1. Por mutuo acuerdo de las partes

Basta con el simple acuerdo entre ambas partes para extinguir la relación laboral, en las condiciones y con la fecha de efecto que se acuerde.

3.3.2. Causas consignadas válidamente en el contrato

En el propio contrato pueden preverse supuestos que comporten la extinción del mismo, pero **solo son válidos** cuando no constituyan manifiesto abuso de derecho por parte del empresario y no sean contrarios a la ley o a los convenios. Estas causas deben ser alegadas por alguna de las partes, pues de lo contrario el contrato continuará en vigor.

3.3.3. Expiración del tiempo convenido

La relación laboral acaba cuando vence el período expresamente contratado.

Excepto en los contratos de sustitución y formativos, el trabajador tiene derecho a recibir la **indemnización** establecida en convenio o, en su defecto, el importe equivalente a 12 días de salario por cada año trabajado.

Si, finalizado el contrato, el trabajador sigue dado de alta en Seguridad Social y continúa prestando servicios, se entiende que existe prórroga tácita hasta el período máximo legal de duración y, si se supera este, se considerará indefinido.

Si el contrato es de duración superior al año, el empresario debe preavisar de su extinción con una antelación mínima de 15 días.

3.3.4. Extinción del empresario

La relación laboral se extingue también cuando se produce la **muerte, incapacidad o jubilación** del empresario que sea persona física, siempre que no exista continuidad en la actividad empresarial. El trabajador percibirá, en ese caso, una indemnización equivalente a 1 mes de salario.

El contrato termina también por extinción de la personalidad jurídica del empresario. En este caso es preciso la **previa apertura** de un período de consultas con la representación de los trabajadores y la comunicación a la autoridad laboral.

3.3.5. Dimisión del trabajador

La baja voluntaria del trabajador en la empresa extingue igualmente la relación laboral.

Debe **notificarse** al empresario con la antelación prevista en el convenio o contrato, o lo habitual según la costumbre. No es necesario alegar motivos.

3.3.6. Muerte, incapacidad permanente total, absoluta o gran invalidez del trabajador

En los casos de declaración de gran incapacidad o de incapacidad permanente absoluta o total de la persona trabajadora, no se extingue el contrato directamente; solo se extinguirá si no es posible realizar ajustes razonables o asignar otro puesto de trabajo acorde con la nueva situación de la persona trabajadora, o si esta lo rechaza.

Cuando se declare la incapacidad permanente, la persona trabajadora dispondrá de un plazo de diez días naturales para manifestar por escrito a la empresa su voluntad de mantener la relación laboral.

La empresa dispondrá de un plazo máximo de tres meses desde esa notificación para realizar los ajustes razonables o el cambio de puesto de trabajo, o bien para proceder a la extinción del contrato mediante comunicación escrita debidamente motivada, cuando el ajuste suponga una carga excesiva o no exista un puesto de trabajo vacante.

Serán los servicios de prevención de riesgos laborales quienes determinarán, de conformidad con lo establecido en la normativa y previa consulta con los delegados de prevención o con el comité de seguridad y salud, el alcance y las características de las medidas de ajuste, e identificarán los puestos de trabajo compatibles con la nueva situación de la persona trabajadora.

Para determinar si la carga es excesiva, se tendrá en cuenta el coste de las medidas de adaptación en relación con el tamaño, los recursos económicos, la situación económica y el volumen de negocios total de la empresa. La carga no se considerará excesiva cuando quede paliada en grado suficiente mediante medidas, ayudas o subvenciones públicas.

En las empresas que empleen a menos de 25 personas trabajadoras, se considerará excesiva la carga cuando el coste de adaptación del puesto de trabajo, sin tener en cuenta la parte que pueda ser sufragada con ayudas o subvenciones públicas, supere la mayor de estas dos cuantías: la indemnización que correspondiera a la persona trabajadora en caso de despido improcedente o seis meses de salario de la persona trabajadora.

Por otro lado, en los supuestos de incapacidad permanente total, absoluta o gran invalidez, cuando se haga constar en la propia resolución administrativa que, a juicio del órgano de calificación, la situación vaya a ser previsiblemente objeto de revisión, se produce una **suspensión** de la relación laboral (en lugar de la extinción) durante un periodo de 2 años desde la fecha de la resolución y, en caso de que en ese período la revisión constate una mejoría que permita la reincorporación a su trabajo, tendrá derecho a reanudar la relación laboral.

3.3.7. Jubilación del trabajador

La relación laboral se extingue también con el acceso del trabajador a la situación de jubilación total, en la que cobrará la correspondiente pensión.

3.3.8. Fuerza mayor

Para extinguir el contrato por esta causa se necesita que se den hechos imprevisibles o inevitables que imposibiliten definitivamente el desarrollo del trabajo.

La autoridad laboral tiene que constatar la concurrencia de estas circunstancias y autorizar la extinción.

3.3.9. Voluntad del trabajador por causa justificada

Existe la posibilidad de que el trabajador inste, por causa justificada, la extinción de su contrato de trabajo conservando los mismos derechos económicos que tendría en el supuesto de que hubiera sido despedido de forma improcedente.

Las causas justificadas son:

- Las modificaciones sustanciales en las condiciones de trabajo llevadas a cabo sin respetar el procedimiento establecido y que redunden en menoscabo de la dignidad del trabajador.
- La falta de pago o los retrasos continuados en el abono del salario pactado. Se entenderá por retraso la superación en 15 días de la fecha fijada para el abono y se considerará continuado cuando concurra durante 6 meses, aun no consecutivos. Se produce impago continuado cuando se adeudan a la persona trabajadora 3 mensualidades completas en un año, aun no consecutivas.
- La negativa del empresario a reintegrarle en su puesto de trabajo en los supuestos de movilidad geográfica o de modificación sustancial de las condiciones de trabajo cuando una sentencia haya declarado injustificados los mismos.
- Cualquier otro incumplimiento grave de las obligaciones de la empresa.

3.3.10. Violencia de género

El contrato podrá extinguirse por decisión de la trabajadora que se vea obligada a abandonar definitivamente su puesto de trabajo como consecuencia de ser víctima de violencia de género.

3.3.11. Despido colectivo por causas económicas, técnicas, organizativas o de producción

Se entiende que el despido se califica de colectivo cuando afecta, en un período de 90 días, a toda la plantilla de la empresa (siempre que sea superior a 5 empleados) y exista cese en la actividad empresarial.

También se considera que existe despido colectivo cuando, sin referirse a la totalidad, afecta a un número de trabajadores superior a los siguientes límites:

- Al menos 10 en las empresas que empleen a menos de 100.
- El 10 % de trabajadores de las empresas que ocupen entre 100 y 300 trabajadores.
- 30 trabajadores en las empresas que den empleo a 300 o más trabajadores.

La extinción de los contratos de trabajo tiene que estar fundada en causas económicas, técnicas, organizativas o de producción.

- Se entiende que concurren **causas económicas** cuando se desprenda una situación económica negativa de los resultados de la empresa, en casos tales como la existencia de pérdidas actuales o previstas, o la disminución persistente de su nivel de ingresos ordinarios o ventas. En todo caso, se entenderá que la disminución es persistente si, durante 3 trimestres consecutivos, el nivel de ingresos ordinarios o ventas de cada trimestre es inferior al registrado en el mismo trimestre del año anterior.
- Se entiende que concurren **causas técnicas** cuando se produzcan cambios, entre otros, en el ámbito de los medios o instrumentos de producción.
- Se considera que concurren **causas organizativas** cuando se produzcan cambios, entre otros, en el ámbito de los sistemas y métodos de trabajo del personal o en el modo de organizar la producción.
- Y se entiende que se dan **causas productivas** cuando se produzcan cambios, entre otros, en la demanda de los productos o servicios que la empresa pretende colocar en el mercado.

El despido colectivo deberá ir precedido de un **período de consultas** con los representantes legales de los trabajadores de una duración no superior a 30 días naturales, o de 15 días en el caso de empresas de menos de 50 trabajadores. La ley regula detalladamente cómo ha de conformarse dicha comisión.

La consulta con los representantes legales de los trabajadores deberá versar, como mínimo, sobre las posibilidades de evitar o reducir los despidos colectivos y de atenuar sus consecuencias mediante el recurso a medidas sociales de acompañamiento, tales como medidas de recolocación o acciones de formación o reciclaje profesional para la mejora de la empleabilidad.

También se **comunicará** a la autoridad laboral.

Transcurrido el período de consultas, el empresario comunicará a la autoridad laboral el resultado del mismo. Si se hubiera alcanzado un acuerdo, trasladará una copia íntegra del mismo. En caso contrario, remitirá a los representantes de los trabajadores, y a la autoridad laboral, la decisión final de despido colectivo que haya adoptado y las condiciones del mismo.

Comunicada la decisión a los representantes de los trabajadores, el empresario notificará los despidos individualmente a los trabajadores afectados.

Se producirá la **caducidad** del procedimiento si en el plazo de 15 días (desde la fecha de la última reunión celebrada en el periodo de consultas) el empresario no hubiera comunicado a los representantes de los trabajadores y a la autoridad laboral su decisión sobre el despido colectivo.

Los representantes legales de los trabajadores tendrán prioridad para permanecer en la empresa. Mediante convenio colectivo o acuerdo alcanzado durante el periodo de consultas se podrán establecer prioridades de permanencia a favor de otros colectivos, tales como trabajadores con cargas familiares, mayores de determinada edad o personas con discapacidad.

La decisión empresarial podrá **impugnarse** por los sujetos legitimados a través de la acción colectiva prevista a tal fin, y los trabajadores afectados también podrán interponer acciones individuales.

3.3.12. Extinción por causas objetivas legalmente procedentes

A instancia de la empresa el contrato también puede extinguirse:

- Por **ineptitud** del trabajador. Tiene que ser sobrevenida o conocida después del período de prueba. Si existía y constaba antes, no podrá ser luego alegada como causa de extinción.
- Por **falta de adaptación** del trabajador a las modificaciones técnicas en su puesto de trabajo. Para ello, tales modificaciones introducidas tienen que haber sido razonables para los conocimientos del trabajador, tienen que haber transcurrido al menos 2 meses para adaptarse a esos cambios y se le debe haber ofrecido formación para adaptarse a esas modificaciones.
- La concurrencia de **causas económicas, técnicas, organizativas o de producción**, pero sin que supere el número de trabajadores que se indicó anteriormente para que se considere despido colectivo.

En todos estos casos, se **notifica** la decisión extintiva al trabajador, expresando la causa, con 30 días de antelación a la fecha de su efectividad. Durante el período de preaviso, se le concederá al trabajador una licencia retribuida de 6 horas semanales para que pueda buscar nuevo empleo. Si no se preavisa con la antelación legal, el empresario deberá abonar una indemnización equivalente a los días de preaviso que se hayan omitido.

En el momento de la comunicación debe ponerse a disposición del trabajador una indemnización equivalente a 20 días de salario por año de servicio prestado, con un máximo de 12 mensualidades. Solo en el caso de existir causas económicas que lo impidan, la empresa podrá no hacerlo, indicándolo expresamente en la carta, y todo ello sin perjuicio del derecho del trabajador a exigir su abono cuando se haga efectiva la decisión de extinguir el contrato.

En estas extinciones por causas objetivas, el incumplimiento de cualquiera de estos requisitos (excepto la falta de preaviso o el error excusable en el cálculo de la indemnización) dará lugar a la nulidad de la relación extintiva.

El trabajador puede reclamar contra esta decisión extintiva como si se tratase de un despido disciplinario.

3.3.13. Despido disciplinario

Es la extinción del contrato por decisión empresarial que se fundamenta en un incumplimiento grave y culpable de las obligaciones que corresponden a un trabajador.

Los motivos legales para el despido disciplinario son:

- Las faltas repetidas o injustificadas de asistencia o puntualidad.
- La indisciplina y la desobediencia.
- Las ofensas verbales o físicas al empresario, a los compañeros de trabajo, o a los familiares que convivan con ellos.
- La transgresión de la buena fe contractual y el abuso de confianza en el desempeño del trabajo.
- La disminución continuada y voluntaria en el rendimiento pactado (en contrato o en convenio colectivo) o en el rendimiento normal.
- La embriaguez o la toxicomanía, cuando repercutan negativamente en la actividad laboral.
- El acoso por razón de origen racial o étnico, religión, convicciones, discapacidad, edad u orientación sexual y el acoso sexual o por razón de sexo al empresario o a otro de los trabajadores.

El **plazo** para llevar a cabo el despido es de 60 días desde que se conoce el incumplimiento y, en todo caso, nunca más tarde de 6 meses desde su comisión (independiente de cuando lo conozca el empresario).

El despido se notifica por **escrito** al trabajador, con expresión detallada de los hechos y las causas que lo motivan.

Si es representante de los trabajadores o delegado sindical, debe abrirse un expediente contradictorio. Si el trabajador está afiliado a algún sindicato y al empresario le consta, debe dar audiencia previa a la sección sindical.

Aunque la norma interna no lo prevé, en cumplimiento del artículo 7 del Convenio n.º 158 de la Organización Internacional del Trabajo (OIT), ratificado por España, debe concederse audiencia previa a todas las personas trabajadoras antes de ser despedidas disciplinariamente. El Tribunal Supremo declaró, en la sentencia 1250/2024, de 18 de noviembre, que este requisito es exigible en los despidos posteriores a la fecha de dicha sentencia.

Si el trabajador no está de acuerdo con la decisión del empresario, deberá actuar en un **plazo** máximo de 20 días hábiles (esto es, se excluyen del cómputo los domingos y festivos). Para ello, debe presentar una demanda ante el Servicio de Mediación, Arbitraje y Conciliación (SMAC) de su comunidad autónoma (puede recibir distintas denominaciones en cada una de ellas, pero casi todas son similares a la que aquí exponemos).

La presentación de la solicitud de conciliación suspende el plazo, que se reanuda otra vez cuando se celebra la conciliación o cuando transcurren 15 días hábiles desde la presentación sin que se haya celebrado.

En ese acto de conciliación puede alcanzarse un acuerdo, en cuyo caso el acta de conciliación tiene el mismo valor que una resolución judicial y debe cumplirse en sus propios términos.

Si no hay acuerdo, el trabajador debe presentar, en el tiempo que le quede del plazo, una demanda ante el Juzgado de lo Social. Allí tiene lugar un nuevo intento de conciliación y, en defecto de acuerdo, seguidamente el juicio. A la vista de las alegaciones de las partes y de la prueba practicada, el juez dicta sentencia.

Si el juez considera que el despido **ha sido justificado**, pues se han cumplido los requisitos y se han acreditado las causas invocadas, calificará el despido como procedente. La consecuencia será la extinción de la relación laboral sin indemnización alguna (si era despido disciplinario) o con la indemnización legal de 20 días por año trabajado con un máximo de 12 mensualidades (si era por causas objetivas).

Si el juez considera que **no han quedado acreditadas las causas** invocadas o no se han cumplido las exigencias legales, declarará el despido improcedente. En ese caso, el empresario tiene que optar entre readmitir al trabajador en su puesto, con abono de los salarios dejados de percibir durante toda la tramitación, o bien extinguir el contrato abonándole una indemnización de 33 días de salario por año de servicio, con un máximo de 24 mensualidades. Para los contratos anteriores a la reforma laboral del año 2012 se mantiene transitoriamente una indemnización de 45 días por año trabajado por el período anterior a la entrada en vigor de la norma (12 de febrero de 2012) y de 33 días por año a partir de dicha fecha, con un máximo de 24 mensualidades, salvo que ya se hubiera superado ese límite en la citada fecha de entrada en vigor, en cuyo caso se respetará lo devengado hasta la misma, con un máximo, en cualquier caso, de 42 mensualidades.

El juez declarará nulo el despido cuando se base en una causa de discriminación prohibida por la Constitución o por la ley, o se produzca por vulneración de los derechos fundamentales y las libertades públicas del trabajador. El despido también será nulo cuando se produzca en un período de suspensión del contrato debido a nacimiento, guarda con fines de adopción o acogimiento, riesgo durante el embarazo, riesgo durante la lactancia natural, o enfermedades causadas por el embarazo, el parto o la lactancia natural. Será nulo igualmente el despido de la trabajadora embarazada o el de la persona trabajadora que esté disfrutando de los permisos de cuidado de familiar o conviviente por enfermedad grave, cuidado del lactante, cuidado de hijos prematuros y hospitalizados tras el parto, o de la reducción de jornada o excedencia por cuidado de familiar o que hayan solicitado o estén disfrutando una adaptación de jornada. Y será nulo el despido en los 12 meses siguientes a haberse reincorporado el trabajador desde la suspensión del contrato por nacimiento, adopción, guarda con fines de adopción o acogimiento. En los casos de nulidad, a diferencia de la improcedencia, la empresa no puede optar por la indemnización, sino que tiene que readmitir y abonar los salarios dejados de percibir.

PARTE II
NÓMINAS Y SALARIO

CAPÍTULO 4
EL SALARIO

4.1. CONCEPTO Y NATURALEZA DEL SALARIO

El artículo 26 del Estatuto de los Trabajadores define así el salario:

> «Se considerará salario la totalidad de las percepciones económicas de los trabajadores, en dinero o en especie, por la prestación profesional de los servicios laborales por cuenta ajena, ya retribuyan el trabajo efectivo (...) o los períodos de descanso computables como de trabajo».

De ahí deducimos, en primer lugar, que el salario comprende todo lo que el trabajador percibe por prestar sus servicios laborales a la empresa.

Pero, **además**, vemos que se considera salario no solo la retribución del trabajo efectivo, sino también la retribución de aquellos períodos de descanso que la ley expresamente considera computables como trabajo. Esto es, sigue siendo salario la nómina que se le abona al trabajador cuando disfruta de sus vacaciones y no trabaja realmente, o cuando disfruta de un permiso retribuido.

Y de la definición legal se desprende, finalmente, que la ley considera salario tanto la retribución **en efectivo** (es decir, en dinero) como la retribución **en especie** (por ejemplo, si la empresa facilita al trabajador manutención, alojamiento, etc., como parte de la contraprestación por su trabajo). Pero existe un límite legal: el salario en especie no puede superar el 30 % de las retribuciones totales del trabajador.

El salario constituye el principal **deber** del empresario respecto del trabajador, ya que es la contraprestación que este obtiene por prestar sus servicios y aceptar la ajenidad de la relación (es decir, permitir que el fruto de la actividad del trabajador sea del empresario desde el principio y no del empleado).

Por tanto, desempeña tanto una **función económica** como una **función social**, por cuanto es el medio de vida del trabajador y, en ocasiones, de otras personas dependientes del mismo.

De ahí que la relación laboral –al contrario que otros contratos civiles o mercantiles– no se plantee en términos de igualdad entre las partes ni de libertad absoluta de contratación. No pueden pactarse contratos en los términos que se quiera o con la retribución que se desee, sino que hay unas normas imperativas y existen unos mínimos salariales obligatorios. Sería nulo un pacto en el que el trabajador aceptara voluntariamente trabajar en condiciones distintas o por menos dinero de los mínimos legales. Nuestro derecho laboral establece una protección irrenunciable a favor del trabajador.

4.2. ESTRUCTURA DEL SALARIO

La estructura del salario se establece mediante la negociación colectiva o, en su defecto, en el contrato individual, y comprenderá:

- El salario base.
- Los complementos salariales, en su caso.

Veamos cada uno de estos conceptos.

4.2.1. El salario base

Es aquella parte del salario del trabajador que se fija por unidad de tiempo o de obra.

El **salario por unidad de tiempo** sería aquel en el que únicamente se atiende a la duración del servicio, independientemente de la cantidad de trabajo realizado.

El **salario por unidad de obra** es aquel en que se atiende solo a la cantidad y calidad de la obra realizada, pudiendo fijarse en el contrato en ese caso un plazo para finalización de la misma, pero sin exigir un rendimiento mayor al normal de un trabajador apto.

Cabe la posibilidad de establecer salarios base mixtos, en los que se fije un salario con un fijo por unidad de tiempo y un variable por cantidad de obra realizada.

Aunque el Estatuto de los Trabajadores contemple estas posibilidades, **en la práctica totalidad** de los casos realmente vamos a encontrarnos salarios base fijados únicamente por unidad de tiempo, es decir, un salario base establecido con una cuantía mensual o diaria. Entre otros motivos, porque el salario mínimo interprofesional –al que luego nos referiremos– está así fijado y, en consecuencia, la generalidad de los convenios colectivos establece también salarios base por períodos de tiempo para cumplir con ese mínimo obligatorio. De este modo, es más frecuente encontrar retribuciones vinculadas al rendimiento incluidas en los complementos salariales que en el propio salario base.

4.2.2. Los complementos salariales

Son aquella parte del salario del trabajador que se fija en función de circunstanciales relativas a:

- Las condiciones personales del trabajador.
- El trabajo realizado.
- La situación y los resultados de la empresa.

Se tienen que establecer los criterios para su cálculo en el momento de fijarlos en el convenio colectivo o en el contrato de trabajo.

También puede **pactarse** su carácter consolidable (esto es, que resulten exigibles si se perciben durante un período de tiempo) o no consolidable. Si no se ha pactado lo contrario, no tendrán carácter consolidable los complementos salariales que estén vinculados al puesto de trabajo, a la situación o a los resultados de la empresa.

Entre los complementos salariales que con más frecuencia se pactan en los convenios podemos citar, a mero título de ejemplo (pueden existir muchos más):

- Por las condiciones personales del trabajador:
  - Antigüedad
  - Titulación
  - Idiomas
- Por las características del puesto de trabajo:
  - Responsabilidad
  - Peligrosidad
  - Nocturnidad
  - Toxicidad
  - Turnicidad
  - Quebranto de moneda
- Por el trabajo realizado:
  - Productividad
  - Asistencia
  - Puntualidad
- Por la situación y los resultados de la empresa:
  - Participación en beneficios o en ingresos
  - Incentivos, bonus o primas por objetivos

4.2.3. Las pagas extraordinarias

Uno de los conceptos salariales establecidos en la práctica totalidad de los convenios colectivos son las pagas extraordinarias.

El número de pagas, su composición y cuantía, y las fechas de devengo se establecen en los convenios. Pero, en todo caso, el mínimo legal son 2 pagas.

No obstante, el convenio puede permitir que las pagas se perciban de manera **prorrateada**, esto es, que su importe total se abone de manera repartida mes a mes, proporcionalmente.

4.3. ABSORCIÓN Y COMPENSACIÓN

Cuando el salario que viene percibiendo un trabajador, en su conjunto anual, sea superior a los mínimos que establecen la ley y el convenio colectivo aplicable, opera el principio de absorción y compensación entre ellos.

Por ejemplo, si el convenio establece una subida del salario base y el trabajador ya venía cobrando, además de su salario base, una retribución superior que la empresa le pagaba voluntariamente, el nuevo salario base absorbería parte de esos complementos voluntarios que la empresa le venía abonando al trabajador.

Lo importante, en definitiva, es que el trabajador siga cobrando por todos los conceptos un salario anual no inferior al que se establezca en el convenio colectivo aplicable o en la ley.

4.4. LOS DEVENGOS EXTRASALARIALES

Sin embargo, no todo lo que percibe el trabajador tiene naturaleza salarial. En concreto, no tienen la consideración de salario, según la legislación vigente:

- Las indemnizaciones y suplidos percibidas por el trabajador por los gastos realizados como consecuencia de su actividad laboral.

  Nos referimos a conceptos tales como dietas, kilometrajes, desgaste de herramientas, prendas de trabajo, etc., que no son realmente una contraprestación por el trabajo, sino la simple compensación de gastos en que ha tenido que incurrir el trabajador para realizar su labor.
- Las prestaciones e indemnizaciones de la Seguridad Social.

  Por ejemplo, las prestaciones que se perciben durante la baja por incapacidad temporal, durante el descanso por nacimiento, etc., no tienen la consideración de salario.
- Las indemnizaciones correspondientes a traslados.
- Las indemnizaciones correspondientes a suspensiones o despidos.

4.5. EL RECIBO DE SALARIO

El empresario está **obligado** legalmente a facilitar al trabajador, juntamente con su salario, un recibo individual justificativo de salarios.

Este recibo se ajustará al **modelo oficial** que establece el Ministerio de Trabajo, o al que establezca el convenio colectivo o acuerde la empresa con los representantes de los trabajadores.

En realidad no estamos ante un impreso oficial con un determinado formato –hay muchos formatos posibles de recibo de salarios– sino ante una estructura y un contenido mínimo obligatorio. Por lo tanto, son admisibles todos los recibos que, sin eliminar ninguno de los conceptos exigidos por el modelo oficial, incluyan modificaciones de carácter formal o información adicional.

El recibo de salario tiene que referirse a meses naturales. Si se abonan salarios por períodos inferiores (por ejemplo, una empresa que pague semanalmente) se documentarán esos abonos como anticipos a cuenta de la liquidación definitiva, que es la que se efectuará en este recibo mensual obligatorio.

El recibo de salario será firmado por el trabajador al hacerle la entrega del mismo y abonarle, en moneda de curso legal o mediante cheque o talón bancario, las cantidades resultantes de la liquidación. La firma de ese recibo sirve como prueba de la percepción por el trabajador de dichas cantidades, aunque, eso sí, no demuestra la conformidad del trabajador con las mismas.

Cuando la empresa, como es frecuente, realice los pagos de salarios por ingreso o transferencia bancaria, se entregará o enviará al trabajador el recibo de salario pero sin que sea necesario pedirle la firma en ese caso, pues el comprobante bancario del abono sustituye a la firma del trabajador a efectos probatorios.

Es obligación de la empresa conservar durante 5 años los recibos de salarios que haya emitido, fundamentalmente a efectos de una posible inspección y comprobación administrativa.

4.6. DEDUCCIONES DEL SALARIO

A la hora de confeccionar el recibo salarial se van sumando todos los conceptos que le corresponda cobrar al trabajador ese mes. El global de esa remuneración es el **total devengado** (el importe **bruto** de la nómina).

Pero, a continuación, hay que deducir ciertas cantidades, y la diferencia será el **líquido a percibir** o importe **neto** de la nómina.

Aunque no son los únicos, los principales conceptos que deben deducirse son las cotizaciones sociales y las retenciones fiscales. Procedemos a analizarlos a continuación.

4.6.1. Cotización a la Seguridad Social

Aunque el trabajador debe abonar la cuota que le corresponde a la Seguridad Social, será el empresario quien haga ese trámite deduciéndola del salario del empleado para ingresarla junto a la cuota que le corresponde a la empresa.

En la parte III del libro, correspondiente a Seguridad Social, se expone con detalle esta cotización.

4.6.2. Retenciones a cuenta del IRPF

La empresa no solo tiene que hacer de «recaudadora» para la Seguridad Social, sino que también tendrá que realizar esa misma labor para la Hacienda Pública, de forma que debe efectuar unas retenciones sobre la nómina del trabajador a cuenta del Impuesto sobre la Renta de las Personas Físicas (IRPF), importes que luego la empresa ingresará a la Agencia Tributaria.

Aunque hay otros sistemas –por ejemplo, para grandes empresas– lo habitual es que esas retenciones se ingresen trimestralmente (en los 20 primeros días de enero, abril, julio y octubre la empresa ingresará las cuotas retenidas en el trimestre natural anterior) mediante el modelo 111. Además, en enero se presenta un resumen anual puramente informativo con el total de rendimientos abonados a cada trabajador, y el total de las retenciones practicadas e ingresadas (el modelo 190) en el ejercicio anterior, entendiendo por tal el año natural.

Como es una retención a cuenta de un impuesto personal, para el cálculo de la misma han de tenerse en cuenta determinadas circunstancias personales del empleado (edad, discapacidad, número de hijos, etc.). A tal fin, el trabajador debe facilitar tales datos a la empresa mediante una comunicación, empleando el modelo oficial vigente (modelo 145) debidamente cumplimentado y firmado. El empresario debe conservar este documento. Si el trabajador no entrega dicha comunicación al empresario, este puede efectuar la retención que resulte sin tener en cuenta las circunstancias personales de su empleado, y queda liberado de responsabilidad, porque en ese caso el responsable será el trabajador si la retención es inferior a la legal. La comunicación se tiene que entregar en el momento de la contratación, y antes del comienzo de cada año natural si se ha producido alguna variación.

Toda variación en las circunstancias personales y familiares que se produzca durante el año y que implique bajar la retención, se podrá comunicar a la empresa a efectos de proceder a la regularización. En este caso, surtirá efectos a partir de la fecha de la comunicación, siempre y cuando resten, al menos, 5 días para la confección de las correspondientes nóminas. Cuando esta variación suponga, por el contrario, un mayor tipo de retención, deberá comunicarse obligatoriamente por el trabajador en el plazo de 10 días desde que se produzca, y se tendrá en cuenta en la primera nómina a confeccionar con posterioridad a tal comunicación, siempre y cuando, igualmente, resten al menos 5 días para la confección de la misma.

Los trabajadores pueden solicitar a la empresa en cualquier momento que les aplique un porcentaje de retención superior al que resulte legalmente aplicable. Dicha solicitud la realizarán por **escrito** a la empresa, que está obligada a atenderla si se le formula, al menos, con 5 días de antelación a la confección de las correspondientes nóminas. El nuevo tipo de retención que haya solicitado el trabajador se aplicará, como mínimo, hasta el final del año. Y, en tanto no renuncie por escrito al citado porcentaje o no solicite un tipo de retención superior, se seguirá aplicando durante los ejercicios sucesivos, salvo que una variación posterior de las circunstancias determine un tipo aún mayor.

No se practicará retención a cuenta de IRPF cuando la cuantía de los rendimientos del trabajo no supere los siguientes límites:

SITUACIÓN DEL CONTRIBUYENTE	SIN HIJOS	1 HIJO	2 HIJOS O MÁS
Soltero, viudo, divorciado o separado legalmente.	—	17 644,00 €	18 694,00 €
Casado cuyo cónyuge no obtenga rentas superiores a 1 500,00 €/año, incluidas las exentas.	17 197,00 €	18 130,00 €	19 262,00 €
Otras situaciones.	15 876,00 €	16 342,00 €	16 867,00 €

Para calcular el tipo de retención aplicable se debe tomar la cuantía total de las retribuciones de trabajo que el trabajador vaya a percibir previsiblemente durante el año natural.

Las retribuciones dinerarias se toman por su importe. Las retribuciones en especie se valorarán con arreglo a lo dispuesto en el artículo 43 de la Ley del Impuesto sobre la Renta de las Personas Físicas y otras normas tributarias específicas aplicables. A efectos orientativos, en la Parte III de este libro, de Seguridad Social, en el

Capítulo 7 dedicado a la cotización, epígrafe 7.3.1., se presenta un cuadro que resume algunos supuestos frecuentes.

De esa cuantía total se restan los siguientes importes:

- Las cotizaciones que vaya a realizar previsiblemente el trabajador a la Seguridad Social durante el año.
- El 30 % de reducción si los ingresos tienen un período de generación superior a 2 años o se han obtenido de forma irregular en el tiempo.
- La siguiente reducción de los rendimientos del trabajo personal.

CUANTÍA DEL RENDIMIENTO DE TRABAJO	IMPORTE DE LA REDUCCIÓN
Hasta 14 852,00 €	7 302,00 €
De 14 852,00 € a 17 673,52 €	7 302,00 € – (rendimiento del trabajo – 14 852,00 €) x 1,75
De 17 673,52 € a 19 747,50 €	2 364,34 € – (rendimiento del trabajo – 17 673,52 €) x 1,14

- 2 000,00 € en concepto de otros gastos, que se incrementará en otros 2 000,00 € si se trata de un desempleado que haya aceptado un puesto de trabajo que exija un cambio de residencia.
- En el caso de los trabajadores en activo discapacitados se reducirán, además, 3 500,00 € anuales de su base, reducción que se eleva a 7 750,00 € si necesitan la ayuda de terceras personas, si tienen movilidad reducida o si su grado de discapacidad es superior al 65 %.

(continuación...)

- Cuando se trate de contribuyentes que perciban pensiones y haberes pasivos del régimen de Seguridad Social y de Clases Pasivas, o que tengan más de dos descendientes que den derecho a la aplicación del mínimo por descendientes previsto, 600,00 €.
- Si son contribuyentes que perciban prestaciones por desempleo, 1200,00 €.
- En el caso de trabajadores que, por resolución judicial, abonen una pensión compensatoria a su cónyuge o ex cónyuge, se restará la cuantía de la misma.

La diferencia restante, una vez efectuadas estas operaciones, servirá para calcular la **cuota de retención** aplicable, de acuerdo con la siguiente escala, de distintos tipos, que se aplica por tramos:

BASE PARA CALCULAR EL TIPO DE RETENCIÓN	CUOTA DE RETENCIÓN	RESTO BASE PARA CALCULAR EL TIPO DE RETENCIÓN	TIPO APLICABLE
		Hasta 12 450,00 €	19,00 %
12 450,00 €	2 365,50 €	Hasta 7 750,00 €	24,00 %
20 200,00 €	4 225,50 €	Hasta 15 000,00 €	30,00 %
35 200,00 €	8 725,50 €	Hasta 24 800,00 €	37,00 %
60 000,00 €	17 901,50 €	Hasta 240 000,00 €	45,00 %
300 000,00 €	125 901,50 €	En adelante	47,00 %

Si el trabajador satisface una pensión de alimentos por resolución judicial, se aplicará la escala separadamente al importe de dicha pensión anual y al resto de retribuciones.

La cuantía resultante debe minorarse en el importe derivado de aplicar esta misma escala al mínimo personal y familiar.

Dicho mínimo está formado por los siguientes conceptos y cuantías:

- **Mínimo personal**: 5 550,00 €. Se aumentará en 1 150,00 € si el contribuyente es mayor de 65 años y en otros 1 400,00 € si es mayor de 75 años.
- **Mínimo por descendientes**: por cada descendiente soltero menor de 25 años o discapacitado que conviva con el contribuyente y que no tenga rentas anuales superiores a 8 000,00 €, las siguientes cuantías:

Primer descendiente	2 400,00 € / año
Segundo descendiente	2 700,00 € / año
Tercer descendiente	4 000,00 € / año
Cuarto descendiente y siguientes	4 500,00 € / año por cada uno

  Si el descendiente es menor de 3 años, el mínimo se incrementa en 2 800,00 €/año.

  De estos importes se tomará solo la mitad cuando el descendiente conviva con los dos progenitores.
- **Mínimo por ascendientes**: por ascendientes mayores de 65 años que convivan con el contribuyente o estén internados en centros especializados por razón de discapacidad y no tengan rentas anuales superiores a 8 000,00 €, incluidas las exentas: 1 150,00 €, que se incrementarán en otros 1 400,00 € más si es mayor de 75 años.

(continuación...)

- **Mínimo por discapacidad del contribuyente**, en su caso: 3 000,00 €, que serán 9 000,00 € si la discapacidad es igual o superior al 65 %. Se incrementará en otros 3 000,00 € en concepto de gastos de asistencia si el contribuyente necesita ayuda de otra persona, tiene movilidad reducida o un grado de discapacidad igual o superior al 65 %.
- **Mínimo por discapacidad de descendientes o ascendientes**:
  3 000,00 € que serán 9 000,00 € si la discapacidad es igual o superior al 65 %. Y se incrementará en 3 000,00 € por gastos de asistencia si el contribuyente necesita ayuda de otra persona, tiene movilidad reducida o un grado de discapacidad igual o superior al 65 %.

Sobre este mínimo personal y familiar, fruto de la suma de estos conceptos, se aplica igualmente la misma tabla. La cuota que resulte ahora (al aplicar la escala sobre el mínimo personal y familiar) se resta de la cuota que antes se había obtenido al aplicarla sobe la base.

Si el trabajador satisface una **pensión de alimentos** por resolución judicial, la cuantía total resultante se minorará en el importe derivado de aplicar la escala al importe del mínimo personal y familiar incrementado en 1980,00 € anuales, sin que pueda resultar negativa como consecuencia de tal minoración.

Si la cuota resultante es positiva, el tipo previo de retención es el resultante de esta operación:

$$\text{Tipo previo de retención} = \frac{\text{Cuota de retención}}{\text{Cuantía total retribuciones trabajo}} \times 100$$

Este tipo de retención obtenido se aplica a continuación sobre el total de las retribuciones.

El tipo de retención se reducirá en 2 enteros (sin que pueda resultar negativo como consecuencia de tal minoración) cuando la cuantía total de la retribuciones sea inferior a 33 007,20 € y el contribuyente hubiese comunicado a su pagador que destina cantidades para la adquisición o rehabilitación de su vivienda habitual utilizando financiación ajena, cantidades por las que vaya a tener derecho a la deducción por inversión en vivienda habitual, si la adquirió antes del 1 de enero de 2013 y cumple los requisitos estipulados.

El tipo de retención se regularizará cuando, a lo largo del año, se produzcan variaciones en las circunstancias que determinen su cálculo (retribuciones, circunstancias personales, situación familiar, etc.), previa comunicación del trabajador.

En caso de contratos de duración inferior a un año, siempre será el 2 %, como mínimo.

Existen luego algunos límites máximos y reglas especiales. Además, existen tipos fijos para determinados supuestos (por ejemplo, el 35 % en el caso de retribuciones de administradores).

Dado que la aplicación de esta mecánica y la comprensión de la tabla legal ofrece alguna complicación, veamos un ejemplo resuelto:

El supuesto es un trabajador que gana 30 000 € brutos al año. Supongamos que su cotización a la Seguridad Social durante el año será de 1 905,00 €. Tiene un hijo mayor de 3 años y menor de 25, sin ingresos propios, que convive con ambos progenitores.

El proceso de cálculo, paso a paso, es el siguiente:

- Partimos de los 30 000,00 € como base inicial.
- Le restamos el gasto previsto en Seguridad Social: 30 000,00 € - 1 905,00 € = 28 095,00 €.
- Como supera los 19 747,50 €, vemos en la tabla que no tiene derecho a deducción por rendimientos de trabajo personal.
- Le restamos los 2 000,00 € por el concepto de otros gastos: 28 095,00 € - 2 000,00 € = 26 095,00 €.
- Sobre esa base resultante de 26 095,00 €, se aplica la escala de la tabla. Sobre el primer tramo, los primeros 12 450,00 €, se aplica el 19 %, lo que da un resultado de 2 365,50 € (viene ya calculado en la propia tabla).

Sobre un segundo tramo de 7 750,00 €, se aplica un 24 %, esto es, 1 860,00 €. El acumulado hasta el momento es por tanto 2 365,00 € + 1 860,00 € = 4 225,50 € (igualmente, este acumulado viene ya calculado en la tabla).

Al resto de la base, 5 895,00 € (26 095,00 € – 12 450,00 € –7 750,00) se aplica el tipo correspondiente al tercer tramo, en este caso el 30 %, lo que da 1 768,50 €. El total de cuota es, por tanto, sumando todos los tramos: 2 365,50 € + 1 860,00 € + 1 768,50 € = 5 994,00 €.

- A continuación, a esa cifra hay que restarle el resultado de aplicar la misma tabla sobre el mínimo personal y familiar de este trabajador. En este caso, dicho mínimo está formado por 5 550,00 € de mínimo personal más 1 200,00 € por un hijo a cargo computado por mitad, lo que hace un total de 6 750,00 €.

(continuación...)

- Aplicamos la tabla sobre el importe total de los mínimos personales y familiares. En este caso, se aplica el tipo del primer tramo, 19 %, sobre los 6 750,00 €, lo que hace un total de 1 282,50 €.
- Al resultado obtenido de aplicar la tabla sobre la base (5 994,00 €) le restamos el obtenido de aplicar la tabla sobre el mínimo personal y familiar (1 282,50 €), lo que da un resultado de 4 711,50 €.
- Esa cuota es lo que tendría que retener la empresa al trabajador a lo largo de todo el año. Pero, dado que debe retenérselo mes a mes en su nómina, ha de saber qué porcentaje supone sobre sus ingresos totales brutos para aplicárselo. Y esto es lo que se calcula con la última fórmula: tipo de retención es igual a cuota de retención dividida entre la cuantía total de retribuciones y multiplicada por 100, esto es: 4 711,50 / 30 000,00 x 100 = 15,70.

Por tanto, el tipo de retención que aplicaremos cada mes en la nómina será del 15,70 %.

Las tablas y procedimientos para efectuar las retenciones de IRPF suelen modificarse con alguna frecuencia y su cálculo manual tiene cierta complejidad. Si bien siempre es conveniente conocer la mecánica y los criterios de dicho cálculo (para entenderlo, resolver dudas o incidencias, hacer un uso correcto, etc.), en la práctica es aconsejable utilizar un programa informático a tal fin.

(continuación...)

Si se utiliza una aplicación para confeccionar las nóminas, generalmente tendrá incorporado el módulo para el cálculo de las retenciones de IRPF y simplemente habrá que introducir los datos personales y familiares que previamente el trabajador haya facilitado a la empresa en la comunicación obligatoria.

Si no se utiliza un programa de edición de nóminas, o si se desea hacer un cálculo previo al margen de la propia confección de la nómina, la Agencia Tributaria facilita en su web (www.agenciatributaria.es) una herramienta de cálculo online. Al cierre de esta edición, se encuentra en: https://www2.agenciatributaria.gob.es/wlpl/PRET-R200/R250/index.zul

4.7. PAGO DEL SALARIO

Los trabajadores tienen derecho al pago **puntual** del salario, en la fecha y lugar establecidos en el contrato o que sean costumbre de la empresa. Con el pago del salario, debe entregarse el recibo individual justificativo.

El pago no debe efectuarse por períodos superiores a 1 mes, pero se pueden percibir anticipos a cuenta del trabajo ya realizado.

En caso de retraso en el pago del salario, se devenga un interés por mora del 10 % anual.

4.8. GARANTÍAS DEL SALARIO

4.8.1. Salario mínimo interprofesional (SMI)

Previa consulta con las organizaciones empresariales y sindicatos mayoritarios, el Gobierno fija anualmente el salario mínimo interprofesional (SMI), que constituye el límite mínimo obligatorio para todas las empresas y en todos los sectores de actividad.

Los convenios colectivos pueden establecer otros salarios mínimos superiores al SMI, que serán obligatorios en su ámbito de aplicación.

Aunque se fija anualmente, el SMI puede revisarse semestralmente si el índice de precios al consumo (IPC) supera las previsiones del Gobierno.

El salario mínimo interprofesional para 2026 está fijado en 40,70 € diarios o 1.221,00 € mensuales por 14 pagas al año.

4.8.2. Garantías frente a acreedores del trabajador

De acuerdo con el artículo 607 de la Ley de Enjuiciamiento Civil, el importe del salario mínimo interprofesional es **inembargable**.

El salario que exceda de la cuantía del SMI es embargable solo parcialmente, de acuerdo con la siguiente tabla:

- Para la cuantía adicional que supere el SMI y hasta la cuantía que suponga el doble del SMI, el 30 %.
- Para la cuantía adicional hasta el importe equivalente al triple del SMI, el 50 %.

(continuación...)

- Para la cuantía adicional hasta el importe equivalente cuádruple del SMI, el 60 %.
- Para la cuantía adicional hasta el importe equivalente al quíntuple SMI, el 75 %.
- Y para la cuantía que exceda de cinco veces el SMI, el 90 %.

Cuando el trabajador cobra otro salario (por ejemplo, porque trabaje para varias empresas) o alguna prestación pública, todas esas retribuciones se suman para hacer este cálculo y aplicar la tabla.

Para que se comprenda la mecánica de la aplicación por tramos, veamos un ejemplo resuelto:

Por ejemplo, para una persona que percibiera 3 100,00 € al mes y se le tuviera que practicar un embargo, se procedería de la siguiente forma:

Sobre los primeros 1 134,00 € de su salario (cuantía equivalente al SMI), no se le podría embargar nada.

Sobre los siguientes 1 134,00 € de su salario (cifra que supera el SMI en justo el doble del mismo), se le embargaría el 30 % de tal cantidad, esto es, 340,20 €.

Y sobre los restantes 832,00 €, hasta completar el total de su salario (lo que excede del doble del SMI y no llega al triple), se le embargaría el 50 %, es decir, 416,00 €.

Por tanto, a esta persona afectada por el embargo que cobrase 3 100,00 €, se le podrían embargar en total, ese mes, un máximo de 756,20 €.

No obstante, la inembargabilidad del SMI y la inembargabilidad relativa del resto de salario no se aplica cuando el embargo es para satisfacer **pensiones de alimentos**, en cuyo caso el tribunal fijará la cantidad que puede ser retenida sin sujeción a esta escala.

4.8.3. Garantías frente a los demás acreedores del empresario

Los salarios que las empresas deban a sus trabajadores tienen también ciertas preferencias sobre otras posibles deudas, conforme a la siguiente regulación:

- Gozarán de preferencia sobre cualquier otro crédito los créditos salariales por los últimos 30 días de trabajo y en cuantía que no supere el doble del SMI.
- Los créditos salariales gozarán de preferencia sobre cualquier otro crédito respecto de los objetos elaborados por los trabajadores mientras sean propiedad o estén en posesión del empresario.
- Los demás salarios gozarán de preferencia sobre cualquier otro crédito hasta la cuantía del triple del SMI por el número de días pendientes de pago, excepto los créditos con derecho real.

4.8.4. El Fondo de Garantía Salarial (FOGASA)

El Fondo de Garantía Salarial (FOGASA) es un organismo autónomo que depende del Ministerio de Trabajo y que tiene como finalidad garantizar a los trabajadores la percepción de sus salarios e indemnizaciones por despido o extinción en caso de insolvencia de la empresa. El FOGASA se nutre de cotizaciones de las empresas que tengan trabajadores por cuenta ajena.

En el caso de **salarios**, el máximo que abona FOGASA es el que resulte de multiplicar el doble del SMI diario –con la parte proporcional de pagas extraordinarias– por el número de días pendientes de pago, con un máximo de 120 días. Para ello, los salarios tienen que estar reconocidos en un acta de conciliación administrativa o judicial o en sentencia.

En el caso de **indemnizaciones**, el máximo que paga el FOGASA es de 30 días de salario por año de servicio, sin que la base pueda exceder del doble del SMI –con prorrata de pagas extraordinarias– y sin que el total pueda superar una anualidad. Tienen que estar reconocidas en acta de conciliación judicial o en sentencia.

Rellenar Formulario

Impuesto sobre la Renta de las Personas Físicas **Retenciones sobre rendimientos del trabajo**

Comunicación de datos al pagador (artículo 88 del Reglamento del IRPF)

Modelo **145**

Si prefiere no comunicar a la empresa o entidad pagadora alguno de los datos a que se refiere este modelo, la retención que se le practique podría resultar superior a la procedente. En tal caso, podrá recuperar la diferencia, si procede, al presentar su declaración del IRPF correspondiente al ejercicio de que se trate.

Atención: la inclusión de datos falsos, incompletos o inexactos en esta comunicación, así como la falta de comunicación de variaciones en los mismos que, de haber sido conocidas por el pagador, hubieran determinado una retención superior, constituye infracción tributaria sancionable con multa del 35 al 150 por 100 de las cantidades que se hubieran dejado de retener por esta causa. (Artículo 205 de la Ley 58/2003, de 17 de diciembre, General Tributaria).

1. Datos del perceptor que efectúa la comunicación

NIF | Apellidos y Nombre | Año de nacimiento

Situación familiar:

- Soltero/a, viudo/a, divorciado/a o separado/a legalmente con hijos solteros menores de 18 años o incapacitados judicialmente y sometidos a patria potestad prorrogada o rehabilitada que conviven exclusivamente con Vd., sin convivir también con el otro progenitor, siempre que proceda consignar al menos un hijo o descendiente en el apartado 2 de este documento 1
- Casado/a y no separado/a legalmente cuyo cónyuge no obtiene rentas superiores a 1.500 euros anuales, excluidas las exentas 2

  NIF del cónyuge (si ha marcado la casilla 2, deberá consignar en esta casilla el NIF de su cónyuge) ....
- Situación familiar distinta de las dos anteriores (solteros sin hijos, casados cuyo cónyuge obtiene rentas superiores a 1.500 euros anuales, ..., etc.) 3

  (Marque también esta casilla si no desea manifestar su situación familiar).

Discapacidad (grado de minusvalía reconocido) Igual o superior al 33% e inferior al 65% .... ☐ Igual o superior al 65% .... ☐ Además, tengo acreditada la necesidad de ayuda de terceras personas o movilidad reducida .... ☐

Movilidad geográfica: Si anteriormente estaba Vd. en situación de desempleo e inscrito en la oficina de empleo y la aceptación del puesto de trabajo actual ha exigido el traslado de su residencia habitual a un nuevo municipio, indique la fecha de dicho traslado ....

Obtención de rendimientos con periodo de generación superior a 2 años durante los 5 períodos impositivos anteriores:
Marque esta casilla si, en el plazo comprendido en los 5 períodos impositivos anteriores al ejercicio al que corresponde la presente comunicación, ha percibido rendimientos del trabajo con período de generación superior a 2 años, a los que, a efectos del cálculo del tipo de retención le haya sido aplicada la reducción por irregularidad contemplada en el artículo 18.2 de la Ley del Impuesto y, sin embargo, posteriormente usted no haya aplicado la citada reducción en su correspondiente autoliquidación del Impuesto sobre la Renta .... ☐

2. Hijos y otros descendientes menores de 25 años, o mayores de dicha edad si son discapacitados, que conviven con el perceptor

Datos de los hijos o descendientes menores de 25 años (o mayores de dicha edad si son discapacitados) que conviven con Vd. y que no tienen rentas anuales superiores a 8.000 euros.

Año de nacimiento	Año de adopción o acogimiento [1]	Hijos o descendientes con discapacidad (grado de minusvalía reconocido). Si alguno de los hijos o descendientes tiene reconocido un grado de minusvalía igual o superior al 33 por 100, marque con una "X" la/s casilla/s que corresponda/n a su situación. Grado igual o superior al 33% e inferior al 65%	Grado igual o superior al 65%	Además, tiene acreditada la necesidad de ayuda de terceras personas o movilidad reducida	Cómputo por entero de hijos o descendientes. En caso de hijos que convivan únicamente con Vd., sin convivir también con el otro progenitor (padre o madre), o de nietos que convivan únicamente con Vd., sin convivir también con ningún otro de sus abuelos, indíquelo marcando con una "X" esta casilla.
		☐	☐	☐	☐
		☐	☐	☐	☐
		☐	☐	☐	☐
		☐	☐	☐	☐

Atención: Si tiene más de cuatro hijos o descendientes, adjunte otro ejemplar con los datos del quinto y sucesivos.

[1] Solamente en el caso de hijos adoptados o de menores acogidos. Tratándose de hijos adoptados que previamente hubieran estado acogidos, indique únicamente el año del acogimiento.

3. Ascendientes mayores de 65 años, o menores de dicha edad si son discapacitados, que conviven con el perceptor

Datos de los ascendientes mayores de 65 años (o menores de dicha edad si son discapacitados) que conviven con Vd. durante, al menos, la mitad del año y que no tienen rentas anuales superiores a 8.000 euros.

Año de nacimiento	Ascendientes con discapacidad (grado de minusvalía reconocido). Si alguno de los ascendientes tiene reconocido un grado de minusvalía igual o superior al 33 por 100, marque con una "X" la/s casilla/s que corresponda/n a su situación. Grado igual o superior al 33% e inferior al 65%	Grado igual o superior al 65%	Además, tiene acreditada la necesidad de ayuda de terceras personas o movilidad reducida	Convivencia con otros descendientes. Si alguno de los ascendientes convive también, al menos durante la mitad del año, con otros descendientes del mismo grado que Vd., indique en esta casilla el número total de descendientes con los que convive, incluido Vd. (Si los ascendientes sólo conviven con Vd., no rellene esta casilla).
	☐	☐	☐	☐
	☐	☐	☐	☐

4. Pensiones compensatorias en favor del cónyuge y anualidades por alimentos en favor de los hijos, fijadas ambas por decisión judicial

Pensión compensatoria en favor del cónyuge. Importe anual que está Vd. obligado a satisfacer por resolución judicial ....

Anualidades por alimentos en favor de los hijos. Importe anual que está Vd. obligado a satisfacer por resolución judicial ....

5. Pagos por la adquisición o rehabilitación de la vivienda habitual utilizando financiación ajena, con derecho a deducción en el IRPF

Importante: sólo podrán cumplimentar este apartado los contribuyentes que hayan adquirido su vivienda habitual, o hayan satisfecho cantidades por obras de rehabilitación de la misma, antes del 1 de enero de 2013.

Si está Vd. efectuando pagos por préstamos destinados a la adquisición o rehabilitación de su vivienda habitual por los que vaya a tener derecho a deducción por inversión en vivienda habitual en el IRPF y la cuantía total de sus retribuciones íntegras en concepto de rendimientos del trabajo procedentes de todos sus pagadores es inferior a 33.007,20 euros anuales, marque con una "X" esta casilla .... ☐

6. Fecha y firma de la comunicación

Manifiesto ser contribuyente del IRPF y declaro que son ciertos los datos arriba indicados, presentando ante la empresa o entidad pagadora la presente comunicación de mi situación personal y familiar, o de su variación, a los efectos previstos en el artículo 88 del Reglamento del IRPF.

________________, ___ de ____________ de ______

Firma del perceptor:

Fdo.: D / D.ª ____________________

7. Acuse de recibo

La empresa o entidad: ____________________

acusa recibo de la presente comunicación y documentación.

________________, ___ de ____________ de ______

Firma autorizada y sello de la empresa o entidad pagadora:

Fdo.: D / D.ª ____________________

De conformidad con lo dispuesto en el artículo 5 de la Ley Orgánica 15/1999, de 13 de diciembre, de Protección de Datos de Carácter Personal, el perceptor tendrá derecho a ser informado previamente de la existencia de un fichero o tratamiento de datos de carácter personal, de la finalidad de la recogida de éstos y de los destinatarios de la información, de la identidad y dirección del responsable del tratamiento o, en su caso, de su representante, así como de la posibilidad de ejercitar sus derechos de acceso, rectificación o cancelación de los mismos.

Rellenar Formulario

Ejemplar para la empresa o entidad pagadora

Ver. 1.0/2016

Impuesto sobre la Renta de las Personas Físicas — Retenciones sobre rendimientos del trabajo

Comunicación de datos al pagador (artículo 88 del Reglamento del IRPF)

Modelo **145**

Si prefiere no comunicar a la empresa o entidad pagadora alguno de los datos a que se refiere este modelo, la retención que se le practique podría resultar superior a la procedente. En tal caso, podrá recuperar la diferencia, si procede, al presentar su declaración del IRPF correspondiente al ejercicio de que se trate.

Atención: la inclusión de datos falsos, incompletos o inexactos en esta comunicación, así como la falta de comunicación de variaciones en los mismos que, de haber sido conocidas por el pagador, hubieran determinado una retención superior, constituye infracción tributaria sancionable con multa del 35 al 150 por 100 de las cantidades que se hubieran dejado de retener por esta causa. (Artículo 205 de la Ley 58/2003, de 17 de diciembre, General Tributaria).

1. Datos del perceptor que efectúa la comunicación

NIF | Apellidos y Nombre | Año de nacimiento

Situación familiar:

- Soltero/a, viudo/a, divorciado/a o separado/a legalmente con hijos solteros menores de 18 años o incapacitados judicialmente y sometidos a patria potestad prorrogada o rehabilitada que conviven exclusivamente con Vd., sin convivir también con el otro progenitor, siempre que proceda consignar al menos un hijo o descendiente en el apartado 2 de este documento .... 1 ☐
- Casado/a y no separado/a legalmente cuyo cónyuge no obtiene rentas superiores a 1.500 euros anuales, excluidas las exentas .... 2 ☐

  NIF del cónyuge (si ha marcado la casilla 2, deberá consignar en esta casilla el NIF de su cónyuge) ....
- Situación familiar distinta de las dos anteriores (solteros sin hijos, casados cuyo cónyuge obtiene rentas superiores a 1.500 euros anuales, ..., etc.) .... 3 ☐
  (Marque también esta casilla si no desea manifestar su situación familiar).

Discapacidad (grado de minusvalía reconocido) Igual o superior al 33% e inferior al 65% .... ☐ Igual o superior al 65% .... ☐ Además, tengo acreditada la necesidad de ayuda de terceras personas o movilidad reducida .... ☐

Movilidad geográfica: Si anteriormente estaba Vd. en situación de desempleo e inscrito en la oficina de empleo y la aceptación del puesto de trabajo actual ha exigido el traslado de su residencia habitual a un nuevo municipio, indique la fecha de dicho traslado ....

Obtención de rendimientos con periodo de generación superior a 2 años durante los 5 periodos impositivos anteriores:
Marque esta casilla si, en el plazo comprendido en los 5 periodos impositivos anteriores al ejercicio al que corresponde la presente comunicación, ha percibido rendimientos del trabajo con período de generación superior a 2 años, a los que, a efectos del cálculo del tipo de retención le haya sido aplicada la reducción por irregularidad contemplada en el artículo 18.2 de la Ley del Impuesto y, sin embargo, posteriormente usted no haya aplicado la citada reducción en su correspondiente autoliquidación del Impuesto sobre la Renta .... ☐

2. Hijos y otros descendientes menores de 25 años, o mayores de dicha edad si son discapacitados, que conviven con el perceptor

Datos de los hijos o descendientes menores de 25 años (o mayores de dicha edad si son discapacitados) que conviven con Vd. y que no tienen rentas anuales superiores a 8.000 euros.

		Hijos o descendientes con discapacidad (grado de minusvalía reconocido) — Si alguno de los hijos o descendientes tiene reconocido un grado de minusvalía igual o superior al 33 por 100, marque con una "X" la/s casilla/s que corresponda/n a su situación.			**Cómputo por entero de hijos o descendientes** — En caso de hijos que convivan únicamente con Vd., sin convivir también con el otro progenitor (padre o madre), o de nietos que convivan únicamente con Vd., sin convivir también con ningún otro de sus abuelos, indíquelo marcando con una "X" esta casilla.
Año de nacimiento	Año de adopción o acogimiento [1]	Grado igual o superior al 33% e inferior al 65%	Grado igual o superior al 65%	Además, tiene acreditada la necesidad de ayuda de terceras personas o movilidad reducida	
		☐	☐	☐	☐
		☐	☐	☐	☐
		☐	☐	☐	☐
		☐	☐	☐	☐

Atención: Si tiene más de cuatro hijos o descendientes, adjunte otro ejemplar con los datos del quinto y sucesivos.

[1] Solamente en el caso de hijos adoptados o de menores acogidos. Tratándose de hijos adoptados que previamente hubieran estado acogidos, indique únicamente el año del acogimiento.

3. Ascendientes mayores de 65 años, o menores de dicha edad si son discapacitados, que conviven con el perceptor

Datos de los ascendientes mayores de 65 años (o menores de dicha edad si son discapacitados) que conviven con Vd. durante, al menos, la mitad del año y que no tienen rentas anuales superiores a 8.000 euros.

	Ascendientes con discapacidad (grado de minusvalía reconocido) — Si alguno de los ascendientes tiene reconocido un grado de minusvalía igual o superior al 33 por 100, marque con una "X" la/s casilla/s que corresponda/n a su situación.			**Convivencia con otros descendientes** — Si alguno de los ascendientes convive también, al menos durante la mitad del año, con otros descendientes del mismo grado que Vd., indique en esta casilla el número total de descendientes con los que convive, incluido Vd. (Si los ascendientes sólo conviven con Vd., no rellene esta casilla).
Año de nacimiento	Grado igual o superior al 33% e inferior al 65%	Grado igual o superior al 65%	Además, tiene acreditada la necesidad de ayuda de terceras personas o movilidad reducida	
	☐	☐	☐	☐
	☐	☐	☐	☐

4. Pensiones compensatorias en favor del cónyuge y anualidades por alimentos en favor de los hijos, fijadas ambas por decisión judicial

Pensión compensatoria en favor del cónyuge. Importe anual que está Vd. obligado a satisfacer por resolución judicial ....

Anualidades por alimentos en favor de los hijos. Importe anual que está Vd. obligado a satisfacer por resolución judicial ....

5. Pagos por la adquisición o rehabilitación de la vivienda habitual utilizando financiación ajena, con derecho a deducción en el IRPF

Importante: sólo podrán cumplimentar este apartado los contribuyentes que hayan adquirido su vivienda habitual, o hayan satisfecho cantidades por obras de rehabilitación de la misma, antes del 1 de enero de 2013.

Si está Vd. efectuando pagos por préstamos destinados a la adquisición o rehabilitación de su vivienda habitual por los que vaya a tener derecho a deducción por inversión en vivienda habitual en el IRPF y la cuantía total de sus retribuciones íntegras en concepto de rendimientos del trabajo procedentes de todos sus pagadores es inferior a 33.007,20 euros anuales, marque con una "X" esta casilla .... ☐

6. Fecha y firma de la comunicación

Manifiesto ser contribuyente del IRPF y declaro que son ciertos los datos arriba indicados, presentando ante la empresa o entidad pagadora la presente comunicación de mi situación personal y familiar, o de su variación, a los efectos previstos en el artículo 88 del Reglamento del IRPF.

____________________, ___ de ____________ de ______

Firma del perceptor:

Fdo.: D / D.ª ____________________

7. Acuse de recibo

La empresa o entidad: ____________________

acusa recibo de la presente comunicación y documentación.

____________________, ___ de ____________ de ______

Firma autorizada y sello de la empresa o entidad pagadora:

Fdo.: D / D.ª ____________________

De conformidad con lo dispuesto en el artículo 5 de la Ley Orgánica 15/1999, de 13 de diciembre, de Protección de Datos de Carácter Personal, el perceptor tendrá derecho a ser informado previamente de la existencia de un fichero o tratamiento de datos de carácter personal, de la finalidad de la recogida de éstos y de los destinatarios de la información, de la identidad y dirección del responsable del tratamiento o, en su caso, de su representante, así como de la posibilidad de ejercitar sus derechos de acceso, rectificación o cancelación de los mismos.

Rellenar Formulario

Ejemplar para el perceptor

CAPÍTULO 5
CÓMO CALCULAR Y CUMPLIMENTAR UNA NÓMINA

La confección de nóminas de salario suele estar informatizada y son numerosas las aplicaciones existentes en el mercado que evitan tener que realizar manualmente el cálculo e impresión de los recibos de salario.

No obstante, conocer la estructura y aprender a hacer los cálculos elementales nos ayudará a saber el porqué de cada dato y de cada resultado, y permitirá detectar errores o resolver las dudas o incidencias que se planteen.

Para realizar la nómina de un trabajador es imprescindible conocer las condiciones salariales pactadas en el contrato de trabajo y en el convenio colectivo de aplicación, donde aparecerán los mínimos salariales que, en todo caso, deban respetarse. En la práctica es bastante frecuente que el propio contrato de trabajo se remita al convenio a la hora de fijar algunas condiciones de trabajo, entre ellas las retribuciones del empleado.

5.1. ENCABEZAMIENTO

El recibo individual justificativo del pago del salario comienza con un encabezamiento donde se identificará, en primer lugar, a la **empresa**: nombre y apellidos o denominación social, domicilio, número de identificación fiscal y código de cuenta de cotización a la Seguridad Social.

A continuación, se identificará al **trabajador**: nombre y apellidos, su número de identificación fiscal, su número de afiliación a la seguridad social, su clasificación profesional y su grupo de cotización.

Por último, se identificará el **período** al que corresponde la liquidación, normalmente una mensualidad completa salvo que el contrato haya comenzado su vigencia ya habiendo sido iniciado el mes, o la termine antes de finalizar el mismo.

5.2. PERCEPCIONES SALARIALES

A continuación, se indicarán los conceptos e importes de las percepciones de carácter salarial ya explicadas: el salario base y los complementos salariales que estén previstos en el contrato de trabajo en el convenio colectivo aplicable.

Se consignarán, en su caso, la compensación económica de las horas extraordinarias que el trabajador haya realizado.

En el apartado de gratificaciones extraordinarias se pondrá el importe de la paga extra cuando corresponda cobrarla en esa mensualidad, o su parte proporcional cuando se esté prorrateando mensualmente.

También hay que cuantificar –a los solos efectos de cotizaciones y de retención de IRPF, puesto que no se cobra en dinero– el salario en especie, con las normas de valoración correspondientes.

5.3. PERCEPCIONES NO SALARIALES

En este apartado debemos incluir las percepciones no salariales que, en las cuantías y con los límites previstos en la normativa, no estarán sujetas a retención de IRPF y estarán exentas de cotización, como veremos.

Aquí se incluirán conceptos tales como las dietas, las compensaciones por gastos realizados por el trabajador o las indemnizaciones por traslados, suspensiones y despidos. También se incluyen en este apartado los abonos que deba hacer la empresa (generalmente por pago delegado) de prestaciones públicas, como la incapacidad temporal.

A continuación se consignará el total devengado que incluye los conceptos salariales y los extrasalariales.

5.4. DEDUCCIONES

En este apartado se incluyen, como vimos, las cotizaciones a la Seguridad Social que corresponda hacer al trabajador por las diversas contingencias, y que se tratarán en la tercera parte de este libro, dedicada a la Seguridad Social.

Posteriormente, la retención de IRPF calculada según las normas ya explicadas anteriormente.

Igualmente, habrán de restarse los anticipos que haya percibido el trabajador a cuenta de su salario. Aparecerá el importe íntegro en la parte de devengos, para constancia de su salario real y porque hay que cotizar y tributar sobre ello, pero se restarán, llegados este punto, porque no han de volver a pagarse.

Por el mismo motivo, también se restará el valor de los productos en especie, dado que ya se consignaron en los devengos salariales para que consten correctamente liquidados y para que formen parte de la base de tributación y cotización, pero luego hay que restarlos porque no se pagan en dinero.

El resultante del total devengado menos el total a deducir lo constituye el **líquido a percibir o neto** de la nómina, que es lo que se pagará o ingresará al trabajador.

5.5. BASES

La normativa obliga a que la bases que se han utilizado para el cálculo de las cotizaciones sociales y retenciones fiscales aparezcan detalladas en los recibos salariales, a efectos informativos.

5.6. FECHAS Y FIRMAS

En el ejemplar que se entregue al trabajador irá la firma o sello de la empresa para dar validez y autenticidad al recibo.

El trabajador **firmará** el recibí para acreditar el pago del salario en el duplicado que la empresa se queda en su poder, salvo que se le esté abonando por transferencia bancaria, en cuyo caso no es imprescindible la firma.

RECIBO INDIVIDUAL JUSTIFICATIVO DEL PAGO DE SALARIOS

Empresa: Domicilio: CIF: CCC:	Trabajador: NIF: Núm. Afil. Seguridad Social: Grupo profesional: Grupo de Cotización:

Periodo de liquidación: del .... de .... al .... de ....de 20..... Total días

	IMPORTE	TOTALES
I. DEVENGOS		
1. Percepciones salariales		
Salario base	______	
Complementos salariales		
______	______	
______	______	
______	______	
Horas extraordinarias	______	
Horas complementarias (contratos a tiempo parcial)........................		
Gratificaciones extraordinarias..	______	
Salario en especie..	______	
2. Percepciones no salariales		
Indemnizaciones o suplidos		
______	______	
Prestaciones e indemnizaciones de la Seguridad Social		
______	______	
Indemnizaciones por traslados, suspensiones o despidos		
______	______	
Otras percepciones no salariales		
______	______	
A. TOTAL DEVENGADO.............	....	______
I. DEDUCCIONES		
1. Aportación del trabajador a las cotizaciones a la Seguridad Social y conceptos de recaudación conjunta		
%		
Contingencias comunes	______	
Desempleo..	______	
Formación Profesional..	______	
Horas extraordinarias..	______	
TOTAL APORTACIONES..	______	______
2. Impuesto sobre la renta de las personas físicas............	______	
3. Anticipos..	______	______
4. Valor de los productos recibidos en especie	______	
5. Otras deducciones..	______	
B. TOTAL A DEDUCIR.............	....	______
	....	
LÍQUIDO TOTAL A PERCIBIR (A – B)............	....	______

.... de .... de 20......

Firma y sello de la empresa RECIBÍ

DETERMINACIÓN DE LAS BASES DE COTIZACIÓN A LA SEGURIDAD SOCIAL Y CONCEPTOS DE RECAUDACIÓN CONJUNTA Y DE LA BASE SUJETA A RETENCIÓN DEL IRPF Y APORTACIÓN DE LA EMPRESA

CONCEPTO		BASE	TIPO	APORTACIÓN EMPRESA
1. Contingencias comunes				
Importe remuneración mensual............................	______			
Importe prorrata pagas extraordinarias.................	______			
TOTAL....................		______		______
2. Contingencias profesionales y conceptos de recaudación conjunta.....	AT y EP............................			______
	Desempleo........................	______		______
	Formación Profesional.......			______
	Fondo Garantía Salarial.....			______
3. Cotización adicional horas extraordinarias........		______		______
4. Base sujeta a retención del IRPF......................		______		

EJERCICIOS PRÁCTICOS RESUELTOS DE NÓMINAS

Caso 1.º Una trabajadora soltera y sin hijos, nacida en 1980, está contratada con carácter indefinido y a jornada completa. Según el convenio aplicable, tiene que percibir un salario base de 1500€, un plus convenio de 100€ y un complemento personal de 50€ al mes. Tiene dos pagas extraordinarias que incluyen los conceptos de salario base más el complemento personal. Se calcula la nómina del mes de junio de este año en curso.

BLANCO GOMEZ INMACULADA

NIF. B81111111 99999

EMPRESA	DOMICILIO	Nº INS. S.S.
EMPRESA INICIATIVAS SA	CL Víctor de la Serna, 5	28/1111111-67

TRABAJADOR/A	CATEGORIA	NºMATRIC	ANTIGUEDAD	D.N.I.
BLANCO GOMEZ INMACULADA			1 ENE 26	00001111F

Nº AFILIACION. S.S.	TARIFA	COD.CT	SECCION	NRO.	PERIODO	TOT. DIAS
28/22222222-44	5	100		115	MENS 01 JUN 26 a 30 JUN 26	30

CUANTIA	PRECIO		CONCEPTO	DEVENGOS	DEDUCCIONES
30,00	50,000	1	*Salario Base	1.500,00	
30,00	3,333	2	*Plus Convenio	100,00	
30,00	1,667	6	*Complemento personal	50,00	
		995	COTIZACION CONT.COMU 4,70		89,69
		994	COTIZACION MEI 0,15		2,86
		996	COTIZACION FORMACION 0,10		1,91
		997	COTIZACION DESEMPLEO 1,55		29,58
		999	TRIBUTACION I.R.P.F.13,02		214,83

REM. TOTAL	P.P.EXTRAS	BASE S.S.	BASE A.T. Y DES.	BASE I.R.P.F.	T. DEVENGADO	T. A DEDUCIR
1.650,00	258,34	1.908,34	1.908,34	1.650,00	1.650,00	338,87

* Percepciones Salariales sujetas a Cot. S.S. - Percepciones no Salariales excluidas Cot. S.S.

FECHA SELLO EMPRESA RECIBI
30 JUNIO 2026
MADRID

LIQUIDO A PERCIBIR
1.311,13

IBAN:
SWIFT/BIC:
COSTE EMPRESA: 2.268,32

DETERMINACIÓN DE LAS B. DE COTIZACIÓN A LA S.S. Y CONCEPTOS DE RECAUDACIÓN CONJUNTA Y APORTACIÓN DE LA EMPRESA

CONCEPTO		BASE	TIPO	APORTACIÓN EMPRESARIAL
1. Contingencias comunes		1.908,34	23,60	450,37
	Mecanismo Equidad Intergeneracional (MEI)	1.908,34	0,75	14,32
2. Contingencias profesionales y conceptos de recaudación conjunta	AT y EP	1.908,34	1,75	33,40
	Desempleo	1.908,34	5,50	104,96
	Formación Profesional	1.908,34	0,60	11,45
	Fondo Garantía Salarial	1.908,34	0,20	3,82
3. Cotización adicional horas extraordinarias				
4. Cotización adicional de solidaridad				

Caso 2.º En el mismo ejemplo del supuesto práctico anterior, la trabajadora ha percibido un anticipo a cuenta de 250 €.

BLANCO GOMEZ INMACULADA

NIF. B81111111 — 99999

EMPRESA	DOMICILIO	Nº INS. S.S.
EMPRESA INICIATIVAS SA	CL Víctor de la Serna, 5	28/1111111-67

TRABAJADOR/A	CATEGORIA	NºMATRIC	ANTIGUEDAD	D.N.I.
BLANCO GOMEZ INMACULADA			1 ENE 26	00001111F

Nº AFILIACION. S.S.	TARIFA	COD.CT	SECCION	NRO.	PERIODO	TOT. DIAS
28/22222222-44	5	100		115	MENS 01 JUN 26 a 30 JUN 26	30

CUANTIA	PRECIO		CONCEPTO	DEVENGOS	DEDUCCIONES
30,00	50,000	1	*Salario Base	1.500,00	
30,00	3,333	2	*Plus Convenio	100,00	
30,00	1,667	6	*Complemento personal	50,00	
		711	ANTICIPO		250,00
		995	COTIZACION CONT.COMU 4,70		89,69
		994	COTIZACION MEI 0,15		2,86
		996	COTIZACION FORMACION 0,10		1,91
		997	COTIZACION DESEMPLEO 1,55		29,58
		999	TRIBUTACION I.R.P.F.13,02		214,83

REM. TOTAL	P.P.EXTRAS	BASE S.S.	BASE A.T. Y DES.	BASE I.R.P.F.	T. DEVENGADO	T. A DEDUCIR
1.650,00	258,34	1.908,34	1.908,34	1.650,00	1.650,00	588,87

* Percepciones Salariales sujetas a Cot. S.S. — - Percepciones no Salariales excluidas Cot. S.S.

FECHA
30 JUNIO 2026
MADRID

SELLO EMPRESA — RECIBI

LIQUIDO A PERCIBIR: 1.061,13

IBAN:
SWIFT/BIC:

COSTE EMPRESA: 2.268,32

DETERMINACIÓN DE LAS B. DE COTIZACIÓN A LA S.S. Y CONCEPTOS DE RECAUDACIÓN CONJUNTA Y APORTACIÓN DE LA EMPRESA

CONCEPTO		BASE	TIPO	APORTACIÓN EMPRESARIAL
1. Contingencias comunes		1.908,34	23,60	450,37
	Mecanismo Equidad Intergeneracional (MEI)	1.908,34	0,75	14,32
2. Contingencias profesionales y conceptos de recaudación conjunta	AT y EP	1.908,34	1,75	33,40
	Desempleo	1.908,34	5,50	104,96
	Formación Profesional	1.908,34	0,60	11,45
	Fondo Garantía Salarial	1.908,34	0,20	3,82
3. Cotización adicional horas extraordinarias				
4. Cotización adicional de solidaridad				

Caso 3.° En el mismo ejemplo del caso práctico 1.°, la trabajadora ha tenido una baja por incapacidad temporal derivada de enfermedad común desde el 2 al 23 de junio, sin que el convenio colectivo obligue a ningún tipo de complemento por parte de la empresa.

BLANCO GOMEZ INMACULADA

NIF. B81111111 99999

EMPRESA	DOMICILIO	Nº INS. S.S.
EMPRESA INICIATIVAS SA	CL Víctor de la Serna, 5	28/1111111-67

TRABAJADOR/A	CATEGORIA	NºMATRIC	ANTIGUEDAD	D.N.I.
BLANCO GOMEZ INMACULADA			1 ENE 26	00001111F

Nº AFILIACION. S.S.	TARIFA	COD.CT	SECCION	NRO.	PERIODO	TOT. DIAS
28/22222222-44	5	100		115	MENS 01 JUN 26 a 30 JUN 26	30

CUANTIA	PRECIO		CONCEPTO	DEVENGOS	DEDUCCIONES
8,00	50,000	1	*Salario Base	400,00	
8,00	3,334	2	*Plus Convenio	26,67	
8,00	1,666	6	*Complemento personal	13,33	
12,00	38,170	450	-Prest.Enfermedad Cargo Empresa	458,04	
7,00	40,896	451	-Enfermedad	286,27	
		995	COTIZACION CONT.COMU 4,70		89,69
		994	COTIZACION MEI 0,15		2,86
		996	COTIZACION FORMACION 0,10		1,91
		997	COTIZACION DESEMPLEO 1,55		29,58
		999	TRIBUTACION I.R.P.F.13,02		154,20
			Enfermedad 02/06 al 23/06		

REM. TOTAL	P.P.EXTRAS	BASE S.S.	BASE A.T. Y DES.	BASE I.R.P.F.	T. DEVENGADO	T. A DEDUCIR
440,00	68,88	1.908,30	1.908,30	1.184,31	1.184,31	278,24

* Percepciones Salariales sujetas a Cot. S.S. - Percepciones no Salariales excluídas Cot. S.S.

FECHA SELLO EMPRESA RECIBI
30 JUNIO 2026
MADRID

LIQUIDO A PERCIBIR
906,07

IBAN:
SWIFT/BIC: COSTE EMPRESA: 1.516,30

DETERMINACIÓN DE LAS B. DE COTIZACIÓN A LA S.S. Y CONCEPTOS DE RECAUDACIÓN CONJUNTA Y APORTACIÓN DE LA EMPRESA

CONCEPTO		BASE	TIPO	APORTACIÓN EMPRESARIAL
1. Contingencias comunes		1.908,30	23,60	450,36
	Mecanismo Equidad Intergeneracional (MEI)	1.908,30	0,75	14,31
2. Contingencias profesionales y conceptos de recaudación conjunta	AT y EP	1.908,30	1,75	33,39
	Desempleo	1.908,30	5,50	104,96
	Formación Profesional	1.908,30	0,60	11,45
	Fondo Garantía Salarial	1.908,30	0,20	3,82
3. Cotización adicional horas extraordinarias				
4. Cotización adicional de solidaridad				

Caso 4.º Partimos del mismo supuesto del ejercicio 1.º, pero en este caso el convenio incluye también unas dietas por gestiones fuera de su centro de trabajo, exentas de cotización y de IRPF, por importe de 20 € diarios, que solo se cobran los días laborables efectivamente trabajados. Consideramos que la trabajadora presta sus servicios de lunes a viernes.

BLANCO GOMEZ INMACULADA

NIF. B81111111 99999

EMPRESA	DOMICILIO	Nº INS. S.S.
EMPRESA INICIATIVAS SA	CL Víctor de la Serna, 5	28/1111111-67

TRABAJADOR/A	CATEGORIA	NºMATRIC	ANTIGUEDAD	D.N.I.
BLANCO GOMEZ INMACULADA			1 ENE 26	00001111F

Nº AFILIACION. S.S.	TARIFA	COD.CT	SECCION	NRO.	PERIODO	TOT. DIAS
28/22222222-44	5	100		115	MENS 01 JUN 26 a 30 JUN 26	30

CUANTIA	PRECIO		CONCEPTO	DEVENGOS	DEDUCCIONES
30,00	50,000	1	*Salario Base	1.500,00	
30,00	3,333	2	*Plus Convenio	100,00	
30,00	1,667	6	*Complemento personal	50,00	
		603	-Dietas	440,00	
		995	COTIZACION CONT.COMU 4,70		89,69
		994	COTIZACION MEI 0,15		2,86
		996	COTIZACION FORMACION 0,10		1,91
		997	COTIZACION DESEMPLEO 1,55		29,58
		999	TRIBUTACION I.R.P.F.13,02		214,83

REM. TOTAL	P.P.EXTRAS	BASE S.S.	BASE A.T. Y DES.	BASE I.R.P.F.	T. DEVENGADO	T. A DEDUCIR
1.650,00	258,34	1.908,34	1.908,34	1.650,00	2.090,00	338,87

* Percepciones Salariales sujetas a Cot. S.S. - Percepciones no Salariales excluídas Cot. S.S.

FECHA SELLO EMPRESA RECIBI

30 JUNIO 2026

MADRID

LIQUIDO A PERCIBIR
1.751,13

IBAN:

SWIFT/BIC: COSTE EMPRESA: 2.708,32

DETERMINACIÓN DE LAS B. DE COTIZACIÓN A LA S.S. Y CONCEPTOS DE RECAUDACIÓN CONJUNTA Y APORTACIÓN DE LA EMPRESA

CONCEPTO		BASE	TIPO	APORTACIÓN EMPRESARIAL
1. Contingencias comunes		1.908,34	23,60	450,37
Mecanismo Equidad Intergeneracional (MEI)		1.908,34	0,75	14,32
2. Contingencias profesionales y conceptos de recaudación conjunta	AT y EP	1.908,34	1,75	33,40
	Desempleo	1.908,34	5,50	104,96
	Formación Profesional	1.908,34	0,60	11,45
	Fondo Garantía Salarial	1.908,34	0,20	3,82
3. Cotización adicional horas extraordinarias				
4. Cotización adicional de solidaridad				

PARTE III
SEGURIDAD SOCIAL

CAPÍTULO 6
AFILIACIÓN A LA SEGURIDAD SOCIAL

6.1. EL SISTEMA DE SEGURIDAD SOCIAL

El Estado, a través de sistema público de Seguridad Social, asegura una protección a los ciudadanos en determinadas situaciones.

Este es un sistema obligatorio en el que las empresas y los trabajadores que estén incluidos dentro de su campo de aplicación deben contribuir al mismo, y por el que reciben prestaciones económicas quienes se hallen en determinadas contingencias previstas legalmente.

Hay una serie de prestaciones que pueden englobarse en dos modalidades:

- **Contributiva**, esto es, que se obtienen por haber cotizado previamente y tras producirse la circunstancia prevista legalmente.
- **No contributiva**, que sirve para proporcionar una protección mínima a aquellas personas que, aun sin haber cumplido las exigencias de afiliación y cotización exigidas para las contributivas, reúnan los requisitos que las distintas normas reguladoras establecen.

Las prestaciones contributivas se financian, por tanto, con las cotizaciones de los sujetos obligados, mientras que las prestaciones no contributivas se financian con impuestos, y en la mayor parte de los casos su gestión corresponde a las comunidades autónomas.

La afiliación a la Seguridad Social es obligatoria para todas las personas incluidas en su campo de aplicación. Es única para toda la vida y para todo el sistema. La cotización a la Seguridad Social es obligatoria para quienes realicen cualquier actividad, por cuenta propia o ajena, incluida en el ámbito de aplicación de cualquiera de sus regímenes establecidos.

Los regímenes que actualmente existen en la Seguridad Social son:

- Régimen General.
- Regímenes Especiales:
  - Trabajadores autónomos.
  - Trabajadores del mar.
  - Minería del carbón.
  - Funcionarios públicos civiles y militares.
  - Estudiantes.

En este libro nos centraremos exclusivamente en el Régimen General de la Seguridad Social.

6.2. EL RÉGIMEN GENERAL DE LA SEGURIDAD SOCIAL

Es el régimen más importante del sistema, al estar encuadrados en él todos los trabajadores por cuenta ajena.

Están incluidos en este Régimen General:

- Los trabajadores españoles por cuenta ajena de la industria y los servicios, y asimilados a los mismos, que ejerzan normalmente su actividad en territorio nacional.
- Los trabajadores por cuenta ajena y los socios trabajadores de sociedades mercantiles capitalistas, aun cuando sean miembros de su órgano de administración, si el desempeño de este cargo no conlleva la realización de las funciones de dirección y gerencia de la sociedad ni posean su control.

(continuación...)

- Los socios trabajadores de las sociedades laborales, cualquiera que sea su participación en el capital social y aun cuando formen parte del órgano de administración social.
- Los trabajadores españoles no residentes en territorio nacional, en determinados supuestos (funcionarios o empleados de organismos internacionales, españoles no funcionarios contratados al servicio de la Administración española en el extranjero, etc.).
- Los extranjeros con permiso de residencia y de trabajo en España que trabajen por cuenta ajena en la industria y los servicios y ejerzan su actividad en territorio nacional. Los trabajadores comunitarios no necesitan permiso de trabajo.
- El personal funcionario o laboral de la Administración local.
- Los conductores de vehículos de turismo al servicio de particulares.
- El personal civil no funcionario, dependiente de organismos, servicios o entidades del Estado.
- Laicos o seglares que presten servicios retribuidos en instituciones eclesiásticas.
- Las personas que presten servicios retribuidos en entidades o instituciones de carácter benéfico social.
- Personal contratado al servicio de notarías, registros de la propiedad y demás oficinas o centros similares.
- Funcionarios en prácticas que aspiren a incorporarse a cuerpos o escalas de funcionarios que no estén sujetos al Régimen de Clases Pasivas y los altos cargos de las administraciones públicas que no sean funcionarios, así como los funcionarios de nuevo ingreso de las comunidades autónomas.
- Funcionarios transferidos a las comunidades autónomas que ingresen voluntariamente en cuerpos o escalas propios de la comunidad autónoma de destino.

(continuación...)

- Personal interino al servicio de la administración de justicia.
- Los trabajadores dedicados a las operaciones de manipulación, empaquetado, envasado y comercialización del plátano.

En los últimos años se han integrado en este régimen general, aunque con características propias o sistemas especiales, los siguientes colectivos:

- Los representantes de comercio.
- Los artistas.
- Los profesionales taurinos.
- Los empleados de hogar familiar.

6.3. LA INSCRIPCIÓN DE EMPRESAS

Cuando una persona física o jurídica va contratar trabajadores incluidos dentro del campo de aplicación del Régimen General, tiene que inscribirse antes en la Tesorería General de la Seguridad Social (TGSS).

La inscripción de empresa se realiza mediante un formulario denominado TA.6, que se puede cumplimentar y presentar en cualquier administración de la Seguridad Social o bien telemáticamente mediante certificado digital.

Para la inscripción de empresas se suministra el nombre y apellidos del empresario (cuando sea persona física) o la denominación social (cuando es persona jurídica) y, en este segundo caso, los datos de su representante, el domicilio y la actividad económica principal.

En la inscripción también se elige la entidad colaboradora (mutua colaboradora con la Seguridad Social) con la que concertarán las contingencias profesionales y, en su caso, la incapacidad temporal (IT) derivada de contingencias comunes.

En el momento de practicar la inscripción se le asigna un número a la empresa que será su cuenta de cotización principal. Por distintas causas previstas en la normativa (centros de trabajo en distintas provincias, distintas modalidades de cotización, etc.), puede ser necesario pedir cuentas de cotización secundarias, a través del denominado sistema RED (Remisión Electrónica de Documentos).

Si se produce cualquier variación posterior en los datos, hay que notificarla también a través del sistema RED en el plazo de 3 días.

6.4. LA AFILIACIÓN DE LOS TRABAJADORES

Toda persona que vaya a iniciar una actividad laboral determinante de su inclusión en un régimen del Sistema de la Seguridad Social deberá solicitar un número de afiliación.

La afiliación a la Seguridad Social es **obligatoria** para las personas incluidas en el sistema, a efectos de los derechos y obligaciones en su modalidad contributiva. Es única y general para todos los regímenes del sistema y se extiende a toda la vida de las personas incluidas.

La solicitud de afiliación se formula en el modelo TA.1, que se puede presentar en cualquier oficina de la Seguridad Social o tramitarse telemáticamente a través de la sede electrónica si se dispone de un certificado digital.

El sistema asignará el número de afiliación a la Seguridad Social, que es único y será permanente.

6.5. ALTAS, VARIACIÓN DE DATOS Y BAJAS DE LOS TRABAJADORES

La empresa está obligada a comunicar el alta de los trabajadores que ingresen a su servicio, con carácter previo al comienzo de la prestación laboral. El formulario es el modelo TA.2/S y se presenta a través del sistema RED.

Las variaciones se comunican mediante el mismo modelo y también a través del sistema RED en los 3 días naturales siguientes a producirse.

Las bajas se presentan en la misma forma, en el plazo de 3 días desde el cese. De presentarse fuera de plazo, se mantiene la obligación de cotizar hasta la comunicación.

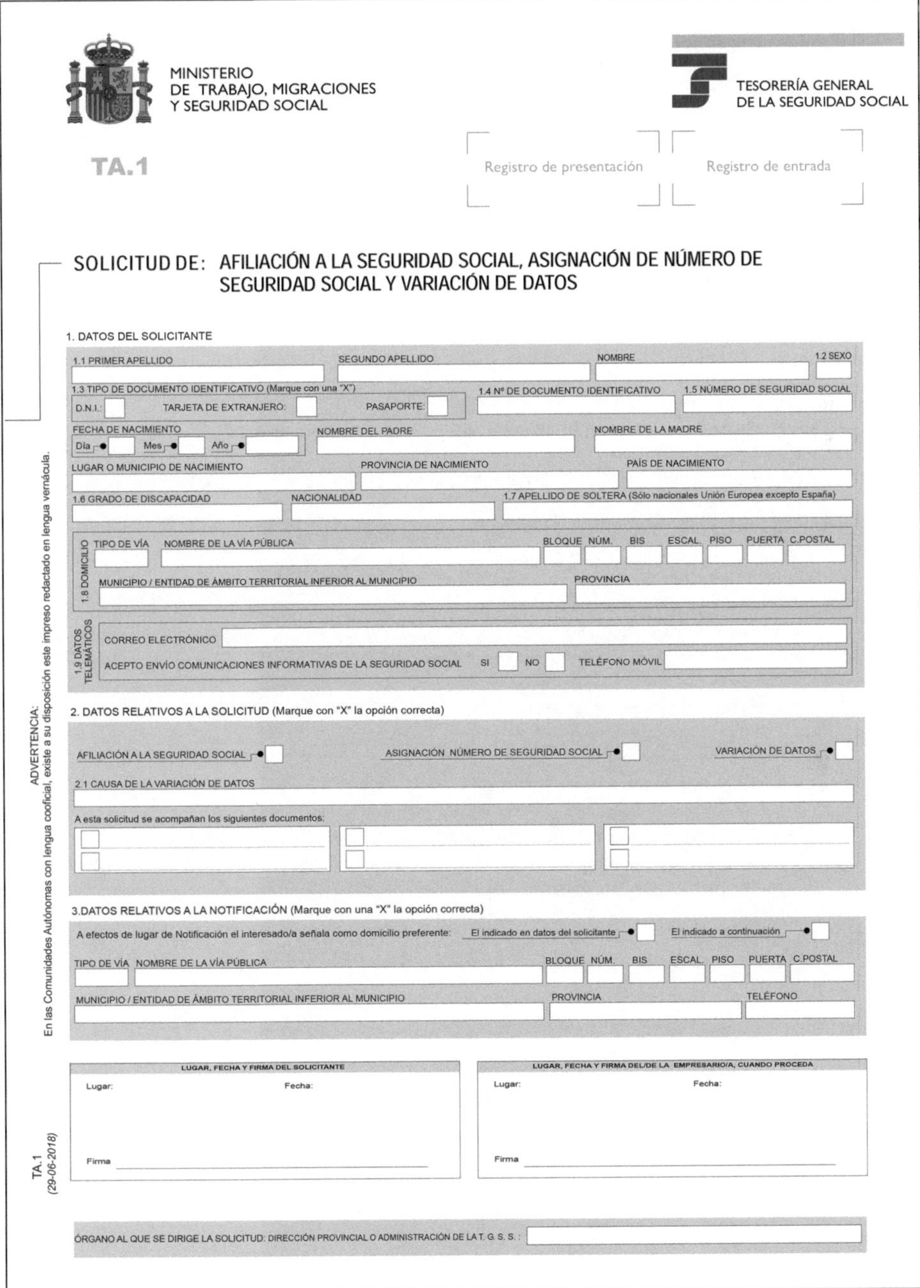

MINISTERIO
DE TRABAJO, MIGRACIONES
Y SEGURIDAD SOCIAL

TESORERÍA GENERAL
DE LA SEGURIDAD SOCIAL

TA.1

Registro de presentación

Registro de entrada

SOLICITUD DE: AFILIACIÓN A LA SEGURIDAD SOCIAL, ASIGNACIÓN DE NÚMERO DE SEGURIDAD SOCIAL Y VARIACIÓN DE DATOS

1. DATOS DEL SOLICITANTE

1.1 PRIMER APELLIDO
SEGUNDO APELLIDO
NOMBRE
1.2 SEXO

1.3 TIPO DE DOCUMENTO IDENTIFICATIVO (Marque con una "X")
D.N.I.: TARJETA DE EXTRANJERO: PASAPORTE:
1.4 Nº DE DOCUMENTO IDENTIFICATIVO
1.5 NÚMERO DE SEGURIDAD SOCIAL

FECHA DE NACIMIENTO
Día Mes Año
NOMBRE DEL PADRE
NOMBRE DE LA MADRE

LUGAR O MUNICIPIO DE NACIMIENTO
PROVINCIA DE NACIMIENTO
PAÍS DE NACIMIENTO

1.6 GRADO DE DISCAPACIDAD
NACIONALIDAD
1.7 APELLIDO DE SOLTERA (Sólo nacionales Unión Europea excepto España)

1.8 DOMICILIO
TIPO DE VÍA
NOMBRE DE LA VÍA PÚBLICA
BLOQUE NÚM. BIS ESCAL. PISO PUERTA C.POSTAL
MUNICIPIO / ENTIDAD DE ÁMBITO TERRITORIAL INFERIOR AL MUNICIPIO
PROVINCIA

1.9 DATOS TELEMÁTICOS
CORREO ELECTRÓNICO
ACEPTO ENVÍO COMUNICACIONES INFORMATIVAS DE LA SEGURIDAD SOCIAL SI NO
TELÉFONO MÓVIL

2. DATOS RELATIVOS A LA SOLICITUD (Marque con "X" la opción correcta)

AFILIACIÓN A LA SEGURIDAD SOCIAL
ASIGNACIÓN NÚMERO DE SEGURIDAD SOCIAL
VARIACIÓN DE DATOS

2.1 CAUSA DE LA VARIACIÓN DE DATOS

A esta solicitud se acompañan los siguientes documentos:

3.DATOS RELATIVOS A LA NOTIFICACIÓN (Marque con una "X" la opción correcta)

A efectos de lugar de Notificación el interesado/a señala como domicilio preferente: El indicado en datos del solicitante / El indicado a continuación

TIPO DE VÍA
NOMBRE DE LA VÍA PÚBLICA
BLOQUE NÚM. BIS ESCAL. PISO PUERTA C.POSTAL

MUNICIPIO / ENTIDAD DE ÁMBITO TERRITORIAL INFERIOR AL MUNICIPIO
PROVINCIA
TELÉFONO

ADVERTENCIA:
En las Comunidades Autónomas con lengua cooficial, existe a su disposición este impreso redactado en lengua vernácula.

LUGAR, FECHA Y FIRMA DEL SOLICITANTE
Lugar: Fecha:
Firma

LUGAR, FECHA Y FIRMA DEL/DE LA EMPRESARIO/A, CUANDO PROCEDA
Lugar: Fecha:
Firma

TA.1
(29-06-2018)

ÓRGANO AL QUE SE DIRIGE LA SOLICITUD: DIRECCIÓN PROVINCIAL O ADMINISTRACIÓN DE LA T. G. S. S.:

PROTECCIÓN DE DATOS.- A los efectos previstos en el artículo 5 de la Ley Orgánica 15/1999, de 13 de diciembre (B.O.E. del 14-12-1999), de Protección de Datos de Carácter Personal, se le informa que los datos consignados en el presente modelo serán incorporados al Fichero General de Afiliación, regulado por la Orden de 27-07-1994. Respecto de los citados datos podrá ejercitar los derechos de acceso, rectificación y cancelación, en los términos previstos en la indicada Ley Orgánica 15/1999.

INSTRUCCIONES PARA CUMPLIMENTAR EL MODELO

GENERALES

- El documento deberá cumplimentarse a máquina o con letras mayúsculas, sin enmiendas ni tachaduras.

ESPECÍFICAS

1. DATOS DE IDENTIFICACIÓN DEL SOLICITANTE

1.1- Apellidos y Nombre: Se indicarán los apellidos y el nombre completos del solicitante.

1.2- Sexo: Indicar H (hombre) o M (mujer).

1.3-Tipo de Documento Identificativo: Marque con una "X": Documento Nacional de Identidad -DNI-, Tarjeta de Extranjero o Pasaporte.

1.4- Número del Documento Identificativo: Se reflejará el número del documento identificativo, si se trata de Tarjeta de Extranjero se anotará el Número de Identificación de Extranjero (N.I.E.).

1.5- Número de Seguridad Social: En el supuesto de tratarse de una solicitud de variación de datos, se anotará el Número de Seguridad Social o número de afiliación del trabajador/a.

1.6- Grado de discapacidad: Si el/la solicitante es discapacitado/a, se anotará el grado de discapacidad de conformidad con el certificado de la valoración efectuado por el IMSERSO o por el organismo competente de la Comunidad Autónoma.

1.7- Apellido de soltera: Este dato, sólo se cumplimentará en el supuesto de nacionales de los países de la Unión Europea, en los casos que proceda, con excepción de las españolas.

1.8- Domicilio:

Tipo de vía: Se indicará la denominación que a la misma corresponda (calle, plaza, camino, pasaje, etc.)

Nombre de la vía pública: Se anotará el nombre completo de la misma, sin abreviaturas.

Municipio/Entidad de ámbito territorial inferior al Municipio: Se consignará la denominación del municipio y, de ser otra entidad inferior al mismo, se indicará su denominación (concejos, pedanías, aldeas, barrios, parroquias, caseríos, etc.), cuando sea necesario para su correcta identificación. Las denominaciones, se escribirán completas y sin abreviaturas.

1.9 Datos Telemáticos: La anotación de estos datos supone la aceptación de comunicaciones informativas de la Seguridad Social.

2. DATOS RELATIVOS A LA SOLICITUD

2.1- Causa de la variación de datos: En el supuesto de variación de datos, indicar brevemente la causa de la misma, reflejando además dicha variación en el apartado/s correspondiente/s de la solicitud. El resto de los apartados de la solicitud no se cumplimentarán, excepto, los apartados 1.1, 1.3, 1.4 y 1.5.

DOCUMENTACIÓN QUE DEBE APORTAR CON LA SOLICITUD

Documento identificativo: D.N.I., Tarjeta de Extranjero o Pasaporte.
En su caso, certificado acreditativo del grado de discapacidad.

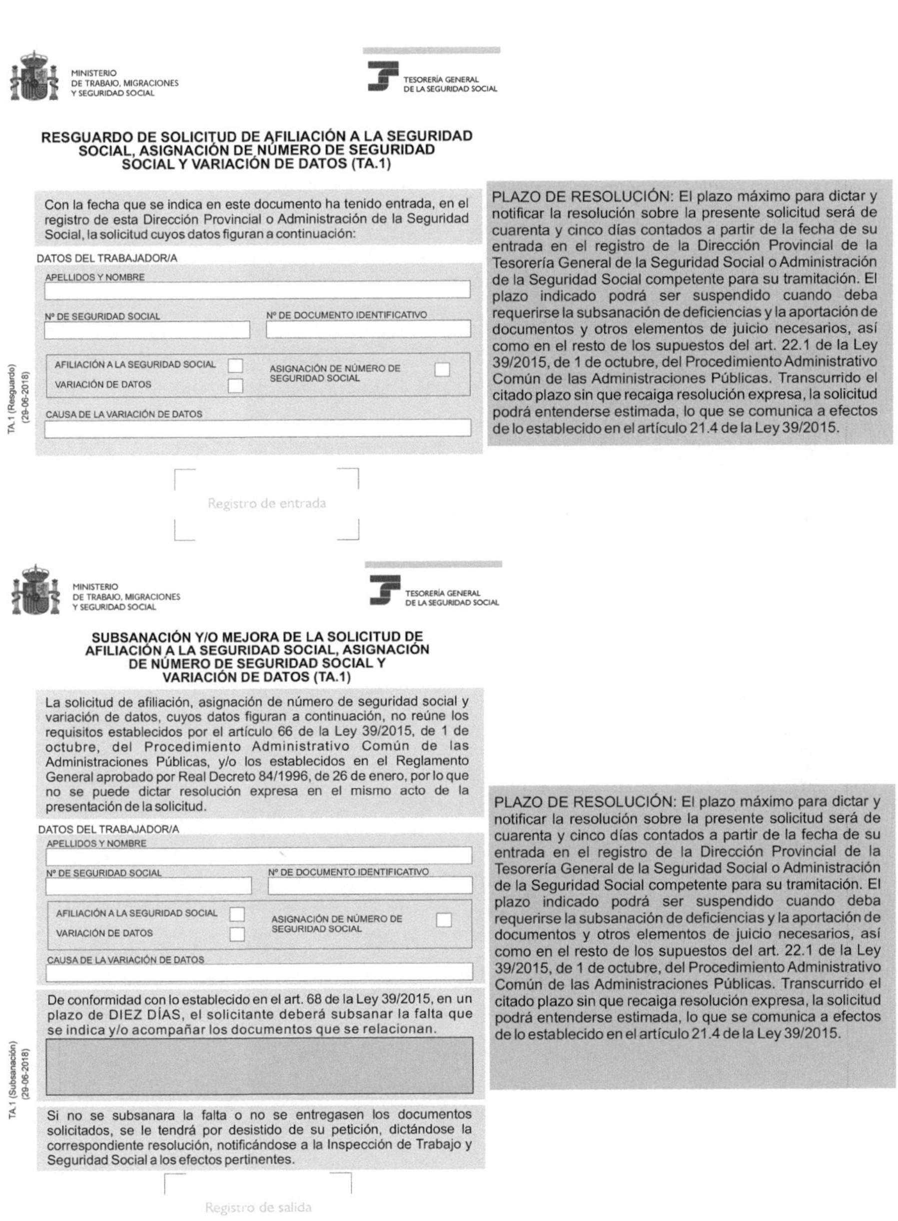

MINISTERIO DE TRABAJO, MIGRACIONES Y SEGURIDAD SOCIAL

TESORERÍA GENERAL DE LA SEGURIDAD SOCIAL

RESGUARDO DE SOLICITUD DE AFILIACIÓN A LA SEGURIDAD SOCIAL, ASIGNACIÓN DE NÚMERO DE SEGURIDAD SOCIAL Y VARIACIÓN DE DATOS (TA.1)

Con la fecha que se indica en este documento ha tenido entrada, en el registro de esta Dirección Provincial o Administración de la Seguridad Social, la solicitud cuyos datos figuran a continuación:

DATOS DEL TRABAJADOR/A

APELLIDOS Y NOMBRE

Nº DE SEGURIDAD SOCIAL

Nº DE DOCUMENTO IDENTIFICATIVO

AFILIACIÓN A LA SEGURIDAD SOCIAL ☐

VARIACIÓN DE DATOS ☐

ASIGNACIÓN DE NÚMERO DE SEGURIDAD SOCIAL ☐

CAUSA DE LA VARIACIÓN DE DATOS

PLAZO DE RESOLUCIÓN: El plazo máximo para dictar y notificar la resolución sobre la presente solicitud será de cuarenta y cinco días contados a partir de la fecha de su entrada en el registro de la Dirección Provincial de la Tesorería General de la Seguridad Social o Administración de la Seguridad Social competente para su tramitación. El plazo indicado podrá ser suspendido cuando deba requerirse la subsanación de deficiencias y la aportación de documentos y otros elementos de juicio necesarios, así como en el resto de los supuestos del art. 22.1 de la Ley 39/2015, de 1 de octubre, del Procedimiento Administrativo Común de las Administraciones Públicas. Transcurrido el citado plazo sin que recaiga resolución expresa, la solicitud podrá entenderse estimada, lo que se comunica a efectos de lo establecido en el artículo 21.4 de la Ley 39/2015.

TA.1 (Resguardo) (29-06-2018)

Registro de entrada

MINISTERIO DE TRABAJO, MIGRACIONES Y SEGURIDAD SOCIAL

TESORERÍA GENERAL DE LA SEGURIDAD SOCIAL

SUBSANACIÓN Y/O MEJORA DE LA SOLICITUD DE AFILIACIÓN A LA SEGURIDAD SOCIAL, ASIGNACIÓN DE NÚMERO DE SEGURIDAD SOCIAL Y VARIACIÓN DE DATOS (TA.1)

La solicitud de afiliación, asignación de número de seguridad social y variación de datos, cuyos datos figuran a continuación, no reúne los requisitos establecidos por el artículo 66 de la Ley 39/2015, de 1 de octubre, del Procedimiento Administrativo Común de las Administraciones Públicas, y/o los establecidos en el Reglamento General aprobado por Real Decreto 84/1996, de 26 de enero, por lo que no se puede dictar resolución expresa en el mismo acto de la presentación de la solicitud.

DATOS DEL TRABAJADOR/A

APELLIDOS Y NOMBRE

Nº DE SEGURIDAD SOCIAL

Nº DE DOCUMENTO IDENTIFICATIVO

AFILIACIÓN A LA SEGURIDAD SOCIAL ☐

VARIACIÓN DE DATOS ☐

ASIGNACIÓN DE NÚMERO DE SEGURIDAD SOCIAL ☐

CAUSA DE LA VARIACIÓN DE DATOS

De conformidad con lo establecido en el art. 68 de la Ley 39/2015, en un plazo de DIEZ DÍAS, el solicitante deberá subsanar la falta que se indica y/o acompañar los documentos que se relacionan.

Si no se subsanara la falta o no se entregasen los documentos solicitados, se le tendrá por desistido de su petición, dictándose la correspondiente resolución, notificándose a la Inspección de Trabajo y Seguridad Social a los efectos pertinentes.

PLAZO DE RESOLUCIÓN: El plazo máximo para dictar y notificar la resolución sobre la presente solicitud será de cuarenta y cinco días contados a partir de la fecha de su entrada en el registro de la Dirección Provincial de la Tesorería General de la Seguridad Social o Administración de la Seguridad Social competente para su tramitación. El plazo indicado podrá ser suspendido cuando deba requerirse la subsanación de deficiencias y la aportación de documentos y otros elementos de juicio necesarios, así como en el resto de los supuestos del art. 22.1 de la Ley 39/2015, de 1 de octubre, del Procedimiento Administrativo Común de las Administraciones Públicas. Transcurrido el citado plazo sin que recaiga resolución expresa, la solicitud podrá entenderse estimada, lo que se comunica a efectos de lo establecido en el artículo 21.4 de la Ley 39/2015.

TA.1 (Subsanación) (29-06-2018)

Registro de salida

MINISTERIO
DE TRABAJO, MIGRACIONES
Y SEGURIDAD SOCIAL

TESORERÍA GENERAL
DE LA SEGURIDAD SOCIAL

TA.6

Registro de presentación | Registro de entrada

SOLICITUD DE INSCRIPCIÓN EN EL SISTEMA DE SEGURIDAD SOCIAL

1. DATOS DE ENCUADRAMIENTO EN EL SISTEMA DE SEGURIDAD SOCIAL

1.1 RÉGIMEN (Ver punto 1 de instrucciones) | 1.2 SISTEMA ESPECIAL (ver punto 1 de instrucciones)

FECHA DE INSCRIPCIÓN Día | Mes | Año

2. DATOS DEL EMPRESARIO SOLICITANTE

2.1 NOMBRE Y APELLIDOS DEL SOLICITANTE O RAZÓN SOCIAL

2.2 NOMBRE COMERCIAL O ANAGRAMA

2.3 TIPO DE DOCUMENTO IDENTIFICATIVO (Marque con una "X") D.N.I.: | C.I.F.: | TARJETA DE EXTRANJERO: | OTRO DOCUMENTO:

2.4 Nº DE DOCUMENTO IDENTIFICATIVO | 2.5 NÚMERO DE SEGURIDAD SOCIAL

3. DATOS DE CONSTITUCIÓN DE LA EMPRESA

3.1 FECHA Día | Mes | Año

3.2 TIPO REGISTRO | 3.3 NÚMERO | 3.4 PROVINCIA | 3.5 TOMO

3.6 LIBRO | 3.7 FOLIO | 3.8 SECCIÓN | 3.9 HOJA | 3.10 I/A

4. DOMICILIO PARTICULAR O SOCIAL

4.1 DOMICILIO

TIPO DE VÍA | NOMBRE DE LA VÍA PÚBLICA | BLOQUE | NÚM. | BIS | ESCAL. | PISO | PUERTA | CÓD. POSTAL

MUNICIPIO / ENTIDAD DE ÁMBITO TERRITORIAL INFERIOR AL MUNICIPIO | PROVINCIA

TELÉFONO FIJO | MÓVIL | CORREO ELECTRÓNICO

5. DATOS RELATIVOS A LA ACTIVIDAD ECONÓMICA

5.1 ACTIVIDAD ECONÓMICA | 5.2 I.A.E. | 5.3 CÓDIGO CNAE 2009

5.4 CONVENIO COLECTIVO (CÓDIGO Y DESCRIPCIÓN)

5.5 MÁRQUESE CON UNA "X" SI SE TRATA DE :

E.T.T. TRABAJADORES DE ESTRUCTURA | TRABAJADORES CEDIDOS

CENTRO DOCENTE SUBVENCIONADO | NO SUBVENCIONADO

CENTRO ESPECIAL DE EMPLEO

5.6 TRABAJADORES CTA. AJENA O ASIMILADOS CON EXCLUSIONES DE COTIZACIÓN

5.7 TRABAJADORES DEL RÉGIMEN GENERAL CON COEFICIENTE REDUCTOR DE LA EDAD DE JUBILACIÓN

FERROVIARIOS | PERSONAL DE VUELO AÉREO | ESTATUTO DEL MINERO

5.8 DOMICILIO

TIPO DE VÍA | NOMBRE DE LA VÍA PÚBLICA | BLOQUE | NÚM. | BIS | ESCAL. | PISO | PUERTA | CÓD. POSTAL

MUNICIPIO / ENTIDAD DE ÁMBITO TERRITORIAL INFERIOR AL MUNICIPIO | PROVINCIA

6. A EFECTOS DE NOTIFICACIONES SEÑALA COMO DOMICILIO PREFERENTE (Marque con una "X" la opción correcta)

DOMICILIO PARTICULAR O SOCIAL DEL EMPRESARIO (PUNTO 4) | DOMICILIO DE LA ACTIVIDAD ECONÓMICA (PUNTO 5.8)

7. DATOS DE SEGURIDAD SOCIAL DE LA EMPRESA

7.1 ENTIDAD ACCIDENTES DE TRABAJO Y ENFERMEDADES PROFESIONALES (Nº Y DENOMINACIÓN)

7.2 ENTIDAD CON LA QUE CUBRE LA INCAPACIDAD TEMPORAL POR CONTINGENCIAS COMUNES MARQUE CON UNA "X": ENTIDAD GESTORA | MUTUA

8. DATOS RELATIVOS AL REPRESENTANTE

8.1 NOMBRE Y APELLIDOS

8.2 TIPO DE DOCUMENTO IDENTIFICATIVO (Marque con una "X") D.N.I.: | TARJETA DE EXTRANJERO: | OTRO DOCUMENTO:

8.3 Nº DE DOCUMENTO IDENTIFICATIVO | 8.4 NÚMERO DE SEGURIDAD SOCIAL

9. DATOS PARA LA DOMICILIACIÓN DEL PAGO DE CUOTAS (En el Sistema Especial de Empleados de Hogar)

CÓDIGO INTERNACIONAL CUENTA BANCARIA (IBAN)

DOCUMENTO IDENTIFICATIVO DEL TITULAR DE LA CUENTA DE ADEUDO — TIPO DE DOCUMENTO IDENTIFICATIVO: D.N.I. | C.I.F. | TARJETA EXTRANJERO | PASPRT. — Nº DE DOCUMENTO IDENTIFICATIVO

FECHA Y FIRMA DEL SOLICITANTE	REPRESENTANTE (FECHA, FIRMA Y SELLO)
Fecha:	Fecha:
Firma	Firma

SUBSANACIÓN Y/O MEJORA REQUERIDA

ÓRGANO AL QUE SE DIRIGE LA SOLICITUD: DIRECCIÓN PROVINCIAL O ADMINISTRACIÓN DE LA T. G. S. S.:

ADVERTENCIA: En las Comunidades Autónomas con lengua cooficial, existe a su disposición, este impreso redactado en lengua vernácula.

TA.6 (26-06-2018)

PROTECCIÓN DE DATOS.- A los efectos previstos en el artículo 5 de la Ley Orgánica 15/1999, de 13 de diciembre (B.O.E. del 14-12-99), de Protección de Datos de Carácter Personal, se le informa que los datos consignados en el presente modelo serán incorporados al Fichero General de Afiliación, regulado por la Orden de 27-07-1994. Respecto de los citados datos podrá ejercitar los derechos de acceso, rectificación y cancelación, en los términos previstos en la indicada Ley Orgánica 15/1999.

INSTRUCCIONES PARA CUMPLIMENTAR EL MODELO

GENERALES

- El documento deberá cumplimentarse a máquina o con letras mayúsculas, evitando las enmiendas y tachaduras.
- Los espacios en gris deben cumplimentarse por la Administración de la Seguridad Social.
- Este modelo se utiliza para la inscripción del empresario en la Seguridad Social y la apertura de su primera o principal cuenta de cotización.

ESPECÍFICAS

1. DATOS DE ENCUADRAMIENTO EN EL SISTEMA DE SEGURIDAD SOCIAL

1.1 Régimen Sector de Seguridad Social.- Se indicará el que corresponda de entre los siguientes: General, Carbón o Mar. Si se trata de alguno de los sectores de Artistas, Toreros, Trabajadores Ferroviarios y Jugadores de Fútbol, se consignará éste. En el Régimen Especial del Mar se indicará el Grupo de Cotización en el que se encuentra comprendida la cuenta de cotización que se reconoce al empresario: I (Trabajadores por cuenta ajena del Grupo 1º y Armadores asimilados a trabajadores por cuenta ajena del Grupo 1º); II A (Trabajadores por cuenta ajena del Grupo 2ºA y Armadores asimilados a trabajadores por cuenta ajena del Grupo 2º); II B (Trabajadores por cuenta ajena del Grupo 2ºB y Armadores asimilados a trabajadores por cuenta ajena del Grupo 2ºB); y III (Trabajadores por cuenta ajena del Grupo 3º).

1.2 Sistema Especial.- Cuando la actividad desarrollada esté comprendida en un Sistema Especial del Régimen General de la Seguridad Social, como "sistema especial para empleados de hogar", "agrario", "resina", "conservas vegetales", "frutas y hortalizas", etc., se indicará la que corresponda. En caso de duda, se dejará en blanco este recuadro y se indicará esta circunstancia a la dependencia de la Tesorería General de la Seguridad Social en la que se presente el documento, para que sea informado por la misma.

Fecha de Inscripción.- Se indicará día, mes y año en que se solicita figure inscrita la empresa.

2. DATOS IDENTIFICATIVOS

DATOS DE LA EMPRESA:

2.1 Apellidos y Nombre o Razón Social.- Se indicarán el nombre y apellidos o razón social del solicitante de la inscripción.

2.2 Nombre comercial o Anagrama.- Se hará constar, si existe tal denominación para la empresa, indicando, en su caso el nombre comercial que corresponda a la actividad para la que se solicita la apertura de la Cuenta de Cotización. En el Sistema Especial Agrario se consignará en este campo la denominación de la explotación agraria.

2.3 Tipo de documento identificativo.- (Marque con una "X" lo que proceda), Documento Nacional de Identidad (DNI), Tarjeta de Extranjero, Pasaporte, Número de Identificación Fiscal (CIF), etc.

2.4 Número de Documento Identificativo.- Se reflejará el Número de Documento Identificativo; si se trata de Tarjeta de Extranjero, se consignará el Número de Identificación de Extranjero (NIE).

2.5 Número de Seguridad Social.- Se anotará el Número de Seguridad Social o Número de Afiliación del empresario, caso, de ser éste persona física.

3. DATOS DE CONSTITUCIÓN DE LA EMPRESA (sólo para el empresario colectivo)

3.1 Fecha.- Se indicará día, mes y año en que se constituyó el empresario colectivo.

3.2 a 3.10 Datos de Registro.- Se anotará el tipo de Registro de entre los siguientes: Mercantil, Propiedad, Cooperativas, Asociaciones, Partidos Políticos, Entidades Religiosas, Mutualidades, Mutua Colaboradora con la Seguridad Social. De tratarse de otro distinto se indicará su nombre. Se consignará el número de Registro si existen varios en la provincia, así como la provincia y los datos registrales, con especificaciones de A o I, según se trate de anotación o inscripción.

4. DOMICILIO PARTICULAR O SOCIAL O DE LA EMPRESA COLECTIVA

4.1 Tipo de Vía Pública.- Se consignará la denominación que corresponda a la misma (por ejemplo, Calle, Plaza, Camino, Pasaje, etc.).
Nombre de la Vía Pública.- Se reflejará su nombre completo, sin abreviaturas y omitiendo los artículos y preposiciones de enlace que no sean significativas.
Municipio/Entidad de ámbito inferior al Municipio, Provincia.- En el primer recuadro se consignará la denominación del Municipio y, de ser otra entidad inferior al mismo, se indicará si se trata de concejos, pedanías, aldeas, barrios, parroquias, caseríos, anteiglesias, etc., cuando sea necesario para su correcta localización. Las denominaciones se escribirán completas, sin abreviaturas y omitiendo los artículos y preposiciones de enlace no significativas.
Teléfono Fijo, Móvil y Correo Electrónico.- Se anotarán los datos completos. Estos datos serán utilizados por la Seguridad Social para el envío de comunicaciones informativas al empresario.

5. DATOS RELATIVOS A LA ACTIVIDAD ECONÓMICA

5.1 Actividad Económica.- Se hará constar la actividad económica desarrollada, utilizando, en su caso, la misma expresión que figure en el Impuesto de Actividades Económicas.

5.2 I.A.E.- Impuesto de Actividades Económicas.- Se consignará la clave del citado impuesto. En el sistema especial de empleados de hogar no será necesario cumplimentar este campo.

5.4 Convenio Colectivo.- Se consignará el código y la descripción del convenio colectivo aplicable a la empresa. En el sistema especial de empleados de hogar no será necesario cumplimentar este campo.

5.5 y 5.7 Únicamente se cumplimentarán estos puntos cuando se trate de una empresa que cumple alguna de las características mencionadas.

5.6 Trabajadores Cuenta Ajena o Asimilados con exclusiones de cotización.- Únicamente se anotarán datos en este campo cuando la solicitud de inscripción se solicite para dar de alta trabajadores con un tipo de relación laboral para los que la normativa aplicable prevea algún tipo de exclusión en la cotización, por ejemplo, para incluir a trabajadores con contrato de aprendizaje, trabajadores trasladados al extranjero, socios de trabajadores de cooperativas, ministros y religiosos de distintos cultos, consejeros y administradores de sociedades mercantiles, armadores asimilados a trabajadores por cuenta ajena en el Régimen de Trabajadores del Mar y cualquier otro colectivo para los que la norma prevea algún tipo de exclusión.

5.8 Domicilio.- Se indicará el domicilio en donde se realiza la actividad, según indicaciones dadas en el apartado 4. Si por las características de la misma no existiese domicilio de desarrollo de la actividad, dejará este apartado en blanco.

6. DOMICILIO A EFECTOS DE NOTIFICACIÓN

6 Se marcará con una "X" la opción elegida.

7. DATOS DE SEGURIDAD SOCIAL DE LA EMPRESA

7.1 Entidad de Accidentes de Trabajo.- Se indicará la denominación de la Entidad con la que se ha concertado la cobertura de las contingencias de accidentes de trabajo y enfermedades profesionales.

7.2 Entidad con la que cubre la Incapacidad Temporal por Contingencias Comunes.- Se marcará con una "X" si se opta por cubrir la Incapacidad Temporal derivada de contingencias comunes bien a través de la Entidad Gestora de la Seguridad Social, bien a través de una Mutua Colaboradora con la Seguridad Social.
Si se opta por una Mutua, ésta deberá ser la misma que la que protege los riesgos profesionales.

8. DATOS RELATIVOS AL REPRESENTANTE

8.1 Nombre y Apellidos.- Se indicarán el nombre y apellidos completos del representante.

8.2 Tipo de Documento Identificativo.- (Marque con una "X"), Documento Nacional de Identidad (DNI), Tarjeta de Extranjero, Pasaporte, otro documento...

8.3 Número de Documento Identificativo.- Se reflejará el Número del documento Identificativo; si se trata de Tarjeta de Extranjero, se consignará el Número de Identificación de Extranjero (NIE).

8.4 Número de Seguridad Social.- Se anotará el Número de Seguridad Social o Número de Afiliación del representante.

9. DOMICILIACIÓN DE PAGO DE CUOTAS

Campo a cumplimentar únicamente para solicitudes en el sistema especial de empleados de hogar. Campo obligatorio
Mediante la domiciliación del pago de cuotas la Tesorería General de la Seguridad Social efectuará una orden de adeudo a su Banco o Caja para el pago de sus cotizaciones en período voluntario.
Esta domiciliación sólo es válida para el pago de las cotizaciones en período voluntario y regularizaciones por variación de los tipos o bases reglamentarios, nunca para el pago de atrasos.
Su Banco o Caja le adeudará el importe en la cuenta por Vd. indicada, siendo el último día del mes la fecha en la cual precisa tener la provisión necesaria de fondos.
La Tesorería General de la Seguridad Social le informará del primer mes que le será adeudado en cuenta, estando Vd. obligado al pago de las cuotas mensuales anteriores a tal mes mediante el boletín de cotización correspondiente que le será suministrado por la Tesorería General de la Seguridad Social.

DOCUMENTACIÓN QUE DEBE APORTAR

- **Documento identificativo del titular de la empresa, empresario individual ó titular del hogar familiar.**
- **Documento de constitución del empresario colectivo,** debidamente inscrito en el Registro que, en cada caso, corresponda. En el supuesto de Comunidades de Bienes o Sociedad Civil irregular, el contrato suscrito por los comuneros o socios, en el que conste el nombre y apellidos, domicilio y documento identificativo de cada uno de ellos.
- **Documento emitido por el Ministerio de Economía y Hacienda** asignando el Número de Identificación Fiscal en el que conste la Actividad Económica de la Empresa (no se requiere este documento para el Régimen Especial de Empleados de Hogar).
- **Documento Identificativo de la persona que formula la solicitud de Inscripción.**
- **Documento que otorga la representación** o autorización a la persona que formula la solicitud de inscripción.
- **Cuando se trate de asociaciones o comunidades o cualquier otra fórmula de constitución se acompañará el documento que justifique la misma.**
- **En el supuesto de solicitud de Inscripción en el Régimen Especial del Mar la documentación que justifique, en su caso, la realización de la actividad.**

AVISO IMPORTANTE

De acuerdo con lo dispuesto en la Orden ESS/485/2013, de 26 de marzo, las empresas de nueva creación quedan sometidas obligatoriamente a la notificación telemática a través de la Sede Electrónica de la Seguridad Social https://sede.seg-social.gob.es.

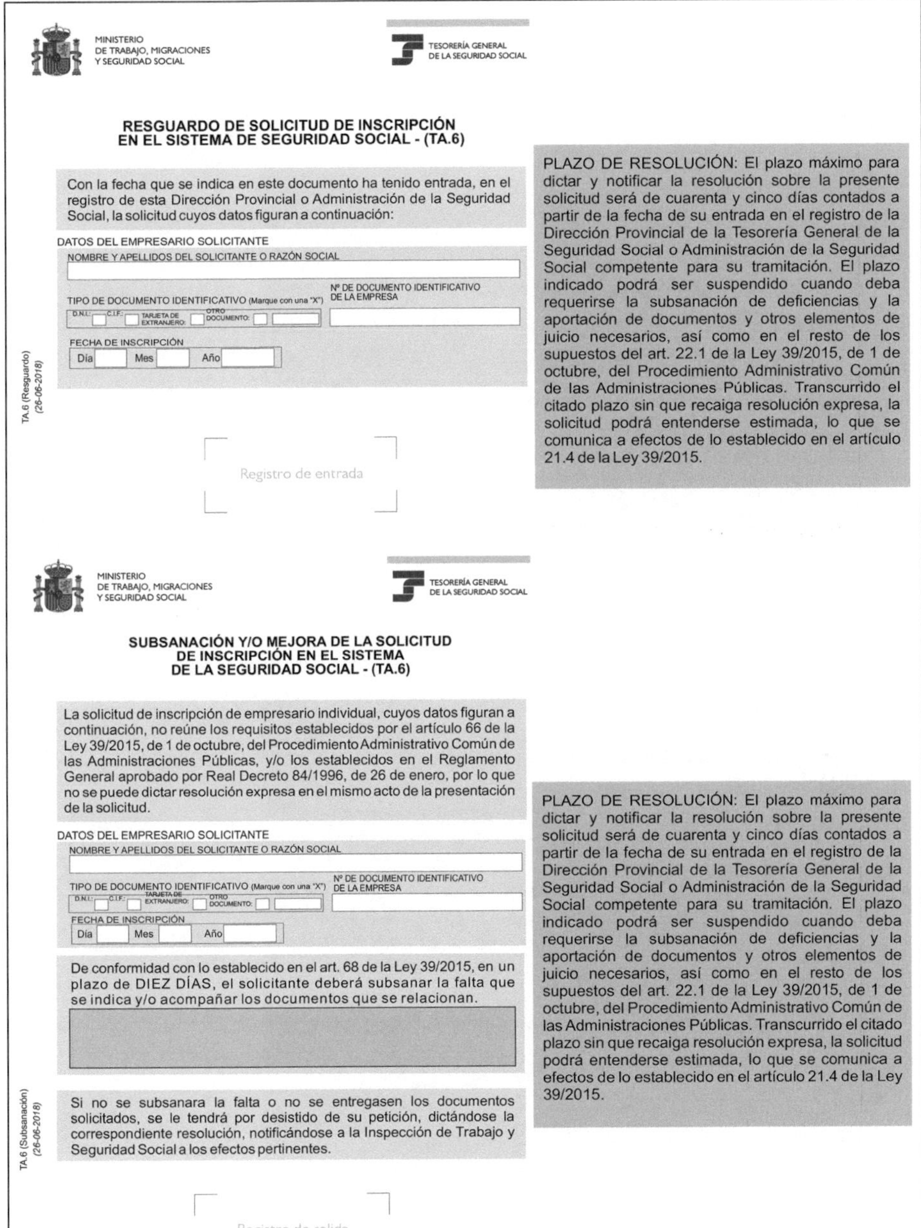

MINISTERIO DE TRABAJO, MIGRACIONES Y SEGURIDAD SOCIAL

TESORERÍA GENERAL DE LA SEGURIDAD SOCIAL

RESGUARDO DE SOLICITUD DE INSCRIPCIÓN EN EL SISTEMA DE SEGURIDAD SOCIAL - (TA.6)

Con la fecha que se indica en este documento ha tenido entrada, en el registro de esta Dirección Provincial o Administración de la Seguridad Social, la solicitud cuyos datos figuran a continuación:

DATOS DEL EMPRESARIO SOLICITANTE

NOMBRE Y APELLIDOS DEL SOLICITANTE O RAZÓN SOCIAL

TIPO DE DOCUMENTO IDENTIFICATIVO (Marque con una "X") D.N.I.: C.I.F.: TARJETA DE EXTRANJERO: OTRO DOCUMENTO:

Nº DE DOCUMENTO IDENTIFICATIVO DE LA EMPRESA

FECHA DE INSCRIPCIÓN

Día Mes Año

TA.6 (Resguardo) (26-06-2018)

Registro de entrada

PLAZO DE RESOLUCIÓN: El plazo máximo para dictar y notificar la resolución sobre la presente solicitud será de cuarenta y cinco días contados a partir de la fecha de su entrada en el registro de la Dirección Provincial de la Tesorería General de la Seguridad Social o Administración de la Seguridad Social competente para su tramitación. El plazo indicado podrá ser suspendido cuando deba requerirse la subsanación de deficiencias y la aportación de documentos y otros elementos de juicio necesarios, así como en el resto de los supuestos del art. 22.1 de la Ley 39/2015, de 1 de octubre, del Procedimiento Administrativo Común de las Administraciones Públicas. Transcurrido el citado plazo sin que recaiga resolución expresa, la solicitud podrá entenderse estimada, lo que se comunica a efectos de lo establecido en el artículo 21.4 de la Ley 39/2015.

MINISTERIO DE TRABAJO, MIGRACIONES Y SEGURIDAD SOCIAL

TESORERÍA GENERAL DE LA SEGURIDAD SOCIAL

SUBSANACIÓN Y/O MEJORA DE LA SOLICITUD DE INSCRIPCIÓN EN EL SISTEMA DE LA SEGURIDAD SOCIAL - (TA.6)

La solicitud de inscripción de empresario individual, cuyos datos figuran a continuación, no reúne los requisitos establecidos por el artículo 66 de la Ley 39/2015, de 1 de octubre, del Procedimiento Administrativo Común de las Administraciones Públicas, y/o los establecidos en el Reglamento General aprobado por Real Decreto 84/1996, de 26 de enero, por lo que no se puede dictar resolución expresa en el mismo acto de la presentación de la solicitud.

DATOS DEL EMPRESARIO SOLICITANTE

NOMBRE Y APELLIDOS DEL SOLICITANTE O RAZÓN SOCIAL

TIPO DE DOCUMENTO IDENTIFICATIVO (Marque con una "X") D.N.I.: C.I.F.: TARJETA DE EXTRANJERO: OTRO DOCUMENTO:

Nº DE DOCUMENTO IDENTIFICATIVO DE LA EMPRESA

FECHA DE INSCRIPCIÓN

Día Mes Año

De conformidad con lo establecido en el art. 68 de la Ley 39/2015, en un plazo de DIEZ DÍAS, el solicitante deberá subsanar la falta que se indica y/o acompañar los documentos que se relacionan.

Si no se subsanara la falta o no se entregasen los documentos solicitados, se le tendrá por desistido de su petición, dictándose la correspondiente resolución, notificándose a la Inspección de Trabajo y Seguridad Social a los efectos pertinentes.

TA.6 (Subsanación) (26-06-2018)

Registro de salida

PLAZO DE RESOLUCIÓN: El plazo máximo para dictar y notificar la resolución sobre la presente solicitud será de cuarenta y cinco días contados a partir de la fecha de su entrada en el registro de la Dirección Provincial de la Tesorería General de la Seguridad Social o Administración de la Seguridad Social competente para su tramitación. El plazo indicado podrá ser suspendido cuando deba requerirse la subsanación de deficiencias y la aportación de documentos y otros elementos de juicio necesarios, así como en el resto de los supuestos del art. 22.1 de la Ley 39/2015, de 1 de octubre, del Procedimiento Administrativo Común de las Administraciones Públicas. Transcurrido el citado plazo sin que recaiga resolución expresa, la solicitud podrá entenderse estimada, lo que se comunica a efectos de lo establecido en el artículo 21.4 de la Ley 39/2015.

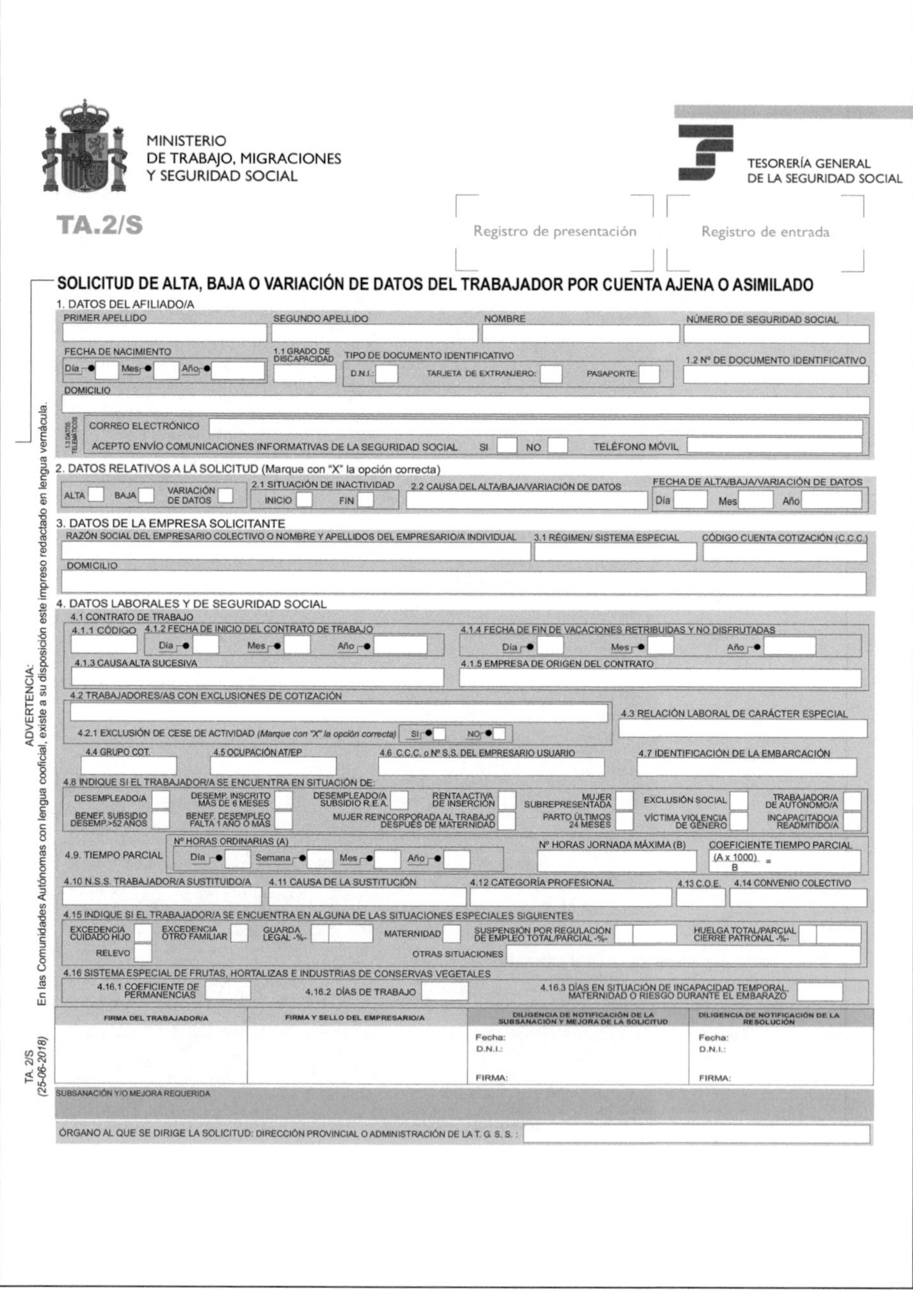

MINISTERIO
DE TRABAJO, MIGRACIONES
Y SEGURIDAD SOCIAL

TESORERÍA GENERAL
DE LA SEGURIDAD SOCIAL

TA.2/S

Registro de presentación | Registro de entrada

SOLICITUD DE ALTA, BAJA O VARIACIÓN DE DATOS DEL TRABAJADOR POR CUENTA AJENA O ASIMILADO

1. DATOS DEL AFILIADO/A

PRIMER APELLIDO | SEGUNDO APELLIDO | NOMBRE | NÚMERO DE SEGURIDAD SOCIAL

FECHA DE NACIMIENTO: Día · Mes · Año | 1.1 GRADO DE DISCAPACIDAD | TIPO DE DOCUMENTO IDENTIFICATIVO: D.N.I.: · TARJETA DE EXTRANJERO: · PASAPORTE: | 1.2 Nº DE DOCUMENTO IDENTIFICATIVO

DOMICILIO

1.3 DATOS TELEMÁTICOS: CORREO ELECTRÓNICO
ACEPTO ENVÍO COMUNICACIONES INFORMATIVAS DE LA SEGURIDAD SOCIAL SI · NO · TELÉFONO MÓVIL

2. DATOS RELATIVOS A LA SOLICITUD (Marque con "X" la opción correcta)

ALTA · BAJA · VARIACIÓN DE DATOS | 2.1 SITUACIÓN DE INACTIVIDAD: INICIO · FIN | 2.2 CAUSA DEL ALTA/BAJA/VARIACIÓN DE DATOS | FECHA DE ALTA/BAJA/VARIACIÓN DE DATOS: Día · Mes · Año

3. DATOS DE LA EMPRESA SOLICITANTE

RAZÓN SOCIAL DEL EMPRESARIO COLECTIVO O NOMBRE Y APELLIDOS DEL EMPRESARIO/A INDIVIDUAL | 3.1 RÉGIMEN/ SISTEMA ESPECIAL | CÓDIGO CUENTA COTIZACIÓN (C.C.C.)

DOMICILIO

4. DATOS LABORALES Y DE SEGURIDAD SOCIAL

4.1 CONTRATO DE TRABAJO
4.1.1 CÓDIGO | 4.1.2 FECHA DE INICIO DEL CONTRATO DE TRABAJO: Día · Mes · Año | 4.1.4 FECHA DE FIN DE VACACIONES RETRIBUIDAS Y NO DISFRUTADAS: Día · Mes · Año
4.1.3 CAUSA ALTA SUCESIVA | 4.1.5 EMPRESA DE ORIGEN DEL CONTRATO

4.2 TRABAJADORES/AS CON EXCLUSIONES DE COTIZACIÓN
4.2.1 EXCLUSIÓN DE CESE DE ACTIVIDAD *(Marque con "X" la opción correcta)* SI · NO | 4.3 RELACIÓN LABORAL DE CARÁCTER ESPECIAL

4.4 GRUPO COT. | 4.5 OCUPACIÓN AT/EP | 4.6 C.C.C. o Nº S.S. DEL EMPRESARIO USUARIO | 4.7 IDENTIFICACIÓN DE LA EMBARCACIÓN

4.8 INDIQUE SI EL TRABAJADOR/A SE ENCUENTRA EN SITUACIÓN DE:
DESEMPLEADO/A · DESEMP. INSCRITO MÁS DE 6 MESES · DESEMPLEADO/A SUBSIDIO R.E.A. · RENTA ACTIVA DE INSERCIÓN · MUJER SUBREPRESENTADA · EXCLUSIÓN SOCIAL · TRABAJADOR/A DE AUTÓNOMO/A
BENEF. SUBSIDIO DESEMP.>52 AÑOS · BENEF. DESEMPLEO FALTA 1 AÑO O MÁS · MUJER REINCORPORADA AL TRABAJO DESPUÉS DE MATERNIDAD · PARTO ÚLTIMOS 24 MESES · VÍCTIMA VIOLENCIA DE GÉNERO · INCAPACITADO/A READMITIDO/A

4.9. TIEMPO PARCIAL: Nº HORAS ORDINARIAS (A): Día · Semana · Mes · Año | Nº HORAS JORNADA MÁXIMA (B) | COEFICIENTE TIEMPO PARCIAL $\frac{(A \times 1000)}{B} =$

4.10 N.S.S. TRABAJADOR/A SUSTITUIDO/A | 4.11 CAUSA DE LA SUSTITUCIÓN | 4.12 CATEGORÍA PROFESIONAL | 4.13 C.O.E. | 4.14 CONVENIO COLECTIVO

4.15 INDIQUE SI EL TRABAJADOR/A SE ENCUENTRA EN ALGUNA DE LAS SITUACIONES ESPECIALES SIGUIENTES
EXCEDENCIA CUIDADO HIJO · EXCEDENCIA OTRO FAMILIAR · GUARDA LEGAL -%- · MATERNIDAD · SUSPENSIÓN POR REGULACIÓN DE EMPLEO TOTAL/PARCIAL -%- · HUELGA TOTAL/PARCIAL CIERRE PATRONAL -%-
RELEVO · OTRAS SITUACIONES

4.16 SISTEMA ESPECIAL DE FRUTAS, HORTALIZAS E INDUSTRIAS DE CONSERVAS VEGETALES
4.16.1 COEFICIENTE DE PERMANENCIAS · 4.16.2 DÍAS DE TRABAJO · 4.16.3 DÍAS EN SITUACIÓN DE INCAPACIDAD TEMPORAL, MATERNIDAD O RIESGO DURANTE EL EMBARAZO

FIRMA DEL TRABAJADOR/A	FIRMA Y SELLO DEL EMPRESARIO/A	DILIGENCIA DE NOTIFICACIÓN DE LA SUBSANACIÓN Y MEJORA DE LA SOLICITUD	DILIGENCIA DE NOTIFICACIÓN DE LA RESOLUCIÓN
		Fecha: D.N.I.: FIRMA:	Fecha: D.N.I.: FIRMA:

SUBSANACIÓN Y/O MEJORA REQUERIDA

ÓRGANO AL QUE SE DIRIGE LA SOLICITUD: DIRECCIÓN PROVINCIAL O ADMINISTRACIÓN DE LA T. G. S. S. :

ADVERTENCIA: En las Comunidades Autónomas con lengua cooficial, existe a su disposición este impreso redactado en lengua vernácula.

TA. 2/S *(25-06-2018)*

NOTAS INFORMATIVAS

PROTECCIÓN DE DATOS.-A los efectos previstos en el artículo 5 de la Ley Orgánica 15/1999, de 13 de diciembre (B.O.E. del 14-12-1999), de protección de datos de carácter personal, se le informa que los datos consignados en el presente modelo serán incorporados al Fichero General de Afiliación, regulado por la Orden de 27-07-1994. Respecto de los citados datos podrá ejercitar los derechos de acceso, rectificación y cancelación, en los términos previstos en la indicada Ley Orgánica 15/1999.

INSTRUCCIONES PARA CUMPLIMENTAR EL MODELO

GENERALES

- El documento deberá cumplimentarse a máquina o con letras mayúsculas, sin enmiendas ni tachaduras.
- Los espacios sobre fondo gris deben cumplimentarse por la Administración de la Seguridad Social.

ESPECÍFICAS

1. DATOS DEL AFILIADO/A

1.1- Grado de Discapacidad.- Si el trabajador/a es persona con alguna discapacidad, indíquese el grado de discapacidad.

1.2- Número del Documento Identificativo.- Se reflejará el número del documento identificativo, si se trata de Tarjeta de Extranjero se anotará el Número de Identificación de Extranjero (N.I.E.).

1.3- Datos Telemáticos.- La anotación de estos datos supone la aceptación de comunicaciones informativas de la Seguridad Social.

2. DATOS RELATIVOS A LA SOLICITUD

2.1- Situación de Inactividad.- Si la solicitud se formula para comunicar el inicio o la finalización de una situación de inactividad del trabajador dentro de una relación laboral, siempre que tal situación de inactividad comprenda un mes natural completo o más, se marcará con "X" el apartado que proceda. En el apartado FECHA DE ALTA/BAJA/VARIACIÓN DE DATOS, se anotará, en el supuesto del inicio de la situación de inactividad, el primer día en el que el trabajador no realice actividad y, en el supuesto del fin de la situación de inactividad, el último día en el que el trabajador no realice actividad.

2.2- Causa de Alta, Baja o Variación de Datos.- Si se trata de una solicitud de **Baja,** indicar la causa. En el supuesto de **Variación de Datos,** indicar brevemente la causa de la misma.

3. DATOS DE LA EMPRESA SOLICITANTE

3.1- Régimen/Sistema Especial de Seguridad Social.- Indicar el Régimen y, en su caso, el Sistema Especial en el que se encuadra al trabajador/a. Asimismo, se indicará si el trabajador pertenece a alguno de los siguientes colectivos: Artistas, Taurinos o Concierto de Asistencia Sanitaria. En el caso del Régimen Especial del Mar se indicará el grupo de cotización (I, IIA, IIB. ó III).

4. DATOS LABORALES Y DE SEGURIDAD SOCIAL

4.1- Contrato de Trabajo.- En el supuesto de que el contrato de trabajo que regula la relación laboral entre el empresario y el trabajador haya sido formalizado por el empresario solicitante del alta, se dejarán en blanco los apartados 4.1.2., 4.1.3. y 4.1.5.

- **4.1.1- Código.-** Consignará el código del contrato de trabajo según las claves establecidas por la Tesorería General de la Seguridad Social.
- **4.1.2- Fecha de inicio del Contrato de Trabajo.-** Este apartado, únicamente deberá cumplimentarse en las solicitudes de alta cuando se cumplan los condicionantes que se indican. En el supuesto de que el contrato de trabajo que regula la relación laboral entre el empresario y el trabajador NO haya sido formalizado por el empresario solicitante del alta, se anotará la fecha en que causó alta el trabajador con ese mismo contrato para el anterior empresario.
- **4.1.3- Causa Alta Sucesiva.-** En este apartado, indicará la causa de la sucesión (absorción, fusión o transformación de empresas, sucesión en la titularidad de una explotación, industria o negocio,...).
- **4.1.4- Fecha de fin de vacaciones retribuidas y no percibidas.-** Indicar, si procede, la fecha en que finaliza el período que corresponde a las vacaciones anuales retribuidas que no haya disfrutado el trabajador con anterioridad a la finalización de la relación laboral, o con anterioridad a la finalización de la actividad de temporada o campaña de los trabajadores fijos discontinuos.
- **4.1.5- Empresa de origen del contrato.-** Se identificará la empresa de origen con la que el trabajador formalizó el contrato, indicando el código de cuenta de cotización, si se conoce, o la razón social de la misma. No se cumplimentará este apartado, en las solicitudes de alta sucesivas entre cuentas de cotización del mismo empresario.

4.2- Trabajadores/as con exclusiones de cotización.- En el supuesto de que el trabajador/a esté excluido de alguna prestación del Sistema de Seguridad Social, se indicará la causa de tal exclusión.

- **4.2.1- Exclusión Cese de Actividad.-** Si se trata de un trabajador Asimilado a Cuenta Ajena que pertenece al Régimen Especial del Mar (Regímenes 0821/0822/0823/0814 con TRL 950), se indicará si el trabajador opta o no por la protección por cese de actividad

4.3- Relación Laboral de Carácter Especial.- Se indicará el tipo o clase de la misma.

4.4- Grupo de Cotización.- El que tenga el trabajador/a según su categoría profesional.

4.5- Ocupación - AT/EP.- Se anotará únicamente, cuando la ocupación sea una de las que expresamente, figuran en la norma.

4.6- C.C.C. o Nº S.S. Empresario.- Anotará el número de cuenta de cotización o número de la Seguridad Social del empresario usuario de una empresa de trabajo temporal.

4.7- Identificador de la embarcación.- Si el trabajador/a pertenece al Régimen Especial del Mar, se identificará la embarcación (Matrícula/Lista/Folio).

4.8- Se marcará con una "X" si el trabajador/a se encuentra comprendido/a en alguna de las situaciones que se indican.

4.9- Tiempo Parcial.- Se consignarán en el **apartado A,** las horas de trabajo pactadas al día, a la semana, al mes o al año; en el **apartado B**, se consignarán las horas de que se compone la jornada máxima de los trabajadores de la empresa contratados a tiempo completo para el mismo período indicado en el apartado A; y en el **Coeficiente a Tiempo Parcial** se calculará el coeficiente conforme a la fórmula indicada.

4.10-Número de Seguridad Social (N.S.S.) Trabajador/a sustituido/a.- En el supuesto de que el trabajador/a que causa alta sustituya a otra persona de la empresa, se indicará el Número de Seguridad Social del trabajador/a al que se sustituye.

4.11-Causa de la Sustitución.- Causa que motiva la sustitución del trabajador/a.

4.12-Categoría Profesional.- Se indicará la categoría profesional del trabajador/a si es del Régimen Especial de la Minería del Carbón o del Régimen Especial del Mar.

4.13-C.O.E..- Coeficiente reductor de la edad de jubilación en el supuesto de trabajador/a del Régimen Especial de la Minería del Carbón, personal de vuelo aéreo, trabajadores/as ferroviarios/as o del Estatuto del Minero.

4.14-Convenio Colectivo.- Código de convenio colectivo que regule la relación laboral del trabajador/a que causa alta.

4.15-Se marcará con una "X" si el trabajador/a inicia o cesa en una de las situaciones especiales que se indican: En el supuesto de una situación de guarda legal del trabajador/a, de menores de edad, se anotará el porcentaje de la jornada de trabajo que realizará a partir de la citada guarda legal. De igual forma, se actuará en las suspensiones por regulación de empleo parcial y huelgas parciales.

4.16-Sistema Especial de Frutas y Hortalizas e Industrias de Conservas Vegetales. Si el trabajador se encuadra en este sistema especial del Régimen General, se consignará en el alta el coeficiente de permanencias aplicable apartado (4.16.1) y en el supuesto de baja, además del apartado citado, los días de trabajo efectivamente realizados durante la campaña (4.16.2) y, en su caso, los días en situación de incapacidad temporal, maternidad o riesgo durante el embarazo durante la campaña (4.16.3).

MINISTERIO DE TRABAJO, MIGRACIONES Y SEGURIDAD SOCIAL

TESORERÍA GENERAL DE LA SEGURIDAD SOCIAL

SUBSANACIÓN Y/O MEJORA DE LA SOLICITUD DE ALTA, BAJA O VARIACIÓN DE DATOS DE TRABAJADOR POR CUENTA AJENA O ASIMILADO (TA2/S)

La solicitud de alta, baja o variación de datos del trabajador/a por cuenta ajena o asimilado, cuyos datos figuran a continuación, no reúne los requisitos establecidos por el art. 66 de la Ley 39/2015, de 1 de octubre, del Procedimiento Administrativo Común de las Administraciones Públicas, y/o los establecidos en el Reglamento General aprobado por Real Decreto 84/1996 de 26 de enero, por lo que no se puede dictar resolución expresa en el mismo acto de la presentación de la solicitud.

Nº DE SEGURIDAD SOCIAL DE TRABAJADOR/A

C.C.C.

ALTA ☐ BAJA ☐ VARIACIÓN DE DATOS ☐

FECHA DE ALTA/BAJA/VARIACIÓN DE DATOS

Día ☐ Mes ☐ Año ☐

De conformidad con lo establecido en el art. 68 de la Ley 39/2015, en un plazo de DIEZ DÍAS, la empresa solicitante deberá subsanar la falta que se indica y/o acompañar los documentos que se relacionan.

TA. 2/S Ver dorso

La Administración de la Seguridad Social competente para tramitar la solicitud de alta, baja o variación de datos es la que se indica en este documento.

PLAZO DE RESOLUCIÓN: El plazo máximo para dictar y notificar la resolución sobre la presente solicitud será de cuarenta y cinco días contados a partir de la fecha de su entrada en el Registro de la Dirección Provincial de la Tesorería General de la Seguridad Social o Administración de la Seguridad Social competente para su tramitación. El plazo indicado podrá ser suspendido cuando deba requerirse la subsanación de deficiencias y la aportación de documentos y otros elementos de juicio necesarios, así como en el resto de los supuestos del art. 22.1 de la Ley 39/2015, de 1 de octubre, del Procedimiento Administrativo Común de las Administraciones Públicas. Transcurrido el citado plazo sin que recaiga resolución expresa, la solicitud podrá entenderse estimada, lo que se comunica a efectos de lo establecido en el artículo 21.4 de la Ley 39/2015.

Registro de entrada

MINISTERIO DE TRABAJO, MIGRACIONES Y SEGURIDAD SOCIAL

TESORERÍA GENERAL DE LA SEGURIDAD SOCIAL

RESGUARDO DE SOLICITUD DE ALTA, BAJA O VARIACIÓN DE DATOS DE TRABAJADOR POR CUENTA AJENA O ASIMILADO (TA2/S)

Con la fecha que se indica en el reverso del presente documento ha tenido entrada en el registro de esta Administración de la Seguridad Social la solicitud cuyos datos figuran a continuación:

TA. 2/S Ver dorso

Nº DE SEGURIDAD SOCIAL DE TRABAJADOR/A

C.C.C.

ALTA ☐ BAJA ☐ VARIACIÓN DE DATOS ☐

FECHA DE ALTA/BAJA/VARIACIÓN DE DATOS

Día ☐ Mes ☐ Año ☐

La Administración de la Seguridad Social competente para tramitar la solicitud de alta, baja o variación de datos es la que se indica en este documento.

Si no se subsanara la falta o no se entregasen los documentos solicitados, se le tendrá por desistido de su petición, dictándose la correspondiente resolución, notificándose a la Inspección de Trabajo y Seguridad Social a los efectos pertinentes.

PLAZO DE RESOLUCIÓN: El plazo máximo para dictar y notificar la resolución sobre la presente solicitud será de cuarenta y cinco días contados a partir de la fecha de su entrada en el Registro de la Dirección Provincial de la Tesorería General de la Seguridad Social o Administración de la Seguridad Social competente para su tramitación. El plazo indicado podrá ser suspendido cuando deba requerirse la subsanación de deficiencias y la aportación de documentos y otros elementos de juicio necesarios, así como en el resto de los supuestos del art. 22.1 de la Ley 39/2015, de 1 de octubre, del Procedimiento Administrativo Común de las Administraciones Públicas. Transcurrido el citado plazo sin que recaiga resolución expresa, la solicitud podrá entenderse estimada, lo que se comunica a efectos de lo establecido en el artículo 21.4 de la Ley 39/2015.

Registro de salida

CAPÍTULO 7
COTIZACIÓN A LA SEGURIDAD SOCIAL

7.1. OBLIGACIÓN DE COTIZAR

> La cotización es la acción por la cual los sujetos obligados –empresas y trabajadores– aportan recursos económicos al Sistema de la Seguridad Social en virtud de su inclusión en dicho sistema y por el hecho de ejercer una actividad.

La obligación de cotizar nace desde el inicio de la actividad laboral y se mantiene durante todo el desarrollo de la misma.

Tienen la obligación de cotizar tanto los trabajadores como los empresarios por cuya cuenta trabajen. No obstante, la cotización completa correrá a cargo exclusivamente de los empresarios en lo tocante a las contingencias de accidentes de trabajo y enfermedades profesionales y de Fondo de Garantía Salarial.

7.2. ELEMENTOS DE LA COTIZACIÓN

El importe que se ha de ingresar es la **cuota**, esto es, el resultado de aplicar a la **base de cotización** correspondiente de cada trabajador el **tipo** (porcentaje) fijado para cada uno de los conceptos cotizables (contingencias comunes, accidentes de trabajo y enfermedades profesionales, horas extraordinarias, desempleo, fondo de garantía salarial, formación profesional).

7.3. BASE DE COTIZACIÓN

En la base de cotización al Régimen General se incluye:

- La remuneración total que mensualmente perciba el trabajador.
- El prorrateo, en 12 meses, de la cuantía de las percepciones de vencimiento superior al mensual (fundamentalmente, las pagas extraordinarias).

En la base de cotización se incluyen tanto las retribuciones en **efectivo** como en **especie**.

Desde 2013, la Tesorería General de la Seguridad Social (TGSS) considera cotizables, en su cuantía íntegra:

- Los pluses de transporte y de distancia.
- Las mejoras de prestaciones de Seguridad Social (salvo las de incapacidad temporal).
- Las asignaciones asistenciales y los gastos de manutención y estancia cuando no haya desplazamiento fuera del municipio del lugar de trabajo habitual y del que constituya su residencia.

7.3.1. Valoración de las retribuciones en especie

A efectos de cotización y de su integración en la base, el importe en el que han de cuantificarse las retribuciones en especie cotizables más habituales es el siguiente:

Uso de vivienda.	Si es propiedad de la empresa, el 10 % del valor catastral (en municipio no revisado) o el 5 % (en municipio revisado). Si carece de valoración catastral, el 5 % del 50 % del valor de estos valores: precio de adquisición o valor comprobado por la administración para otros tributos. Si no es propiedad de la empresa, el coste que tenga para esta, tributos incluidos.
Entrega de vehículo.	El coste de adquisición para la empresa, incluidos tributos.
Uso de vehículo.	Si es propiedad de la empresa, 20 % de coste de adquisición. Si no es propiedad de la empresa, 20 % del valor de mercado de vehículo nuevo.
Préstamos con tipos de interés inferiores al interés general del dinero.	Diferencia entre el interés pagado y el interés del dinero vigente.
Manutención, hospedaje, viajes y similares.	Coste para la empresa, tributos incluidos.
Gastos de estudio.	Coste para la empresa, tributos incluidos.
Vales promocionales e instrumentos similares para adquisición de productos o servicios.	Importe del vale.

Acciones o participaciones.	Valor de las mismas en el momento de su entrega.
Seguros.	Importe de la prima o cuota satisfecha por la empresa.
Planes de pensiones.	Importe de las contribuciones de la empresa.

7.3.2. Conceptos no computables

Están excluidos de la base de cotización los siguientes conceptos:

- Las dietas y asignaciones para gastos de viaje, siempre que sean debidas a desplazamientos del trabajador fuera de su centro habitual de trabajo hasta las siguientes cuantías máximas (el exceso, en su caso, sí computaría en la base de cotización):

CONCEPTO	PERNOCTA EN MUNICIPIO DISTINTO AL HABITUAL	SIN PERNOCTA
Estancia	Los que se justifiquen documentalmente.	—
Manutención	53,34€ / día en España y 91,35€ / día en el extranjero.	26,67€ / día en España y 48,08€ /día en el extranjero.

(continuación...)

- Las dietas y asignaciones para locomoción, igualmente siempre que sean debidos a desplazamientos del trabajador para desarrollar su actividad fuera de su centro habitual de trabajo hasta las siguientes cuantías máximas (el exceso sí cotizaría):

MEDIO DE TRANSPORTE	CUANTÍAS MÁXIMAS
Público	Los que se justifiquen documentalmente.
Propio	0,26€/km

- Las indemnizaciones (hasta la cuantía máxima legal o de convenio) por fallecimiento, traslados, suspensiones, despidos y ceses.
- Las prestaciones de la Seguridad Social.
- Las horas extraordinarias, salvo para la cotización en contingencias profesionales y sin perjuicio de su cotización adicional.

7.3.3. Límites de bases y topes de cotización

Anualmente se establecen unos límites máximos y mínimos para las bases de cotización, que para contingencias comunes en 2026 son:

GRUPO DE COTIZACIÓN	CATEGORÍA PROFESIONAL	BASES MÍNIMAS (€/MES)	BASES MÁXIMAS (€/MES)
1	Ingenieros y licenciados. Personal de alta dirección no incluido en el art. 1.3.c) ET.	1.989,30 €	5.101,20 €
2	Ingenieros técnicos, peritos y ayudantes titulados.	1.649,70 €	5.101,20 €
3	Jefes administrativos y de taller.	1.435,20 €	5.101,20 €
4	Ayudantes no titulados.	1.424,40 €	5.101,20 €
5	Oficiales administrativos.	1.424,40 €	5.101,20 €
6	Subalternos.	1.424,40 €	5.101,20 €
7	Auxiliares administrativos.	1.424,40 €	5.101,20 €

GRUPO DE COTIZACIÓN	CATEGORÍA PROFESIONAL	BASES MÍNIMAS (€/DÍA)	BASES MÁXIMAS (€/DÍA)
8	Oficiales de 1.ª y 2.ª.	47,48 €	170,04 €
9	Oficiales de 3.ª y especialistas.	47,48 €	170,04 €
10	No cualificados.	47,48 €	170,04 €
11	Trabajadores menores de 18 años.	47,48 €	170,04 €

En contingencias profesionales, desempleo, FOGASA y Formación Profesional (FP), se establecen anualmente unos topes máximos para las bases de cotización mensuales, que en el año 2026 son:

- Tope máximo: 5.101,20 € mensuales.
- Tope mínimo: 1.424,40 € mensuales.

La operativa, por lo tanto, es que, si la base es inferior al tope mínimo, se cotiza por este (excepto en aquellos contratos en los que está expresamente previsto cotizar por el tiempo realmente trabajado, como en el contrato a tiempo parcial). Y si la base es superior al tope máximo, se cotiza por el mismo, no computándose en exceso.

7.4. TIPOS DE COTIZACIÓN

Para el año 2026, los tipos de cotización en el Régimen General de la Seguridad Social, que se aplicarán sobre las bases de cotización son los siguientes:

CONTINGENCIAS	EMPRESA	TRABAJADOR	TOTAL
Comunes	23,60 %	4,70 %	28,30 %
FOGASA	0,20 %	0,00 %	0,20 %
Formación Profesional (FP)	0,60 %	0,10 %	0,70 %
Desempleo	(*)	(*)	(*)
Profesionales	(**)	(**)	(**)
Mecanismo de Equidad Intergeneracional	0,75 %	0,15 %	0,90 %

(*) En la contingencia de desempleo cabe distinguir, en función del tipo de contrato:

- En la contratación indefinida, contratos formativos, de relevo, de sustitución y en cualquier modalidad suscrita con discapacitados:

Desempleo	5,50 %	1,55 %	7,05 %

- En los contratos de duración determinada:

Desempleo	6,70 %	1,60 %	8,30 %

(**) La cotización por contingencias profesionales, esto es, por accidentes de trabajo y enfermedades profesionales, corre a cargo íntegramente del empresario, siendo nulo todo pacto individual o colectivo por el que se traslade al trabajador el pago de todo o parte de este concepto.

La cotización por estas contingencias profesionales se encuentra sujeta a unas tarifas de primas aprobadas por el Gobierno. Esta tarifa es un listado de actividades económicas y de ocupaciones desarrolladas en el que se establecen los porcentajes a aplicar.

Para 2026, será de aplicación la tarifa contenida en la disposición adicional sexagésima primera de la Ley General de la Seguridad Social.

La tarifa de primas puede encontrarse mediante la consulta en el BOE del texto consolidado de la norma citada: el Real Decreto Legislativo 8/2015, de 30 de octubre, por el que se aprueba el texto refundido de la Ley General de la Seguridad Social, disponible en https://www.boe.es/eli/es/rdlg/2015/10/30/8/con

Se pueden establecer primas adicionales para las empresas que ofrezcan riesgos de enfermedades profesionales, en relación con la peligrosidad de la industria o la clase de trabajo y con la eficacia de las medidas de protección que se empleen.

Asimismo, la autoridad laboral puede aumentar o disminuir estas primas según la actitud de la empresa en prevención de riesgos laborales:

- Aumentarlas hasta un 10 % si incumple la normativa, o un 20 % en caso de reiterado incumplimiento.
- Reducirlas en un 10 % para las empresas que destaquen por la utilización de medios eficaces de prevención de riesgos.

7.5. SUPUESTOS ESPECIALES DE COTIZACIÓN

7.5.1. Horas extraordinarias

Las horas extraordinarias están sujetas a una cotización adicional y no se computan a efectos de determinar la base reguladora de las prestaciones.

Se distinguen dos tipos de horas extraordinarias:

- **Por fuerza mayor**: las necesarias para reparar siniestros y otros daños extraordinarios y urgentes, o los casos de riesgos de pérdida de materias primas.
- **Las restantes**: horas de trabajo efectivo realizadas con carácter adicional a la jornada ordinaria de trabajo y que no se deban a causas de fuerza mayor.

La cotización adicional será la siguiente:

	EMPRESA	TRABAJADOR	TOTAL
Fuerza mayor	12,00 %	2,00 %	14,00 %
Resto	23,60 %	4,70 %	28,30 %

7.5.2. Incapacidad temporal, riesgo durante el embarazo y lactancia natural y nacimiento

Se mantiene la obligación de cotizar por parte de la empresa, aunque la prestación de servicios esté suspendida y no se perciba salario (sino la prestación pública correspondiente a cada supuesto) en las situaciones de:

- Incapacidad temporal.
- Riesgo durante el embarazo.
- Riesgo durante la lactancia natural y en el descanso por nacimiento, adopción y guarda con fines de adopción o acogimiento.

La base de cotización será la correspondiente al mes anterior a la fecha en la que comenzó la situación de que se trate.

7.5.3. Pluriempleo y pluriactividad

Se conoce como pluriempleo la situación en la que un mismo trabajador presta servicios para 2 o más empresarios en actividades que dan lugar a su alta obligatoria en un mismo Régimen de la Seguridad Social.

En el caso de haber pluriempleo, se aplican unas reglas especiales en la cotización. Dado que cada una de las empresas cotiza separadamente, se pretende que, en conjunto, no se excedan de los límites de las bases de cotización:

- En contingencias comunes:
  - Cada empresa cotiza por la parte proporcional de la retribución total que le abone al trabajador, pero con el límite de la fracción del tope máximo que se le asigne. El tope máximo de cotización se distribuye entre todas las empresas en proporción a las retribuciones abonadas por cada una de ellas. La fracción del tope máximo así establecido para cada una de las empresas no puede ser superior a la base máxima del grupo de cotización correspondiente. Para 2026, el tope máximo es de 5.101,20 € mensuales.
  - La base mínima correspondiente al trabajador, según su categoría profesional, se distribuye igualmente entre las empresas en proporción a las retribuciones abonadas por cada una de ellas. Si al trabajador le corresponden diferentes bases mínimas, dada su diferente categoría profesional en las distintas empresas, se toma como base mínima la de superior cuantía.

(continuación...)

- En contingencias profesionales:
  - La base de cotización debe encontrarse entre el tope máximo y el mínimo establecido para los casos de pluriempleo.
  - El tope máximo de cotización se distribuye entre las distintas empresas en proporción a las retribuciones abonadas por cada una de ellas. Para el año 2026, este tope máximo es de 5.101,20 € mensuales.
  - El tope mínimo de cotización se distribuye entre las distintas empresas en proporción a las retribuciones abonadas en cada una de ellas. Para el año 2026, el tope mínimo es de 1.424,40 € mensuales.

En la práctica, esta distribución proporcional de bases y topes, cuando el trabajador está pluriempleado, no supone un problema de cálculo porque la propia Seguridad Social lo da hecho. Cuando existe una situación de pluriempleo, las empresas tienen que solicitar expresamente a la Tesorería General de la Seguridad Social (TGSS) la distribución proporcional de bases y los topes de cotización, aunque también lo puede solicitar el trabajador o puede hacerlo la propia Tesorería de oficio.

Es pluriactividad la situación en la que un mismo trabajador realiza varias actividades que dan lugar a su alta en distintos regímenes de la Seguridad Social.

En el supuesto de pluriactividad, no existe un tratamiento integrado de cotizaciones y no se aplica el límite máximo en las bases de cotización. En cada régimen se cotiza según sus propias normas, sin ninguna especialidad.

7.5.4. Contrato a tiempo parcial

Otro caso particular de cotización es el supuesto de contrato a tiempo parcial, en el que las bases de cotización se determinan por las retribuciones efectivamente percibidas en función de las horas trabajadas.

La base de cotización por contingencias comunes se calcula computando las retribuciones devengadas en el mes al que se refiere la cotización, adicionando la parte proporcional que corresponda en concepto de pagas extraordinarias y otros conceptos de devengo superior al mes, o no, periódicos.

En contingencias profesionales, FOGASA y Formación Profesional (FP) se cotiza igual pero teniendo en cuenta también, en su caso, las horas extraordinarias realizadas por fuerza mayor.

En estos contratos a tiempo parcial, la base mínima mensual se calcula multiplicando el número de horas efectivamente trabajadas por la base horaria correspondiente. A estos efectos, se computa el tiempo de descanso retribuido como horas de trabajo (descanso semanal, festivos, etc.).

Las bases mínimas para el año 2026 son:

GRUPO DE COTIZACIÓN	CATEGORÍA PROFESIONAL	BASES MÍNIMAS (€/MES)
1	Ingenieros y licenciados. Personal de alta dirección no incluido en el art. 1.3.c) ET.	11,98 €
2	Ingenieros técnicos, peritos y ayudantes titulados.	9,94 €
3	Jefes administrativos y de taller.	8,65 €
4	Ayudantes no titulados.	8,58 €
5	Oficiales administrativos.	8,58 €
6	Subalternos.	8,58 €
7	Auxiliares administrativos.	8,58 €
8	Oficiales de 1.ª y de 2.ª.	8,58 €
9	Oficiales de 3.ª y especialistas.	8,58 €
10	No cualificados.	8,58 €
11	Trabajadores menores de 18 años.	8,58 €

7.5.5. Jubilación parcial y contrato de relevo

En estos supuestos, se siguen las mismas normas de cálculo de cotizaciones que en los contratos a tiempo parcial.

7.5.6. Contrato para la formación

La cotización a la Seguridad Social para los contratos de formación en alternancia se efectúa conforme a las siguientes reglas:

- Si la base de cotización no supera la base mínima:

CONTINGENCIAS	EMPRESA	TRABAJADOR	TOTAL
Comunes	57,72 €	11,51 €	69,23 € (cuota única mensual)
FOGASA	4,38 €	–	4,38 € (cuota única mensual)
Formación Profesional (FP)	2,16 €	0,28 €	2,44 € (cuota única mensual)
Desempleo	78,34 €	22,08 €	109,42 €
Profesionales	7,95 €	–	7,95 € (cuota única mensual)
Mecanismo de Equidad Intergeneracional	10,68 €	2,14 €	12,82 €

(continuación...)

- Si la base de cotización supera la base mínima:

CONTIN-GENCIAS	EMPRESA	TRABA-JADOR	TOTAL
Comunes	A la cuota única de la tabla anterior, se sumará el 23,60 % del importe que exceda la base mínima	A la cuota única de la tabla anterior, se sumará el 4,70 % del importe que exceda la base mínima	A la cuota única de la tabla anterior se sumará el 28,30 % del importe que exceda la base mínima
FOGASA	0,20 %	—	0,20 %
Formación Profesional (FP)	0,60 %	0,10 %	0,70 %
Desempleo	6,70 %	1,60 %	8,30 %
Profesionales	A la cuota única de la tabla anterior se le sumará el tipo que corresponda de la tarifa de primas	—	A la cuota única de la tabla anterior se le sumará el tipo que corresponda de la tarifa de primas
Mecanismo de Equidad Intergene-racional	0,75%	0,15 %	0,90 %

7.5.7. Contratos de duración inferior a 30 días

Durante este año 2026, los contratos de duración determinada inferior a 30 días tendrán una cotización adicional de 32,60 € a la finalización del mismo, a cargo del empresario.

7.5.8. Cotización adicional de solidaridad

En 2026 la cotización adicional de solidaridad para los perceptores de retribuciones que superen la base máxima, se ajustará a los tramos y tipos que en cada caso se indican:

Retribución	Empresa	Trabajador	Total
Entre 5.101,20 y 5.611,32 €	0,96 %	0,19 %	1,15 %
Entre 5.611,33 y 7.651,80 €	1,04 %	0,21 %	1,25 %
A partir de 7.651,80 €	1,22 %	0,24 %	1,46 %

7.6. RECAUDACIÓN

La Ley General de la Seguridad Social contempla la posibilidad de autoliquidación por parte del propio sujeto obligado o también de la liquidación directa por la Tesorería General de la Seguridad Social (TGSS).

En los últimos años, mediante una progresiva incorporación, se ha ido generalizando el segundo de los sistemas (liquidación directa), de forma que es la propia TGSS la que determina la cotización correspondiente.

Las empresas obligadas, a través de la aplicación SILTRA o, residualmente, del sistema RED Directo, transmiten una serie de ficheros con la información sobre altas, bajas y variaciones de los trabajadores, retribución de los mismos, etc. La Tesorería calcula la liquidación, de este modo, con los datos que se le suministran.

La aceptación y presentación por el sujeto obligado debe llevarse a efecto hasta el penúltimo día del mes natural siguiente al de devengo.

El ingreso de la liquidación resultante ha de producirse hasta el último día de dicho mes por pago electrónico o domiciliación en cuenta.

Como acreditación de la cotización, se genera un documento denominado RLC (Recibo de Liquidación de Cuotas) y otro denominado RNT (Relación Nominal de Trabajadores).

Si los sujetos responsables del pago de cuotas no las ingresan en plazo, pero han cumplido sus obligaciones en materia de liquidación, han de abonar los siguientes recargos:

- 10 % de la deuda, si se abonasen las cuotas debidas dentro del primer mes natural siguiente al del vencimiento del plazo para su ingreso.
- 20 % de la deuda, si se abonasen las cuotas debidas a partir del segundo mes natural siguiente al del vencimiento del plazo para su ingreso.

Si los sujetos responsables, además de no ingresarlas en plazo, tampoco han cumplido sus obligaciones en materia de liquidación:

- 20 % de la deuda, si se abonan las cuotas debidas antes de la terminación del plazo de ingreso de la reclamación de deuda o acta de liquidación.
- 35 % de la deuda, si se abonan a partir de la terminación de dicho plazo de ingreso.

Además de los recargos mencionados, se devengará el correspondiente interés de demora, al tipo de interés legal del dinero vigente en cada momento e incrementado en un 25 %, salvo que la Ley de Presupuestos establezca uno diferente.

Si la empresa obligada no puede hacer frente al pago de las cuotas, puede solicitar un aplazamiento ante los órganos de recaudación de la TGSS. Están excluidas del aplazamiento las cuotas que se le hayan retenido al trabajador, así como las aportaciones para las contingencias de los accidentes de trabajo y de las enfermedades profesionales.

Se puede solicitar el aplazamiento o fraccionamiento acreditando las causas que lo motivan y la TGSS es el órgano que puede concederlo conforme a lo previsto en el Reglamento General de Recaudación.

Las deudas con la Seguridad Social prescriben a los 4 años, si bien la prescripción se interrumpe por cualquier actuación administrativa de liquidación o reclamación de pago al deudor.

EJERCICIOS PRÁCTICOS DE COTIZACIÓN RESUELTOS

Caso 1.º Confeccionaremos la liquidación correspondiente al mismo supuesto que aparece en el ejemplo práctico resuelto 1.º del apartado de nóminas (página 229), considerando que la actividad de la empresa en la CNAE es 74 (otras actividades).

En el caso resuelto 2.º del apartado de nóminas (página 230), el recibo de liquidación será igual a este, puesto que el haber percibido un anticipo no influye en la cotización.

En el caso resuelto 3.º también será la misma liquidación de cotizaciones, porque las dietas no eran cotizables, como se indicó.

MINISTERIO
DE TRABAJO
Y ASUNTOS SOCIALES

Tesorería General
de la Seguridad Social

tc1

Periodo de liquidación 06-06 2026
Calificador de liquidación L00
Clase de liquidación 00

Clave Cuenta Cotización 28/1111111-67
Razón Social EMPRESA INICITIVAS SA
Modalidad de Pago Presentación TC1
Número de Trabajadores 1

Descripción	Base	Tipos (%)	Importe
Contingencias Comunes	1908,34	28,30	540,06
Líquido cotizaciones generales			540,06
Base Contingencias AT y EP	1908,34		
Cuotas por IT por AT y EP			17,18
Cuotas por I.M.S.			16,22
Total de cuotas de AT y EP			33,40
Líquido A.T. y E.P.			33,40
Otras cotizaciones (Desempleo, FOGASA y F.P.)	1908,34		151,72
Líquido otras cotizaciones			151,72
Importe a ingresar			725,18

MINISTERIO
DE TRABAJO
Y ASUNTOS SOCIALES

Relación Nominal de Trabajadores

Datos de envío

Código de envío:
Número de autorización:
Periodo de liquidación: 06-06 2026
Clase de liquidación: 00
Calificador de liquidación: L00
Número de trabajadores: 1

tc2

Datos empresa:

Razón Social: EMPRESA INICITIVAS SA
Código de empresario: 9 0B81111111
Código cuenta de cotización: 0111 28 111111167

Hoja nº.: 1 de 1

NAF	IPF	CAF	Mes	Ind.	D/H cot.	Tipo Cto.	Oc.	Bases compensación/deducción Descripción	Importe(€)	Dias	T.R.	F.Inicio
28 2222222244	1 000001111F	BLGOI	06		30 D	100		Cont.Com. y AT/EP	1908,34			

SUMA DE BASES (€)

SUMA DE COMPENSACIONES Y DEDUCCIONES(€)

Contingencias Comunes	1908,34
Base Cont. AT/EP	1908,34

Este documento tiene la consideración de borrador

Caso 2.º Este sería el recibo de liquidación correspondiente a las cotizaciones del caso práctico 3.º de la parte de nóminas (página 231):

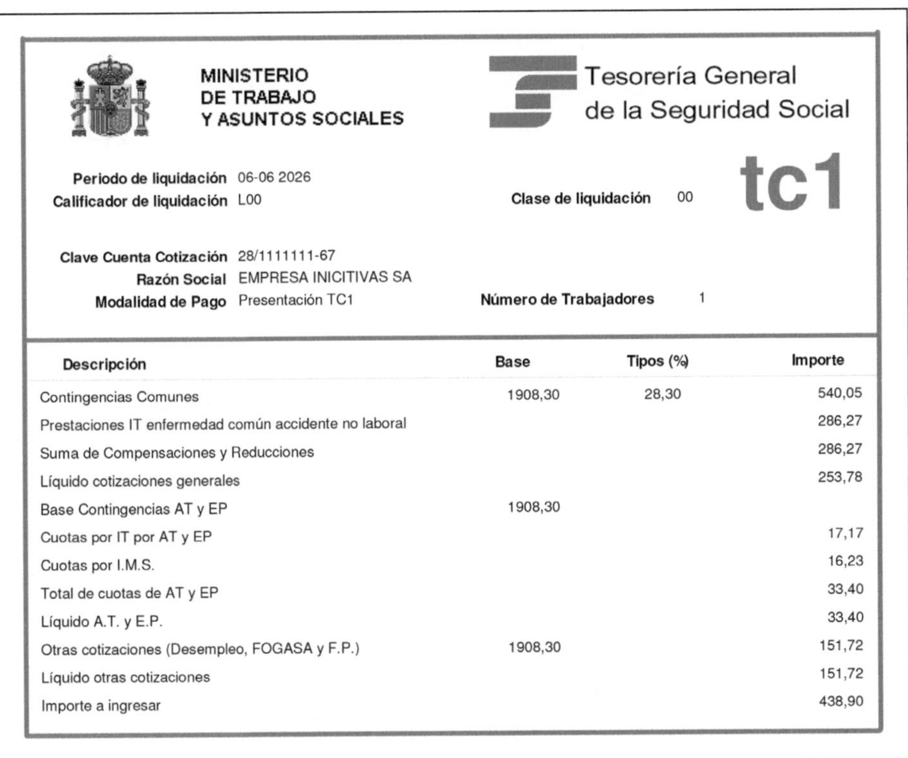

MINISTERIO DE TRABAJO Y ASUNTOS SOCIALES

Tesorería General de la Seguridad Social

tc1

Periodo de liquidación 06-06 2026
Calificador de liquidación L00
Clase de liquidación 00

Clave Cuenta Cotización 28/1111111-67
Razón Social EMPRESA INICITIVAS SA
Modalidad de Pago Presentación TC1
Número de Trabajadores 1

Descripción	Base	Tipos (%)	Importe
Contingencias Comunes	1908,30	28,30	540,05
Prestaciones IT enfermedad común accidente no laboral			286,27
Suma de Compensaciones y Reducciones			286,27
Líquido cotizaciones generales			253,78
Base Contingencias AT y EP	1908,30		
Cuotas por IT por AT y EP			17,17
Cuotas por I.M.S.			16,23
Total de cuotas de AT y EP			33,40
Líquido A.T. y E.P.			33,40
Otras cotizaciones (Desempleo, FOGASA y F.P.)	1908,30		151,72
Líquido otras cotizaciones			151,72
Importe a ingresar			438,90

Relación Nominal de Trabajadores

Datos de envío
Código de envío: Número de autorización:
Periodo de liquidación: 06-06 2026 Clase de liquidación: 00
Calificador de liquidación: L00 Número de trabajadores: 1

tc2

Datos empresa:
Razón Social: EMPRESA INICITIVAS SA
Código de empresario: 9 0B81111111
Código cuenta de cotización: 0111 28 111111167

Hoja nº.: 1 de 1

NAF	IPF	CAF	Mes	Ind.	D/H cot.	Tipo Cto.	Oc.	Bases compensación/deducción Descripción	Importe(€)	Dias	T.R.	F.Inicio
28 2222222244	1 000001111F	BLGOI	06		8 D	100		Cont.Com. y AT/EP	508,88			
			06	I	22 D	100		Cont.Com. y AT/EP	1399,42			
			06	I	22 D	100		Prest. IT e.c. Acc.no Lab	286,27	7	00	02/06/2026

SUMA DE BASES (€)

Contingencias Comunes	1908,30
Base Cont. AT/EP	1908,30

SUMA DE COMPENSACIONES Y DEDUCCIONES(€)

Prest. IT e.c. Acc.no Lab	286,27

Este documento tiene la consideración de borrador

CAPÍTULO 8
PRINCIPALES PRESTACIONES DE LA SEGURIDAD SOCIAL

8.1. INCAPACIDAD TEMPORAL

Tienen la consideración de situaciones determinantes de incapacidad temporal (IT) las debidas a enfermedad común o profesional y a accidente, sea o no de trabajo, mientras el trabajador reciba asistencia sanitaria de la Seguridad Social y esté impedido para el trabajo, así como los períodos de observación por enfermedad profesional en los que se prescriba la baja en el trabajo durante los mismos.

8.1.1. Beneficiarios

Son beneficiarios los afiliados a la Seguridad Social en situación de alta o asimilada que tengan cubierto un período de cotización de 180 días en los últimos 5 años anteriores al hecho causante para los casos de enfermedad común; y sin necesidad de período previo de cotización en caso de accidente, sea o no de trabajo, o de enfermedad profesional.

8.1.2. Base reguladora

La base reguladora diaria, en caso de enfermedad común o accidente no laboral, es el resultado de dividir el importe de la base de cotización del trabajador en el mes anterior al de la fecha de iniciación de la incapacidad entre el número de días a que dicha cotización se refiere.

No obstante, si el trabajador ingresa en la empresa en el mismo mes en el que se inicia la incapacidad, se tomará la base de cotización de dicho mes para calcular la base reguladora, pero dividiéndola entre los días efectivamente cotizados.

Para el accidente de trabajo o la enfermedad profesional es la misma que en el caso anterior, adicionando el promedio diario de horas extraordinarias del año natural anterior.

Existen normas específicas de cálculo para trabajadores a tiempo parcial o para trabajadores con contrato para la formación y el aprendizaje.

8.1.3. Cuantía

La cuantía de la prestación de IT, en caso de enfermedad común o accidente no laboral, es del 60 % de la base reguladora desde el día 4.º hasta el 20.º inclusive, y del 75 % desde el día 21.º en adelante.

En caso de accidente de trabajo o enfermedad profesional, será del 75 % desde que nace el derecho.

8.1.4. Responsables de la prestación

En el caso de enfermedad común o accidente no laboral, la empresa es responsable del pago de la prestación desde el día 4.º al 15.º inclusive, y el Instituto Nacional de la Seguridad Social (INSS) o la mutua colaboradora, desde el 16.º en adelante.

En el supuesto de accidente de trabajo o enfermedad profesional, desde el primer día corresponde a la entidad gestora (INSS) o colaboradora (la mutua correspondiente).

8.1.5. Pago delegado

El abono de la prestación al trabajador lo efectúa la propia empresa, en concepto de pago delegado, si bien luego la parte que ha anticipado y resulta imputable a INSS (o mutua) se lo deducirá de sus cotizaciones sociales.

8.1.6. Pago directo

Sin embargo, serán el INSS o la mutua quienes abonen directamente la prestación al trabajador, en determinados supuestos. Los más frecuentes son:

- Cuando, una vez iniciada la situación de IT, se extingue el contrato de trabajo.
- Si la empresa tiene menos de 10 trabajadores y lleva más de 6 meses pagando a cualquiera de ellos la prestación de IT y solicita que la entidad gestora se haga cargo.
- Cuando el empresario incumple su obligación de pago y el trabajador reclama directamente a la entidad gestora.

8.1.7. Duración de la prestación

- La prestación de IT tiene una duración inicial máxima, en caso de accidente o enfermedad, de 365 días, prorrogables por el INSS por otros 180 días más cuando se presuma que, durante ellos, el trabajador pueda ser dado de alta médica por curación.
- En caso de períodos de observación por enfermedad profesional, 6 meses prorrogables por otros 6 cuando se estime necesario para el estudio y diagnóstico de la enfermedad.

8.1.8. Extinción

La prestación se extingue:

- Por el transcurso del plazo máximo de 545 días naturales desde la baja médica.
- Por un alta médica debida a curación o una mejoría que permita al trabajador realizar su trabajo habitual.
- Por inicio de expediente de incapacidad permanente (en este caso se permite prorrogar adicionalmente la prestación de IT aun cuando luego se regularice con efectos retroactivos).
- Por el reconocimiento de pensión de jubilación.
- Por la incomparecencia injustificada del beneficiario a cualquiera de las convocatorias para reconocimientos médicos.
- Por fallecimiento.

8.1.9. Gestión

La normativa aplicable detalla quienes son los responsables del seguimiento y control de la baja en los distintos supuestos, quienes pueden formular propuestas de alta, quienes emiten las bajas y altas, etc.

Cuando el trabajador no está de acuerdo con el alta, puede acudir a los distintos procesos de impugnación regulados en la normativa.

8.1.10. Situaciones especiales de incapacidad temporal

Se reconoce el derecho de las mujeres a una situación especial de IT en los casos de:

- Menstruaciones incapacitantes secundarias, a fin de conciliar el derecho a la salud con el empleo.
- Interrupción voluntaria o involuntaria del embarazo.
- Desde el primer día de la semana 39.ª de embarazo.

Estos procesos son considerados como derivados de las contingencias comunes, salvo en el caso de la interrupción involuntaria del embarazo cuando fuera consecuencia de un accidente de trabajo o de enfermedad profesional.

En todos estos casos, la prestación es a cargo de la Seguridad Social. En el caso de menstruación incapacitante, desde el mismo día de la baja. En el resto, desde el día siguiente a la baja, debiendo el empresario abonar el salario íntegro que corresponda al día de la baja.

8.2. RIESGO DURANTE EL EMBARAZO

Se abona durante el período de suspensión del contrato de trabajo en los supuestos en que el puesto de trabajo de la mujer embarazada influya negativamente sobre su salud o la del feto y no es técnicamente viable, u objetivamente posible, el cambio por otro puesto compatible con su estado.

8.2.1. Beneficiarias

Las trabajadoras deben estar afiliadas y en situación de alta, sin que se exija un período mínimo de cotización.

8.2.2. Base reguladora

La misma que para la prestación de IT derivada de contingencias comunes.

8.2.3. Cuantía

La prestación es del 100 % de la base reguladora.

8.2.4. Gestión y pago

Se solicita ante la mutua colaboradora que corresponda, o ante el INSS, y solo existe la modalidad de pago directo, pues no hay pago delegado por la empresa.

8.3. RIESGO DURANTE LA LACTANCIA NATURAL

Se abona durante el período de suspensión del contrato de trabajo en los supuestos en que el puesto de trabajo de la mujer influya negativamente sobre la lactancia natural y no es técnicamente viable, u objetivamente posible, el cambio por otro puesto compatible con su estado.

8.3.1. Beneficiarias

Las trabajadoras deben estar afiliadas y en situación de alta, sin que se exija un período mínimo de cotización.

8.3.2. Base reguladora

Es la misma que en el caso de la prestación de IT derivada de contingencias comunes.

8.3.3. Cuantía

La prestación es equivalente al 100 % de la base reguladora.

8.3.4. Gestión y pago

Se solicita ante la mutua colaboradora, o ante el INSS, y solo existe pago directo, sin intervención de la empresa en el pago.

8.4. NACIMIENTO Y CUIDADO DEL MENOR

Se consideran situaciones protegidas el descanso que se disfrute por razón de nacimiento, adopción, guarda con fines de adopción y acogimiento familiar no inferior a 1 año.

8.4.1. Beneficiarios

Aquellas personas trabajadoras que estén en situación de alta, o asimilada, en la Seguridad Social y disfruten de los citados descansos del artículo 48.4, 5 y 6 del Estatuto de los Trabajadores, siempre que tengan cubiertas al menos los siguientes períodos de cotización:

- **Menores de 21 años**: no se exige período mínimo cotizado.
- **Entre 21 y 26 años**: 90 días en los últimos 7 años o 180 días en toda su vida laboral.
- **Más de 26 años**: 180 días en los últimos 7 años o 360 en toda su vida laboral.

8.4.2. Base reguladora

Se calcula igual que en la IT derivada de contingencias comunes.

8.4.3. Cuantía

La prestación es equivalente al 100 % de la base reguladora.

8.4.4. Duración

La prestación tendrá la misma duración que el descanso, esto es, de ordinario, 16 semanas.

En caso de parto prematuro, o si el recién nacido precisa hospitalización superior a 7 días, la duración se ampliará los días que el recién nacido esté hospitalizado, hasta un máximo de 13 semanas adicionales.

En caso de haber un hijo con discapacidad, se ampliará en 2 semanas.

8.4.5. Gestión y pago

Se solicita directamente al INSS por la persona trabajadora y este realiza el pago directo, pues no existe pago delegado por parte de la empresa.

8.5. PRESTACIÓN POR CUIDADO DE MENOR CON ENFERMEDAD GRAVE

Se abona durante el período de reducción de jornada de trabajo (en, al menos, un 50 %) que lleven a cabo los progenitores adoptantes, guardadores con fines de adopción o acogedores con carácter permanente, cuando ambos trabajen, para el cuidado directo, continuo y permanente del menor a su cargo afectado por cáncer o por cualquier otra enfermedad grave que requiera ingresos hospitalario de larga duración, durante el tiempo de hospitalización y el posterior tratamiento médico o cuidado del menor en domicilio.

8.5.1. Beneficiarios

Los trabajadores deben estar afiliados y en situación de alta y acreditar el mismo período mínimo de cotización que en el caso de la prestación por nacimiento.

8.5.2. Base reguladora

Es la misma que en el caso de la prestación de IT derivada de contingencias profesionales.

8.5.3. Cuantía

La prestación es equivalente al 100 % de la base reguladora, pero se reconocerá en el porcentaje en que la persona beneficiaria reduzca su jornada.

8.5.4. Gestión y pago

Se solicita ante la mutua colaboradora o ante el INSS y solo existe pago directo, sin intervención de la empresa en el mismo.

8.6. INCAPACIDAD PERMANENTE PARCIAL

Con carácter general, es incapacidad permanente (IP):

> La situación del trabajador que, después de haber estado sometido al tratamiento prescrito, presenta reducciones anatómicas o funcionales graves que disminuyan o anulen su capacidad laboral y que sean susceptibles de determinación objetiva además de previsiblemente definitivas.

La IP puede alcanzar cuatro grados:

- **Parcial** para la profesión habitual.
- **Total** para la profesión habitual.
- **Absoluta** para toda profesión.
- **Gran invalidez**.

La incapacidad permanente parcial para la profesión habitual es:

Aquella incapacidad que, sin alcanzar el grado de total, ocasiona al trabajador una disminución no inferior al 33 % en el rendimiento para dicha profesión, sin impedirle la realización de las tareas fundamentales de la misma.

8.6.1. Beneficiarios

El trabajador debe estar en situación de alta o asimilada, no tener la edad de jubilación y tener cubierto un período de cotización de 1800 días en los 10 años inmediatamente anteriores si está motivada por enfermedad común, sin que se exija período de cotización en caso de enfermedad profesional o de accidente.

Los trabajadores menores de 21 años de edad en la fecha de la baja por IT deberán acreditar que tienen cotizados la mitad de los días transcurridos entre la fecha en que hayan cumplido los 16 años de edad y 545 días después del inicio del proceso de la IT.

8.6.2. Base reguladora

La misma de la prestación de IT de la que deriva.

8.6.3. Cuantía

Es una prestación a tanto alzado cuya cuantía equivale a 24 mensualidades de la base reguladora.

8.6.4. Gestión y pago

Se solicita ante la mutua colaboradora o el INSS y se abona en modalidad de pago directo.

8.7. INCAPACIDAD PERMANENTE TOTAL

La incapacidad permanente total (IPT) es aquella incapacidad que inhabilita al trabajador para la realización de todas, o las fundamentales, tareas de su profesión habitual, siempre que pueda dedicarse a otra profesión distinta.

8.7.1. Beneficiarios

El trabajador debe estar en situación de alta o asimilada, no tener la edad de jubilación y, si la IP deriva de enfermedad común, tener cotizado a la Seguridad Social el siguiente período:

- Si el trabajador es **menor de 31 años**, la tercera parte del tiempo transcurrido entre la fecha en que cumplió 16 y la del hecho causante de la prestación.
- Si tiene **31 años o más**, la cuarta parte del tiempo transcurrido entre la fecha en que cumplió 20 y la del hecho causante, con un mínimo de 5 años. Además, 1/5 de dicho período mínimo de cotización debe estar comprendido en los últimos 10 años.

Si la IP está motivada por enfermedad profesional o accidente, no se exige período de cotización.

8.7.2. Base reguladora

Si la incapacidad deriva de **enfermedad común**:

- Para el trabajador que es **mayor de 52 años y menor de 65** en la fecha del hecho causante, se hallará el cociente que resulte de dividir entre 112 las bases de cotización del interesado durante los 96 meses inmediatamente anteriores al mes previo al del hecho causante.

  Las bases de los 24 meses anteriores se computan en su valor nominal y las restantes se actualizan de acuerdo con la evolución del IPC. Al resultado obtenido se le aplicará el porcentaje que corresponda en función de los años de cotización, según la escala prevista para las pensiones de jubilación, pero considerándose a tal efecto como cotizados los que falten hasta cumplir la edad ordinaria de jubilación.

  En caso de no alcanzarse 15 años de cotización, el porcentaje aplicable será el 50 %.
- Para el trabajador que es **menor de 52 años** en la fecha del hecho causante, la base reguladora se obtendrá de forma análoga al supuesto anterior, pero el cociente se hallará dividiendo la suma de las bases mensuales de cotización en número igual al de meses de que conste el período mínimo de cotización exigible, sin tener en cuenta las fracciones de mes, entre el número de meses a que dichas bases se refieran, multiplicando este divisor por el coeficiente 1,1666, y excluyendo de la actualización, en todo caso, las bases correspondientes a los 24 meses inmediatamente anteriores al mes previo a aquél en que se produzca el hecho causante.
- Para el trabajador que es **mayor de 65 años** pero no reúne los requisitos para la jubilación, la base reguladora será el resultado de dividir entre 112 las bases de cotización del interesado durante los 96 meses inmediatamente anteriores al mes previo al del hecho causante.

Cuando deriva de **accidente no laboral**:

> La base reguladora es el resultado de dividir entre 28 la suma de las bases de cotización del interesado durante un período ininterrumpido de 24 meses elegido por este y dentro de los 7 últimos años.

Si es por **accidente de trabajo o enfermedad profesional**, es el cociente de dividir entre 12 los siguientes sumandos:

> - El salario diario multiplicado por 365 días.
> - La antigüedad multiplicada por 365 días.
> - Las pagas extraordinarias del año anterior al accidente.
> - La participación en beneficios obtenida en los 12 meses anteriores.
> - Los pluses y retribuciones complementarias, incluidas las horas extraordinarias, que se hayan percibido en los 12 meses anteriores, dividido entre el número de días realmente trabajados y multiplicado por 273.

8.7.3. Cuantía

La cuantía es una pensión mensual del 55 % de la base reguladora.

Se puede incrementar en un 20 % (es lo que se suele conocer como «IPT cualificada») cuando el beneficiario es mayor de 55 años y, por su nivel de preparación y por las circunstancias sociolaborales de su lugar de residencia, se presuma la dificultad de obtener empleo en actividad distinta a la que era la suya habitual.

Excepcionalmente, la prestación periódica puede sustituirse por una indemnización a tanto alzado, siempre que se solicite en el plazo de 3 años cuando el trabajador sea menor de 60 años, se presuma que no va a haber modificación de su grado de incapacidad y esté trabajando. En ese caso, la cuantía de la indemnización será de 84 mensualidades de la pensión si el beneficiario es menor de 54 años. Si es mayor, se aplica una escala descendente de 12 mensualidades por año, que va desde 72 mensualidades con 54 años hasta 12 mensualidades con 59 años. Al cumplir los 60 años, el beneficiario pasa a percibir la pensión reconocida inicialmente, con las revalorizaciones legales.

8.7.4. Gestión y pago

Las abona mensualmente la entidad gestora.

Cuando deriva de enfermedad común y accidente no laboral se abona en 14 pagas al año, una por cada uno de los meses del año y las 2 pagas extraordinarias anuales que se hacen efectivas junto con las mensualidades de junio y noviembre y por el mismo importe que el de la mensualidad ordinaria correspondiente a dichos meses.

Si deriva de accidente de trabajo y enfermedad profesional, se abona en 12 mensualidades, ya que las pagas extraordinarias están prorrateadas dentro de las mensualidades ordinarias al haber sido tenidas en cuenta para el cálculo de la base reguladora de la pensión.

8.7.5. Incompatibilidad

La pensión de IPT es incompatible con el hecho de continuar ejerciendo las mismas funciones que dieron lugar a la declaración de incapacidad, pero sí es compatible con el salario que pueda percibir el trabajador de la misma empresa u otra distinta por ejercer otras funciones diferentes.

El incremento del 20 % de la IPT cualificada sí es incompatible con cualquier otro salario.

8.8. INCAPACIDAD PERMANENTE ABSOLUTA

La incapacidad permanente absoluta (IPA) es aquella incapacidad que inhabilita por completo al trabajador para toda profesión u oficio.

8.8.1. Beneficiarios

Si el trabajador está de alta o en situación asimilada debe tener el mismo período de cotización que para la incapacidad permanente total que derive de enfermedad común, pero no se exige período de cotización si deriva de accidente o de enfermedad profesional.

Si no está de alta, ha de tener cotizados 15 años, de los cuales, al menos 1/5 parte, deberán haberse cotizado en los últimos 10 años inmediatamente anteriores a la fecha de jubilación.

8.8.2. Base reguladora

Si el beneficiario está de alta, se calcula igual que en la IPT.

Si no lo está, será el resultado de dividir entre 112 las bases de cotización del interesado durante los 96 últimos meses. Las de los últimos 24 meses se computan por su valor y el resto se actualización aplicando el IPC.

8.8.3. Cuantía

Consiste en una pensión del 100 % de la base reguladora.

8.8.4. Incompatibilidad

La percepción de la pensión no impide el ejercicio de aquellas actividades que sean compatibles con su estado, pero debe comunicarse el inicio de cualquier trabajo a la entidad gestora, por si procediera revisión del grado de incapacidad.

A partir de la edad de acceso a la jubilación, esta pensión no es compatible con ningún trabajo por cuenta propia o ajena.

8.8.5. Gestión y pago

El pago se lleva a cabo por la entidad gestora o colaboradora en la misma forma que en las IPT.

8.9. GRAN INCAPACIDAD

Se entiende por gran incapacidad (GI) la situación de aquel trabajador afectado de incapacidad permanente que, a consecuencia de pérdidas anatómicas o funcionales, necesita la asistencia de otra persona para llevar a cabo los actos esenciales de la vida.

8.9.1. Beneficiarios

Se exigen los mismos requisitos que para la IPA.

8.9.2. Base reguladora

Se calcula igual que en el caso de la IPA.

8.9.3. Cuantía

Es una prestación del 100 % de la base reguladora, más un complemento destinado a cubrir el gasto de la persona que atiende a la persona incapaz.

Dicho complemento será el resultado de sumar el 45 % de la base mínima de cotización vigente en el Régimen General en el momento del hecho causante, cualquiera que sea el régimen en el que se reconozca la pensión, y el 30 % de la última base de cotización del trabajador correspondiente a la contingencia de la que derive la situación de incapacidad permanente. Este complemento no podrá tener en ningún caso un importe inferior al 45 % de la pensión percibida por el trabajador (excluido el complemento).

Ese incremento puede sustituirse, a petición del interesado, por su internamiento en una institución pública que le ofrezca alojamiento y cuidado.

8.9.4. Incompatibilidad

Se aplican las mismas reglas que en la incapacidad permanente absoluta.

8.9.5. Gestión y pago

Como la IPA.

8.10. LESIONES PERMANENTES NO INCAPACITANTES

Son las lesiones, mutilaciones o deformidades, de carácter definitivo, causadas por accidentes de trabajo o enfermedades profesionales que (sin llegar a constituir una incapacidad permanente) suponen una disminución o alteración de la integridad física del trabajador y están reconocidas en el baremo establecido al efecto.

8.10.1. Beneficiarios

Aquellas personas afiliadas a la Seguridad Social y en situación de alta o asimilada, que hayan sido dadas de alta médica en su IT por curación y a las que les haya quedado una secuela prevista en el baremo oficial.

8.10.2. Cuantía

La prestación consiste en una indemnización única y a tanto alzado, cuya cuantía está fijada por baremo para cada lesión, mutilación o deformidad que en el mismo se recogen.

El baremo de lesiones permanentes no incapacitantes (LPNI) está fijado por la Orden ISM/450/2023, de 4 de mayo, por la que se actualizan las cantidades a tanto alzado de las indemnizaciones por lesiones, mutilaciones y deformidades de carácter definitivo y no incapacitantes. Al cierre de esta edición puede encontrarse en la web del Boletín Oficial del Estado (BOE) en el siguiente enlace: https://www.boe.es/eli/es/o/2023/05/04/ism450/con

8.11. JUBILACIÓN

Es la prestación para personas que alcanzan la edad reglamentaria y cesan en la actividad laboral.

Hay distintas posibilidades:

- **Jubilación ordinaria total**: cuando, cumpliendo los requisitos exigibles, el trabajador cesa totalmente en su actividad laboral.
- **Jubilación flexible**: la derivada de la posibilidad de compatibilizar la pensión de jubilación con un contrato a tiempo parcial. Este hecho conlleva la consecuente minoración de la pensión de jubilación (entre el 25 % y el 50 %) en proporción inversa a la reducción aplicable a la jornada de trabajo del pensionista (entre el 50 % y el 75 %) por lo que respecta a la de un trabajador a tiempo completo comparable.

(continuación...)

- **Jubilaciones anticipadas**: situaciones en las que, por diferentes situaciones legales, se permite el acceso a la jubilación sin tener aún la edad exigida para la ordinaria. Hay diferentes jubilaciones anticipadas reguladas por razón del grupo o actividad profesional, por discapacidad, por tener la condición de mutualista, por cese no voluntario en el trabajo, por expediente de regulación de empleo, etc.
- **Jubilación parcial**: la iniciada después del cumplimiento de los 60 años, simultánea con un contrato de trabajo a tiempo parcial y vinculada, o no, con un contrato de relevo celebrado con un trabajador en situación de desempleo o que tenga concertado con la empresa un contrato de duración determinada.

En la web www.seg-social.es, de la Seguridad Social puede encontrarse la regulación de cada supuesto. En el momento de cerrar la presente edición, puede accederse en el siguiente enlace: http://www.seg-social.es/wps/portal/wss/internet/Trabajadores/ PrestacionesPensionesTrabajadores/10963/28393

8.11.1. Beneficiarios

Los requisitos para acceder a la jubilación ordinaria en 2026 son tener 66 años y 10 meses, o bien 65 años si se ha cotizado un mínimo de 38 años y 3 meses.

Para las otras modalidades de jubilación, puede consultarse el enlace indicado.

8.11.2. Base reguladora

En la jubilación ordinaria, para el año 2026, se aplicará la más beneficiosa de estas dos opciones: o bien el cociente de dividir entre 350 las bases de cotización de los 300 meses inmediatamente anteriores al mes previo al hecho causante, o bien el cociente de dividir entre 378 las 324 bases de cotización de mayor importe comprendidas dentro del periodo de los 348 meses inmediatamente anteriores al mes previo al del hecho causante.

8.11.3. Cuantía

El porcentaje es variable en función de los años de cotización a la Seguridad Social, aplicándose una escala que, en este año 2026, comienza con el 50 % a los 15 años. A partir del decimosexto año aumenta un 0,21 % por cada mes adicional de cotización entre los meses 1 y 49, y un 0,19 % los que rebasen el mismo. En ningún caso el porcentaje aplicable a la base reguladora debe superar el 100 %, salvo en los casos en que se acceda a la pensión con una edad superior a la que resulte aplicable.

8.11.4. Gestión y pago

La prestación la abona la entidad gestora en 14 pagas, correspondientes a cada uno de los meses del año y a las 2 pagas extraordinarias anuales que se hacen efectivas junto con las mensualidades de junio y noviembre y por el mismo importe que el de la mensualidad ordinaria correspondiente a dichos meses.

8.12. PROTECCIÓN POR MUERTE Y SUPERVIVENCIA

Cuando el trabajador fallece, estando en situación de alta o asimilada, se reconocen una serie de prestaciones a sus familiares.

8.12.1. Auxilio de defunción

El fallecimiento del causante dará derecho a la **percepción** inmediata de un auxilio por defunción para hacer frente a los gastos de sepelio a aquella persona que los haya soportado. Se presumirá, salvo prueba en contrario, que dichos gastos han sido satisfechos por este orden: por el cónyuge superviviente, por el sobreviviente de una pareja de hecho, por los hijos y por los parientes del fallecido que conviviesen con él habitualmente.

Su cuantía es de 46,50 € por una sola vez y la abona el INSS.

8.12.2. Pensión de viudedad

Para tener derecho a la misma, es necesario que el fallecido hubiera cotizado a la Seguridad Social 500 días dentro de un período ininterrumpido de 5 años inmediatamente anteriores al fallecimiento, o a la fecha en la que cesó la obligación de cotizar en el caso de que el fallecimiento se deba a enfermedad común. Si se debe a enfermedad profesional o accidente, no se exige período previo de cotización.

Tendrá derecho a tal pensión el cónyuge superviviente. No obstante, si el fallecimiento deriva de una enfermedad común anterior al matrimonio, debe acreditar que existen hijos comunes o que el matrimonio se ha celebrado con un año de antelación al fallecimiento, o que haya existido un período de convivencia con el causante como pareja de hecho que, sumado al de matrimonio, haya superado los 2 años.

También tiene derecho a esta pensión las persona separada legalmente o divorciada (siempre que no haya contraído nuevo matrimonio o constituido pareja de hecho) cuando sea acreedor de una pensión compensatoria y esta se extinga con el fallecimiento del causante, o bien que sea víctima de violencia de género. Si la separación judicial o el divorcio fuera anterior al 1 de enero de 2008, no es necesario que exista pensión compensatoria, siempre que entre la fecha de separación o divorcio y la de fallecimiento no hayan transcurrido 10 años, el matrimonio haya durado al menos 10 años y, o bien haya hijos comunes o bien el beneficiario tenga más de 50 años. También se reconocerá, aunque no se den tales requisitos, en caso de que la persona beneficiaria tenga 65 años o más, no tenga derecho a otra pensión pública y la duración del matrimonio no haya sido inferior a 15 años.

También tiene derecho el superviviente cuyo matrimonio haya sido declarado nulo con derecho a una indemnización, si no ha contraído nuevas nupcias ni ha constituido pareja de hecho.

Tiene también derecho a la pensión de viudedad el sobreviviente que formó pareja de hecho con el causante. Pero es preciso que acredite la inscripción registral de la misma o que exista una formalización en un documento público al menos 2 años antes del fallecimiento. Además, debe acreditar también la convivencia estable y notoria con carácter inmediatamente anterior y por duración ininterrumpida no inferior a 5 años, sin que exista vínculo matrimonial con otra persona. A esto habría que añadir que, en el año natural anterior al fallecimiento, sus ingresos no alcanzaron el 50 % de la suma de los propios más los ingresos del causante, o bien el 25 % si existen hijos comunes con derecho a pensión de orfandad, o bien que tales ingresos son inferiores a 1,5 veces el SMI vigente más el 0,5 por cada hijo común con derecho a la pensión de orfandad que conviva con el sobreviviente.

La base reguladora es:

- Con carácter general, la cuantía es la del 52 % de la base reguladora.
- Será del 60 % si concurren los siguientes requisitos en la persona beneficiaria:
  - ▶ Tener una edad igual o superior a 65 años.
  - ▶ No tener derecho a otra pensión pública española o extranjera.
  - ▶ No percibir ingresos por la realización de trabajos por cuenta ajena o por cuenta propia.
  - ▶ No disponer de rentas de capital mobiliario o inmobiliario, ganancias patrimoniales o rentas de actividades económicas, superiores a 7 707,00 €/año.
- Y será el 70 % de la base reguladora siempre que se cumplan los siguientes requisitos:
  - ▶ Que el pensionista tenga cargas familiares (hijos o acogidos menores de 26, o hijos mayores incapacitados).
  - ▶ Que los rendimientos de la unidad familiar, incluido el propio pensionista, divididos entre el número de miembros que la componen, no superen, en cómputo anual, el 75 % del SMI vigente en cada momento, excluida la parte proporcional de las 2 pagas extraordinarias.
  - ▶ Que la pensión de viudedad constituya la principal o única fuente de ingresos, entendiendo que se cumple este requisito cuando el importe anual de la pensión sea superior al 50 % del total de los ingresos del pensionista.
  - ▶ Que los rendimientos anuales del pensionista por todos los conceptos no superen la cuantía resultante de sumar el importe anual (que en cada ejercicio económico, corresponda a la pensión mínima de viudedad con cargas familiares) al límite previsto en cada ejercicio económico para el reconocimiento de los complementos por mínimos de las pensiones contributivas.

(continuación...)

- En los casos de separación judicial o divorcio:
  - El importe de la cuantía será íntegro cuando exista un único beneficiario con derecho a pensión.
  - Si, mediando divorcio, existe concurrencia de beneficiarios con derecho a pensión, esta será reconocida en una cuantía proporcional al tiempo vivido cada uno de ellos con el causante, garantizándose, en todo caso, el 40 % a favor del cónyuge o superviviente de una pareja de hecho con derecho a pensión de viudedad.
  - En los casos en que se exige la existencia de pensión compensatoria, la cuantía de la pensión de viudedad no puede ser superior a aquella y, en caso contrario, se disminuirá hasta alcanzar su cuantía.

8.12.3. Pensión de orfandad

Son beneficiarios los hijos del causante. También pueden serlo los hijos del cónyuge sobreviviente aportados al matrimonio, siempre que este se hubiera celebrado 2 años antes del fallecimiento del causante, hubieran convivido a sus expensas y además no tuvieran derecho a otra pensión de la Seguridad Social ni tampoco quedasen familiares con obligación y posibilidad de prestarles alimentos, según la legislación civil.

Los beneficiarios tienen que ser menores de 21 años o afectados por IPA o gran invalidez.

La edad se **amplía** hasta los 25 años en los casos de orfandad absoluta (inexistencia de progenitores o adoptantes) y de huérfanos con una discapacidad igual o superior al 33 %, cuando el huérfano no efectúe un trabajo lucrativo por cuenta ajena o propia o cuando, realizándolo, los ingresos que obtenga resulten inferiores, en cómputo anual, a la cuantía vigente del SMI anual. Si el huérfano estuviera cursando estudios y cumpliera los 25 años durante el transcurso del curso escolar, la percepción de la pensión de orfandad se mantendrá hasta el día primero del mes inmediatamente posterior al de inicio del siguiente curso académico.

La base reguladora de la prestación es la misma que en viudedad.

Con carácter general, la cuantía es del 20 % de la base reguladora.

No obstante, en los casos de orfandad absoluta, las prestaciones correspondientes al huérfano se incrementarán en los términos y condiciones siguientes:

- Cuando no exista beneficiario de la pensión de viudedad a la muerte del causante, la cuantía de la pensión de orfandad se incrementará con el importe resultante de aplicar el 52 % a la base reguladora.
- Cuando exista algún beneficiario de la pensión de la viudedad a la muerte del causante, la pensión de orfandad podrá, en su caso, incrementarse en el importe resultante de aplicar el porcentaje de pensión de viudedad (que no hubiera sido asignado al beneficiario de la misma) a la base reguladora.
- Cuando el progenitor sobreviviente fallezca siendo beneficiario de la pensión de viudedad, procederá incrementar el porcentaje de la pensión que tuviera reconocido el huérfano, sumándole el que se hubiera aplicado para determinar la cuantía de la pensión de viudedad extinguida.

Si existen varios huérfanos con derecho a pensión, el porcentaje de incremento que corresponda se distribuirá a partes iguales entre todos ellos.

Si el fallecimiento ha sido debido a accidente de trabajo o enfermedad profesional, se concede a cada huérfano, además, una indemnización especial de una mensualidad de la base reguladora.

8.13. PRESTACIÓN POR DESEMPLEO

Tiene por objeto proporcionar protección a quienes, pudiendo y queriendo trabajar, pierdan su empleo o vean suspendido su contrato o reducida su jornada ordinaria de trabajo.

8.13.1. Beneficiarios

Serán beneficiarios los trabajadores que se hallen en situación legal de desempleo producida por una de las siguientes situaciones:

- Despido colectivo.
- Extinción del contrato por muerte, jubilación o incapacidad del empresario individual.
- Despido disciplinario.
- Extinción por causas objetivas.
- Extinción voluntaria del trabajador por traslado de centro de trabajo.
- Extinción voluntaria del trabajador por modificación sustancial de las condiciones de trabajo.
- Resolución judicial del contrato a instancia del trabajador por causa justa.
- Extinción por parte de la trabajadora víctima de violencia de género.
- Finalización de un contrato temporal.

(continuación...)

- Extinción por no superación del período de prueba del contrato.
- Suspensión de la relación laboral por decisión de la empresa o por decisión de trabajadora víctima de violencia de género.
- Reducción de jornada por decisión empresarial.
- Períodos de inactividad de los trabajadores fijos discontinuos.

8.13.2. Base reguladora

Será el promedio de bases de contingencias profesionales de los 180 últimos días.

8.13.3. Cuantía

Durante los 180 primeros días, el 70 % de la base reguladora, y el 60% después.

8.13.4. Duración

El período de cobro de la prestación depende del tiempo cotizado en los últimos 6 años anteriores a la situación legal de desempleo o, si fuera un período inferior, desde que se agotó la anterior prestación:

PERÍODO DE COTIZACIÓN (DÍAS)	PERÍODO DE PRESTACIÓN (DÍAS)
Desde 365 hasta 539:	120
Desde 540 hasta 719:	180
Desde 720 hasta 899:	240
Desde 900 hasta 1 079:	300
Desde 1 080 hasta 1 259:	360
Desde 1 260 hasta 1 439:	420
Desde 1 440 hasta 1 619:	480
Desde 1 620 hasta 1 799:	540
Desde 1 800 hasta 1 979:	600
Desde 1 980 hasta 2 159:	660
Desde 2 160 en adelante:	720

8.13.5. Gestión y pago

Se solicita ante el Servicio Público de Empleo y lo paga directamente la entidad gestora, en modalidad de pago periódico mensual.

Existe una modalidad de pago único cuando el beneficiario de la prestación tiene pendiente de percibir al menos 3 mensualidades y quiere constituirse como trabajador autónomo, o como trabajador autónomo societario en una sociedad mercantil, o incorporarse como socio trabajador a una cooperativa o sociedad laboral. De esta forma puede recibir a modo de inversión la cantidad que justifique, y el resto de la prestación la puede percibir en forma de subvención para atender las cuotas de Seguridad Social.

8.14. SUBSIDIO POR DESEMPLEO

Además de la prestación contributiva por desempleo existen otras prestaciones de carácter asistencial para aquellas personas que se hallan en algunos de los supuestos previstos en la normativa. Actualmente, son:

- Quienes hayan agotado prestaciones por desempleo entre el 14 de marzo y el 30 de junio de 2020 y continúen en situación de desempleo y sin percibir otras ayudas.
- Quienes no reúnan el período de cotización suficiente, pero tengan al menos 6 meses o 3 meses con responsabilidades familiares.
- Quienes han agotado la prestación contributiva y tienen responsabilidades familiares.
- Los mayores de 45 años que hayan agotado la prestación contributiva.
- Los mayores de 52 años que cumplan ciertos requisitos de cotización para jubilación.
- Emigrantes retornados después de haber trabajado en países sin convenio de desempleo con España.
- Liberados de prisión.
- Trabajadores afectados por revisión por mejoría de una situación de IPT, IPA o GI.

Cada uno de los subsidios tiene su propia regulación, requisitos, etc. y pueden ser consultados en la web del Servicio Público de Empleo, www.sepe.es

Registro INSS

PAGO DIRECTO DE LA **INCAPACIDAD TEMPORAL**

Puede solicitar este trámite a través de la Sede Electrónica de la Seguridad Social (*http://sede.seg-social.gob.es*), tanto con certificado digital como con Cl@ve permanente. También puede presentar un ejemplar firmado en un Centro de Atención e Información de la Seguridad Social previa solicitud de cita previa en los teléfonos 901 10 65 70 / 91 541 25 30 o en *www.seg-social.es*.

1. DATOS PERSONALES

1.1 DEL SOLICITANTE

Primer apellido	Segundo apellido	Nombre

Fecha de nacimiento	Sexo ☐ Hombre ☐ Mujer	DNI-NIE-Pasaporte	Nº de la Seguridad Social	Nacionalidad

Domicilio (calle, plaza ...)	Número	Bloque	Escalera	Piso	Puerta	Teléfono móvil	Teléfono fijo

Código postal	Localidad	Provincia	Correo electrónico

1.2 DEL REPRESENTANTE LEGAL, que actúa como:
Tutor ☐ Tutor institucional ☐ Graduado social ☐ Gestor administrativo ☐ Otros apoderados ☐

Primer apellido	Segundo apellido	Nombre	DNI-NIE-Pasaporte

Domicilio (calle, plaza ...)	Número	Bloque	Escalera	Piso	Puerta	Teléfono móvil	Teléfono fijo

Código postal	Localidad	Provincia	Correo electrónico

8-002 (IT-1) cas V.5 20210120

2. MOTIVO DE LA SOLICITUD

Pago directo de la incapacidad temporal

Fecha de la baja médica: .... derivada de: Enfermedad común ☐ Accidente no laboral ☐ Accidente de trabajo ☐ Enfermedad profesional ☐

¿Ha tenido algún proceso de IT durante los 180 días anteriores al actual? SÍ ☐ NO ☐

Si es trabajador del Sistema Especial Agrario por cuenta ajena:

¿Tiene contrato vigente en la fecha de la baja médica? SÍ ☐ NO ☐

¿Tiene un contrato como fijo discontinuo o a tiempo parcial?

☐ SÍ

☐ NO. En este caso ¿ha prestado servicios el día de la baja médica? SÍ ☐ NO ☐ Indique la fecha de la última jornada real trabajada ....

Apellidos y nombre:	DNI - NIE - Pasaporte

②

3. SUPUESTOS DE PAGO DIRECTO DE LA INCAPACIDAD TEMPORAL (IT)

Haga constar la causa que corresponda:

- ☐ Empresas de menos de 10 trabajadores y más de seis meses consecutivos de abono de la incapacidad temporal, que lo tengan solicitado reglamentariamente
- ☐ Incumplimiento por la empresa del pago delegado
- ☐ Colectivos de los extinguidos Regímenes Especiales integrados en Régimen General (Artistas, Representantes de comercio y Profesionales taurinos)
- ☐ Régimen Especial de Trabajadores Autónomos
- ☐ Sistemas Especiales del Régimen General (Agrario y Empleados del hogar)
- Extinción/suspensión de la relación laboral durante la situación de la IT:
  - ☐ Extinción recogida en el contrato
  - ☐ Sentencia judicial, resolución administrativa o acto firme, despido
  - ☐ Jubilación, incapacidad o extinción del empresario como persona jurídica
  - ☐ Trabajadores fijos discontinuos
  - ☐ Extinción producida antes de los 15 días de baja médica
- ☐ Continuar en IT tras el cese voluntario en la empresa
- ☐ Continuar en IT tras agotar el período de prestación por desempleo
- ☐ Alta médica por propuesta de incapacidad permanente, siendo perceptor de la prestación por desempleo
- ☐ Recaída durante la percepción del subsidio por desempleo o en situación de no alta o asimilada
- ☐ Por pasar a prórroga, después de 365 días en IT, tras resolución del INSS,salvo perceptores de desempleo contributivo
- ☐ Por iniciar expediente de incapacidad permanente, tras resolución del INSS
- ☐ Trabajadores de entidades y organismos excluidos de la colaboración obligatoria
- ☐ Trabajadores jubilados parciales
- ☐ Disconformidad con la resolución del INSS que acuerda el alta tras los 365 días en IT
- ☐ Pago de los días que medien entre la primera resolución del alta y la fecha de recepción de la resolución
- ☐ Rehabilitación de la IT tras haberse suspendido por incomparecencia a los reconocimientos médicos
- ☐ Agotamiento 545 días IT en casos de colaboración
- ☐ IT causada en vacaciones retribuidas y no disfrutadas
- ☐ Otras causas ....

4. OTROS DATOS

4.1 DATOS FISCALES

Tipo voluntario de retención por IRPF .... %

Residencia fiscal: Provincia ....

Si su residencia fiscal está en TERRITORIO FORAL, a efectos de retención por IRPF desea que se le aplique:

Tabla general. ☐ Número de hijos .... Tabla de pensionistas ☐

4.2 DATOS DE HIJOS MENORES DE 26 AÑOS O MAYORES INCAPACITADOS Y DE LOS MENORES ACOGIDOS QUE CONVIVAN CON EL SOLICITANTE (sólo para trabajadores que hayan extinguido su contrato)

Apellidos y nombre	DNI-NIE-Pasaporte	Fecha de nacimiento	Estado civil	Grado de discapacidad	Ingresos anuales del año anterior	
					Trabajo por cuenta ajena y actividades profesion. y empres.(*)	Rendimientos de capital y/o otras rentas(*)

(*) Para trabajo por cuenta ajena y rendimientos de capital y/o otras rentas se computará el rendimiento bruto. Para trabajo por cuenta propia y actividades profesionales y empresariales se computará el rendimiento neto.

4.3 LENGUA COOFICIAL en la que desea recibir su correspondencia ....

4.4 DOMICILIO DE COMUNICACIONES A EFECTOS LEGALES (sólo si es distinto del indicado en el apartado 1)

Domicilio (calle, plaza ...)	Número	Bloque	Escalera	Piso	Puerta	Teléfono de contacto

Código postal	Localidad	Provincia	País	Apto. de correos

20210120

8-002 (IT-1) cas V.5

Apellidos y nombre:	DNI - NIE - Pasaporte	③

5. ALEGACIONES

6. MODALIDAD DE COBRO DE LA PRESTACIÓN

código IBAN: CUENTA/LIBRETA	CÓDIGO PAÍS	CCC			
		ENTIDAD	OFICINA/ SUCURSAL	DÍG. CONTROL	NÚMERO DE CUENTA

DECLARO que son ciertos los datos incluidos en esta solicitud.

El Instituto Nacional de la Seguridad Social solicita su consentimiento para consultar y recabar electrónicamente los datos o documentos que se encuentren en poder de cualquier Administración, cuyo acceso no esté previamente amparado por la ley y que sean necesarios para resolver su solicitud y gestionar, en su caso, la prestación reconocida.

☐ **SÍ doy mi consentimiento**

☐ **NO doy mi consentimiento**

NOTA IMPORTANTE: **En caso de no dar su consentimiento deberá aportar, en el plazo de 10 días hábiles, los documentos que se le indiquen que sean necesarios para resolver su solicitud y gestionar, en su caso, la prestación reconocida.**

El Instituto Nacional de la Seguridad Social solicita su consentimiento para utilizar el teléfono móvil, el correo electrónico y datos de contacto facilitados en esta solicitud para enviarle comunicaciones en materia de Seguridad Social.

☐ **SÍ doy mi consentimiento**

☐ **NO doy mi consentimiento**

20210120

8-002 (IT-1) cas V.5

INFORMACIÓN BÁSICA SOBRE PROTECCIÓN DE DATOS PERSONALES	
RESPONSABLE	Instituto Nacional de la Seguridad Social (INSS)
FINALIDAD	Gestión de las prestaciones del Sistema de la Seguridad Social competencia del INSS
LEGITIMACIÓN	Ejercicio de poderes públicos
DESTINATARIOS	Sólo se efectuarán cesiones y transferencias previstas legalmente o autorizadas mediante su consentimiento
DERECHOS	Acceder, rectificar y suprimir los datos, así como otros derechos, como se explica en la información adicional
PROCEDENCIA	Recabamos datos de otras administraciones y entidades en los términos legalmente previstos
INFORMACIÓN ADICIONAL	Puede consultar información adicional y detallada en la hoja informativa que se acompaña al presente formulario en el apartado "INFORMACIÓN ADICIONAL SOBRE PROTECCIÓN DE DATOS PERSONALES"

...., a .... de .... del 20......

Firma

DIRECCIÓN PROVINCIAL DEL INSTITUTO NACIONAL DE LA SEGURIDAD SOCIAL DE ....

MINISTERIO
DE INCLUSIÓN, SEGURIDAD SOCIAL
Y MIGRACIONES

SECRETARÍA DE ESTADO
DE LA SEGURIDAD SOCIAL
Y PENSIONES

INSTITUTO NACIONAL DE LA
SEGURIDAD SOCIAL

Registro INSS

A CUMPLIMENTAR POR LA ADMINISTRACIÓN

Clave de identificación de su expediente:

Funcionario de contacto:

Apellidos y nombre: DNI-NIE-Pasaporte ④

SOLICITUD DE PAGO DIRECTO DE INCAPACIDAD TEMPORAL

DOCUMENTOS QUE SE LE REQUIEREN EN LA FECHA DE RECEPCIÓN DE LA SOLICITUD POR EL INSS :

1 ☐ DNI, pasaporte o equivalente, NIE.
2 ☐ Certificado de empresa.
3 ☐ Documentos de cotización de los últimos .... meses.
4 ☐ Autónomos: declaración situación de la actividad.
5 ☐ Libro de familia.
6 ☐ Certificado del grado de discapacidad del hijo.
7 ☐ Parte de baja y/o confirmación.
8 ☐ Parte de alta.
9 ☐ Parte de AT/EP.
10 ☐ Contrato de trabajo.
11 ☐ Carta de despido.
12 ☐ Otros documentos ....

Recibí Firma

8-002 (IT-1) cas V.5 20210120

PAGO DIRECTO DE LA INCAPACIDAD TEMPORAL

INSTRUCCIONES PARA CUMPLIMENTAR LA SOLICITUD

1. **DATOS PERSONALES.-** Se cumplimentará con los datos de identificación personal y de residencia permanente del solicitante.

   Si la petición no se formula en nombre propio, sino a través de otra persona, se cumplimentará el apartado DEL REPRESENTANTE LEGAL, indicando el tipo de representación.

2. **MOTIVO DE LA SOLICITUD.-** Es esencial la cumplimentación de este apartado para el trámite de su prestación por lo que debe facilitarnos la mayor información posible, de acuerdo con su situación.

   Si es trabajador del Sistema Especial Agrario Cuenta Ajena, debe cumplimentar los datos solicitados para el reconocimiento inicial de la prestación, ya que uno de los requisitos para acceder al subsidio de incapacidad temporal es estar prestando servicios en la fecha de la baja médica o tener un contrato en vigor. Dicha declaración estará sujeta a comprobación posterior y, de acuerdo con el artículo 146.2 de la Ley 36/2011, reguladora de la jurisdicción social, podría llevarse a cabo una revisión de dicho reconocimiento con la consiguiente reclamación de deuda contraída por prestaciones indebidamente percibidas, en su caso.

3. **SUPUESTOS DE PAGO DIRECTO DE INCAPACIDAD TEMPORAL.-** Seleccione la casilla correspondiente. Si su caso no está recogido en los supuestos, descríbalo en "otras causas".

4. **OTROS DATOS.**

   4.1 En el apartado DATOS FISCALES debe indicar la provincia donde tiene establecida su residencia fiscal (más de 180 días al año), ya que el tratamiento de retenciones a cuenta por IRPF puede ser diferente.

   Si lo desea, puede solicitar tipo de retención voluntaria.

   La declaración del resto de datos fiscales es voluntaria y en base a la misma se practicarán las retenciones sobre rendimientos del trabajo. Para ello debe cumplimentar el modelo 145 de la Agencia Tributaria: comunicación de datos al pagador (que encontrará en www.seg-social.es) y presentarlo con esta solicitud.

   En el caso de no optar por elegir un tipo voluntario de retención, la correspondiente retención sobre el subsidio se practicará a partir del momento en que se le abone una cantidad acumulada, que exceda de la cuantía mínima anual exenta de retención vigente con carácter general en cada ejercicio, teniendo en cuenta todo lo percibido por incapacidad temporal desde el comienzo del mismo y procediendo a la regularización anual.

   4.2 Los DATOS DE HIJOS MENORES DE 26 AÑOS O MAYORES INCAPACITADOS Y DE LOS MENORES ACOGIDOS QUE CONVIVAN CON EL SOLICITANTE sólo deben cumplimentarse si se ha producido la extinción del contrato de trabajo.

   4.3 La elección de LENGUA COOFICIAL sólo surtirá efectos en las Comunidades Autónomas que la tengan reconocida.

   4.4 El **DOMICILIO DE COMUNICACIONES** a efectos legales, sólo debe indicarse cuando haya que enviarlas a un domicilio distinto del habitual, incluidas las comunicaciones oficiales en las que se pidan actuaciones en plazos determinados, y deberá ser otro domicilio del solicitante, tanto si se presenta por el interesado como por graduado social, gestor administrativo u otro apoderado. Podrá indicarse el domicilio del tutor si se solicita a través de éste. No obstante, el domicilio válido a efectos de citaciones al reconocimiento médico, es el reflejado en el punto 1, de datos personales.

5. **ALEGACIONES.-** Si quiere añadir algo que considere importante para tramitar su prestación y no vea recogido en esta solicitud, póngalo en este apartado de la forma más breve y concisa posible.

6. **MODALIDAD DE COBRO DE LA PRESTACIÓN.-**

   Debe indicar el IBAN, que es el equivalente a su número internacional de cuenta bancaria. Puede encontrarlo en los recibos y comunicaciones que le envía su banco o caja de ahorros. En su defecto, cumplimente las casillas correspondientes al "código cuenta cliente" (CCC).

8-002 (IT-1) cas V.5 20210120

PAGO DIRECTO DE LA INCAPACIDAD TEMPORAL

DOCUMENTOS NECESARIOS PARA EL TRÁMITE DE SU PRESTACIÓN

1.- EN TODOS LOS CASOS:

- Acreditación de identidad del solicitante y del representante legal, si lo hubiera, mediante la siguiente documentación en vigor:
  - Españoles: Documento nacional de identidad (DNI).
  - Extranjeros: Pasaporte o, en su caso, documento de identidad vigente en su país y NIE (Número de Identificación de Extranjero) exigido por la AEAT a efectos de pago.
- Documentación acreditativa de la representación legal, en su caso.

2.- Documentación relativa a la cotización:

- Trabajador por cuenta ajena del Régimen General: Certificados de las empresas en las que se encuentra de alta al iniciar la incapacidad temporal y/o la recaída.
- Trabajador por cuenta propia: Justificante del pago de las cuotas de los dos últimos meses.

3.- Datos médicos (Si no constan en los ficheros informáticos del INSS los ejemplares enviados por el Servicio Público de Salud):

- Parte de baja y, en su caso, de confirmación de la baja.
- Si el trabajador procede de pago delegado, parte/s de confirmación siguiente/s al último abonado por la empresa.
- Si se ha producido el alta médica, parte médico de alta.

4.- Parte de accidente de trabajo o enfermedad profesional (AT y EP), cumplimentado por la empresa, si la baja es por contingencias profesionales.

DOCUMENTOS QUE ACREDITEN LA EXTINCIÓN DE LA RELACIÓN LABORAL:

5.- Si la extinción se produce en los 15 primeros días de la incapacidad temporal: contrato de trabajo y prórrogas.

6.- En caso de despido: carta de despido, acta de conciliación o sentencia.

OTRA DOCUMENTACIÓN:

7.- Declaración de situación de actividad, sólo para los trabajadores del Régimen Especial de Trabajadores Autónomos (a excepción de los incluidos en el Sistema Especial para Trabajadores por Cuenta Propia Agrarios y de los trabajadores económicamente dependientes). La falta de presentación impedirá iniciar el pago de la prestación. La omisión de su presentación, dentro de los 45 días, conllevaría el inicio del expediente sancionador.

8.- Libro de familia y, en su caso, certificado de discapacidad de los menores a su cargo con el grado reconocido, para los supuestos de extinción de la relación laboral con el fin de aplicar los topes de desempleo contributivo.

9.- Empresa de menos de diez trabajadores: Se recuerda que es necesaria una comunicación previa a la solicitud, con una antelación mínima de 15 días, de que la empresa traslada al INSS su obligación de pago directo a partir del día 1° del mes natural siguiente.

10.- Trabajador eventual del Sistema Especial Agrario, con contrato escrito vigente y que no ha prestado servicios en la fecha de la baja médica: contrato sellado por la oficina de empleo correspondiente.

20210120
8-002 (IT-1) cas V.5

PAGO DIRECTO DE LA INCAPACIDAD TEMPORAL

EL INSTITUTO NACIONAL DE LA SEGURIDAD SOCIAL LE INFORMA:

De acuerdo con el artículo único del Real Decreto 286/2003, de 7 de marzo (BOE del 8 de abril), el plazo máximo para resolver y notificar el procedimiento iniciado es de 30 días contados desde la fecha en la que su solicitud ha sido registrada en esta Dirección Provincial.

Transcurrido dicho plazo sin haber recibido notificación con la resolución de esta solicitud, podrá entender que su petición ha sido desestimada por aplicación de silencio negativo y solicitar que se dicte resolución, teniendo esa solicitud valor de reclamación previa de acuerdo con lo establecido en el art. 71 de la Ley 36/2011, de 10 de octubre, reguladora de la jurisdicción social (BOE del día 11).

Si esta solicitud no va acompañada de los documentos necesarios para su tramitación, deberá presentarlos en el plazo de diez días contados desde el siguiente a aquel en el que se le haya notificado su requerimiento. Puede presentarlos sin desplazarse en la Sede Electrónica de la Seguridad Social, utilizando certificado digital o Cl@ve permanente (http://sede.seg-social.gob.es), por correo postal o personalmente en Centro de Atención e Información de la Seguridad Social solicitando cita previa.

El incumplimiento del plazo señalado tendrá los siguientes efectos:

- Documentos de identificación del solicitante y, en su caso, del representante legal, así como acreditación de la representación legal: se entenderá que desiste de su petición, de acuerdo con lo previsto en los arts. 66 y 68 de la Ley 39/2015, de 1 de octubre (BOE del 02-10-2015). Si, por el contrario, los presenta en el tiempo requerido, el plazo máximo para resolver y notificar su prestación se iniciará a partir de la fecha de recepción de esos documentos.
- Certificados de empresa, documentos de cotización, partes de baja y otros documentos: su expediente se tramitará sin tener en cuenta las circunstancias a las que se refieren por no haber sido probadas, de acuerdo con el art. 77 de la citada Ley 39/2015.

El funcionario podrá requerir documentación complementaria si lo considera necesario.

RECUERDE:

Cualquier variación en los datos de esta solicitud mientras perciba la prestación, deberá ser comunicada a la Dirección Provincial o al Centro de Atención e Información (CAISS) de este Instituto, más cercano a su domicilio.

En el caso de que no hubiera optado por elegir un tipo voluntario de retención del IRPF, la correspondiente retención sobre el subsidio se practicará, a partir del momento en que se le abone una cantidad acumulada que exceda de la cuantía mínima anual exenta de retención vigente con carácter general, teniendo en cuenta para el cálculo del tipo a retener los importes ya abonados sin retención.

Si desea que las notificaciones que le remite la Seguridad Social se realicen a partir de ahora tan solo por medios electrónicos, comuníquenoslo en el servicio de desistimiento del canal postal en http://run.gob.es/sckwao.

8-002 (IT-1) cas V.5 20210120

PAGO DIRECTO DE LA INCAPACIDAD TEMPORAL

INFORMACIÓN ADICIONAL SOBRE PROTECCIÓN DE DATOS PERSONALES

RESPONSABLE DEL TRATAMIENTO	***¿Quién es el responsable del tratamiento de sus datos personales?*** Instituto Nacional de la Seguridad Social C/ Padre Damián 4 CP 28036 Madrid, ESPAÑA https://sede.seg-social.gob.es
DELEGADO DE PROTECCIÓN DE DATOS	***¿Cómo puede contactar con el Delegado de Protección de Datos?*** Dirección del Servicio Jurídico de la Seguridad Social C/ Sagasta, 13 - 6ª Planta CP 28004 Madrid, ESPAÑA https://sede.seg-social.gob.es
FINALIDAD DEL TRATAMIENTO	***¿Para qué utilizaremos sus datos?*** Sus datos serán tratados con la finalidad principal de resolver esta solicitud y de gestionar, en su caso, la prestación reconocida. El tratamiento de sus datos de contacto tendrá como finalidad la realización de comunicaciones y remisión de información en materia de Seguridad Social. Los datos personales proporcionados se conservarán mientras sean necesarios para gestionar su prestación o las de sus posibles beneficiarios así como para otros fines de archivo y estadística pública.
LEGITIMACIÓN DEL TRATAMIENTO	***¿Cuál es la legitimación para el tratamiento de sus datos?*** El tratamiento de los datos se realizará sobre la base del ejercicio de poderes públicos autorizado por una norma legal (Arts. 66, 71, 72, 77 y concordantes Real Decreto Legislativo 8/2015, de 30 de octubre, por el que se aprueba el texto refundido de la Ley General de la Seguridad Social, en adelante, TRLGSS). Por lo que respecta a las comunicaciones y envío de informaciones en materia de Seguridad Social, el tratamiento vendrá legitimado por su consentimiento. La negativa a otorgarlo supondrá que no podrá recibir este tipo de envíos, si bien, no impedirá que le podamos informar por dichos canales del estado de sus solicitudes. También le informamos de que no está obligado a facilitar su dirección de correo electrónico y número de teléfono móvil y que, en caso de no facilitarlos, no impedirá el trámite de su solicitud.
DESTINATARIOS DE CESIONES O TRANSFERENCIAS	***¿A quién comunicaremos sus datos?*** Los datos personales obtenidos por el Instituto Nacional de la Seguridad Social en el ejercicio de sus funciones tienen carácter reservado y solo se utilizarán para los fines encomendados legalmente, sin que puedan ser cedidos o comunicados a terceros, salvo que la cesión o comunicación tenga por objeto alguno de los supuestos previstos expresamente en el artículo 77 del TRLGSS así como en los supuestos indicados en cualquier otra norma de rango legal. Si se trata de una solicitud basada en normativa internacional, sus datos podrán ser cedidos a los organismos extranjeros competentes para el trámite de su solicitud.
DERECHOS DE LAS PERSONAS INTERESADAS	***¿Cuáles son sus derechos cuando nos facilita sus datos personales?*** Respecto de los datos personales proporcionados, puede ejercitar en cualquier momento y en los términos establecidos por la normativa de protección de datos los derechos de acceso, rectificación, supresión, limitación y oposición, o bien retirar el consentimiento prestado a su tratamiento en los casos que hubiese sido requerido, todo ello mediante escrito presentado en un Centro de Atención e Información de la Seguridad Social (CAISS) o, por correo postal o a través de la sede electrónica de la Seguridad Social, ante el Delegado de Protección de Datos cuyos datos se encuentran en el segundo apartado de esta tabla. Le informamos de que en caso de considerar que su requerimiento no ha sido atendido oportunamente, tiene la posibilidad de presentar una reclamación ante la Agencia Española de Protección de Datos.
PROCEDENCIA	***¿Cómo obtenemos sus datos personales?*** Además de los datos facilitados por usted en su solicitud recabamos otros datos personales de otras administraciones y entidades en cumplimiento de la normativa y con el fin de agilizar y facilitar la actuación administrativa. Estos accesos a datos están amparados en normas con rango de ley.

8-002 (IT-1) cas V.5 20210120

www.seg-social.es **https://sede.seg-social.gob.es**

MINISTERIO
DE INCLUSIÓN, SEGURIDAD SOCIAL
Y MIGRACIONES

Borrar

Registro INSS

RIESGO DURANTE EL EMBARAZO O LA LACTANCIA NATURAL

Puede solicitar este trámite a través de la Sede Electrónica de la Seguridad Social (*http://sede.seg-social.gob.es*), tanto con certificado digital como con Cl@ve permanente. También puede presentar un ejemplar firmado en un Centro de Atención e Información de la Seguridad Social previa solicitud de cita previa en los teléfonos 901 10 65 70 / 91 541 25 30 o en *www.seg-social.es*.

1.- DATOS PERSONALES

1.1 DE LA SOLICITANTE

Primer apellido	Segundo apellido	Nombre					
Fecha de nacimiento	Nº de la Seguridad Social	DNI-NIE-Pasaporte	Teléfono móvil	Teléfono fijo			
Domicilio habitual: (calle, plaza, ...)			Número	Bloque	Escalera	Piso	Puerta
Código postal	Localidad	Provincia					
Correo electrónico							

☐ Trabajadora por cuenta propia ☐ Trabajadora por cuenta ajena

20201123

1.2 DEL REPRESENTANTE LEGAL, que actúa como:
Tutor ☐ Tutor institucional ☐ Graduado social ☐ Gestor administrativo ☐ Otros apoderados ☐

Primer apellido	Segundo apellido	Nombre					
DNI-NIE-Pasaporte	Teléfono móvil	Teléfono fijo					
Domicilio habitual: (calle, plaza, ...)			Número	Bloque	Escalera	Piso	Puerta
Código postal	Localidad	Provincia					
Correo electrónico							

8-007 cas V.5

2.- MOTIVO DE LA SOLICITUD

☐ RIESGO DURANTE EL EMBARAZO

Fecha de suspensión del contrato(1) ....
Fecha de cese en la actividad(2) ....
Fecha probable del parto ....

☐ RIESGO DURANTE LA LACTANCIA NATURAL

Fecha de suspensión del contrato(1) ....
Fecha de cese en la actividad(2) ....
Fecha de nacimiento del hijo ....

(1) La fecha de suspensión del contrato siempre será posterior a la emisión de la certificación médica de riesgo emitida por el Instituto Nacional de la Seguridad Social (INSS) de acuerdo con lo establecido en artículo 26 de la Ley 31/95, de Prevención de riesgos laborales, y el artículo 39 del RD 295/2009 por el que se regulan las prestaciones de riesgo durante el embarazo/lactancia natural.

(2) La fecha de cese de la actividad, para las trabajadoras que sean responsables de la obligación de cotizar, será posterior a la emisión de la certificación médica de riesgo emitida por el INSS de acuerdo con lo establecido en el artículo 47 del RD 295/2009 por el que se regulan las prestaciones de riesgo durante el embarazo/lactancia natural.

Apellidos y nombre: DNI - NIE - Pasaporte ②

3.- OTROS DATOS

3.1 DATOS FISCALES

Residencia fiscal: Provincia ....

Tipo voluntario de retención por IRPF .... %

Si su residencia fiscal está en TERRITORIO FORAL, a efectos de retención por IRPF desea que se le aplique:

☐ Tabla general Número de hijos .... ☐ Tabla de pensionistas

3.2 LENGUA COOFICIAL en la que desea recibir su comunicación/resolución ....

4. ALEGACIONES

5. MODALIDAD DE COBRO DE LA PRESTACIÓN

Código IBAN CUENTA/LIBRETA	CÓDIGO PAÍS	CCC			
		ENTIDAD	OFICINA/ SUCURSAL	DÍG. CONTROL	NÚMERO DE CUENTA

8-007 cas V.5 20201123

DECLARO que son ciertos los datos incluidos en esta solicitud.

El Instituto Nacional de la Seguridad Social solicita su consentimiento para consultar y recabar electrónicamente los datos o documentos que se encuentren en poder de cualquier Administración, cuyo acceso no esté previamente amparado por la ley y que sean necesarios para resolver su solicitud y gestionar, en su caso, la prestación reconocida.

☐ **SÍ doy mi consentimiento**

☐ **NO doy mi consentimiento**

NOTA IMPORTANTE: **En caso de no dar su consentimiento deberá aportar, en el plazo de 10 días hábiles, los documentos que se le indiquen que sean necesarios para resolver su solicitud y gestionar, en su caso, la prestación reconocida.**

El Instituto Nacional de la Seguridad Social solicita su consentimiento para utilizar el teléfono móvil, el correo electrónico y datos de contacto facilitados en esta solicitud para enviarle comunicaciones en materia de Seguridad Social.

☐ **SÍ doy mi consentimiento**

☐ **NO doy mi consentimiento**

	INFORMACIÓN BÁSICA SOBRE PROTECCIÓN DE DATOS PERSONALES
RESPONSABLE	Instituto Nacional de la Seguridad Social (INSS)
FINALIDAD	Gestión de las prestaciones del Sistema de la Seguridad Social competencia del INSS
LEGITIMACIÓN	Ejercicio de poderes públicos
DESTINATARIOS	Sólo se efectuarán cesiones y transferencias previstas legalmente o autorizadas mediante su consentimiento
DERECHOS	Acceder, rectificar y suprimir los datos, así como otros derechos, como se explica en la información adicional
PROCEDENCIA	Recabamos datos de otras administraciones y entidades en los términos legalmente previstos
INFORMACIÓN ADICIONAL	Puede consultar información adicional y detallada en la hoja informativa que se acompaña al presente formulario en el apartado "INFORMACIÓN ADICIONAL SOBRE PROTECCIÓN DE DATOS PERSONALES"

.... a , ... de .... del 20 ....

Firma

DIRECCIÓN PROVINCIAL DEL INSTITUTO NACIONAL DE LA SEGURIDAD SOCIAL DE ....

MINISTERIO
DE INCLUSIÓN, SEGURIDAD SOCIAL
Y MIGRACIONES

SECRETARÍA DE ESTADO
DE LA SEGURIDAD SOCIAL
Y PENSIONES

INSTITUTO NACIONAL DE LA
SEGURIDAD SOCIAL

Registro INSS

A CUMPLIMENTAR POR LA ADMINISTRACIÓN

Clave de identificación de su expediente:

Funcionario de contacto:

Apellidos y nombre: DNI-NIE-Pasaporte: ③

SOLICITUD DE
- ☐ **RIESGO DURANTE EL EMBARAZO**
- ☐ **RIESGO DURANTE LA LACTANCIA NATURAL**

DOCUMENTOS QUE SE LE REQUIEREN
EN LA FECHA DE RECEPCIÓN DE LA SOLICITUD POR EL INSS:

1 ☐ **DNI - NIE** - pasaporte o equivalente.
2 ☐ **Certificado de empresa** con las bases de cotización por contingencias profesionales del mes anterior a la suspensión del contrato de trabajo.
3 ☐ **Certificación médica sobre la existencia de riesgo durante el embarazo o la lactancia**, en aquellos casos en los que no obre en poder de la entidad gestora.
4 ☐ **Declaración de la empresa**, sobre la inexistencia de otro puesto compatible con su estado, notificando la suspensión del contrato e informe acreditativo.
5 ☐ **Declaración de situación de la actividad** para las trabajadoras del Régimen Especial de Autónomos (Excepto para las trabajadoras del Sistema Especial de Trabajadoras por Cuenta Propia Agrarios).
6 ☐ **Libro de familia** para el riesgo durante la lactancia.
7 ☐ Otros documentos.

Recibí Firma

8-007 cas V.5 20201123

PRESTACIÓN

RIESGO DURANTE EL EMBARAZO O LA LACTANCIA NATURAL

INSTRUCCIONES PARA CUMPLIMENTAR LA SOLICITUD

1. **DATOS PERSONALES.-** Se cumplimentará con los datos de identificación personal y de residencia permanente de la solicitante.

   Si la petición no se formula en nombre propio, sino a través de otra persona, se cumplimentará el apartado 1.2 DEL REPRESENTANTE LEGAL, indicando el tipo de representación.

2. **MOTIVO DE LA SOLICITUD.-** Señale la prestación que solicita e indique los datos y fechas que procedan.

3. **OTROS DATOS:**

   3.1 En el apartado DATOS FISCALES debe indicar la provincia donde tiene establecida su residencia fiscal (más de 180 días al año), ya que el tratamiento de retenciones a cuenta por IRPF puede ser diferente.

   Si lo desea, puede solicitar tipo de retención voluntaria por IRPF.

   La declaración del resto de datos fiscales es voluntaria y en base a la misma se practicarán las retenciones sobre rendimientos del trabajo. Para ello debe cumplimentar el modelo 145 de la Agencia Tributaria: comunicación de datos al pagador (que encontrará en www.seg-social.es) y presentarlo con esta solicitud.

   3.2 La elección de LENGUA COOFICIAL sólo surtirá efectos en las comunidades autónomas que la tengan reconocida.

4. **ALEGACIONES.-** Si quiere añadir algo que considere importante para tramitar su prestación y no vea recogido en esta solicitud, póngalo en este apartado de la forma más breve y concisa posible.

5. **MODALIDAD DE COBRO DE LA PRESTACIÓN.-**

   Debe indicar el IBAN, que es el equivalente a su número internacional de cuenta bancaria. Puede encontrarlo en los recibos y comunicaciones que le envía su banco o caja de ahorros. En su defecto, cumplimente las casillas correspondientes al "código cuenta cliente" (CCC).

20201123

8-007 cas V.5

PRESTACIÓN

RIESGO DURANTE EL EMBARAZO O LA LACTANCIA NATURAL

DOCUMENTOS NECESARIOS PARA EL TRÁMITE DE SU PRESTACIÓN

1.- **Acreditación de identidad** de la interesada, y del representante legal si lo hubiera, mediante la siguiente documentación en vigor:

- Españolas: Documento Nacional de Identidad (DNI).
- Extranjeras: Pasaporte o, en su caso, documento de identidad vigente en su país y NIE (Número de identificación de extranjero) exigido por la Agencia Estatal de Administración Tributaria a efectos de pago.
- Documentación acreditativa de la representación legal, en su caso.

2.- **Documentación relativa a la cotización,** para las trabajadoras por cuenta ajena:

- Certificado de la empresa, en el que consten las bases de cotización por contingencias profesionales de la trabajadora y otros datos laborales.

3.- **Documentación relativa al riesgo:**

- Certificación médica sobre la existencia de riesgo, en aquellos casos en los que no obre en poder de la entidad gestora (1).
- Declaración de la empresa (2) sobre la inexistencia de puestos de trabajo compatibles con el estado de la trabajadora o, cuando estos existan, sobre la imposibilidad, técnica u objetiva, de realizar el traslado correspondiente, o que no pueda razonablemente exigirse por motivos justificados. De igual modo, se deberá reflejar también la fecha en la que trabajadora ha suspendido la relación laboral, que siempre será posterior a la emisión de la certificación médica de riesgo emitida por el INSS, de acuerdo con lo establecido el artículo 26 de la Ley 31/95 de Prevención de Riesgos Laborales.

  Esta declaración irá acompañada de un informe, emitido por el servicio de prevención de la empresa o por la entidad especializada que desarrolle para la empresa las funciones de servicio de prevención ajeno, por el que se acredite el cumplimiento de los extremos recogidos en el artículo 26 de la Ley 31/95 de Prevención de Riesgos Laborales.

20201123

OTRA DOCUMENTACIÓN:

4.- **Declaración de situación de la actividad**, si la entidad gestora lo estima conveniente, de las trabajadoras incluidas en el Régimen Especial de Autónomos, con excepción de las integradas en el Sistema Especial de Trabajadores Agrarios por Cuenta Propia o de las trabajadoras autónomas económicamente dependientes.

8-007 cas V.5

5.- **Libro de familia**, sólo para el riesgo durante la lactancia natural.

(1) No será necesaria su presentación si la certificación médica, que acredite el riesgo, ha sido expedida por el Instituto Nacional de la Seguridad Social.

(2) En el caso de trabajadoras por cuenta propia, declaración de la trabajadora sobre la actividad desarrollada y las condiciones del puesto de trabajo, así como la inexistencia de un trabajo o función en tal actividad compatible con su estado. En el caso de trabajadoras por cuenta propia socias de sociedades cooperativas o laborales, la declaración se emitirá por el gerente o administrador de la sociedad. Si la trabajadora es autónoma económicamente dependiente (TRADE), la declaración deberá hacerla el cliente.

En el caso de trabajadoras del sistema especial de empleados de hogar, la declaración la emitirá el responsable del hogar familiar.

PRESTACIÓN

RIESGO DURANTE EL EMBARAZO O LA LACTANCIA NATURAL

EL INSTITUTO NACIONAL DE LA SEGURIDAD SOCIAL LE INFORMA:

De acuerdo con el artículo único del Real Decreto 286/2003, de 7 de marzo (BOE del 8 de abril), el plazo máximo para resolver y notificar el procedimiento iniciado es de 30 días contados desde la fecha en la que su solicitud ha sido registrada en esta Dirección Provincial o, en su caso, desde que haya aportado los documentos requeridos.

Transcurrido dicho plazo sin haber recibido notificación con la resolución de esta solicitud, podrá entender que su petición ha sido desestimada por aplicación de silencio negativo y solicitar que se dicte resolución, teniendo esa solicitud valor de reclamación previa de acuerdo con lo establecido en el art. 71 de la Ley 36/2011, de 10 de octubre, reguladora de la jurisdicción social (BOE del día 11).

De acuerdo con la Orden ISM/903/2020, de 24 de septiembre, por la que se regulan las notificaciones y comunicaciones electrónicas en el ámbito de la Administración de la Seguridad Social, todas las comunicaciones y notificaciones de las prestaciones por riesgo durante el embarazo y riesgo durante la lactancia natural se realizarán electrónicamente, poniendo a su disposición la resolución de la prestación en la Sede Electrónica de la Seguridad Social, a la que podrá acceder con certificado digital o Cl@ve permanente.

Si desea obtener la Cl@ve permanente, puede encontrar toda la información necesaria en la siguiente dirección: https://clave.gob.es.

Si esta solicitud no va acompañada de los documentos necesarios para su tramitación, deberá presentarlos en el plazo de diez días contados desde el siguiente a aquel en el que se le haya notificado su requerimiento. Puede presentarlos sin desplazarse en la Sede Electrónica de la Seguridad Social, utilizando certificado digital o Cl@ve permanente (http://sede.seg-social.gob.es), por correo postal o personalmente en Centro de Atención e Información de la Seguridad Social solicitando cita previa.

El incumplimiento del plazo señalado tendrá los siguientes efectos:

- Si no aporta los documentos del apartado 1, referidos a la identidad de la solicitante y, en su caso, del representante legal, así como acreditación de la representación legal, entenderemos que desiste de la petición, de acuerdo con lo previsto en los arts. 66 y 68 de la Ley 39/2015, de 01 de octubre. (BOE del 02-10-2015).
- Si no aporta los documentos de los apartados 2 y 3, se considerará que no ha acreditado suficientemente los requisitos necesarios para causar o calcular el subsidio, de acuerdo con lo previsto en el artículo 186 y siguientes del texto refundido de la Ley General de la Seguridad Social y los artículos 39 y 42 del Real Decreto 295/2009, de 6 de marzo, por el que se regulan las prestaciones económicas del sistema de la Seguridad Social por maternidad, paternidad, riesgo durante el embarazo y riesgo durante la lactancia natural.
- Falta de otros documentos: Su expediente se tramitará sin tener en cuenta las circunstancias a las que se refieren por no haber sido probadas de acuerdo con el artículo 77 de la citada Ley 39/2015.

Si, por el contrario, los presenta en el tiempo requerido, el plazo máximo para resolver y notificar su prestación se iniciará a partir de la fecha de recepción de esos documentos.

IMPORTANTE:

- La entidad gestora, responsable de la gestión y pago del subsidio por riesgo durante el embarazo o del subsidio por riesgo durante la lactancia natural, podrá solicitar a la empresa la aportación de la evaluación inicial del riesgo del puesto de trabajo ocupado por la trabajadora, así como la relación de puestos de trabajo exentos de riesgo, según lo establecido, respectivamente, en los artículos 16.2 y 26.2 de la Ley 31/1995, de 8 de noviembre.
- Si se produjera la extinción de la relación laboral o el cese de actividad, deberá comunicarlo a esta Dirección Provincial por tratarse de una de las causas de extinción de la prestación de riesgo durante el embarazo o la lactancia natural, al objeto de evitar percepciones indebidas de la misma.
- En el caso de no optar por elegir un tipo de retención voluntario por IRPF, la correspondiente retención sobre el subsidio se practicará a partir del momento en que se le abone una cantidad acumulada que exceda de la cuantía mínima anual, exenta de retención, vigente con carácter general en cada ejercicio, teniendo en cuenta todo lo percibido por esta prestación de riesgo, desde su comienzo, y procediendo a la regularización anual.
- Asimismo, cualquier variación en los datos de esta solicitud, mientras esté vigente la prestación, deberá ser comunicada a la Dirección Provincial o al Centro de Atención e Información (CAISS) de este Instituto más cercano a su domicilio.

8-007 cas V.5 20201123

INFORMACIÓN ADICIONAL SOBRE PROTECCIÓN DE DATOS PERSONALES

RESPONSABLE DEL TRATAMIENTO	***¿Quién es el responsable del tratamiento de sus datos personales?*** Instituto Nacional de la Seguridad Social C/ Padre Damián 4 CP 28036 Madrid, ESPAÑA https://sede.seg-social.gob.es
DELEGADO DE PROTECCIÓN DE DATOS	***¿Cómo puede contactar con el Delegado de Protección de Datos?*** Dirección del Servicio Jurídico de la Seguridad Social C/ Sagasta, 13 - 6ª Planta CP 28004 Madrid, ESPAÑA https://sede.seg-social.gob.es
FINALIDAD DEL TRATAMIENTO	***¿Para qué utilizaremos sus datos?*** Sus datos serán tratados con la finalidad principal de resolver esta solicitud y de gestionar, en su caso, la prestación reconocida. El tratamiento de sus datos de contacto tendrá como finalidad la realización de comunicaciones y remisión de información en materia de Seguridad Social. Los datos personales proporcionados se conservarán mientras sean necesarios para gestionar su prestación o las de sus posibles beneficiarios así como para otros fines de archivo y estadística pública.
LEGITIMACIÓN DEL TRATAMIENTO	***¿Cuál es la legitimación para el tratamiento de sus datos?*** El tratamiento de los datos se realizará sobre la base del ejercicio de poderes públicos autorizado por una norma legal (Arts. 66, 71, 72, 77 y concordantes Real Decreto Legislativo 8/2015, de 30 de octubre, por el que se aprueba el texto refundido de la Ley General de la Seguridad Social, en adelante, TRLGSS). Por lo que respecta a las comunicaciones y envío de informaciones en materia de Seguridad Social, el tratamiento vendrá legitimado por su consentimiento. La negativa a otorgarlo supondrá que no podrá recibir este tipo de envíos, si bien, no impedirá que le podamos informar por dichos canales del estado de sus solicitudes. También le informamos de que no está obligado a facilitar su dirección de correo electrónico y número de teléfono móvil y que, en caso de no facilitarlos, no impedirá el trámite de su solicitud.
DESTINATARIOS DE CESIONES O TRANSFERENCIAS	***¿A quién comunicaremos sus datos?*** Los datos personales obtenidos por el Instituto Nacional de la Seguridad Social en el ejercicio de sus funciones tienen carácter reservado y solo se utilizarán para los fines encomendados legalmente, sin que puedan ser cedidos o comunicados a terceros, salvo que la cesión o comunicación tenga por objeto alguno de los supuestos previstos expresamente en el artículo 77 del TRLGSS así como en los supuestos indicados en cualquier otra norma de rango legal. Si se trata de una solicitud basada en normativa internacional, sus datos podrán ser cedidos a los organismos extranjeros competentes para el trámite de su solicitud.
DERECHOS DE LAS PERSONAS INTERESADAS	***¿Cuáles son sus derechos cuando nos facilita sus datos personales?*** Respecto de los datos personales proporcionados, puede ejercitar en cualquier momento y en los términos establecidos por la normativa de protección de datos los derechos de acceso, rectificación, supresión, limitación y oposición, o bien retirar el consentimiento prestado a su tratamiento en los casos que hubiese sido requerido, todo ello mediante escrito presentado en un Centro de Atención e Información de la Seguridad Social (CAISS) o, por correo postal o a través de la sede electrónica de la Seguridad Social, ante el Delegado de Protección de Datos cuyos datos se encuentran en el segundo apartado de esta tabla. Le informamos de que en caso de considerar que su requerimiento no ha sido atendido oportunamente, tiene la posibilidad de presentar una reclamación ante la Agencia Española de Protección de Datos.
PROCEDENCIA	***¿Cómo obtenemos sus datos personales?*** Además de los datos facilitados por usted en su solicitud recabamos otros datos personales de otras administraciones y entidades en cumplimiento de la normativa y con el fin de agilizar y facilitar la actuación administrativa. Estos accesos a datos están amparados en normas con rango de ley.

8-007 cas V.5 20201123

www.seg-social.es **https://sede.seg-social.gob.es**

MINISTERIO
DE INCLUSIÓN, SEGURIDAD SOCIAL
Y MIGRACIONES

Borrar

Registro INSS

NACIMIENTO Y CUIDADO DE MENOR POR PARTO

Puede solicitar este trámite a través de la Sede Electrónica de la Seguridad Social (*http://sede.seg-social.gob.es*), tanto con certificado digital como con Cl@ve permanente. También puede presentar un ejemplar firmado en un Centro de Atención e Información de la Seguridad Social previa solicitud de cita previa en los teléfonos 901 10 65 70 / 91 541 25 30 o en *www.seg-social.es*.

1. DATOS PERSONALES

1.1 SOLICITANTE (seleccione una opción): **MADRE BIOLÓGICA** ☐ **OTRO PROGENITOR** ☐

Primer apellido	Segundo apellido	Nombre

Fecha de nacimiento	Sexo ☐ Hombre ☐ Mujer	DNI-NIE-Pasaporte	Nº de la Seguridad Social	Nacionalidad

Domicilio (calle, plaza ...)	Número	Bloque	Escalera	Piso	Puerta	Teléfono móvil

Código postal	Localidad	Provincia	Correo electrónico

1.2 DATOS IDENTIFICATIVOS DEL OTRO PROGENITOR DISTINTO DEL SOLICITANTE

Primer apellido	Segundo apellido	Nombre

DNI-NIE-Pasaporte	Nº de la Seguridad Social

1.3 DEL REPRESENTANTE LEGAL, que actúa como:

Tutor ☐ Tutor institucional ☐ Graduado social ☐ Gestor administrativo ☐ Otros apoderados ☐

Primer apellido	Segundo apellido	Nombre	DNI-NIE-Pasaporte

Domicilio (calle, plaza ...)	Número	Bloque	Escalera	Piso	Puerta	Teléfono

Código postal	Localidad	Provincia	Correo electrónico

20210325

MP-1 bis cas V.8

2. MOTIVO DE LA SOLICITUD

2.1 NACIMIENTO ☐ **GESTACIÓN POR SUSTITUCIÓN** ☐

Fecha del parto .... Número de hijos nacidos .... Número de hijos nacidos con discapacidad ....

En caso de discapacidad de hijo nacido, ¿tiene certificado de discapacidad? SÍ ☐ NO ☐ Grado reconocido .... %

Si no tiene certificado, indique la fecha en que lo ha solicitado ....

Apellidos y nombre del progenitor:	DNI-NIE-Pasaporte: ②

3. NORMATIVA APLICABLE

3.1 **¿LE ES DE APLICACIÓN EL ESTATUTO BÁSICO DEL EMPLEADO PÚBLICO (EBEP)?**[1] SÍ ☐ NO ☐

(1) Al personal laboral al servicio de las Administraciones Públicas le es de aplicación, a estos efectos, el Estatuto Básico del Empleado Público (Art. 7 EBEP).

4. MODALIDAD DE DISFRUTE

4.1 **MADRE BIOLÓGICA:** ¿Va a disfrutar del descanso con anterioridad al parto? (no aplicable al EBEP)

Fecha inicio del descanso[2] ....

Fecha probable del parto ....

(2) Para trabajadoras que les sea de aplicación el Estatuto de los Trabajadores (Art. 48.4 ET)), podrá anticiparse la prestación, antes de la fecha prevista del parto, por semanas, con un máximo de cuatro semanas.

4.2 **CESIÓN DEL DESCANSO** (no aplicable al EBEP)

¿Va a ceder la madre parte del descanso al otro progenitor?[3] SÍ ☐ NO ☐ Número de semanas cedidas ....

Acepto la opción a mi favor ☐ Firma del otro progenitor ....

(3) La madre podrá ceder dos semanas al otro progenitor siempre que ambos trabajen. A partir de 01/01/2021 no hay posibilidad de cesión del descanso de la madre al otro progenitor, al equipararse los periodos de descanso en dieciséis semanas para ambos progenitores.

4.3 **DISFRUTE DEL DESCANSO**

Fecha inicio[4] .... Fecha fin ....

¿Quiere disfrutar de su prestación en más de un periodo? SÍ ☐ NO ☐

En caso afirmativo, cumplimente el formulario " Disfrute en múltiples períodos de la prestación por nacimiento y cuidado de menor por parto" (que encontrará en www.seg-social.es).

(4) Las seis semanas siguientes al parto deben disfrutarse por la madre a jornada completa de forma obligatoria e ininterrumpida. Para el otro progenitor las cuatro semanas siguientes al parto deben disfrutarse de forma obligatoria e ininterrumpida. A partir del 01/01/2021, ambos progenitores deben disfrutar las seis semanas siguientes al parto a jornada completa, de forma obligatoria e ininterrumpida.

5. SUBSIDIO ESPECIAL EN CASO DE PARTO MÚLTIPLE

5.1 ¿Va a disfrutar del subsidio especial por parto múltiple?[5] SÍ ☐ NO ☐

(5) **Si ambos progenitores trabajan** deberán acordar cuál de ellos va a percibir este subsidio, teniendo en cuenta que el progenitor que sea el beneficiario deberá disfrutar de un periodo de descanso de 6 semanas ininterrumpidas y a jornada completa después del parto. Para establecer el acuerdo, se deberá cumplimentar el formulario "Acuerdo de los progenitores sobre el disfrute del subsidio especial por parto/adopción/guarda con fines de adopción/ acogimiento múltiple" (que encontrará en www.seg-social.es).

6. OTROS DATOS

6.1. **DATOS FISCALES**

Residencia fiscal: Provincia ....

Si su residencia fiscal está en TERRITORIO FORAL NAVARRO, a efectos de retención por IRPF desea que se le aplique:

Tabla general ☐ Número de hijos .... Tabla de pensionistas ☐ Tipo voluntario ☐ ....%

6.2 **LENGUA COOFICIAL** en la que desea recibir su comunicación/resolución ....

20210325

MP-1 bis cas V.8

Apellidos y nombre del progenitor:	DNI-NIE-Pasaporte: ③

7. ALEGACIONES

8. CONSENTIMIENTO TRAMITACIÓN ELECTRÓNICA

☐ **OTORGO** mi consentimiento, válido por esta única vez, para la identificación y autenticación por funcionario público habilitado del Instituto Nacional de la Seguridad Social para la realización electrónica de este trámite.

9. MODALIDAD DE COBRO DE LA PRESTACIÓN

	Código IBAN				
	CÓDIGO PAÍS	CCC			
CUENTA/LIBRETA		ENTIDAD	OFICINA/ SUCURSAL	DÍG. CONTROL	NÚMERO DE CUENTA

DECLARO, que son ciertos los datos incluidos en esta solicitud.

El Instituto Nacional de la Seguridad Social solicita su consentimiento para consultar y recabar electrónicamente los datos o documentos que se encuentren en poder de cualquier Administración, cuyo acceso no esté previamente amparado por la ley y que sean necesarios para resolver su solicitud y gestionar, en su caso, la prestación reconocida.

☐ **SÍ doy mi consentimiento**

☐ **NO doy mi consentimiento**

NOTA IMPORTANTE: **En caso de no dar su consentimiento deberá aportar, en el plazo de 10 días hábiles, los documentos que se le indiquen que sean necesarios para resolver su solicitud y gestionar, en su caso, la prestación reconocida.**

El Instituto Nacional de la Seguridad Social solicita su consentimiento para utilizar el teléfono móvil, el correo electrónico y datos de contacto facilitados en esta solicitud para enviarle comunicaciones en materia de Seguridad Social.

☐ **SÍ doy mi consentimiento**

☐ **NO doy mi consentimiento**

INFORMACIÓN BÁSICA SOBRE PROTECCIÓN DE DATOS PERSONALES	
RESPONSABLE	Instituto Nacional de la Seguridad Social (INSS)
FINALIDAD	Gestión de las prestaciones del Sistema de la Seguridad Social competencia del INSS
LEGITIMACIÓN	Ejercicio de poderes públicos
DESTINATARIOS	Sólo se efectuarán cesiones y transferencias previstas legalmente o autorizadas mediante su consentimiento
DERECHOS	Acceder, rectificar y suprimir los datos, así como otros derechos, como se explica en la información adicional
PROCEDENCIA	Recabamos datos de otras administraciones y entidades en los términos legalmente previstos
INFORMACIÓN ADICIONAL	Puede consultar información adicional y detallada en la hoja informativa que se acompaña al presente formulario en el apartado "INFORMACIÓN ADICIONAL SOBRE PROTECCIÓN DE DATOS PERSONALES"

.... , a .... de .... de 20 ....

Firma

DIRECCIÓN PROVINCIAL DEL INSTITUTO NACIONAL DE LA SEGURIDAD SOCIAL DE ....

MP-1 bis cas V.8 20210325

MINISTERIO
DE INCLUSIÓN, SEGURIDAD SOCIAL
Y MIGRACIONES

SECRETARÍA DE ESTADO
DE LA SEGURIDAD SOCIAL
Y PENSIONES

INSTITUTO NACIONAL DE LA
SEGURIDAD SOCIAL

Registro INSS

A CUMPLIMENTAR POR LA ADMINISTRACIÓN

Clave de identificación de su expediente:

Funcionario de contacto:

Apellidos y nombre del progenitor: DNI-NIE-Pasaporte ④

SOLICITUD DE PRESTACIÓN DE NACIMIENTO Y CUIDADO DE MENOR POR PARTO

DOCUMENTOS QUE SE LE REQUIEREN EN LA FECHA DE RECEPCIÓN DE LA SOLICITUD POR EL INSS:

1 ☐ DNI, pasaporte o equivalente, NIE.
2 ☐ Certificado de empresa.
3 ☐ Autónomos: declaración situación de la actividad.
4 ☐ "Informe de maternidad" del Servicio Público de Salud.
5 ☐ Libro de familia cuando no conste en el Registro Civil.
6 ☐ Certificado o informe médico sobre la discapacidad del hijo.
7 ☐ Otros documentos.

....

Recibí Firma

MP-1 bis cas V.8 20210325

PRESTACIÓN

NACIMIENTO Y CUIDADO DE MENOR POR PARTO

INSTRUCCIONES PARA CUMPLIMENTAR LA SOLICITUD

1. **DATOS PERSONALES.-** Se cumplimentará con los datos de identificación personal y de residencia permanente de los apartados 1.1 Solicitante y 1.2 Datos identificativos del otro progenitor.

   Si la petición no se formula en nombre propio, sino a través de otra persona, se cumplimentará el apartado 1.3 DEL REPRESENTANTE LEGAL, indicando el tipo de representación y a quien representa.

2. **MOTIVO DE LA SOLICITUD.-** Se cumplimentará indicando las fechas y datos que se soliciten en este apartado.

3. **NORMATIVA APLICABLE.- Si le es de aplicación el Estatuto Básico del Empleado Público,** deberá indicarlo.

4. **MODALIDAD DE DISFRUTE DE LA PRESTACIÓN.-** De los datos consignados en este apartado depende la duración de la prestación solicitada, por lo que es importante facilitar la mayor información posible.

   Es importante indicar también si la madre va a ceder parte del descanso al otro progenitor.

   Tenga en cuenta que a partir del 01/01/2021 desaparece esta posibilidad de cesión de la madre, al igualarse los periodos de descanso en dieciséis semanas para ambos progenitores.

   DISFRUTE DEL DESCANSO: Indique el periodo en el que quiere disfrutar de la prestación por nacimiento y cuidado de menor. Tenga en cuenta que una vez reconocido el periodo solicitado, no se podrá modificar.

5. **SUBSIDIO ESPECIAL EN CASO DE PARTO MÚLTIPLE.-** Indique si va a ser beneficiario de este subsidio.

6. **OTROS DATOS.-** En el apartado DATOS FISCALES debe indicar la provincia donde tiene establecida su residencia fiscal (más de 180 días al año).

   En territorio común y territorio foral vasco, la prestación por nacimiento y cuidado de menor está exenta de retención por IRPF.

   En territorio foral navarro, podrá elegir para esta prestación por nacimiento y cuidado de menor que se le aplique la tabla general, la tabla de pensionistas, así como un tipo de retención voluntario.

   La elección de LENGUA COOFICIAL sólo surtirá efectos en las Comunidades Autónomas que la tengan reconocida

7. **ALEGACIONES.-** Si quiere añadir algo que considere importante para tramitar su prestación y no vea recogido en esta solicitud, póngalo en este apartado de la forma más breve y concisa posible.

8. **CONSENTIMIENTO TRAMITACIÓN ELECTRÓNICA.-** Recuerde marcar esta opción si autoriza a funcionario público habilitado del Instituto Nacional de la Seguridad Social para que realice la tramitación electrónica de esta prestación.

9. **MODALIDAD DE COBRO DE LA PRESTACIÓN.-**

   Debe indicar el IBAN, que es el equivalente a su número internacional de cuenta bancaria. Puede encontrarlo en los recibos y comunicaciones que le envía su banco o caja de ahorros. En su defecto, cumplimente las casillas correspondientes al "código cuenta cliente" (CCC).

MP-1 bis cas V.8 20210325

PRESTACIÓN

NACIMIENTO Y CUIDADO DE MENOR POR PARTO

DOCUMENTOS NECESARIOS PARA EL TRÁMITE DE LA PRESTACIÓN(*)

1. EN TODOS LOS CASOS

- Acreditación de identidad de: solicitante, otro progenitor distinto del solicitante y del representante legal si lo hubiera, mediante la siguiente documentación en vigor:
  - Españoles: Documento nacional de identidad (DNI).
  - Extranjeros: Pasaporte o, en su caso, documento de identidad vigente en su país y NIE (Número de Identificación de Extranjero) exigido por la AEAT a efectos de pago.
- Documentación acreditativa de la representación legal, en su caso.
- Trabajadores por cuenta ajena: certificado de la empresa en el que conste la fecha del inicio de la suspensión laboral por nacimiento y cuidado de menor, si dicho certificado no ha sido enviado por la empresa a través del Sistema RED.

2. MOTIVO DE LA SOLICITUD

2.1 Nacimiento:

- El **informe de maternidad**, expedido por el correspondiente Servicio Público de Salud, en los siguientes casos:
  - Cuando la trabajadora inicie el descanso con anterioridad a la fecha del parto.
  - Cuando se produzca el fallecimiento del hijo, tras la permanencia en el seno materno durante, al menos, ciento ochenta días.
- **El libro de familia** o, en su defecto, la certificación de la inscripción del hijo, cuando estos datos no consten automatizados en el Registro Civil. Si el descanso se ha iniciado con anterioridad al parto, se presentará una vez practicada la inscripción registral del hijo.
- Si la madre **ejerce una actividad profesional que no dé lugar al alta en el sistema de la Seguridad Social** y pertenece a una mutualidad o colegio profesional, se presentará un certificado en el que conste que, con motivo del parto, no ha percibido una prestación o indemnización, cualquiera que sea su duración, cuantía, configuración o régimen.

2.2 Gestación por sustitución:

- **Inscripción de la filiación del nacido en el Registro Civil español a favor del progenitor o progenitores comitentes**[1], o en su defecto, **sentencia judicial firme** que determine la filiación.

o

- **Inscripción de la filiación del hijo en el Registro civil español, a favor del comitente**[1] **y de la madre biológica**, en cuyo caso deberán aportar además la documentación que seguidamente se indica, así como la **traducción oficial** de los documentos:
  - Documento público debidamente legalizado en el que conste la renuncia expresa de la madre biológica al ejercicio de la patria potestad sobre el menor, así como que dicha renuncia no es contraria al ordenamiento jurídico del país de origen del hijo.
  - En el caso de que este último extremo no constara expresamente en el documento público, el interesado deberá acreditar que dicha renuncia no es contraria al ordenamiento jurídico del país de origen del hijo.

  Dicha acreditación debe llevarse a cabo mediante aseveración o informe de un Notario o Cónsul español o de Diplomático, Cónsul o funcionario competente del país de la legislación que sea aplicable. En caso de aseveración o informe de Diplomático, Cónsul o funcionario competente del país de la legislación que sea aplicable, además de la correspondiente legalización debe presentarse traducción oficial de dicho documento.

20210325

MP-1 bis cas V.8

3. MODALIDAD DE DISFRUTE

3.1 Descanso a tiempo parcial (tenga en cuenta que esta modalidad solo se permite en los periodos voluntarios del descanso):

En caso de disfrute del descanso régimen de jornada a tiempo parcial:

- **Para trabajadores por cuenta ajena**, certificado de empresa (que encontrará en *www.seg-social.es*).
- **Para trabajadores por cuenta propia,** documento acreditativo del interesado en el que se recojan los términos en que se realizará el régimen de parcialidad de la actividad (que encontrará en *www.seg-social.es*).

OTRA DOCUMENTACIÓN

- **En caso de discapacidad de los hijos nacidos**: Certificado de discapacidad, con reconocimiento del grado igual o superior al 33% (excepto para la ampliación de la maternidad no contributiva que será en un grado igual o superior al 65%) emitido por el Imserso u órgano competente de la comunidad autónoma.

  Cuando el grado de discapacidad no haya sido determinado, tratándose de recién nacidos, será suficiente un informe del Servicio Público de Salud o un informe médico de un hospital público o privado, en este último caso avalado por el Servicio Público de Salud, en el que se haga constar la discapacidad o su posible existencia.
- **En caso de internamiento hospitalario del recién nacido a continuación del parto**, que dé lugar a la ampliación del período de descanso, documento expedido por el centro hospitalario acreditativo de dicha hospitalización, en el que se especifiquen las circunstancias que, afectando al recién nacido, determinan dicho internamiento, así como las fechas de su inicio y de su finalización.

  Si está percibiendo la prestación de incapacidad temporal, en pago directo de una Mutua colaboradora con la Seguridad Social, aportará un certificado de esta entidad, con indicación del cálculo de la base reguladora y la fecha de finalización del subsidio.

(1) El comitente es, en este caso, la persona que confía a otra la gestación de su hijo.

(*) **Si los documentos han sido emitidos por organismos extranjeros, será necesario que cumplan los requisitos de legalización para ser válidos en España**

PRESTACIÓN

NACIMIENTO Y CUIDADO DE MENOR POR PARTO

EL INSTITUTO NACIONAL DE LA SEGURIDAD SOCIAL LE INFORMA:

De acuerdo con el artículo único del Real Decreto 286/2003, de 7 de marzo (BOE del 8 de abril), el plazo máximo para resolver y notificar el procedimiento iniciado es de 30 días contados desde la fecha en la que su solicitud ha sido registrada en esta Dirección Provincial o, en su caso, desde que haya aportado los documentos requeridos.

Transcurrido dicho plazo sin haber recibido notificación con la resolución de esta solicitud, podrá entender que su petición ha sido desestimada por aplicación de silencio negativo y solicitar que se dicte resolución, teniendo esa solicitud valor de reclamación previa de acuerdo con lo establecido en el artículo 71 de la Ley 36/2011, de 10 de octubre, reguladora de la jurisdicción social (BOE del día 11).

De acuerdo con la Orden ISM/903/2020, de 24 de septiembre, por la que se regulan las notificaciones y comunicaciones electrónicas en el ámbito de la Administración de la Seguridad Social, todas las comunicaciones y notificaciones de la prestación por Nacimiento y cuidado de menor se realizarán electrónicamente, poniendo a su disposición la resolución de la prestación en la Sede Electrónica de la Seguridad Social, a la que podrá acceder con certificado digital o Cl@ve permanente.

Si desea obtener la Cl@ve permanente, puede encontrar toda la información necesaria en la siguiente dirección: https://clave.gob.es.

Si esta solicitud no va acompañada de los documentos necesarios para su tramitación, deberá presentarlos en el plazo de diez días contados desde el siguiente a aquel en el que se le haya notificado su requerimiento. Puede presentarlos sin desplazarse en la Sede Electrónica de la Seguridad Social, utilizando certificado digital o Cl@ve permanente (http://sede.seg-social.gob.es), por correo postal o personalmente en Centro de Atención e Información de la Seguridad Social solicitando cita previa.

El incumplimiento del plazo señalado tendrá los siguientes efectos:

- Documentos de identificación de los solicitantes y, en su caso, del representante legal, así como acreditación de la representación legal: se entenderá que desiste de su petición, de acuerdo con lo previsto en los arts. 66 y 68 de la Ley 39/2015, de 01 de octubre (BOE del 02-10-2015).
- Resto de documentos: su expediente se tramitará sin tener en cuenta las circunstancias a las que se refieren por no haber sido probadas, de acuerdo con el art. 77 de la citada Ley 39/2015 o, en su caso, se considerará que no ha acreditado suficientemente los requisitos necesarios para causar o calcular la prestación solicitada, de acuerdo con lo establecido en el Real Decreto 295/2009, de 6 de marzo, por el que se regulan las prestaciones económicas del Sistema de la Seguridad Social por maternidad, paternidad, riesgo durante el embarazo y riesgo durante la lactancia natural (BOE del 21-3-2009).

Si, por el contrario, los presenta en el tiempo requerido, el plazo máximo para resolver y notificar su prestación se iniciará a partir de la fecha de recepción de esos documentos.

20210325

RECUERDE:

Si se produce alguna variación en los datos de esta solicitud, tanto en lo referente a su situación laboral (cese en el trabajo, inicio de actividad laboral a tiempo parcial, etc.) como de su domicilio, mientras esté vigente la prestación, debe usted comunicarlo a la Dirección Provincial o al Centro de Atención e Información (CAISS) de este Instituto más cercano a su domicilio.

MP-1 bis cas V.8

INFORMACIÓN ADICIONAL SOBRE PROTECCIÓN DE DATOS PERSONALES

RESPONSABLE DEL TRATAMIENTO	***¿Quién es el responsable del tratamiento de sus datos personales?*** Instituto Nacional de la Seguridad Social C/ Padre Damián 4 CP 28036 Madrid, ESPAÑA https://sede.seg-social.gob.es
DELEGADO DE PROTECCIÓN DE DATOS	***¿Cómo puede contactar con el Delegado de Protección de Datos?*** Dirección del Servicio Jurídico de la Seguridad Social C/ Sagasta, 13 - 6ª Planta CP 28004 Madrid, ESPAÑA https://sede.seg-social.gob.es
FINALIDAD DEL TRATAMIENTO	***¿Para qué utilizaremos sus datos?*** Sus datos serán tratados con la finalidad principal de resolver esta solicitud y de gestionar, en su caso, la prestación reconocida. El tratamiento de sus datos de contacto tendrá como finalidad la realización de comunicaciones y remisión de información en materia de Seguridad Social. Los datos personales proporcionados se conservarán mientras sean necesarios para gestionar su prestación o las de sus posibles beneficiarios así como para otros fines de archivo y estadística pública.
LEGITIMACIÓN DEL TRATAMIENTO	***¿Cuál es la legitimación para el tratamiento de sus datos?*** El tratamiento de los datos se realizará sobre la base del ejercicio de poderes públicos autorizado por una norma legal (Arts. 66, 71, 72, 77 y concordantes Real Decreto Legislativo 8/2015, de 30 de octubre, por el que se aprueba el texto refundido de la Ley General de la Seguridad Social, en adelante, TRLGSS). Por lo que respecta a las comunicaciones y envío de informaciones en materia de Seguridad Social, el tratamiento vendrá legitimado por su consentimiento. La negativa a otorgarlo supondrá que no podrá recibir este tipo de envíos, si bien, no impedirá que le podamos informar por dichos canales del estado de sus solicitudes. También le informamos de que no está obligado a facilitar su dirección de correo electrónico y número de teléfono móvil y que, en caso de no facilitarlos, no impedirá el trámite de su solicitud.
DESTINATARIOS DE CESIONES O TRANSFERENCIAS	***¿A quién comunicaremos sus datos?*** Los datos personales obtenidos por el Instituto Nacional de la Seguridad Social en el ejercicio de sus funciones tienen carácter reservado y solo se utilizarán para los fines encomendados legalmente, sin que puedan ser cedidos o comunicados a terceros, salvo que la cesión o comunicación tenga por objeto alguno de los supuestos previstos expresamente en el artículo 77 del TRLGSS así como en los supuestos indicados en cualquier otra norma de rango legal. Si se trata de una solicitud basada en normativa internacional, sus datos podrán ser cedidos a los organismos extranjeros competentes para el trámite de su solicitud.
DERECHOS DE LAS PERSONAS INTERESADAS	***¿Cuáles son sus derechos cuando nos facilita sus datos personales?*** Respecto de los datos personales proporcionados, puede ejercitar en cualquier momento y en los términos establecidos por la normativa de protección de datos los derechos de acceso, rectificación, supresión, limitación y oposición, o bien retirar el consentimiento prestado a su tratamiento en los casos que hubiese sido requerido, todo ello mediante escrito presentado en un Centro de Atención e Información de la Seguridad Social (CAISS) o, por correo postal o a través de la sede electrónica de la Seguridad Social, ante el Delegado de Protección de Datos cuyos datos se encuentran en el segundo apartado de esta tabla. Le informamos de que en caso de considerar que su requerimiento no ha sido atendido oportunamente, tiene la posibilidad de presentar una reclamación ante la Agencia Española de Protección de Datos.
PROCEDENCIA	***¿Cómo obtenemos sus datos personales?*** Además de los datos facilitados por usted en su solicitud recabamos otros datos personales de otras administraciones y entidades en cumplimiento de la normativa y con el fin de agilizar y facilitar la actuación administrativa. Estos accesos a datos están amparados en normas con rango de ley.

MP-1 bis cas V.8 20210325

www.seg-social.es **https://sede.seg-social.gob.es**

MINISTERIO
DE INCLUSIÓN, SEGURIDAD SOCIAL
Y MIGRACIONES

Borrar

SECRETARÍA DE ESTADO DE LA SEGURIDAD SOCIAL Y PENSIONES

INSTITUTO NACIONAL DE LA SEGURIDAD SOCIAL

Registro INSS

NACIMIENTO Y CUIDADO DE MENOR POR ADOPCIÓN, GUARDA CON FINES DE ADOPCIÓN O ACOGIMIENTO

Puede solicitar este trámite a través de la Sede Electrónica de la Seguridad Social (*http://sede.seg-social.gob.es*), tanto con certificado digital como con Cl@ve permanente. También puede presentar un ejemplar firmado en un Centro de Atención e Información de la Seguridad Social previa solicitud de cita previa en los teléfonos 901 10 65 70 / 91 541 25 30 o en *www.seg-social.es*.

1. DATOS PERSONALES

1.1	**PROGENITOR SOLICITANTE**					
Primer apellido		Segundo apellido		Nombre		
Fecha de nacimiento	Sexo ☐ Hombre ☐ Mujer	DNI-NIE-Pasaporte	Nº de la Seguridad Social	Nacionalidad		
Domicilio (calle, plaza …)	Número	Bloque	Escalera	Piso	Puerta	Teléfono móvil
Código postal	Localidad	Provincia	Correo electrónico			

1.2	**DATOS INDENTIFICATIVOS DEL OTRO PROGENITOR**	
Primer apellido	Segundo apellido	Nombre
DNI-NIE-Pasaporte	Nº de la Seguridad Social	

1.3 DEL REPRESENTANTE LEGAL, que actúa como:
Tutor ☐ Tutor institucional ☐ Graduado social ☐ Gestor administrativo ☐ Otros apoderados ☐

Primer apellido	Segundo apellido	Nombre	DNI-NIE-Pasaporte			
Domicilio (calle, plaza …)	Número	Bloque	Escalera	Piso	Puerta	Teléfono
Código postal	Localidad	Provincia	Correo electrónico			

20210215

C-134 cas V.8

2. MOTIVO DE LA SOLICITUD

2.1 **ADOPCIÓN** ☐ **GUARDA CON FINES DE ADOPCIÓN** ☐ **ACOGIMIENTO** ☐ **TUTELA** ☐

Número de menores adoptados/en situación de guarda/acogidos/tutelados .... Fecha de nacimiento del menor ....

Número de menores adoptados/en situación de guarda/acogidos/tutelados con discapacidad por los que se solicita la prestación ....

¿Tiene certificado de discapacidad? SÍ ☐ NO ☐ Grado reconocido .... %

Si no tiene certificado, indique la fecha en que lo ha solicitado ....

Fecha de la resolución judicial o administrativa ....

Con desplazamiento Internacional previo: Fecha del desplazamiento .... Fecha probable de la adopción/guarda/acogimiento ....

Apellidos y nombre del progenitor solicitante: DNI-NIE-Pasaporte: ②

3. LEGISLACIÓN APLICABLE (1)

¿LE ES DE APLICACIÓN EL ESTATUTO DE LOS TRABAJADORES? SÍ ☐ NO ☐

¿LE ES DE APLICACIÓN EL ESTATUTO BÁSICO DEL EMPLEADO PÚBLICO? SÍ ☐ NO ☐

4. DISFRUTE DEL DESCANSO Y ACUERDO DE LOS PROGENITORES SOBRE EL REPARTO DE LOS PERIODOS DE DISFRUTE DEL DESCANSO

4.1 DISFRUTE DEL DESCANSO

Fecha inicio (2) .... Fecha fin ....

¿Quiere disfrutar de su prestación en más de un período? SÍ ☐ NO ☐

En caso afirmativo, cumplimente el formulario "Disfrute en múltiples períodos de la prestación por nacimiento y cuidado de menor" (que encontrará en www.seg-social.es).

4.2 ACUERDO DE LOS PROGENITORES SOBRE EL REPARTO DE LOS PERIODOS DE DISFRUTE DEL DESCANSO

Para adopciones, guardas con fines de adopción o acogimientos a partir del 1 de enero de 2021, no será necesario rellenar este acuerdo, puesto que cada progenitor tiene derecho a 16 semanas de descanso de las cuales, las 6 primeras son de disfrute obligatorio, siendo las 10 restantes voluntarias.

Indique el número TOTAL de semanas de descanso que desea disfrutar cada progenitor, o el único progenitor en caso de familia monoparental:

Progenitor solicitante .... semanas

Otro progenitor .... semanas

Firma del solicitante Firma del otro progenitor

C-134 cas V.8 20210215

5. SUBSIDIO ESPECIAL EN CASO DE ADOPCIÓN/GUARDA CON FINES DE ADOPCIÓN/ACOGIMIENTO MÚLTIPLES

5.1 ¿VA A DISFRUTAR DEL SUBSIDIO ESPECIAL POR ADOPCIÓN/GUARDA CON FINES DE ADOPCION/ ACOGIMIENTO MÚLTIPLES? (3) SÍ ☐ NO ☐

(1) Al personal laboral al servicio de las Administraciones Públicas le es de aplicación, a estos efectos, el Estatuto Básico del Empleado Público (Art. 7 EBEP).

(2) **Para trabajadores de aplicación del Estatuto de los Trabajadores**, cada progenitor debe disfrutar obligatoriamente de seis semanas desde la fecha de la resolución judicial o administrativa. El disfrute voluntario será de dieciséis semanas a repartir entre ambos progenitores con un máximo de diez semanas por uno de ellos. A partir de 01/01/2021, el disfrute voluntario será de diez semanas para cada progenitor.

Para empleados públicos, uno de los progenitores deberá disfrutar obligatoriamente de seis semanas desde la fecha de la resolución judicial o administrativa, el disfrute voluntario será de diez semanas. El otro progenitor deberá disfrutar obligatoriamente de cuatro semanas desde la fecha de la resolución judicial o administrativa, el disfrute voluntario será de ocho semanas. A partir de 01/01/2021, cada progenitor deberá disfrutar obligatoriamente de seis semanas desde la fecha de la resolución judicial o administrativa, y el disfrute voluntario será de diez semanas para cada progenitor.

(3) **Si ambos progenitores trabajan** deberán acordar cuál de ellos va a percibir este subsidio, teniendo en cuenta que quien resulte ser el beneficiario debe disfrutar de un período de descanso de 6 semanas ininterrumpidas y a jornada completa y con posterioridad a la resolución judicial o administrativa. Para establecer el acuerdo, deberán cumplimentar el formulario "Acuerdo de los progenitores sobre el disfrute del subsidio especial por parto/adopción/guarda con fines de adopción/acogimiento múltiple" (que encontrará en www.seg-social.es).

Apellidos y nombre del progenitor solicitante: DNI-NIE-Pasaporte: ③

6. OTROS DATOS

6.1.	DATOS FISCALES

Residencia fiscal: Provincia ....

Si su residencia fiscal está en TERRITORIO FORAL NAVARRO, a efectos de retención por IRPF desea que se le aplique:

Tabla general ☐ Número de hijos .... Tabla de pensionistas ☐ Tipo voluntario ☐ ....%

6.2.	**LENGUA COOFICIAL** en la que desea recibir su comunicación/resolución ....

7. ALEGACIONES

C-134 cas V.8 20210215

8. CONSENTIMIENTO DE TRAMITACIÓN ELECTRÓNICA

☐ **OTORGO** mi consentimiento, válido por esta única vez, para la identificación y autenticación por funcionario público habilitado del Instituto Nacional de la Seguridad Social para la realización electrónica de este trámite.

Apellidos y nombre del progenitor solicitante:	DNI-NIE-Pasaporte: ④

9. MODALIDAD DE COBRO DE LA PRESTACIÓN

	Código IBAN				
CUENTA/LIBRETA	CÓDIGO PAÍS	CCC			
		ENTIDAD	OFICINA/ SUCURSAL	DÍG. CONTROL	NÚMERO DE CUENTA

DECLARO que son ciertos los datos incluidos en esta solicitud.

El Instituto Nacional de la Seguridad Social solicita su consentimiento para consultar y recabar electrónicamente los datos o documentos que se encuentren en poder de cualquier Administración, cuyo acceso no esté previamente amparado por la ley y que sean necesarios para resolver su solicitud y gestionar, en su caso, la prestación reconocida.

☐ **SÍ doy mi consentimiento**

☐ **NO doy mi consentimiento**

NOTA IMPORTANTE: En caso de no dar su consentimiento deberá aportar, en el plazo de 10 días hábiles, los documentos que se le indiquen que sean necesarios para resolver su solicitud y gestionar, en su caso, la prestación reconocida.

El Instituto Nacional de la Seguridad Social solicita su consentimiento para utilizar el teléfono móvil, el correo electrónico y datos de contacto facilitados en esta solicitud para enviarle comunicaciones en materia de Seguridad Social.

☐ **SÍ doy mi consentimiento**

☐ **NO doy mi consentimiento**

C-134 cas V.8 20210215

INFORMACIÓN BÁSICA SOBRE PROTECCIÓN DE DATOS PERSONALES	
RESPONSABLE	Instituto Nacional de la Seguridad Social (INSS)
FINALIDAD	Gestión de las prestaciones del Sistema de la Seguridad Social competencia del INSS
LEGITIMACIÓN	Ejercicio de poderes públicos
DESTINATARIOS	Sólo se efectuarán cesiones y transferencias previstas legalmente o autorizadas mediante su consentimiento
DERECHOS	Acceder, rectificar y suprimir los datos, así como otros derechos, como se explica en la información adicional
PROCEDENCIA	Recabamos datos de otras administraciones y entidades en los términos legalmente previstos
INFORMACIÓN ADICIONAL	Puede consultar información adicional y detallada en la hoja informativa que se acompaña al presente formulario en el apartado "INFORMACIÓN ADICIONAL SOBRE PROTECCIÓN DE DATOS PERSONALES"

................................, a .... de .... de 20 ......

Firma del solicitante

DIRECCIÓN PROVINCIAL DEL INSTITUTO NACIONAL DE LA SEGURIDAD SOCIAL DE ....

MINISTERIO
DE INCLUSIÓN, SEGURIDAD SOCIAL
Y MIGRACIONES

SECRETARÍA DE ESTADO
DE LA SEGURIDAD SOCIAL
Y PENSIONES

INSTITUTO NACIONAL DE LA
SEGURIDAD SOCIAL

Registro INSS

A CUMPLIMENTAR POR LA ADMINISTRACIÓN

Clave de identificación de su expediente:

Funcionario de contacto:

Apellidos y nombre del progenitor solicitante: DNI-NIE-Pasaporte

PRESTACIÓN POR NACIMIENTO Y CUIDADO DE MENOR POR ADOPCIÓN, GUARDA CON FINES DE ADOPCIÓN O ACOGIMIENTO

DOCUMENTOS QUE SE LE REQUIEREN EN LA FECHA DE RECEPCIÓN DE LA SOLICITUD POR EL INSS:

1 ☐ DNI, pasaporte o equivalente, NIE.
2 ☐ Certificado de empresa.
3 ☐ Autónomos: declaración situación de la actividad.
4 ☐ Certificado o informe médico sobre la discapacidad del menor.
5 ☐ Acuerdo de los progenitores sobre el reparto de los períodos de disfrute del descanso.
6 ☐ Adopción internacional: certificado que justifique la necesidad del desplazamiento previo de los progenitores al país de origen del adoptado.
7 ☐ "Resolución judicial" por la que se constituya la adopción o "decisión administrativa o judicial" de guarda con fines de adopción o acogimiento.
8 ☐ No inscrita en la Oficina Consular Española: visado de entrada a favor del menor expedido en la Oficina Consular Española y documento acreditativo de haber iniciado los trámites de la adopción o inscripción en el Registro Civil Central.
9 ☐ Otros documentos.

....

Recibí Firma

C-134 cas V.8 20210215

PRESTACIÓN

NACIMIENTO Y CUIDADO DE MENOR POR ADOPCIÓN, GUARDA CON FINES DE ADOPCIÓN O ACOGIMIENTO

INSTRUCCIONES PARA CUMPLIMENTAR LA SOLICITUD

1. **DATOS PERSONALES.-** Se cumplimentará con los datos de identificación personal y de residencia permanente de los apartados 1.1. Progenitor solicitante y apartado 1.2. Datos identificativos del otro progenitor.

   Si la petición no se formula en nombre propio, sino a través de otra persona, se cumplimentará el apartado 1.3 DEL REPRESENTANTE LEGAL, indicando el tipo de representación y a quien representa.

2. **MOTIVO DE LA SOLICITUD.-** Se indicará la prestación que se va a solicitar, seleccionando la casilla correspondiente y cumplimentando las fechas y datos.

3. **LEGISLACIÓN APLICABLE.-** Indique la normativa que le es de aplicación, a efectos de esta prestación.

4. **DISFRUTE DEL DESCANSO.-** Indique el período en el que quiere disfrutar de la prestación por nacimiento y cuidado de menor. Tenga en cuenta que una vez reconocido el periodo solicitado, no se podrá modificar.

   ACUERDO DE LOS PROGENITORES SOBRE EL REPARTO DE LOS PERIODOS DEL DISFRUTE DEL DESCANSO.- Este acuerdo se debe cumplimentar solamente en caso de adopciones, guardas con fines de adopción o acogimientos anteriores al 01/01/2021, indicando el número TOTAL de semanas de descanso que desea disfrutar cada progenitor. En caso de FAMILIA MONOPARENTAL, también se debe cumplimentar. Del número total de semanas de descanso que consigne en este apartado dependerá la duración de la prestación, por lo que es importante que lo cumplimente correctamente.

5. **SUBSIDIO ESPECIAL EN CASO DE ADOPCIÓN/GUARDA CON FINES DE ADOPCIÓN/ACOGIMIENTO MÚLTIPLES.-** Indique si va a ser beneficiario de este subsidio.

6. **OTROS DATOS.-** En el apartado DATOS FISCALES debe indicar la provincia donde tiene establecida su residencia fiscal (más de 180 días al año)..

   En territorio común y territorio foral vasco, la prestación por nacimiento y cuidado de menor está exenta de retención por IRPF.

   En territorio foral navarro, podrá elegir para esta prestación por nacimiento y cuidado de menor que se le aplique la tabla general, la tabla de pensionistas, así como un tipo de retención voluntario.

   La elección de **LENGUA COOFICIAL** sólo surtirá efectos en las Comunidades Autónomas que la tengan reconocida.

7. **ALEGACIONES.-** Si quiere añadir algo que considere importante para tramitar su prestación y no vea recogido en esta solicitud, póngalo en este apartado de la forma más breve y concisa posible.

8. **CONSENTIMIENTO TRAMITACIÓN ELECTRÓNICA.-** Recuerde marcar esta opción si autoriza a funcionario público habilitado del Instituto Nacional de la Seguridad Social para que realice la tramitación electrónica de esta prestación.

9. **MODALIDAD DE COBRO DE LA PRESTACIÓN.-**

   Debe indicar el IBAN, que es el equivalente a su número internacional de cuenta bancaria. Puede encontrarlo en los recibos y comunicaciones que le envía su banco o caja de ahorros. En su defecto, cumplimente las casillas correspondientes al “código cuenta cliente” (CCC).

C-134 cas V.8 20210215

PRESTACIÓN

NACIMIENTO Y CUIDADO DE MENOR POR ADOPCIÓN, GUARDA CON FINES DE ADOPCIÓN O ACOGIMIENTO

DOCUMENTOS NECESARIOS PARA EL TRÁMITE DE LA PRESTACIÓN(*)

1. EN TODOS LOS CASOS

- Acreditación de identidad del progenitor solicitante, del otro progenitor y del representante legal si lo hubiera, mediante la siguiente documentación en vigor:
  - Españoles: Documento nacional de identidad (DNI).
  - Extranjeros: Pasaporte o, en su caso, documento de identidad vigente en su país y NIE (Número de Identificación de Extranjero) exigido por la AEAT a efectos de pago.
- Documentación acreditativa de la representación legal, en su caso.
- Trabajadores por cuenta ajena: certificado de la empresa en el que conste la fecha del inicio de la suspensión laboral por nacimiento y cuidado de menor, si dicho certificado no ha sido enviado por la empresa a través del Sistema RED.

2. MOTIVO DE LA SOLICITUD

- Adopción, guarda con fines de adopción, acogimiento o tutela:

- La **resolución judicial** por la que se constituye la adopción o tutela, o bien la **resolución administrativa o judicial** por la que se concede la guarda con fines de adopción o el acogimiento familiar, tanto permanente como temporal, siempre que, en este último caso, su duración no sea inferior a un año. En el caso del acogimiento temporal se estimará válida la comunicación del organismo de las comunidades autónomas que lo regulen.
- Cuando se trate de adopción, guarda con fines de adopción o acogimiento de menores, mayores de seis años, **si los menores tienen discapacidad**, deberán presentar certificación del Instituto de Mayores y Servicios Sociales (Imserso) u órgano competente de la comunidad autónoma respectiva, acreditativa de que el menor adoptado, guardado con fines de adopción o acogido presenta un grado de discapacidad igual o superior al 33 por 100, o certificación de la entidad pública competente en materia de protección de menores, acreditativa de que el adoptado, guardado con fines de adopción o acogido, por sus circunstancias personales o por provenir del extranjero, tiene especiales dificultades de inserción social o familiar.
- En su caso, el **libro de familia** o, en su defecto, la certificación de la inscripción del hijo o hijos, cuando estos datos no consten automatizados en el Registro Civil.

- Adopción, guarda con fines de adopción o acogimiento internacionales:

- Cuando sea necesario el **desplazamiento previo de los progenitores al país de origen del adoptado**, se aportará la documentación emitida por el órgano competente de la comunidad autónoma, en la que se justifique el inicio de los trámites para la adopción, guarda con fines de adopción o el acogimiento.
- Adopción constituida en un estado extranjero e inscrita en la oficina consular española: Justificante de la inscripción registral o el documento en que se acredite la constitución de la adopción y su registro.
- Adopción, y tutela con la finalidad de adopción, constituida en un estado extranjero no inscrita en España:
  - Resolución administrativa o judicial que acredite la constitución de la adopción o la tutela.
  - Visado a favor del menor expedido por la oficina consular española.
  - Certificado, resolución o declaración de idoneidad del adoptante, expedido por la autoridad competente española.
  - Documento en el que por el solicitante se acredite haber iniciado los trámites conducentes a la constitución en España de la adopción o, en su caso, a la inscripción de la adopción en el Registro Civil.

3. MODALIDAD DE DISFRUTE DE LA PRESTACIÓN

- **Disfrute del descanso en régimen de jornada tiempo parcial (tenga en cuenta que esta modalidad solo se permite en los periodos voluntarios del descanso):**
- Para **trabajadores por cuenta ajena**: certificado de empresa ("Certificado de empresa para prestación por nacimiento y cuidado de menor", que encontrará en www.seg-social.es).
- Para **trabajadores por cuenta propia**, documento acreditativo del interesado en el que se recojan los términos en que se realizará el régimen de parcialidad de la actividad ("Declaración del trabajador por cuenta propia. Descanso por nacimiento y cuidado de menor a tiempo parcial", que encontrará en www.seg-social.es).

4. OTRA DOCUMENTACIÓN

- En caso de discapacidad/dependencia de los menores: Certificado de discapacidad, con reconocimiento del grado igual o superior al 33% emitido por el Imserso u órgano competente de la comunidad autónoma. En los supuestos de discapacidad de los hijos, menores guardados con fines de adopción o acogidos, menores de tres años, deberá presentarse certificación del Imserso u órgano de la comunidad autónoma respectiva, acreditativa de que la discapacidad es igual o superior al 33 por 100, o de que la valoración del grado y nivel de dependencia es, al menos, del grado I moderado, conforme a la escala de valoración específica para menores de tres años. Cuando el grado de discapacidad no haya sido determinado, tratándose de recién nacidos, será suficiente un informe del Servicio Público de Salud o un informe médico de un hospital público o privado, en este último caso avalado por el Servicio Público de Salud, en el que se haga constar la discapacidad o su posible existencia.
- **Si está percibiendo la prestación de incapacidad temporal, en pago directo de una Mutua colaboradora con la Seguridad Social**, aportará un certificado de esta entidad, con indicación del cálculo de la base reguladora y la fecha de finalización del subsidio.

(*) **Si los documentos han sido emitidos por organismos extranjeros, será necesario que cumplan los requisitos de legalización para ser válidos en España**

20210215
C-134 cas V.8

PRESTACIÓN

NACIMIENTO Y CUIDADO DE MENOR POR ADOPCIÓN, GUARDA CON FINES DE ADOPCIÓN O ACOGIMIENTO

EL INSTITUTO NACIONAL DE LA SEGURIDAD SOCIAL LE INFORMA:

De acuerdo con el artículo único del Real Decreto 286/2003, de 7 de marzo (BOE del 8 de abril), el plazo máximo para resolver y notificar el procedimiento iniciado es de 30 días contados desde la fecha en la que su solicitud ha sido registrada en esta Dirección Provincial o, en su caso, desde que haya aportado los documentos requeridos.

Transcurrido dicho plazo sin haber recibido notificación con la resolución de esta solicitud, podrá entender que su petición ha sido desestimada por aplicación de silencio negativo y solicitar que se dicte resolución, teniendo esa solicitud valor de reclamación previa de acuerdo con lo establecido en el artículo 71 de la Ley 36/2011, de 10 de octubre, reguladora de la jurisdicción social (BOE del día 11).

De acuerdo con la Orden ISM/903/2020, de 24 de septiembre, por la que se regulan las notificaciones y comunicaciones electrónicas en el ámbito de la Administración de la Seguridad Social, todas las comunicaciones y notificaciones de la prestación por Nacimiento y cuidado de menor se realizarán electrónicamente, poniendo a su disposición la resolución de la prestación en la Sede Electrónica de la Seguridad Social, a la que podrá acceder con certificado digital o Cl@ve permanente.

Si desea obtener la Cl@ve permanente, puede encontrar toda la información necesaria en la siguiente dirección: https://clave.gob.es.

Si esta solicitud no va acompañada de los documentos necesarios para su tramitación, deberá presentarlos en el plazo de diez días contados desde el siguiente a aquel en el que se le haya notificado su requerimiento. Puede presentarlos sin desplazarse en la Sede Electrónica de la Seguridad Social, utilizando certificado digital o Cl@ve permanente (http://sede.seg-social.gob.es), por correo postal o personalmente en Centro de Atención e Información de la Seguridad Social solicitando cita previa.

El incumplimiento del plazo señalado tendrá los siguientes efectos:

- Documentos de identificación de los solicitantes y, en su caso, del representante legal, así como acreditación de la representación legal: se entenderá que desiste de su petición, de acuerdo con lo previsto en los arts. 66 y 68 de la Ley 39/2015, de 01 de octubre (BOE del 02-10-2015).
- Resto de documentos: su expediente se tramitará sin tener en cuenta las circunstancias a las que se refieren por no haber sido probadas, de acuerdo con el art. 77 de la citada Ley 39/2015 o, en su caso, se considerará que no ha acreditado suficientemente los requisitos necesarios para causar o calcular la prestación solicitada, de acuerdo con lo establecido en el Real Decreto 295/2009, de 6 de marzo, por el que se regulan las prestaciones económicas del Sistema de la Seguridad Social por maternidad, paternidad, riesgo durante el embarazo y riesgo durante la lactancia natural (BOE del 21-3-2009).

Si, por el contrario, los presenta en el tiempo requerido, el plazo máximo para resolver y notificar su prestación se iniciará a partir de la fecha de recepción de esos documentos.

20210215

RECUERDE:

Si se produce alguna variación en los datos de esta solicitud, tanto en lo referente a su situación laboral (cese en el trabajo, inicio de actividad laboral a tiempo parcial, etc.) como de su domicilio, mientras esté vigente la prestación, debe usted comunicarlo a la Dirección Provincial o al Centro de Atención e Información (CAISS) de este Instituto más cercano a su domicilio.

C-134 cas V.8

INFORMACIÓN ADICIONAL SOBRE PROTECCIÓN DE DATOS PERSONALES

RESPONSABLE DEL TRATAMIENTO	***¿Quién es el responsable del tratamiento de sus datos personales?*** Instituto Nacional de la Seguridad Social C/ Padre Damián, 4 CP 28036 Madrid, ESPAÑA https://sede.seg-social.gob.es
DELEGADO DE PROTECCIÓN DE DATOS	***¿Cómo puede contactar con el Delegado de Protección de Datos?*** Dirección del Servicio Jurídico de la Seguridad Social C/ Sagasta, 13 - 6ª Planta CP 28004 Madrid, ESPAÑA https://sede.seg-social.gob.es
FINALIDAD DEL TRATAMIENTO	***¿Para qué utilizaremos sus datos?*** Sus datos serán tratados con la finalidad principal de resolver esta solicitud y de gestionar, en su caso, la prestación reconocida. El tratamiento de sus datos de contacto tendrá como finalidad la realización de comunicaciones y remisión de información en materia de Seguridad Social. Los datos personales proporcionados se conservarán mientras sean necesarios para gestionar su prestación o las de sus posibles beneficiarios así como para otros fines de archivo y estadística pública.
LEGITIMACIÓN DEL TRATAMIENTO	***¿Cuál es la legitimación para el tratamiento de sus datos?*** El tratamiento de los datos se realizará sobre la base del ejercicio de poderes públicos autorizado por una norma legal (Arts. 66, 71, 72, 77 y concordantes Real Decreto Legislativo 8/2015, de 30 de octubre, por el que se aprueba el texto refundido de la Ley General de la Seguridad Social, en adelante, TRLGSS). Por lo que respecta a las comunicaciones y envío de informaciones en materia de Seguridad Social, el tratamiento vendrá legitimado por su consentimiento. La negativa a otorgarlo supondrá que no podrá recibir este tipo de envíos, si bien, no impedirá que le podamos informar por dichos canales del estado de sus solicitudes. También le informamos de que no está obligado a facilitar su dirección de correo electrónico y número de teléfono móvil y que, en caso de no facilitarlos, no impedirá el trámite de su solicitud.
DESTINATARIOS DE CESIONES O TRANSFERENCIAS	***¿A quién comunicaremos sus datos?*** Los datos personales obtenidos por el Instituto Nacional de la Seguridad Social en el ejercicio de sus funciones tienen carácter reservado y solo se utilizarán para los fines encomendados legalmente, sin que puedan ser cedidos o comunicados a terceros, salvo que la cesión o comunicación tenga por objeto alguno de los supuestos previstos expresamente en el artículo 77 del TRLGSS así como en los supuestos indicados en cualquier otra norma de rango legal. Si se trata de una solicitud basada en normativa internacional, sus datos podrán ser cedidos a los organismos extranjeros competentes para el trámite de su solicitud.
DERECHOS DE LAS PERSONAS INTERESADAS	***¿Cuáles son sus derechos cuando nos facilita sus datos personales?*** Respecto de los datos personales proporcionados, puede ejercitar en cualquier momento y en los términos establecidos por la normativa de protección de datos los derechos de acceso, rectificación, supresión, limitación y oposición, o bien retirar el consentimiento prestado a su tratamiento en los casos que hubiese sido requerido, todo ello mediante escrito presentado en un Centro de Atención e Información de la Seguridad Social (CAISS) o, por correo postal o a través de la sede electrónica de la Seguridad Social, ante el Delegado de Protección de Datos cuyos datos se encuentran en el segundo apartado de esta tabla. Le informamos de que en caso de considerar que su requerimiento no ha sido atendido oportunamente, tiene la posibilidad de presentar una reclamación ante la Agencia Española de Protección de Datos.
PROCEDENCIA	***¿Cómo obtenemos sus datos personales?*** Además de los datos facilitados por usted en su solicitud recabamos otros datos personales de otras administraciones y entidades en cumplimiento de la normativa y con el fin de agilizar y facilitar la actuación administrativa. Estos accesos a datos están amparados en normas con rango de ley.

C-134 cas V.8 20210215

www.seg-social.es **https://sede.seg-social.gob.es**

Borrar

MINISTERIO
DE INCLUSIÓN, SEGURIDAD SOCIAL
Y MIGRACIONES

SECRETARÍA DE ESTADO DE LA SEGURIDAD SOCIAL Y PENSIONES

INSTITUTO NACIONAL DE LA SEGURIDAD SOCIAL

Registro INSS

PRESTACIÓN ECONÓMICA POR CUIDADO DE MENORES AFECTADOS POR CÁNCER U OTRA ENFERMEDAD GRAVE

Puede solicitar este trámite a través de la Sede Electrónica de la Seguridad Social (*http://sede.seg-social.gob.es*), tanto con certificado digital como con Cl@ve permanente. También puede presentar un ejemplar firmado en un Centro de Atención e Información de la Seguridad Social previa solicitud de cita previa en los teléfonos 901 10 65 70 / 91 541 25 30 o en *www.seg-social.es*.

1. DATOS PERSONALES DEL SOLICITANTE

Primer apellido	Segundo apellido	Nombre

Fecha de nacimiento	Nº de la Seguridad Social	DNI-NIE-Pasaporte	Teléfono móvil	Teléfono fijo

Domicilio habitual: (calle, plaza ...)	Número	Bloque	Escalera	Piso	Puerta

Código postal	Localidad	Provincia	Correo electrónico

Relación con el menor
☐ Progenitor ☐ Adoptante ☐ Guardador con fines de adopción ☐ Acogedor permanente ☐ Tutor

1.1 DE LA UNIDAD FAMILIAR Es familia monoparental(1) ☐ SÍ ☐ NO

1.2 DEL REPRESENTANTE LEGAL, que actúa como:
☐ Tutor ☐ Tutor institucional ☐ Graduado social ☐ Gestor administrativo ☐ Otros apoderados

Primer apellido	Segundo apellido	Nombre	DNI-NIE-Pasaporte

Domicilio habitual: (calle, plaza ...)	Número	Bloque	Escalera	Piso	Puerta	Código postal

Teléfono móvil	Teléfono fijo	Localidad	Provincia	Correo electrónico

2. DATOS IDENTIFICATIVOS DEL OTRO PROGENITOR/ADOPTANTE/GUARDADOR CON FINES DE ADOPCIÓN/ACOGEDOR/TUTOR

Primer apellido	Segundo apellido	Nombre	Teléfono móvil	Teléfono fijo

DNI-NIE-Pasaporte	Nº de la Seguridad Social	Correo electrónico	¿Trabaja por cuenta ajena o propia? ☐ SÍ ☐ NO

Pertenece en razón de su actividad al:
☐ Régimen General de la Seguridad Social ☐ Funcionario/a(2)
☐ Régimen Especial de .... ☐ Otros (Colegio profesional, etc.) ....

3. DATOS DEL MENOR/ES

Apellidos y nombre	DNI-NIE-Pasaporte	Fecha de nacimiento

Apellidos y nombre	DNI-NIE-Pasaporte	Fecha de nacimiento

4. MOTIVO DE LA SOLICITUD

INGRESO HOSPITALARIO DEL MENOR

Fecha del ingreso hospitalario del menor .... ☐ ¿Ha reducido la jornada laboral? ☐ SÍ ☐ NO
Fecha de inicio de la jornada reducida .... ☐ Porcentaje de reducción (al menos de un 50%) ....

(1) Se entenderá por familia monoparental la constituida por un sólo progenitor con el que convive el menor y que constituye el sustentador único de la familia.
(2) Señalar sólo si se trata de funcionarios incluidos en el ámbito de aplicación del texto refundido de la Ley del Estatuto Básico del Empleado Público (EBEP), aprobado por Real Decreto legislativo 5/2015, de 30 de octubre.

20210126 8-015 cas V.7

Apellidos y nombre:	DNI-NIE-Pasaporte: ②

5. OTROS DATOS

5.1	**LENGUA COOFICIAL** en la que desea recibir su correspondencia ....
5.2	**DOMICILIO DE COMUNICACIONES A EFECTOS LEGALES** (sólo si es distinto del indicado en el apartado 1)

Domicilio habitual: (calle, plaza ...)	Número	Bloque	Escalera	Piso	Puerta

Teléfono de contacto	Código postal	Localidad
Provincia	País	Apartado de correos
Correo electrónico		

6. ALEGACIONES

7. MODALIDAD DE COBRO DE LA PRESTACIÓN

Código IBAN		CCC			
CUENTA/LIBRETA	CÓDIGO PAÍS	ENTIDAD	OFICINA/ SUCURSAL	DÍG. CONTROL	NÚMERO DE CUENTA

20210126

DECLARO que son ciertos los datos incluidos en esta solicitud.

El Instituto Nacional de la Seguridad Social solicita su consentimiento para consultar y recabar electrónicamente los datos o documentos que se encuentren en poder de cualquier Administración, cuyo acceso no esté previamente amparado por la ley y que sean necesarios para resolver su solicitud y gestionar, en su caso, la prestación reconocida.

☐ **SÍ doy mi consentimiento**

☐ **NO doy mi consentimiento**

NOTA IMPORTANTE: En caso de no dar su consentimiento deberá aportar, en el plazo de 10 días hábiles, los documentos que se le indiquen que sean necesarios para resolver su solicitud y gestionar, en su caso, la prestación reconocida.

8-015 cas V.7

El Instituto Nacional de la Seguridad Social solicita su consentimiento para utilizar el teléfono móvil, el correo electrónico y datos de contacto facilitados en esta solicitud para enviarle comunicaciones en materia de Seguridad Social.

☐ **SÍ doy mi consentimiento**

☐ **NO doy mi consentimiento**

	INFORMACIÓN BÁSICA SOBRE PROTECCIÓN DE DATOS PERSONALES
RESPONSABLE	Instituto Nacional de la Seguridad Social (INSS)
FINALIDAD	Gestión de las prestaciones del Sistema de la Seguridad Social competencia del INSS
LEGITIMACIÓN	Ejercicio de poderes públicos
DESTINATARIOS	Sólo se efectuarán cesiones y transferencias previstas legalmente o autorizadas mediante su consentimiento
DERECHOS	Acceder, rectificar y suprimir los datos, así como otros derechos, como se explica en la información adicional
PROCEDENCIA	Recabamos datos de otras administraciones y entidades en los términos legalmente previstos
INFORMACIÓN ADICIONAL	Puede consultar información adicional y detallada en la hoja informativa que se acompaña al presente formulario

...., a .... de .... de 20......

Firma del/la solicitante, Firma del otro progenitor,

DIRECCIÓN PROVINCIAL DEL INSTITUTO NACIONAL DE LA SEGURIDAD SOCIAL DE ....

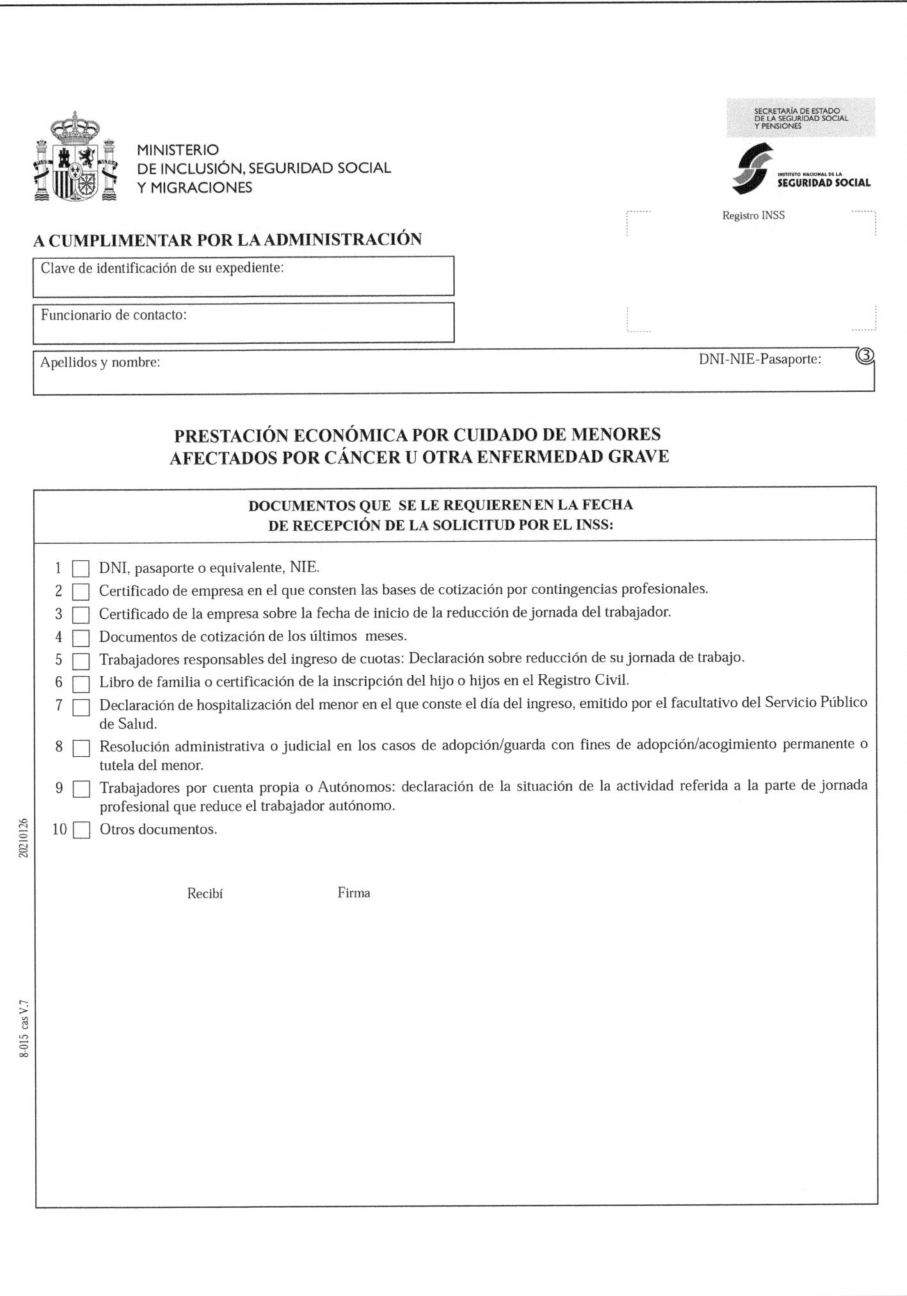

MINISTERIO
DE INCLUSIÓN, SEGURIDAD SOCIAL
Y MIGRACIONES

SECRETARÍA DE ESTADO
DE LA SEGURIDAD SOCIAL
Y PENSIONES

INSTITUTO NACIONAL DE LA
SEGURIDAD SOCIAL

Registro INSS

A CUMPLIMENTAR POR LA ADMINISTRACIÓN

Clave de identificación de su expediente:

Funcionario de contacto:

Apellidos y nombre: DNI-NIE-Pasaporte: ③

PRESTACIÓN ECONÓMICA POR CUIDADO DE MENORES AFECTADOS POR CÁNCER U OTRA ENFERMEDAD GRAVE

DOCUMENTOS QUE SE LE REQUIEREN EN LA FECHA DE RECEPCIÓN DE LA SOLICITUD POR EL INSS:

1 ☐ DNI, pasaporte o equivalente, NIE.
2 ☐ Certificado de empresa en el que consten las bases de cotización por contingencias profesionales.
3 ☐ Certificado de la empresa sobre la fecha de inicio de la reducción de jornada del trabajador.
4 ☐ Documentos de cotización de los últimos meses.
5 ☐ Trabajadores responsables del ingreso de cuotas: Declaración sobre reducción de su jornada de trabajo.
6 ☐ Libro de familia o certificación de la inscripción del hijo o hijos en el Registro Civil.
7 ☐ Declaración de hospitalización del menor en el que conste el día del ingreso, emitido por el facultativo del Servicio Público de Salud.
8 ☐ Resolución administrativa o judicial en los casos de adopción/guarda con fines de adopción/acogimiento permanente o tutela del menor.
9 ☐ Trabajadores por cuenta propia o Autónomos: declaración de la situación de la actividad referida a la parte de jornada profesional que reduce el trabajador autónomo.
10 ☐ Otros documentos.

Recibí Firma

20210126

8-015 cas V.7

PRESTACIÓN ECONÓMICA POR CUIDADO DE MENORES AFECTADOS POR CÁNCER U OTRA ENFERMEDAD GRAVE

INSTRUCCIONES PARA CUMPLIMENTAR LA SOLICITUD

1. **DATOS PERSONALES DEL SOLICITANTE.**- Este apartado se cumplimentará con los datos de identificación personal y de residencia permanente del solicitante. Si la petición no se formula en nombre propio, sino a través de otra persona, se cumplimentará el apartado 1.2 DEL REPRESENTANTE LEGAL, indicando el tipo de representación.

   1.1 DATOS DE LA UNIDAD FAMILIAR: Cumplimente la casilla correspondiente.

2. **DATOS IDENTIFICATIVOS DEL OTRO PROGENITOR.**- Si hay otro progenitor, cumplimente sus datos de identificación personal y laboral, indicando si pertenece al Sistema de la Seguridad Social. De pertenecer a otro Sistema o Colegio Profesional, indíquelo.

3. **DATOS DEL MENOR/ES.**- Cumplimente los datos solicitados. Si el menor ha cumplido 14 años el dato DNI/NIE/Pasaporte es obligatorio.

4. **MOTIVO DE LA SOLICITUD.**- Cumplimente las casillas correspondientes y consigne las fechas y datos de que disponga.

5. **OTROS DATOS.**- La prestación por cuidado de menores afectados por cáncer u otra enfermedad grave está exenta de retención por IRPF.

   5.1 La elección de ***LENGUA COOFICIAL*** sólo surtirá efectos en las comunidades autónomas que la tengan reconocida.

   5.2 ***El DOMICILIO DE COMUNICACIONES*** a efectos legales sólo debe indicarse cuando desee recibirlas en otro distinto del suyo habitual, incluidas las comunicaciones oficiales en las que se le pidan actuaciones en plazos determinados. Si desea que se le envíen a un apartado de correos también puede indicarlo.

6. **ALEGACIONES.**- Si quiere añadir algo que considere importante para tramitar su prestación y no vea recogido en esta solicitud, póngalo en este apartado de la forma más breve y concisa posible.

7. **MODALIDAD DE COBRO DE LA PRESTACIÓN.**-

   Debe indicar el IBAN, que es el equivalente a su número internacional de cuenta bancaria. Puede encontrarlo en los recibos y comunicaciones que le envía su banco o caja de ahorros.

   En su defecto, cumplimente las casillas correspondientes al "código cuenta cliente" (CCC).

20210126

8-015 cas V.7

PRESTACIÓN ECONÓMICA POR CUIDADO DE MENORES AFECTADOS POR CÁNCER U OTRA ENFERMEDAD GRAVE

DOCUMENTOS NECESARIOS PARA EL TRÁMITE DE LA PRESTACIÓN

EN TODOS LOS CASOS

1. Acreditación de identidad de los interesados (también del causante si tiene 14 años) y del representante legal, si lo hubiera, mediante la siguiente documentación en vigor:
- Españoles: Documento nacional de identidad (DNI).
- Extranjeros: Pasaporte o, en su caso, documento de identidad vigente en su país y NIE (Número de Identificación de Extranjero) exigido por la AEAT a efectos de pago.
- Documentación acreditativa de la representación legal, en su caso.

2. Certificado de la empresa en el que conste la cuantía de la base de cotización de la persona trabajadora por contingencias profesionales o, en su caso, por contingencias comunes, correspondiente al mes previo a la fecha de inicio de la reducción de jornada y, en su caso, las cantidades de percepción no periódica abonadas durante el año anterior a dicha fecha.

3. Certificado de la empresa sobre la fecha de inicio de la reducción de jornada del trabajador prevista en el párrafo tercero del artículo 37.6 del Estatuto de los Trabajadores, con indicación del porcentaje en que ha quedado fijada dicha reducción de jornada.

4. Documentación relativa a la cotización:
- Para los Artistas y Profesionales Taurinos: Declaración de actividades y justificantes de actuaciones que no hayan sido presentados en la Tesorería General de la Seguridad Social.
- Trabajadores responsables del ingreso de las cuotas: Justificantes del pago de los 2 últimos meses.

5. Para los trabajadores **del Sistema especial de empleados de hogar**, se aportará declaración del responsable de hogar familiar sobre la reducción de jornada efectiva de la persona trabajadora.

6. Declaración del facultativo del Servicio Público de Salud en el que conste que el menor se encuentra afectado por cáncer u otra enfermedad grave que requiere ingreso hospitalario de larga duración, indicando la fecha estimada de duración del ingreso y si el menor precisa un tratamiento continuado de la enfermedad, fuera del centro hospitalario, que indique la duración estimada del mismo.

7. Libro de familia o, en su defecto, certificado de la inscripción del hijo en el Registro Civil o resolución judicial de la adopción.

8. Resolución judicial o administrativa por la que se haya concedido la guarda con fines de adopción, el acogimiento permanente o la tutela.

SÓLO EN EL CASO DE TRABAJADORES RESPONSABLES DEL INGRESO DE CUOTAS *(TRABAJADORES POR CUENTA PROPIA O AUTÓNOMOS) Y TRABAJADORES DEL SISTEMA ESPECIAL DE EMPLEADOS DE HOGAR:*

9. Deberán presentar una declaración indicando expresamente el porcentaje de reducción de su actividad profesional, en relación con una jornada semanal de cuarenta horas. En caso de personas integradas en el Sistema especial de empleados de hogar, se aportará declaración del responsable del hogar familiar sobre la reducción de jornada efectiva de la persona trabajadora.

OTROS DOCUMENTOS:

10. En el supuesto de no convivencia de los progenitores, y en ausencia de acuerdo sobre el que debe percibir la prestación, documentación que acredite la custodia o a cargo de quién está el menor.

11. En el caso de familias monoparentales: Libro de familia en el que conste un solo progenitor o, en el caso de que consten dos progenitores, certificado de defunción de uno de ellos, o resolución judicial en la que se declare el abandono de familia de uno de ellos.

12. Si el otro progenitor no pertenece al Sistema de la Seguridad Social debe aportar, en su caso:
- Certificado expedido por la unidad de personal de su centro de trabajo indicando que el mismo realiza una actividad laboral encuadrada en el Sistema de Clases Pasivas o
- Certificado del Colegio Profesional al que pertenezca, si se trata de una actividad profesional.

13. SOLO PARA LOS TRABAJADORES POR CUENTA PROPIA O AUTÓNOMOS: declaración de la situación de la actividad referida a la parte de jornada profesional que reduce el trabajador autónomo.

14. SOLO EN EL CASO DE QUE EL OTRO PROGENITOR SEA FUNCIONARIO, incluido en el ámbito de aplicación del texto refundido de la Ley del Estatuto Básico del Empleado Público (EBEP), aprobado por Real Decreto legislativo 5/2015, de 30 de octubre,: Certificado expedido por la unidad de personal de su centro de trabajo, indicando si le es de aplicación el EBEP, si disfruta del permiso establecido en el artículo 49.e) de dicha Ley, así como la situación administrativa en la que se encuentra.

PRESTACIÓN ECONÓMICA POR CUIDADO DE MENORES AFECTADOS POR CÁNCER U OTRA ENFERMEDAD GRAVE

EL INSTITUTO NACIONAL DE LA SEGURIDAD SOCIAL LE INFORMA:

De acuerdo con el artículo único del Real Decreto 286/2003, de 7 de marzo (BOE del 8 de abril), el plazo máximo para resolver y notificar el procedimiento iniciado es de 30 días contados desde la fecha en la que su solicitud ha sido registrada en esta Dirección Provincial.

Transcurrido dicho plazo sin haber recibido notificación con la resolución de su expediente, podrá entender que su petición ha sido desestimada por aplicación de silencio negativo y solicitar que se dicte resolución, teniendo esa solicitud valor de reclamación previa de acuerdo con lo establecido en el art. 71 de la Ley 36/2011, de 10 de octubre, reguladora de la jurisdicción social (BOE del día 11).

Si esta solicitud no va acompañada de los documentos necesarios para su tramitación, deberá presentarlos en el plazo de diez días contados desde el siguiente a aquel en el que se le haya notificado su requerimiento. Puede presentarlos sin desplazarse en la Sede Electrónica de la Seguridad Social, utilizando certificado digital o Cl@ve permanente (http://sede.seg-social.gob.es), por correo postal o personalmente en Centro de Atención e Información de la Seguridad Social solicitando cita previa.

El incumplimiento del plazo señalado tendrá los siguientes efectos:

- Documentos de identificación de los solicitantes y, en su caso, del representante legal, así como acreditación de la representación legal: se entenderá que desiste de su petición, de acuerdo con lo previsto en los arts. 66 y 68 de la Ley 39/2015, de 01 de octubre (BOE del 02-10-2015).
- Resto de documentos: su expediente se tramitará sin tener en cuenta las circunstancias a las que se refieren por no haber sido probadas, de acuerdo con el art. 77 de la citada Ley 39/2015 o, en su caso, se considerará que no ha acreditado suficientemente los requisitos necesarios para causar o calcular la prestación solicitada, de acuerdo con lo establecido en el Real Decreto 1148/2011, de 29 de julio, para la aplicación y desarrollo, en el sistema de la Seguridad Social, de la prestación económica por cuidado de menores afectados por cáncer u otra enfermedad grave.

20210126

Si, por el contrario, los presenta en el tiempo requerido, el plazo máximo para resolver y notificar su prestación se iniciará a partir de la fecha de recepción de esos documentos.

IMPORTANTE:

Cualquier variación en los datos de esta solicitud, tanto en lo referente a su situación laboral como a la del otro progenitor o del menor (cese en el trabajo, alta hospitalaria del menor, etc.), mientras esté vigente la prestación, deberá ser comunicada a la Dirección Provincial o al Centro de Atención e Información (CAISS) de este Instituto más cercano a su domicilio.

Si desea que las notificaciones que le remite la Seguridad Social se realicen a partir de ahora tan solo por medios electrónicos, comuníquenoslo en el servicio de desistimiento del canal postal en http://run.gob.es/sckwao.

8-015 cas V.7

INFORMACIÓN ADICIONAL SOBRE PROTECCIÓN DE DATOS PERSONALES

RESPONSABLE DEL TRATAMIENTO	***¿Quién es el responsable del tratamiento de sus datos personales?*** Instituto Nacional de la Seguridad Social C/ Padre Damián 4 CP 28036 Madrid, ESPAÑA https://sede.seg-social.gob.es
DELEGADO DE PROTECCIÓN DE DATOS	***¿Cómo puede contactar con el Delegado de Protección de Datos?*** Dirección del Servicio Jurídico de la Seguridad Social C/ Sagasta, 13 - 6ª Planta CP 28004 Madrid, ESPAÑA https://sede.seg-social.gob.es
FINALIDAD DEL TRATAMIENTO	***¿Para qué utilizaremos sus datos?*** Sus datos serán tratados con la finalidad principal de resolver esta solicitud y de gestionar, en su caso, la prestación reconocida. El tratamiento de sus datos de contacto tendrá como finalidad la realización de comunicaciones y remisión de información en materia de Seguridad Social. Los datos personales proporcionados se conservarán mientras sean necesarios para gestionar su prestación o las de sus posibles beneficiarios así como para otros fines de archivo y estadística pública.
LEGITIMACIÓN DEL TRATAMIENTO	***¿Cuál es la legitimación para el tratamiento de sus datos?*** El tratamiento de los datos se realizará sobre la base del ejercicio de poderes públicos autorizado por una norma legal (Arts. 66, 71, 72, 77 y concordantes Real Decreto Legislativo 8/2015, de 30 de octubre, por el que se aprueba el texto refundido de la Ley General de la Seguridad Social, en adelante, TRLGSS). Por lo que respecta a las comunicaciones y envío de informaciones en materia de Seguridad Social, el tratamiento vendrá legitimado por su consentimiento. La negativa a otorgarlo supondrá que no podrá recibir este tipo de envíos, si bien, no impedirá que le podamos informar por dichos canales del estado de sus solicitudes. También le informamos de que no está obligado a facilitar su dirección de correo electrónico y número de teléfono móvil y que, en caso de no facilitarlos, no impedirá el trámite de su solicitud.
DESTINATARIOS DE CESIONES O TRANSFERENCIAS	***¿A quién comunicaremos sus datos?*** Los datos personales obtenidos por el Instituto Nacional de la Seguridad Social en el ejercicio de sus funciones tienen carácter reservado y solo se utilizarán para los fines encomendados legalmente, sin que puedan ser cedidos o comunicados a terceros, salvo que la cesión o comunicación tenga por objeto alguno de los supuestos previstos expresamente en el artículo 77 del TRLGSS así como en los supuestos indicados en cualquier otra norma de rango legal. Si se trata de una solicitud basada en normativa internacional, sus datos podrán ser cedidos a los organismos extranjeros competentes para el trámite de su solicitud.
DERECHOS DE LAS PERSONAS INTERESADAS	***¿Cuáles son sus derechos cuando nos facilita sus datos personales?*** Respecto de los datos personales proporcionados, puede ejercitar en cualquier momento y en los términos establecidos por la normativa de protección de datos los derechos de acceso, rectificación, supresión, limitación y oposición, o bien retirar el consentimiento prestado a su tratamiento en los casos que hubiese sido requerido, todo ello mediante escrito presentado en un Centro de Atención e Información de la Seguridad Social (CAISS) o, por correo postal o a través de la sede electrónica de la Seguridad Social, ante el Delegado de Protección de Datos cuyos datos se encuentran en el segundo apartado de esta tabla. Le informamos de que en caso de considerar que su requerimiento no ha sido atendido oportunamente, tiene la posibilidad de presentar una reclamación ante la Agencia Española de Protección de Datos.
PROCEDENCIA	***¿Cómo obtenemos sus datos personales?*** Además de los datos facilitados por usted en su solicitud recabamos otros datos personales de otras administraciones y entidades en cumplimiento de la normativa y con el fin de agilizar y facilitar la actuación administrativa. Estos accesos a datos están amparados en normas con rango de ley.

8-015 cas V.7 20210126

www.seg-social.es **https://sede.seg-social.gob.es**

Borrar

MINISTERIO
DE INCLUSIÓN, SEGURIDAD SOCIAL
Y MIGRACIONES

SECRETARÍA DE ESTADO
DE LA SEGURIDAD SOCIAL
Y PENSIONES

INSTITUTO NACIONAL DE LA SEGURIDAD SOCIAL

Registro INSS

INCAPACIDAD PERMANENTE

A INSTANCIAS DE: TRABAJADOR ☐ ENTIDAD COLABORADORA ☐

INSPECCIÓN DE TRABAJO ☐ SERVICIO PÚBLICO DE SALUD ☐ INSS ☐

¿Ha trabajado usted en el extranjero? SÍ NO . En caso afirmativo, antes de continuar con este impreso compruebe si debe solicitar otro diferente.

Puede solicitar este trámite a través de la Sede Electrónica de la Seguridad Social (*http://sede.seg-social.gob.es*), tanto con certificado digital como con Cl@ve permanente. También puede presentar un ejemplar firmado en un Centro de Atención e Información de la Seguridad Social previa solicitud de cita previa en los teléfonos 901 10 65 70 / 91 541 25 30 o en *www.seg-social.es*.

1. DATOS PERSONALES

1.1 DEL SOLICITANTE

Primer apellido	Segundo apellido	Nombre

Fecha de nacimiento	Sexo	Estado civil actual		Nombre de:	DNI - NIE - Pasaporte
Día	Hombre ☐	Soltero/a ☐	Está incapacitado judicialmente SÍ ☐ NO ☐	Padre	Nº de la Seguridad Social
Mes	Mujer ☐	Casado/a ☐	Tiene reconocida discapacidad SÍ ☐ NO ☐	Madre	Nacionalidad
Año		Viudo/a ☐			Teléfono fijo
		Separado/a legalmente ☐			
		Divorciado/a ☐			

Domicilio habitual: (calle o plaza)	Número	Bloque	Escalera	Piso	Puerta	Teléfono móvil

Código postal	Localidad	Provincia	País

1.2 DEL REPRESENTANTE LEGAL

Actúa en nombre del solicitante como: Tutor ☐ Tutor Institucional ☐ Graduado Social ☐ Gestor administrativo ☐ Otros apoderados ☐

Si actúa en nombre de una entidad pública, indique: Cargo que ostenta ....

Nombre o razón social .... CIF/NIF ....

Primer apellido	Segundo apellido	Nombre

Fecha de nacimiento	Sexo	E. civil	DNI - NIE - Pasaporte	Nacionalidad

Domicilio habitual: (calle o plaza), (el de la Institución, en su caso)	Número	Bloque	Escalera	Piso	Puerta	Teléfono fijo	Teléfono móvil

Código postal	Localidad	Provincia	País

2. DATOS DE SITUACIÓN LABORAL

1) Última profesión que ha ejercido .... Tareas que realizaba ....

2) Otras profesiones ....

3) En caso de ser trabajador autónomo indique si ha tenido trabajadores a cargo: SÍ ☐ NO ☐

En caso afirmativo, indique la identificación jurídica de la empresa: ....

¿Ha cotizado alguna vez al Régimen de Clases Pasivas del Estado? SÍ ☐ NO ☐

20210203

INC-17 cas V.32

Apellidos y nombre:	DNI - NIE - Pasaporte ②

3. DATOS SOBRE PARTOS, COMPLEMENTO PARA LA REDUCCIÓN DE LA BRECHA DE GÉNERO, COMPLEMENTO POR MATERNIDAD, Y CUIDADO DE HIJOS Y MENORES ACOGIDOS

3.1 DATOS PARA EL RECONOCIMIENTO DE DÍAS COTIZADOS POR PARTO

Indique, en su caso, la fecha de los partos y de los abortos de más de 6 meses de gestación.

	Hijo 1	Hijo 2	Hijo 3	Hijo 4	Hijo 5	Hijo 6
DNI/NIE/PASAPORTE						
Fecha del parto						
Fecha del aborto						

3.2 DATOS PARA EL RECONOCIMIENTO DE BENEFICIO POR CUIDADO DE HIJOS/ADOPTADOS O MENORES ACOGIDOS Y DEL COMPLEMENTO PARA LA REDUCCIÓN DE LA BRECHA DE GÉNERO / COMPLEMENTO POR MATERNIDAD

Solicita el beneficio por cuidado de hijos/adoptados o menores acogidos: SI ☐
Solicita el complemento para la reducción para la brecha de género/complemento por maternidad : SI ☐
En caso de solicitar el beneficio y/o el complemento, cumplimente los siguientes datos:

		Hijo 1	Hijo 2	Hijo 3	Hijo 4	Hijo 5	Hijo 6
Datos del hijo o menor	Nombre						
	1er apellido						
	2º apellido						
	DNI/NIE/Pasaporte						
	Fecha de nacimiento						
	Fecha de resolución de adopción o acogimiento						
Datos del otro progenitor, adoptante o acogedor (1)	NO EXISTE	☐	☐	☐	☐	☐	☐
	FALLECIDO	☐	☐	☐	☐	☐	☐
	Nombre						
	1er apellido						
	2º apellido						
	DNI/NIE/Pasaporte						
	Fecha de nacimiento						
	Sexo						
Firma del otro progenitor (2)							
Indique para qué hijos solicita el beneficio		☐	☐	☐	☐	☐	☐
Indique para qué hijos solicita el complemento brecha de género / complemento maternidad (3)		☐	☐	☐	☐	☐	☐

(1) Si es el mismo en todos los casos cumplimente únicamente los datos del primero de los hijos o menores. Si no existe o ha fallecido marque la casilla.

(2) Firma del otro progenitor, adoptante o acogedor dando conformidad para que el beneficio por cuidado de hijos se aplique a favor del titular de esta prestación (salvo que aquel sea hombre y el titular sea mujer y salvo en caso de inexistencia o fallecimiento del mismo, acreditado documentalmente).

(3) Sólo se consideran hijos y adoptados.

20210203

INC-17 cas V.32

Apellidos y nombre: DNI - NIE - Pasaporte ③

4. DATOS RELACIONADOS CON LA PENSIÓN

Causa de la posible incapacidad: enfermedad común ☐ enfermedad profesional ☐ accidente de trabajo ☐ accidente no laboral ☐

Cuando obtenga su prestación:
Va a seguir trabajando y cotizando a la Seguridad Social: NO ☐ SÍ ☐
en la Administración ☐ por cuenta propia ☐ por cuenta ajena ☐

Va a ser titular, propietario o arrendatario: NO ☐ SÍ ☐
de explotación agraria ☐ de explotación marítimo pesquera ☐
de establecimiento abierto al público ☐

4.1 DATOS DE INGRESOS

Ingresos, computados de acuerdo con la legislación fiscal, que previsiblemente obtendrán el solicitante (S) su cónyuge (C) durante todo el año actual, distintos de los del trabajo del que se deriva la incapacidad y de la prestación que ahora solicita. Si prevé que van a ser iguales a los del año anterior, ponga esa cantidad descontando los que obtuvo por el trabajo que origina la incapacidad. Si no tiene ingresos, ponga cero (0).

Perceptor	Rendimientos netos de trabajo	Rendimientos netos de actividades económicas	Rendimientos brutos de capital mobiliario y/o netos de inmobiliario	Ganancias patrimoniales (saldo neto positivo)	Pensiones de Organismos Extranjeros (importe íntegro)	
					Importe	País
S	€	€	€	€	€	
C	€	€	€	€	€	

4.2 DATOS DEL CÓNYUGE

Primer apellido	Segundo apellido	Nombre

DNI - NIE - Pasaporte	Fecha de nacimiento	Sexo	Nacionalidad	Nº de Seguridad Social

4.3 DATOS DE ASCENDIENTES Y DESCENDIENTES A EFECTOS FISCALES QUE CONVIVEN CON EL FUTURO TITULAR

Debe incluir exclusivamente la información de ascendientes mayores de 65 años (o menores de dicha edad discapacitados) que conviven con usted durante al menos la mitad del año y descendientes menores de 25 años (o mayores de dicha edad discapacitados) que conviven con usted y, en ambos casos, siempre que no tengan rentas anuales superiores a 8.000 euros.

	Familiar 1	Familiar 2	Familiar 3	Familiar 4	Familiar 5	Familiar 6
Parentesco						
Fecha de nacimiento						
Discapacidad	de 33% a 64% ☐ más de 64% ☐	de 33% a 64% ☐ más de 64% ☐	de 33% a 64% ☐ más de 64% ☐	de 33% a 64% ☐ más de 64% ☐	de 33% a 64% ☐ más de 64% ☐	de 33% a 64% ☐ más de 64% ☐
Ayuda de 3ª persona o movilidad reducida	SÍ ☐ NO ☐	SÍ ☐ NO ☐	SÍ ☐ NO ☐	SÍ ☐ NO ☐	SÍ ☐ NO ☐	SÍ ☐ NO ☐
Si descendiente: Año adopción/acogimiento (1)						
Convive también con el otro progenitor	SÍ ☐ NO ☐	SÍ ☐ NO ☐	SÍ ☐ NO ☐	SÍ ☐ NO ☐	SÍ ☐ NO ☐	SÍ ☐ NO ☐
Si ascendiente: Nº hijos/ nietos con los que convive durante el año (incluido Vd.)						

4.4 DATOS DEL FUTURO TITULAR A EFECTOS FISCALES

Residencia fiscal: Provincia .... País ....

Si está en territorio común y desea un tipo voluntario de retención por IRPF indique cuál: ... . %
Tiene reconocida discapacidad ... de 33% a 64% ☐ más de 64% ☐
Ayuda de 3ª persona o movilidad reducida ... SÍ ☐ NO ☐
Cuantía anual de pensión compensatoria ... . €
Cuantía anual de alimentos a favor de los hijos: ... . €
Si está pagando préstamos por adquisición o rehabilitación de su vivienda habitual desde antes del 01/01/2013 y sus rendimientos de trabajo anuales, incluida ésta y otras pensiones, son inferiores a 33.007,20 €, marque este recuadro ... ☐

Si está en TERRITORIO FORAL, a efectos de retención por IRPF desea que se le aplique:
Tabla general ☐ Nº de hijos ....
Tabla de pensionistas ☐
Tipo voluntario: ☐ .... %

(1) Sólamente en el caso de hijos adoptados o de menores acogidos. Tratándose de hijos adoptados que previamente hubieran estado acogidos, indique únicamente el año de acogimiento.

20210203

INC-17 cas V.32

Apellidos y nombre:	DNI - NIE - Pasaporte ④

5. OTROS DATOS

5.1 LENGUA COOFICIAL en la que desea recibir su correspondencia: ....

5.2 DOMICILIO DE COMUNICACIONES A EFECTOS LEGALES (sólo si es distinto del indicado en el apartado 1 y deberá ser otro domicilio del titular si se solicita en nombre propio o por graduado social, gestor administrativo u otro apoderado, u otro domicilio del tutor o tutor institucional si se solicita a través de éstos)

Domicilio (calle, plaza ...)	Número	Bloque	Escalera	Piso	Puerta

Teléfono fijo	Teléfono móvil	Código postal	Localidad

Provincia	País	Apdo. de correos

5.3 SI DESEA recibir información por correo electrónico, indique su dirección: ....

6. ALEGACIONES

7. COBRO DE LA PENSIÓN

PAGO EN ESPAÑA (Banco o Caja de Ahorro)

BIC: .... En cuenta del: Futuro titular de la pensión (1.1) ☐ Tutor (1.2) ☐

Código IBAN (antigua cuenta corriente)	CÓDIGO PAÍS	CCC			
		ENTIDAD	OFICINA/ SUCURSAL	DÍG. CONTROL	NÚMERO DE CUENTA

PAGO EN EL EXTRANJERO Cheque ☐ Transferencia ☐ País ....

BIC: .... IBAN: .... CCC: ....

2021020З

INC-17 cas V.32

DECLARO, que son ciertos los datos incluidos en esta solicitud.

El Instituto Nacional de la Seguridad Social solicita su consentimiento para consultar y recabar electrónicamente los datos o documentos que se encuentren en poder de cualquier Administración, cuyo acceso no esté previamente amparado por la ley y que sean necesarios para resolver su solicitud y gestionar, en su caso, la prestación reconocida.

☐ **SÍ doy mi consentimiento**

☐ **NO doy mi consentimiento**

NOTA IMPORTANTE: En caso de no dar su consentimiento deberá aportar, en el plazo de 10 días hábiles, los documentos que se le indiquen que sean necesarios para resolver su solicitud y gestionar, en su caso, la prestación reconocida.

El Instituto Nacional de la Seguridad Social solicita su consentimiento para utilizar el teléfono móvil, el correo electrónico y datos de contacto facilitados en esta solicitud para enviarle comunicaciones en materia de Seguridad Social.

☐ **SÍ doy mi consentimiento**

☐ **NO doy mi consentimiento**

	INFORMACIÓN BÁSICA SOBRE PROTECCIÓN DE DATOS PERSONALES
RESPONSABLE	Instituto Nacional de la Seguridad Social (INSS)
FINALIDAD	Gestión de las prestaciones del Sistema de la Seguridad Social competencia del INSS
LEGITIMACIÓN	Ejercicio de poderes públicos
DESTINATARIOS	Sólo se efectuarán cesiones y transferencias previstas legalmente o autorizadas mediante su consentimiento
DERECHOS	Acceder, rectificar y suprimir los datos, así como otros derechos, como se explica en la información adicional
PROCEDENCIA	Recabamos datos de otras administraciones y entidades en los términos legalmente previstos
INFORMACIÓN ADICIONAL	Puede consultar información adicional y detallada en la hoja informativa que se acompaña al presente formulario en el apartado "INFORMACIÓN ADICIONAL SOBRE PROTECCIÓN DE DATOS PERSONALES"

.... , a .... de .... del 20..........

Firma

DIRECCIÓN PROVINCIAL DEL INSTITUTO NACIONAL DE LA SEGURIDAD SOCIAL DE ....

MINISTERIO
DE INCLUSIÓN, SEGURIDAD SOCIAL
Y MIGRACIONES

SECRETARÍA DE ESTADO
DE LA SEGURIDAD SOCIAL
Y PENSIONES

INSTITUTO NACIONAL DE LA
SEGURIDAD SOCIAL

Registro INSS

A CUMPLIMENTAR POR LA ADMINISTRACIÓN

Clave de identificación de su expediente:

Funcionario de contacto:

Apellidos y nombre: DNI - NIE - Pasaporte ⑤

FORMULARIO DE PRESTACIÓN DE INCAPACIDAD PERMANENTE

A INSTANCIA DE:

☐ **TRABAJADOR**
☐ **ENTIDAD COLABORADORA**
☐ **INSPECCIÓN DE TRABAJO**
☐ **SERVICIO PÚBLICO DE SALUD**
☐ **INSTITUTO NACIONAL DE LA SEGURIDAD SOCIAL**

DOCUMENTOS EN VIGOR QUE SE LE REQUIEREN EN LA FECHA DE RECEPCIÓN DE LA SOLICITUD POR EL INSS:

1 ☐ DNI, pasaporte o equivalente, NIE o CIF/NIF de:
   ☐ Solicitante.
   ☐ Representante legal.
   ☐ Cónyuge
2 ☐ Documentación acreditativa de la representación legal.
3 ☐ Parte de accidente de trabajo o enfermedad profesional.
4 ☐ Certificado empresarial de salarios reales.
5 ☐ Historial clínico.
6 ☐ Libro de familia, Certificación literal o Actas de matrimonio que acrediten diversas circunstancias (parentesco, nacimientos, abortos).
7 ☐ Auto judicial o certificado de acogimiento familiar.
8 ☐ Tarjeta de Identidad de Extranjeros o Certificado de inscripción en el Registro Central de Extranjeros.
☐ Otros documentos:

Recibí Firma

DOCUMENTOS NO NECESARIOS PARA EL TRÁMITE, QUE APORTA VOLUNTARIAMENTE EL SOLICITANTE:

1 ....
2 ....
3 ....
4 ....

Recibí los documentos requeridos a excepción de los números: ....

Firma

Cargo y nombre del funcionario ....

....

Fecha .... Lugar ....

DILIGENCIA: A la vista de los siguientes documentos en vigor: ....

....

....

Se expide la presente diligencia de verificación para hacer constar que los datos reflejados en este formulario coinciden fielmente con los que aparecen en los documentos aportados o exhibidos por el solicitante.

Firma

Cargo y nombre del funcionario ....

....

Fecha .... Lugar ....

20210203

INC-17 cas V.32

PRESTACIONES DE INCAPACIDAD

TRABAJOS EN EL EXTRANJERO.- Pida la solicitud de Reglamentos Comunitarios si ha trabajado en algún país de la Unión Europea, o Suiza, Noruega, Islandia o Liechtenstein; o de Convenios bilaterales si ha trabajado en Andorra, Argentina, Australia, Bolivia, Brasil, Cabo Verde, Canadá, Chile, Colombia, Corea del Sur, Ecuador, El Salvador, Estados Unidos, Filipinas, Japón, Marruecos, México, Paraguay, Perú, República Dominicana, Rusia, Túnez, Ucrania, Uruguay o Venezuela.

INSTRUCCIONES PARA CUMPLIMENTAR ESTE FORMULARIO

1.- **DATOS PERSONALES.-** Si la petición no se formula en nombre propio sino a través de otra persona, rellene también el apartado de los datos del representante legal.

Si el interesado está acogido en algún Centro oficial o privado que actúa como guardador, indique el establecimiento y especifique en calidad de qué actúa usted en su nombre (director, secretario, administrador, etc.).

Los datos sobre separación y divorcio son información operante a efectos fiscales (cálculo del porcentaje de retención de IRPF de la prestación) excepto en los Territorios Forales.

2.- **DATOS PROFESIONALES.-** Sea lo más conciso posible al poner esta información.

3.- **DATOS SOBRE PARTOS, COMPLEMENTO PARA LA REDUCCIÓN DE LA BRECHA DE GÉNERO, COMPLEMENTO POR MATERNIDAD, Y CUIDADO DE HIJOS Y MENORES ACOGIDOS.**

3.1 **RECONOCIMIENTO DE DÍAS COTIZADOS POR PARTO**: exclusivamente cuando la solicitante sea mujer, se podrán computar como periodo cotizado 112 días por cada parto y aborto de más de 6 meses aunque no se estuviese en situación de activo. Todos ellos deben figurar inscritos en el Registro Civil para producir efectos.

3.2 **BENEFICIOS POR CUIDADO DE HIJOS O MENORES**: se podrá computar como periodo cotizado, a todos los efectos excepto para alcanzar el periodo mínimo de cotización, un determinado número de días por el periodo comprendido entre la interrupción de la cotización por extinción de la relación laboral o fin de desempleo entre los 9 meses antes del nacimiento con vida (o los 3 meses antes de la resolución judicial de adopción o la decisión administrativa o judicial de acogimiento) y la finalización del sexto año posterior al nacimiento, adopción o acogimiento. Sólo se reconocerá a un progenitor, por lo que en caso de controversia se otorgará al derecho a la madre.

20210203

3.2 **COMPLEMENTO PARA LA REDUCCIÓN DE LA BRECHA DE GÉNERO**: para pensiones causadas a partir de 4/2/2021, si se cumplen los requisitos establecidos legalmente, se podrá reconocer un complemento para la reducción de la brecha de género a los hombres o mujeres que hayan tenido uno o más hijos nacidos con vida o adoptados cuyo nacimiento o adopción se hubiera producido con anterioridad a la fecha del posible reconocimiento de la prestación.

3.2 **COMPLEMENTO POR MATERNIDAD**: exclusivamente cuando la solicitante sea mujer y para pensiones causadas a partir de 1/1/2016 y hasta 3/2/2021 se podrá reconocer un complemento sobre la pensión a las mujeres que hayan tenido dos o más hijos nacidos con vida o adoptados cuyo nacimiento o adopción se hubiera producido con anterioridad a la fecha del posible reconocimiento de la prestación. Todo ello con independencia del país donde hubiera tenido lugar el nacimiento o la adopción (en el caso de las adopciones internacionales constituidas por autoridades extranjeras deben haber surtido efectos en España con arreglo a las disposiciones de la Ley de Adopción Internacional).

4.- **DATOS RELACIONADOS CON LA PENSIÓN.**

INC-17 cas V.32

4.1. **DATOS PARA EL RECONOCIMIENTO DE UN POSIBLE COMPLEMENTO A MÍNIMOS:** reseñe los ingresos que usted o su cónyuge previsiblemente vayan a obtener en el año en curso y que se correspondan con los conceptos que se indican en las casillas. Esta información es necesaria para calcular un posible complemento a mínimos de su prestación. Si piensa trabajar una vez que tenga concedida la prestación, debe decirnos dónde porque ambas situaciones pueden ser incompatibles.

4.2. **DATOS FISCALES**: necesarios para calcular correctamente la retención por IRPF. Su declaración es voluntaria y puede optar por suministrar estos datos directamente a la administración tributaria; si los cumplimenta se entenderá que presta su consentimiento para que puedan ser tratados informáticamente con esa finalidad. Si el futuro titular de la pensión tiene establecida su residencia fiscal (más de 180 días al año) en un país extranjero, en una comunidad o ciudad autónoma o en territorio foral distinto del lugar en donde solicita su pensión, debe indicarlos ya que el tratamiento de retenciones a cuenta del IRPF puede ser diferente.

5.- **OTROS DATOS.-** La elección de LENGUA COOFICIAL sólo surtirá efectos en las Comunidades Autónomas que la tengan reconocida.

El DOMICILIO DE COMUNICACIONES a efectos legales sólo debe indicarse cuando desee recibirlas en otro distinto del suyo habitual, incluidas las comunicaciones oficiales en las que se le pidan actuaciones en plazos determinados.

6.- **ALEGACIONES.-** Si quiere añadir algo que considere importante para tramitar su prestación y no vea recogido en el formulario, póngalo en este apartado de la forma más breve y concisa posible.

7.- **COBRO DE LA PRESTACIÓN.-** Ponga especial cuidado al rellenar las casillas de la cuenta bancaria. El error o la falta de este dato impediría el pago de la prestación que, en su caso, pudiera reconocerse.

Si reside en el extranjero y quiere recibir allí el pago, debe aportarnos todos los datos que le proporcionen en su entidad bancaria en ese país para hacerlo posible.

PRESTACIONES DE INCAPACIDAD

DOCUMENTOS EN VIGOR A ENTREGAR PARA EL TRÁMITE DE SU PRESTACIÓN (*)

1.- EN TODOS LOS CASOS

- Acreditación de identidad del interesado, representante legal y demás personas que figuran en la solicitud mediante la siguiente documentación:
  - Españoles: Documento Nacional de Identidad (DNI).
  - Extranjeros residentes o no residentes en España: Pasaporte o, en su caso, documento de identidad vigente en su país y NIE (Número de Identificación de Extranjero) exigido por la AEAT a efectos de pago.
- Documentación acreditativa de la representación legal, en su caso, o de la emancipación del solicitante menor de edad. Si es tutor institucional, CIF/NIF, documento en el que conste el nombramiento de tutela de la Institución y certificación acreditativa de la representación de la Institución. Si está incapacitado judicialmente debe presentar la resolución judicial que lo declare o certificado acreditativo del Registro Civil.

2.- EN CASO DE ACCIDENTE DE TRABAJO O ENFERMEDAD PROFESIONAL

- Parte administrativo de accidente de trabajo o enfermedad profesional.
- Certificado empresarial de salarios reales del año anterior.

3.- PARA EL RECONOCIMIENTO DE UN POSIBLE COMPLEMENTO A MÍNIMOS

- En el caso de extranjeros residentes en España: certificado de inscripción en el Registro Central de Extranjeros o Tarjeta de Identidad de Extranjeros.
- Libro de familia, actas del Registro Civil o certificado oficial que acrediten el parentesco del cónyuge con el solicitante, en su caso.

4.- PARA ACREDITAR OTRAS CIRCUNSTANCIAS

- Si está en su poder, Historial Clínico elaborado por el Servicio Público de Salud competente en su Comunidad Autónoma o, en su caso, Informe de la Inspección Médica de dicho Servicio.
- Certificado del Registro Civil o Libro de familia, resolución judicial de adopción o decisión administrativa o judicial de acogimiento que acrediten, según el caso, los nacimientos, abortos, adopciones o acogimientos que haya alegado. En el caso de adopciones internacionales constituidas por autoridades extranjeras deberá acreditarse que han surtido efectos en España con arreglo a las disposiciones de la Ley de Adopción Internacional.
- Personal de las Fuerzas Armadas y de las Fuerzas y Cuerpos de Seguridad del Estado: Resolución de la autoridad competente del Ministerio de Defensa o del Interior declarativa del cese en la relación de servicios profesionales, junto con la historia clínica, informe médico de síntesis y dictamen evaluador de las condiciones psicofísicas. Además, en su caso, resolución del órgano competente del Ministerio de Defensa o del Interior declarativa de que la incapacidad permanente se ha producido en acto de servicio, y certificación de la Dirección General de Personal correspondiente del importe mensual y anual de la pensión extraordinaria que, en la fecha de cese de la relación de servicios, hubiera correspondido de haberse aplicado el Régimen de Clases Pasivas del Estado.

INC-17 cas V.32 20210203

(*) Si los documentos han sido emitidos por organismos extranjeros, será necesario que cumplan los requisitos de legalización para ser válidos en España

PRESTACIONES DE INCAPACIDAD

EL INSTITUTO NACIONAL DE LA SEGURIDAD SOCIAL LE INFORMA:

De acuerdo con lo establecido en el artículo único del Real Decreto 286/2003, de 7 de marzo por el que se establece la duración de los plazos para la resolución de los procedimientos administrativos para el reconocimiento de prestaciones en materia de Seguridad Social (BOE del 8-4-2003), el plazo máximo para resolver y notificar el procedimiento iniciado es de 135 días contados desde la fecha en que la solicitud ha sido registrada en esta Dirección Provincial o, en su caso, desde la fecha del acuerdo de iniciación.

Transcurrido dicho plazo sin haber sido notificada la resolución, podrá entender que su petición ha sido desestimada por silencio administrativo y, cuando esta Entidad esté obligada a proceder de oficio, podrá solicitar que se dicte resolución, teniendo esa solicitud valor de reclamación previa de acuerdo con lo establecido en el art. 71 de la Ley 36/2011, de 10 de octubre, reguladora de la jurisdicción social (BOE del día 11).

Si esta solicitud no va acompañada de los documentos necesarios para su tramitación, deberá presentarlos en el plazo de 10 días contados desde el siguiente a aquél en el que se le haya notificado su requerimiento. Puede presentarlos, sin desplazarse, en la Sede Electrónica de la Seguridad Social utilizando certificado digital o Cl@ve permanente (http://sede.seg-social.gob.es), por correo postal o, personalmente, en el Centro de Atención e Información de la Seguridad Social solicitando cita previa.

El incumplimiento del plazo señalado tendrá los siguientes efectos:

- Documentos de identificación del titular y, en su caso, del representante legal, así como acreditación de la representación legal: se entenderá que desiste de su petición, de acuerdo con lo previsto en los arts. 66 y 68 de la Ley 39/2015, de 1 de octubre (BOE del 2-10-2015).
- Resto de documentos: se resolverá la prestación de acuerdo a los datos que consten en el expediente (artículo 73.3 de la Ley 39/2015).

El funcionario podrá requerir documentación complementaria si la normativa aplicable lo exigiera, y usted podrá aportar cualquier otro documento que estime conveniente (artículo 28.1 de la Ley 39/2015).

RECUERDE:

Si se produce alguna variación en los datos de esta solicitud, tanto en lo referente a situación económica (ingresos laborales u otro tipo de rentas de usted o su cónyuge), familiar (cambio de estado civil, defunciones, etc.) o de su domicilio (de residencia, fiscal) debe usted comunicarlo a la Dirección Provincial o al Centro de Atención e Información (CAISS) de este Instituto más cercano.

Si debe acompañar documentación junto a esta solicitud, de acuerdo con las instrucciones de este formulario, puede presentar fotocopias de la documentación solicitada por las siguientes vías: sin desplazarse a través de la Sede Electrónica de la Seguridad Social utilizando certificado digital o Cl@ve permanente (http://sede.seg-social.gob.es), por correo postal, o presencialmente en un Centro de Atención e Información de la Seguridad Social solicitando cita previa.

Si desea que las notificaciones que le remite la Seguridad Social se realicen a partir de ahora tan solo por medios electrónicos, comuníquenoslo en el servicio de desistimiento del canal postal en http://run.gob.es/sckwao.

20210203 INC-17 cas V.32

INFORMACIÓN ADICIONAL SOBRE PROTECCIÓN DE DATOS PERSONALES

RESPONSABLE DEL TRATAMIENTO	***¿Quién es el responsable del tratamiento de sus datos personales?*** Instituto Nacional de la Seguridad Social C/ Padre Damián 4 CP 28036 Madrid, ESPAÑA https://sede.seg-social.gob.es
DELEGADO DE PROTECCIÓN DE DATOS	***¿Cómo puede contactar con el Delegado de Protección de Datos?*** Dirección del Servicio Jurídico de la Seguridad Social C/ Sagasta, 13 - 6ª Planta CP 28004 Madrid, ESPAÑA https://sede.seg-social.gob.es
FINALIDAD DEL TRATAMIENTO	***¿Para qué utilizaremos sus datos?*** Sus datos serán tratados con la finalidad principal de resolver esta solicitud y de gestionar, en su caso, la prestación reconocida. El tratamiento de sus datos de contacto tendrá como finalidad la realización de comunicaciones y remisión de información en materia de Seguridad Social. Los datos personales proporcionados se conservarán mientras sean necesarios para gestionar su prestación o las de sus posibles beneficiarios así como para otros fines de archivo y estadística pública.
LEGITIMACIÓN DEL TRATAMIENTO	***¿Cuál es la legitimación para el tratamiento de sus datos?*** El tratamiento de los datos se realizará sobre la base del ejercicio de poderes públicos autorizado por una norma legal (Arts. 66, 71, 72, 77 y concordantes Real Decreto Legislativo 8/2015, de 30 de octubre, por el que se aprueba el texto refundido de la Ley General de la Seguridad Social, en adelante, TRLGSS). Por lo que respecta a las comunicaciones y envío de informaciones en materia de Seguridad Social, el tratamiento vendrá legitimado por su consentimiento. La negativa a otorgarlo supondrá que no podrá recibir este tipo de envíos, si bien, no impedirá que le podamos informar por dichos canales del estado de sus solicitudes. También le informamos de que no está obligado a facilitar su dirección de correo electrónico y número de teléfono móvil y que, en caso de no facilitarlos, no impedirá el trámite de su solicitud.
DESTINATARIOS DE CESIONES O TRANSFERENCIAS	***¿A quién comunicaremos sus datos?*** Los datos personales obtenidos por el Instituto Nacional de la Seguridad Social en el ejercicio de sus funciones tienen carácter reservado y solo se utilizarán para los fines encomendados legalmente, sin que puedan ser cedidos o comunicados a terceros, salvo que la cesión o comunicación tenga por objeto alguno de los supuestos previstos expresamente en el artículo 77 del TRLGSS así como en los supuestos indicados en cualquier otra norma de rango legal. Si se trata de una solicitud basada en normativa internacional, sus datos podrán ser cedidos a los organismos extranjeros competentes para el trámite de su solicitud.
DERECHOS DE LAS PERSONAS INTERESADAS	***¿Cuáles son sus derechos cuando nos facilita sus datos personales?*** Respecto de los datos personales proporcionados, puede ejercitar en cualquier momento y en los términos establecidos por la normativa de protección de datos los derechos de acceso, rectificación, supresión, limitación y oposición, o bien retirar el consentimiento prestado a su tratamiento en los casos que hubiese sido requerido, todo ello mediante escrito presentado en un Centro de Atención e Información de la Seguridad Social (CAISS) o, por correo postal o a través de la sede electrónica de la Seguridad Social, ante el Delegado de Protección de Datos cuyos datos se encuentran en el segundo apartado de esta tabla. Le informamos de que en caso de considerar que su requerimiento no ha sido atendido oportunamente, tiene la posibilidad de presentar una reclamación ante la Agencia Española de Protección de Datos.
PROCEDENCIA	***¿Cómo obtenemos sus datos personales?*** Además de los datos facilitados por usted en su solicitud recabamos otros datos personales de otras administraciones y entidades en cumplimiento de la normativa y con el fin de agilizar y facilitar la actuación administrativa. Estos accesos a datos están amparados en normas con rango de ley.

www.seg-social.es **https://sede.seg-social.gob.es**

INC-17 cas V.32 20210203

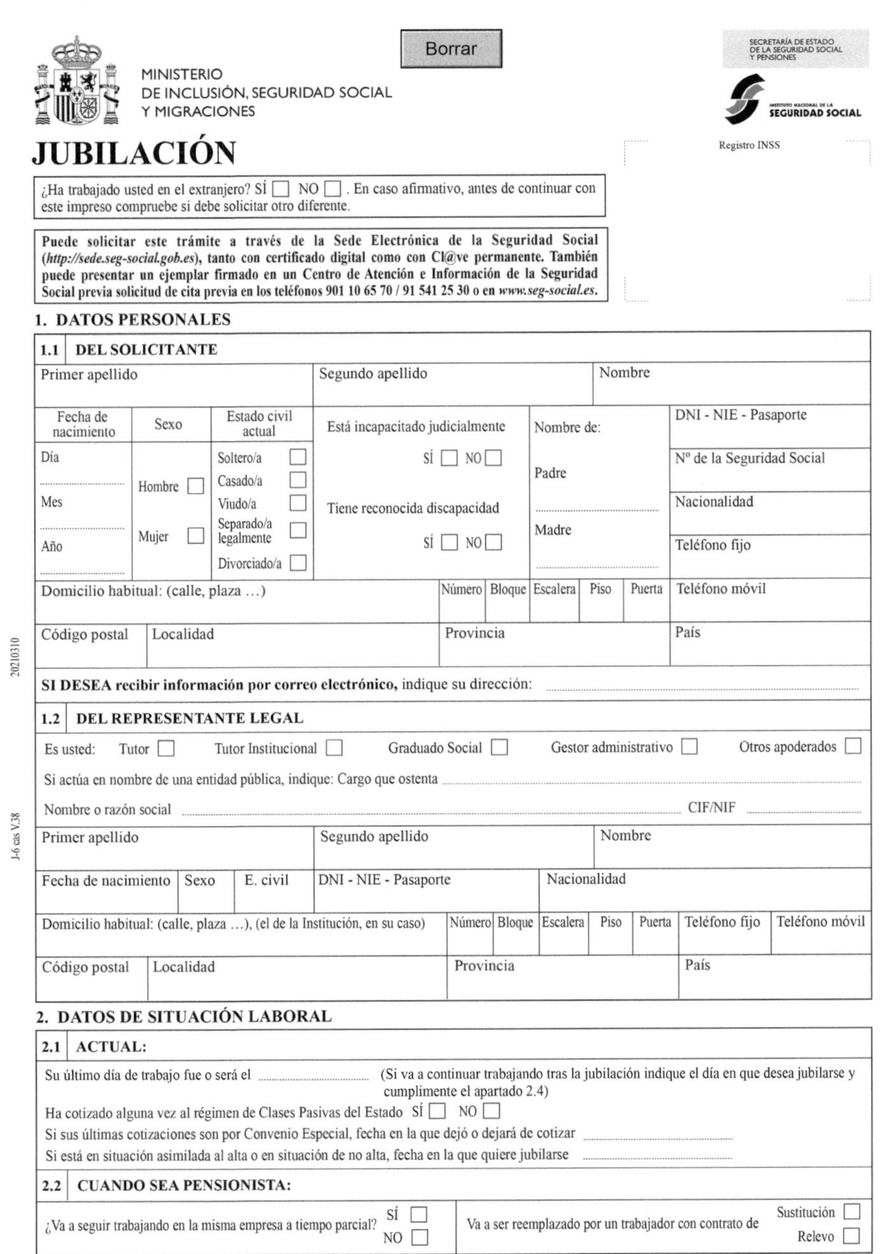

Borrar

MINISTERIO
DE INCLUSIÓN, SEGURIDAD SOCIAL
Y MIGRACIONES

SECRETARÍA DE ESTADO DE LA SEGURIDAD SOCIAL Y PENSIONES

INSTITUTO NACIONAL DE LA SEGURIDAD SOCIAL

Registro INSS

JUBILACIÓN

¿Ha trabajado usted en el extranjero? SÍ ☐ NO ☐. En caso afirmativo, antes de continuar con este impreso compruebe si debe solicitar otro diferente.

Puede solicitar este trámite a través de la Sede Electrónica de la Seguridad Social (*http://sede.seg-social.gob.es*), tanto con certificado digital como con Cl@ve permanente. También puede presentar un ejemplar firmado en un Centro de Atención e Información de la Seguridad Social previa solicitud de cita previa en los teléfonos 901 10 65 70 / 91 541 25 30 o en *www.seg-social.es*.

1. DATOS PERSONALES

1.1 DEL SOLICITANTE

Primer apellido	Segundo apellido	Nombre

Fecha de nacimiento	Sexo	Estado civil actual	Está incapacitado judicialmente	Nombre de:	DNI - NIE - Pasaporte
Día .... Mes .... Año	Hombre ☐ Mujer ☐	Soltero/a ☐ Casado/a ☐ Viudo/a ☐ Separado/a legalmente ☐ Divorciado/a ☐	SÍ ☐ NO ☐ Tiene reconocida discapacidad SÍ ☐ NO ☐	Padre .... Madre	Nº de la Seguridad Social / Nacionalidad / Teléfono fijo

Domicilio habitual: (calle, plaza ...)	Número	Bloque	Escalera	Piso	Puerta	Teléfono móvil

Código postal	Localidad	Provincia	País

SI DESEA recibir información por correo electrónico, indique su dirección: ....

1.2 DEL REPRESENTANTE LEGAL

Es usted: Tutor ☐ Tutor Institucional ☐ Graduado Social ☐ Gestor administrativo ☐ Otros apoderados ☐

Si actúa en nombre de una entidad pública, indique: Cargo que ostenta ....

Nombre o razón social .... CIF/NIF ....

Primer apellido	Segundo apellido	Nombre

Fecha de nacimiento	Sexo	E. civil	DNI - NIE - Pasaporte	Nacionalidad

Domicilio habitual: (calle, plaza ...), (el de la Institución, en su caso)	Número	Bloque	Escalera	Piso	Puerta	Teléfono fijo	Teléfono móvil

Código postal	Localidad	Provincia	País

2. DATOS DE SITUACIÓN LABORAL

2.1 ACTUAL:

Su último día de trabajo fue o será el .... (Si va a continuar trabajando tras la jubilación indique el día en que desea jubilarse y cumplimente el apartado 2.4)

Ha cotizado alguna vez al régimen de Clases Pasivas del Estado SÍ ☐ NO ☐

Si sus últimas cotizaciones son por Convenio Especial, fecha en la que dejó o dejará de cotizar ....

Si está en situación asimilada al alta o en situación de no alta, fecha en la que quiere jubilarse ....

2.2 CUANDO SEA PENSIONISTA:

¿Va a seguir trabajando en la misma empresa a tiempo parcial? SÍ ☐ NO ☐ | Va a ser reemplazado por un trabajador con contrato de Sustitución ☐ Relevo ☐

2021031 0

J-6 cas V.38

Apellidos y nombre: DNI - NIE - Pasaporte ⑫

2.3 DATOS PARA LA APLICACIÓN DE LA NORMATIVA VIGENTE ANTES DEL 01/01/2013

Mi relación laboral fue suspendida o extinguida por decisión adoptada en expediente de regulación de empleo o procedimiento concursal o por convenio y/o acuerdo colectivo de empresa, aprobados o suscritos con anterioridad al 1/4/13: ... ... SÍ ☐ NO ☐

Si ha contestado afirmativamente y su situación viene determinada por un convenio o acuerdo colectivo:

Acuerdo colectivo	Convenio colectivo
☐ En vigor desde .... hasta .... ☐ En prórroga desde .... hasta .... Código de Cuenta de Cotización de la empresa	Código: .... Boletín Oficial de fecha: .... ☐ Estado ☐ Provincia .... ☐ Comunidad Autónoma .... ☐ En vigor desde .... hasta .... ☐ En prórroga desde .... hasta .... Código de Cuenta de Cotización de la empresa ....

2.4 COMUNICACIÓN DE INICIO DE ACTIVIDAD LABORAL SIMULTÁNEA A LA CONDICIÓN DE PENSIONISTA

A cumplimentar por quien tenga previsto desarrollar una actividad laboral/profesional de forma simultánea a la percepción de la pensión de jubilación en los términos que a continuación se indican, para lo cual solicita acogerse a:

☐ **JUBILACIÓN ACTIVA:** posibilita compatibilizar la pensión con un trabajo por cuenta ajena o propia, a tiempo completo o parcial. El trabajo se limita al sector privado, y es compatible con la jubilación ordinaria o demorada (no con la anticipada y/o con edad bonificada) y siempre que la pensión alcance el 100% de la base reguladora por acreditar un período de cotización completo. Durante la compatibilidad se percibe el 50% del importe de la pensión; no obstante, la cuantía de la pensión alcanzará el 100% si la actividad se realiza por cuenta propia y se acredita tener contratado, al menos, a un trabajador por cuenta ajena. La obligación de cotizar se limita a IT, contingencias profesionales y solidaridad, no produciendo ningún efecto sobre la pensión (Art. 214 LGSS). Si la pensión se va a compatibilizar con un trabajo por cuenta ajena deberá presentarse debidamente cumplimentada la conformidad de la empresa que se acompaña como adenda al final del formulario.

El reconocimiento de la jubilación activa extingue la situación de Incapacidad Temporal en la que pudiera encontrarse (art. 174 LGSS). El INSS reconocerá la prestación más favorable (la de mayor cuantía a la fecha en que se dicte la resolución). De ser más favorable la prestación de Incapacidad Temporal, se dictará resolución de desistimiento de la solicitud de jubilación activa.

☐ **JUBILACIÓN FLEXIBLE:** posibilita compatibilizar la jubilación, una vez causada la pensión, con un contrato por cuenta ajena a tiempo parcial con una reducción de jornada de entre el 25 y el 50 % de la jornada a tiempo completo de un trabajador comparable, reduciéndose el importe de la pensión en proporción inversa. Las cotizaciones efectuadas durante la compatibilidad podrían surtir efectos para la mejora de la pensión de jubilación, una vez producido el cese en el trabajo (Real Decreto 1132/2002, de 31 de octubre).

☐ **ACTIVIDAD DE CREACIÓN ARTÍSTICA**: posibilita compatibilizar la pensión con la percepción de ingresos derivados de la titularidad de derechos de la propiedad intelectual. Si la solicitud no va acompañada del certificado/declaración responsable de percepción de los citados ingresos se entenderá que opta por la suspensión del percibo de la pensión que, en su caso, se reconozca (Real Decreto 302/2019, 26 de abril)

☐ **SUSPENSIÓN DE PENSIÓN**: en caso de trabajo a jornada completa por quien ha accedido a la jubilación anticipada o con edad bonificada o por quien percibe una pensión de jubilación que no alcanza el 100% de la base reguladora, o en caso de desempeño de un puesto en el sector público.

DECLARACIÓN DE ACTIVIDAD

Actividad por cuenta ajena	Actividad por cuenta propia
Empresa .... Jornada: ☐ Completa ☐ Parcial: Porcentaje .... Fecha de inicio actividad/compatibilidad	Tipo de actividad .... Fecha de inicio actividad/compatibilidad ....

Va a desempeñar un puesto de trabajo o alto cargo en el sector público, delimitado en el párrafo segundo del artículo 1.1 de la Ley 53/1984, de 26 de diciembre, de incompatibilidades del Personal al Servicio de las Administraciones Públicas que determina la incompatibilidad con la percepción de la pensión de jubilación: SÍ ☐ NO ☐

J-6 cas V.38 20210310

Apellidos y nombre:	DNI - NIE - Pasaporte ③

3. DATOS SOBRE PARTOS, COMPLEMENTO PARA LA REDUCCIÓN DE LA BRECHA DE GÉNERO, COMPLEMENTO POR MATERNIDAD Y CUIDADO DE HIJOS Y MENORES ACOGIDOS

3.1 DATOS PARA EL RECONOCIMIENTO DE DÍAS COTIZADOS POR PARTO

Indique, en su caso, la fecha de los partos y de los abortos de más de 6 meses de gestación.

	Hijo 1	Hijo 2	Hijo 3	Hijo 4	Hijo 5	Hijo 6
DNI/NIE/PASAPORTE						
Fecha del parto						
Fecha del aborto						

3.2 DATOS PARA EL RECONOCIMIENTO DE BENEFICIO POR CUIDADO DE HIJOS/ADOPTADOS O MENORES ACOGIDOS Y DEL COMPLEMENTO PARA LA REDUCCIÓN DE LA BRECHA DE GÉNERO / COMPLEMENTO POR MATERNIDAD

Solicita el beneficio por cuidado de hijos/adoptados o menores acogidos: SI ☐
Solicita el complemento para la reducción para la brecha de género/complemento por maternidad : SI ☐
En caso de solicitar el beneficio y/o el complemento, cumplimente los siguientes datos:

		Hijo 1	Hijo 2	Hijo 3	Hijo 4	Hijo 5	Hijo 6
Datos del hijo o menor	Nombre						
	1er apellido						
	2º apellido						
	DNI/NIE/Pasaporte						
	Fecha de nacimiento						
	Fecha de resolución de adopción o acogimiento						
Datos del otro progenitor, adoptante o acogedor (1)	NO EXISTE	☐	☐	☐	☐	☐	☐
	FALLECIDO	☐	☐	☐	☐	☐	☐
	Nombre						
	1er apellido						
	2º apellido						
	DNI/NIE/Pasaporte						
	Fecha de nacimiento						
	Sexo						
Firma del otro progenitor (2)							
Indique para qué hijos solicita el beneficio		☐	☐	☐	☐	☐	☐
Indique para qué hijos solicita el complemento brecha de género / complemento maternidad (3)		☐	☐	☐	☐	☐	☐

(1) Si es el mismo en todos los casos cumplimente únicamente los datos del primero de los hijos o menores. Si no existe o ha fallecido marque la casilla.
(2) Firma del otro progenitor, adoptante o acogedor dando conformidad para que el beneficio por cuidado de hijos se aplique a favor del titular de esta prestación (salvo que aquel sea hombre y el titular sea mujer y salvo en caso de inexistencia o fallecimiento del mismo, acreditado documentalmente).
(3) Sólo se consideran hijos y adoptados.

20210310

J-6 cas V.38

Apellidos y nombre:	DNI - NIE - Pasaporte ④

4. DATOS RELACIONADOS CON LA PENSIÓN

4.1 DATOS DE INGRESOS

Ingresos, computados de acuerdo con la legislación fiscal, que previsiblemente obtendrán el solicitante (S) y su cónyuge (C) durante todo el año actual, distintos de los del trabajo por el que se jubila y de la pensión de jubilación que solicita. Si prevé que van a ser iguales a los del año anterior, ponga esa cantidad descontando los que obtuvo por el trabajo que origina su jubilación. Si no tiene ingresos, ponga cero (0)

Perceptor	Rendimientos netos del trabajo	Rendimientos netos de actividades económicas	Rendimientos brutos de capital mobiliario y/o netos de inmobiliario	Ganancias patrimoniales (saldo neto positivo)	Pensiones de Organismos Extranjeros (importe íntegro)	
					Importe	País
S	€	€	€	€	€	
C	€	€	€	€	€	

4.2 DATOS DEL CÓNYUGE

Primer apellido	Segundo apellido	Nombre

DNI - NIE - Pasaporte	Fecha de nacimiento	Sexo	Nacionalidad	Nº de Seguridad Social

4.3 DATOS DE ASCENDIENTES Y DESCENDIENTES A EFECTOS FISCALES QUE CONVIVEN CON EL FUTURO TITULAR

Debe incluir exclusivamente la información de ascendientes mayores de 65 años (o menores de dicha edad discapacitados) que conviven con usted durante al menos la mitad del año y descendientes menores de 25 años (o mayores de dicha edad discapacitados) que conviven con usted y, en ambos casos, siempre que no tengan rentas anuales superiores a 8.000 euros.

20210310

	Familiar 1	Familiar 2	Familiar 3	Familiar 4	Familiar 5	Familiar 6
Parentesco						
Fecha de nacimiento						
Discapacidad	de 33% a 64% ☐ más de 64% ☐	de 33% a 64% ☐ más de 64% ☐	de 33% a 64% ☐ más de 64% ☐	de 33% a 64% ☐ más de 64% ☐	de 33% a 64% ☐ más de 64% ☐	de 33% a 64% ☐ más de 64% ☐
Ayuda de 3ª persona o movilidad reducida	SÍ ☐ NO ☐	SÍ ☐ NO ☐	SÍ ☐ NO ☐	SÍ ☐ NO ☐	SÍ ☐ NO ☐	SÍ ☐ NO ☐
Si descendiente: Año adopción/acogimiento(1)						
Convive también con el otro progenitor	SÍ ☐ NO ☐	SÍ ☐ NO ☐	SÍ ☐ NO ☐	SÍ ☐ NO ☐	SÍ ☐ NO ☐	SÍ ☐ NO ☐
Si ascendiente: Nº hijos/nietos con los que convive durante el año (incluido Vd.)						

J-6 cas V38

4.4 DATOS DEL FUTURO TITULAR A EFECTOS FISCALES

Residencia fiscal: Provincia .... País ....

Si está en territorio común y desea un tipo voluntario de retención por IRPF indique cuál: ... . %

Tiene reconocida discapacidad ... de 33% a 64% ☐ más de 64% ☐

Ayuda de 3ª persona o movilidad reducida ... SÍ ☐ NO ☐

Cuantía anual de pensión compensatoria ... . €

Cuantía anual de alimentos a favor de los hijos: ... . €

Si está pagando préstamos por adquisición o rehabilitación de su vivienda habitual desde antes del 01/01/2013 y sus rendimientos de trabajo anuales, incluida ésta y otras pensiones, son inferiores a 33.007,20 €, marque este recuadro ... ☐

Si está en TERRITORIO FORAL, a efectos de retención por IRPF desea que se le aplique:

Tabla general ☐ Nº de hijos ....

Tabla de pensionistas ☐

Tipo voluntario: ☐ .... %

(1) Solamente en el caso de hijos adoptados o de menores acogidos. Tratándose de hijos adoptados que previamente hubieran estados acogidos, indique únicamente el año de acogimiento.

Apellidos y nombre:	DNI - NIE - Pasaporte ⑤

5. OTROS DATOS

5.1	**LENGUA COOFICIAL** en la que desea recibir su correspondencia: ....
5.2	**DOMICILIO DE COMUNICACIONES A EFECTOS LEGALES** (sólo si es distinto del indicado en el apartado 1 y deberá ser otro domicilio del titular si se solicita en nombre propio o por graduado social, gestor administrativo u otro apoderado, u otro domicilio del tutor o tutor institucional si se solicita a través de éstos)

Domicilio (calle, plaza ...)	Número	Bloque	Escalera	Piso	Puerta	Teléfono fijo	Teléfono móvil

Código postal	Localidad	Provincia	País	Apdo. de correos

6. ALEGACIONES

7. CONSENTIMIENTO TRAMITACIÓN ELECTRÓNICA

☐ Otorgo mi consentimiento, válido por esta única vez, para la identificación y autenticación por funcionario público habilitado del Instituto Nacional de la Seguridad Social para la realización electrónica de este trámite.

8. COBRO DE LA PENSIÓN

PAGO EN ESPAÑA (Banco o Caja de Ahorro)

BIC: .... En cuenta del: Futuro titular de la pensión (1.1) ☐ Tutor (1.2) ☐

Código IBAN (antigua cuenta corriente)	CÓDIGO PAÍS	CCC			
		ENTIDAD	OFICINA/ SUCURSAL	DÍG. CONTROL	NÚMERO DE CUENTA

PAGO EN EL EXTRANJERO Cheque ☐ Transferencia ☐ País ....

BIC: .... IBAN: .... CCC: ....

20210310

J-6 cas V.38

DECLARO, que son ciertos los datos incluidos en esta solicitud.

El Instituto Nacional de la Seguridad Social solicita su consentimiento para consultar y recabar electrónicamente los datos o documentos que se encuentren en poder de cualquier Administración, cuyo acceso no esté previamente amparado por la ley y que sean necesarios para resolver su solicitud y gestionar, en su caso, la prestación reconocida.

☐ **SÍ doy mi consentimiento**

☐ **NO doy mi consentimiento**

NOTA IMPORTANTE: En caso de no dar su consentimiento deberá aportar, en el plazo de 10 días hábiles, los documentos que se le indiquen que sean necesarios para resolver su solicitud y gestionar, en su caso, la prestación reconocida.

El Instituto Nacional de la Seguridad Social solicita su consentimiento para utilizar el teléfono móvil, el correo electrónico y datos de contacto facilitados en esta solicitud para enviarle comunicaciones en materia de Seguridad Social.

☐ **SÍ doy mi consentimiento**

☐ **NO doy mi consentimiento**

	INFORMACIÓN BÁSICA SOBRE PROTECCIÓN DE DATOS PERSONALES
RESPONSABLE	Instituto Nacional de la Seguridad Social (INSS)
FINALIDAD	Gestión de las prestaciones del Sistema de la Seguridad Social competencia del INSS
LEGITIMACIÓN	Ejercicio de poderes públicos
DESTINATARIOS	Sólo se efectuarán cesiones y transferencias previstas legalmente o autorizadas mediante su consentimiento
DERECHOS	Acceder, rectificar y suprimir los datos, así como otros derechos, como se explica en la información adicional
PROCEDENCIA	Recabamos datos de otras administraciones y entidades en los términos legalmente previstos
INFORMACIÓN ADICIONAL	Puede consultar información adicional y detallada en la hoja informativa que se acompaña al presente formulario en el apartado "INFORMACIÓN ADICIONAL SOBRE PROTECCIÓN DE DATOS PERSONALES"

.... , a .... de .... del 20.......

Firma

DIRECCIÓN PROVINCIAL DEL INSTITUTO NACIONAL DE LA SEGURIDAD SOCIAL DE ....

Apellidos y nombre:	DNI - NIE - Pasaporte ⑥

ADENDA

CONFORMIDAD DE LA EMPRESA

(en caso de acceso a la jubilación activa de trabajadores por cuenta ajena)

Nombre y apellidos de la persona que da la conformidad:		
Cargo que desempeña:	Denominación de la empresa:	Código de Cuenta de Cotización:

Domicilio habitual: (calle, plaza ...)	Número	Bloque	Escalera	Piso	Puerta

Código postal	Localidad	Provincia	Nº de teléfono	Nº de telefax

A EFECTOS DE LO DISPUESTO EN EL ARTÍCULO 153 DEL TEXTO REFUNDIDO DE LA LEY GENERAL DE LA SEGURIDAD SOCIAL, APROBADO POR EL REAL DECRETO LEGISLATIVO 8/2015, DE 30 DE OCTUBRE, DA CONFORMIDAD A LA COMPATIBILIDAD DE LA PENSIÓN SOLICITADA POR .... CON EL TRABAJO EN ESTA EMPRESA A PARTIR DE LA FECHA .... CONSIGNADA POR EL FUTURO TITULAR EN LA DECLARACIÓN DE ACTIVIDAD DEL APARTADO 2.4 DE LA SOLICITUD.

ASIMISMO, DECLARA NO HABER ADOPTADO DECISIONES EXTINTIVAS IMPROCEDENTES EN LOS SEIS MESES ANTERIORES A QUE SE PRODUZCA DICHA COMPATIBILIDAD.

Firma y sello de la empresa

20210310

J-6 cas V.38

MINISTERIO
DE INCLUSIÓN, SEGURIDAD SOCIAL
Y MIGRACIONES

SECRETARÍA DE ESTADO
DE LA SEGURIDAD SOCIAL
Y PENSIONES

INSTITUTO NACIONAL DE LA
SEGURIDAD SOCIAL

Registro INSS

A CUMPLIMENTAR POR LA ADMINISTRACIÓN

Clave de identificación de su expediente:

Funcionario de contacto:

Apellidos y nombre: DNI - NIE - Pasaporte ⑦

SOLICITUD DE PENSIÓN DE JUBILACIÓN

DOCUMENTOS EN VIGOR QUE SE LE REQUIEREN EN LA FECHA DE RECEPCIÓN DE LA SOLICITUD POR EL INSS:

1 ☐ DNI, pasaporte o equivalente, NIE o CIF/NIF de:
- ☐ Solicitante.
- ☐ Representante legal.
- ☐ Cónyuge.

2 ☐ Documentación acreditativa de la representación legal.
3 ☐ Certificado de empresa para jubilación a los 64 años.
4 ☐ Certificado de empresa para jubilación parcial.
5 ☐ Documentación para bonificación de edad y enfermedad especial:
- ☐ Certificación de la empresa / ISM / IMSERSO / Juez

6 ☐ Documentación de extinción involuntaria de la relación laboral.
7 ☐ Certificación de empresa (indemnización por acuerdo colectivo).
8 ☐ Libro de familia, Certificación literal o Actas de matrimonio que acrediten diversas circunstancias (parentesco, nacimientos, abortos).
9 ☐ Auto judicial o certificado de acogimiento familiar.
10 ☐ Tarjeta de Identidad de Extranjeros o Certificado de inscripción en el Registro Central de Extranjeros.
11 ☐ Certificado de Servicio Militar Obligatorio o Prestación Social o Servicio Social de la Mujer.
12 ☐ Otros documentos:

Recibí Firma

DOCUMENTOS NO NECESARIOS PARA EL TRÁMITE, QUE APORTA VOLUNTARIAMENTE EL SOLICITANTE:

1 ....
2 ....
3 ....
4 ....

Recibí los documentos requeridos a excepción de los números: ....

Firma

Cargo y nombre del funcionario ....

....

Fecha .... Lugar ....

DILIGENCIA: A la vista de los siguientes documentos en vigor: ....

....

....

Se expide la presente diligencia de verificación para hacer constar que los datos reflejados en este formulario coinciden fielmente con los que aparecen en los documentos aportados o exhibidos por el solicitante.

Firma

Cargo y nombre del funcionario ....

....

Fecha .... Lugar ....

20210310

J-6 cas V.38

PENSIÓN DE JUBILACIÓN

TRABAJOS EN EL EXTRANJERO.- Pida la solicitud de Reglamentos Comunitarios si ha trabajado en algún país de la Unión Europea, o Suiza, Noruega, Islandia o Liechtenstein; o de Convenios bilaterales si ha trabajado en Andorra, Argentina, Australia, Bolivia, Brasil, Cabo Verde, Canadá, Chile, Colombia, Corea del Sur, Ecuador, El Salvador, Estados Unidos, Filipinas, Japón, Marruecos, México, Paraguay, Perú, República Dominicana, Rusia, Túnez, Ucrania, Uruguay o Venezuela.

INSTRUCCIONES PARA CUMPLIMENTAR LA SOLICITUD

1. **DATOS PERSONALES.-** Si la solicitud no se formula en nombre propio sino a través de otra persona (por estar el interesado incapacitado, por ejemplo) rellene también el apartado de los datos del representante.Los datos sobre separación y divorcio del solicitante son información operante a efectos fiscales (cálculo del porcentaje de retención de IRPF de la pensión) excepto en los territorios forales.

2. **DATOS DE SITUACIÓN LABORAL.-**No deje de poner la fecha de su último día de trabajo o cotización: es esencial para el trámite de la prestación.

   Siempre que se encuentre en situación de no alta o asimilada al alta laboral (desempleo, convenio especial…), podrá elegir una fecha de jubilación diferente a la de presentación de este formulario siempre que la fecha elegida no sea anterior al 14 de marzo de 2020 ni posterior en 3 meses a la fecha de presentación de esta solicitud.

3. **DATOS SOBRE PARTOS, COMPLEMENTO PARA LA REDUCCIÓN DE LA BRECHA DE GÉNERO, COMPLEMENTO POR MATERNIDAD Y CUIDADO DE HIJOS Y MENORES ACOGIDOS.**

   3.1 **RECONOCIMIENTO DE DÍAS COTIZADOS POR PARTO**: exclusivamente cuando la solicitante sea mujer, se podrán computar como periodo cotizado 112 días por cada parto y aborto de más de 6 meses aunque no se estuviese en situación de activo. Todos ellos deben figurar inscritos en el Registro Civil para producir efectos.

   3.2 **BENEFICIOS POR CUIDADO DE HIJOS O MENORES:** se podrá computar como periodo cotizado, a todos los efectos excepto para alcanzar el periodo mínimo de cotización, un determinado número de días por el periodo comprendido entre la interrupción de la cotización por extinción de la relación laboral o fin de desempleo entre los 9 meses antes del nacimiento con vida (o los 3 meses antes de la resolución judicial de adopción o la decisión administrativa o judicial de acogimiento) y la finalización del sexto año posterior al nacimiento, adopción o acogimiento. Sólo se reconocerá a un progenitor, por lo que en caso de controversia se otorgará al derecho a la madre.

   3.2 **COMPLEMENTO PARA LA REDUCCIÓN DE LA BRECHA DE GÉNERO:** para pensiones causadas a partir de 4/2/2021, si se cumplen los requisitos establecidos legalmente, se podrá reconocer un complemento para la reducción de la brecha de género a los hombres o mujeres que hayan tenido uno o más hijos nacidos con vida o adoptados cuyo nacimiento o adopción se hubiera producido con anterioridad a la fecha en que se jubila.

   3.2 **COMPLEMENTO POR MATERNIDAD:** exclusivamente cuando la solicitante sea mujer y para pensiones causadas a partir de 1/1/2016 y hasta 3/2/2021 se podrá reconocer un complemento sobre la pensión a las mujeres que hayan tenido dos o más hijos nacidos con vida o adoptados cuyo nacimiento o adopción se hubiera producido con anterioridad a la fecha en que se jubila. Todo ello con independencia del país donde hubiera tenido lugar el nacimiento o la adopción (en el caso de las adopciones internacionales constituidas por autoridades extranjeras deben haber surtido efectos en España con arreglo a las disposiciones de la Ley de Adopción Internacional).

20210310

J-6 cas V38

4. **DATOS RELACIONADOS CON LA PENSIÓN:**

   DATOS PARA EL RECONOCIMIENTO DE UN POSIBLE COMPLEMENTO A MÍNIMOS: a estos efectos son necesarios los importes que usted o su cónyuge vayan a obtener previsiblemente en el año en curso así como los datos identificativos de su cónyuge. Esta información también es necesaria para estudiar, en su caso, el derecho a la jubilación anticipada voluntaria.

   DATOS FISCALES: necesarios para calcular correctamente la retención por IRPF. Su declaración es voluntaria y puede optar por suministrar estos datos directamente a la administración tributaria; si los cumplimenta se entenderá que presta su consentimiento para que puedan ser tratados informáticamente con esa finalidad. Si el futuro titular de la pensión tiene establecida su residencia fiscal (más de 180 días al año) en un país extranjero, en una comunidad o ciudad autónoma o en territorio foral distinto del lugar en donde solicita su pensión, debe indicarlos ya que el tratamiento de retenciones a cuenta del IRPF puede ser diferente.

5. **OTROS DATOS.-** La elección de LENGUA COOFICIAL sólo surtirá efectos en las comunidades autónomas que la tengan reconocida. El DOMICILIO DE COMUNICACIONES a efectos legales sólo debe indicarse cuando desee recibirlas en otro distinto del suyo habitual, incluidas las comunicaciones oficiales en las que se le pidan actuaciones en plazos determinados.

6. **ALEGACIONES.-** Si quiere añadir algo que considere importante para tramitar su pensión y no vea recogido en el formulario, póngalo en este apartado de la forma más breve y concisa posible.

7. **COBRO DE LA PENSIÓN.-** Debe indicar el BIC (Código Internacional de Banco) y también el número de IBAN que es el equivalente a su número de cuenta corriente. Puede encontrarlo en todos los recibos y comunicaciones que le envía su entidad bancaria actualmente. Si reside en el extranjero y quiere recibir allí el pago, debe aportarnos todos los datos de su entidad bancaria en ese país mediante los correspondientes códigos internacionales.

PENSIÓN DE JUBILACIÓN

DOCUMENTOS EN VIGOR A ENTREGAR PARA EL TRÁMITE DE SU PENSIÓN (*)

1.- EN TODOS LOS CASOS

- Acreditación de identidad del solicitante, representante legal y demás personas que figuran en la solicitud mediante la siguiente documentación:
  - Españoles: Documento Nacional de Identidad (DNI).
  - Extranjeros residentes o no residentes en España: Pasaporte o, en su caso, documento de identidad vigente en su país y NIE (Número de Identificación de Extranjero) exigido por la AEAT a efectos de pago.
- Documentación acreditativa de la representación legal, en su caso. Si es tutor institucional, CIF/NIF, documento en el que conste el nombramiento de tutela de la Institución y certificación acreditativa de la representación de la Institución. Si está incapacitado judicialmente debe presentar la resolución judicial que lo declare o certificado acreditativo del Registro Civil.

2.- EN TODAS LAS MODALIDADES DE JUBILACIÓN

- Se aplicará la normativa vigente antes del 1-1-2013 si la extinción de la relación laboral se produjo antes del 1-4-2013, o si acredita documentalmente la suspensión o extinción de la relación laboral por expediente de regulación de empleo, convenio o acuerdo colectivo o procedimiento concursal, aprobados o suscritos antes del 1-4-2013. Se aplicará la normativa vigente a partir del 1-1-2013 en caso contrario.

3.- EN JUBILACIÓN PARCIAL

- Certificación de empresa sobre datos laborales del jubilado parcial y del trabajador relevista.
- Certificado de discapacidad igual o superior al 33%, en su caso.

4.- EN JUBILACIÓN ANTICIPADA

CON BONIFICACIÓN DE EDAD Y POR ENFERMEDAD ESPECIAL

20210310

- Si ha trabajado en alguna actividad que tenga reconocida bonificación de edad: certificado de la empresa o empresas donde consten la categoría profesional y los períodos trabajados en ese puesto, o cartilla de embarque y desembarque para el ISM.
- Certificado de discapacidad y grado reconocido expedido por el IMSERSO u organismo competente o auto judicial, con indicación, en su caso, de que es consecuencia de una de las enfermedades listadas en el R.D. 1851/2009, así como fecha de inicio de la discapacidad y fecha de la calificación. En caso de existencia de variaciones de grado a lo largo de la vida laboral, deberá acreditar dichas variaciones.
- Acreditación de la necesidad de ayuda de terceras personas o por movilidad reducida, expedida por el IMSERSO u organismo competente.

POR OTRAS CAUSAS

J-6 cas V.38

Si acredita las circunstancias para la aplicación de la normativa anterior a 1-1-2013:

- En su caso, documento que acredite que sus servicios en la Administración Pública se extinguieron por causas ajenas a su voluntad o certificado de empresa que acredite haber recibido indemnización en virtud del acuerdo colectivo.
- Certificado de empresa sobre datos del trabajador sustituto, si desea acceder a la jubilación especial a los 64 años.

Si tendrá aplicación la normativa posterior a 1-1-2013:

- Si el cese en el trabajo fue por causa no imputable al solicitante, debe acreditar documentalmente que se produjo por alguna de las siguientes causas: despido colectivo u objetivo por causas económicas, técnicas, organizativas o de producción (con acreditación de haber percibido indemnización –mediante transferencia bancaria o documento equivalente- o interpuesto demanda judicial en reclamación de la misma o de impugnación de la decisión extintiva); muerte, jubilación o incapacidad del empresario o extinción de la personalidad jurídica; extinción del contrato por resolución judicial o fuerza mayor (con copia de la Resolución de la Autoridad Laboral); o por ser víctima de violencia de género.
- Si el cese en el trabajo fue voluntario: identificación del cónyuge, acreditación del parentesco mediante libro de familia o acta del Registro Civil y cumplimentación de los ingresos del apartado 4 (DATOS RELACIONADOS CON LA PENSIÓN).

PENSIÓN DE JUBILACIÓN

5.- PARA EL RECONOCIMIENTO DE UN POSIBLE COMPLEMENTO A MÍNIMOS

- En el caso de extranjeros residentes en España: certificado de inscripción en el Registro Central de Extranjeros o Tarjeta de Identidad de Extranjeros.
- Libro de familia, actas del Registro Civil o certificado oficial que acrediten el parentesco del cónyuge con el solicitante, en su caso.

6.- PARA ACREDITAR OTRAS CIRCUNSTANCIAS

- Acreditación de haber cumplido el Servicio Militar Obligatorio o la Prestación Social Sustitutoria o el Servicio Social de la Mujer (sólo para completar el periodo mínimo de cotización exigido para la jubilación parcial con relevista y para la jubilación anticipada del art 207 y 208 de la Ley General de la Seguridad Social).
- Certificado del Registro Civil o Libro de familia, resolución judicial de adopción o decisión administrativa o judicial de acogimiento que acrediten, según el caso, los nacimientos, abortos, adopciones o acogimientos que haya alegado. En el caso de adopciones internacionales constituidas por autoridades extranjeras deberá acreditarse que las mismas han surtido efectos en España con arreglo a las disposiciones de la Ley de Adopción Internacional.
- Modelo de certificado / declaración responsable de percepción de ingresos derivados de la titularidad de derechos de propiedad intelectual para la compatibilidad con la pensión.

J-6 cas V.38 20210310

(*) Si los documentos han sido emitidos por organismos extranjeros, será necesario que cumplan los requisitos de legalización para ser válidos en España

PENSIÓN DE JUBILACIÓN

EL INSTITUTO NACIONAL DE LA SEGURIDAD SOCIAL LE INFORMA:

De acuerdo con el artículo único del Real Decreto 286/2003, de 7 de marzo (BOE del 8 de abril), el plazo máximo para resolver y notificar el procedimiento iniciado es de 90 días contados desde la fecha en la que su solicitud ha sido registrada en esta Dirección Provincial o, en su caso, desde que haya aportado los documentos requeridos.

Transcurrido dicho plazo sin haber recibido notificación con la resolución de esta solicitud, podrá entender que su petición ha sido desestimada por aplicación de silencio negativo y solicitar que se dicte resolución, teniendo esa solicitud valor de reclamación previa de acuerdo con lo establecido en el art. 71 de la Ley 36/2011, de 10 de octubre, reguladora de la jurisdicción social (BOE del día 11).

Si esta solicitud no va acompañada de los documentos necesarios para su tramitación, deberá presentarlos en el plazo de diez días contados desde el siguiente a aquél en el que se le haya notificado su requerimiento. Puede presentarlos, sin desplazarse, en la Sede Electrónica de la Seguridad Social utilizando certificado digital o Cl@ve permanente (http://sede.seg-social.gob.es), por correo postal o, personalmente, en el Centro de Atención e Información de la Seguridad Social solicitando cita previa.

El incumplimiento del plazo señalado tendrá los siguientes efectos:

- Documentos de identificación del titular y, en su caso, del representante legal, así como acreditación de la representación legal: se entenderá que desiste de su petición, de acuerdo con lo previsto en los arts. 66 y 68 de la Ley 39/2015, de 1 de octubre (BOE del 2-10-2015).
- Resto de documentos: se considerará que no ha acreditado suficientemente los requisitos necesarios para causar o calcular correctamente su pensión, de acuerdo con lo previsto en el art. 204 y siguientes del texto refundido de la Ley General de la Seguridad Social, aprobada por Real Decreto Legislativo 8/2015 de 30 de octubre.

El funcionario podrá requerir documentación complementaria si lo considera necesario.

20210310

RECUERDE:

Si se produce alguna variación en los datos de esta solicitud, tanto en lo referente a situación económica (ingresos laborales u otro tipo de rentas de usted o su cónyuge), familiar (cambio de estado civil, defunciones, etc.) o de su domicilio (de residencia, fiscal) debe usted comunicarlo a la Dirección Provincial o al Centro de Atención e Información (CAISS) de este Instituto más cercano.

Si debe acompañar documentación junto a esta solicitud, de acuerdo con las instrucciones de este formulario, puede presentar fotocopias de la documentación solicitada por las siguientes vías: sin desplazarse a través de la Sede Electrónica de la Seguridad Social utilizando certificado digital o Cl@ve permanente (http://sede.seg-social.gob.es), por correo postal, o presencialmente en un Centro de Atención e Información de la Seguridad Social solicitando cita previa.

J-6 cas V38

Si desea que las notificaciones que le remite la Seguridad Social se realicen a partir de ahora tan solo por medios electrónicos, comuníquenoslo en el servicio de desistimiento del canal postal en http://run.gob.es/sckwao.

INFORMACIÓN ADICIONAL SOBRE PROTECCIÓN DE DATOS PERSONALES

RESPONSABLE DEL TRATAMIENTO	***¿Quién es el responsable del tratamiento de sus datos personales?*** Instituto Nacional de la Seguridad Social C/ Padre Damián, 4 CP 28036 Madrid, ESPAÑA https://sede.seg-social.gob.es
DELEGADO DE PROTECCIÓN DE DATOS	***¿Cómo puede contactar con el Delegado de Protección de Datos?*** Dirección del Servicio Jurídico de la Seguridad Social C/ Sagasta, 13 - 6ª Planta CP 28004 Madrid, ESPAÑA https://sede.seg-social.gob.es
FINALIDAD DEL TRATAMIENTO	***¿Para qué utilizaremos sus datos?*** Sus datos serán tratados con la finalidad principal de resolver esta solicitud y de gestionar, en su caso, la prestación reconocida. El tratamiento de sus datos de contacto tendrá como finalidad la realización de comunicaciones y remisión de información en materia de Seguridad Social. Los datos personales proporcionados se conservarán mientras sean necesarios para gestionar su prestación o las de sus posibles beneficiarios así como para otros fines de archivo y estadística pública.
LEGITIMACIÓN DEL TRATAMIENTO	***¿Cuál es la legitimación para el tratamiento de sus datos?*** El tratamiento de los datos se realizará sobre la base del ejercicio de poderes públicos autorizado por una norma legal (Arts. 66, 71, 72, 77 y concordantes Real Decreto Legislativo 8/2015, de 30 de octubre, por el que se aprueba el texto refundido de la Ley General de la Seguridad Social, en adelante, TRLGSS). Por lo que respecta a las comunicaciones y envío de informaciones en materia de Seguridad Social, el tratamiento vendrá legitimado por su consentimiento. La negativa a otorgarlo supondrá que no podrá recibir este tipo de envíos, si bien, no impedirá que le podamos informar por dichos canales del estado de sus solicitudes. También le informamos de que no está obligado a facilitar su dirección de correo electrónico y número de teléfono móvil y que, en caso de no facilitarlos, no impedirá el trámite de su solicitud.
DESTINATARIOS DE CESIONES O TRANSFERENCIAS	***¿A quién comunicaremos sus datos?*** Los datos personales obtenidos por el Instituto Nacional de la Seguridad Social en el ejercicio de sus funciones tienen carácter reservado y solo se utilizarán para los fines encomendados legalmente, sin que puedan ser cedidos o comunicados a terceros, salvo que la cesión o comunicación tenga por objeto alguno de los supuestos previstos expresamente en el artículo 77 del TRLGSS así como en los supuestos indicados en cualquier otra norma de rango legal. Si se trata de una solicitud basada en normativa internacional, sus datos podrán ser cedidos a los organismos extranjeros competentes para el trámite de su solicitud.
DERECHOS DE LAS PERSONAS INTERESADAS	***¿Cuáles son sus derechos cuando nos facilita sus datos personales?*** Respecto de los datos personales proporcionados, puede ejercitar en cualquier momento y en los términos establecidos por la normativa de protección de datos los derechos de acceso, rectificación, supresión, limitación y oposición, o bien retirar el consentimiento prestado a su tratamiento en los casos que hubiese sido requerido, todo ello mediante escrito presentado en un Centro de Atención e Información de la Seguridad Social (CAISS) o, por correo postal o a través de la sede electrónica de la Seguridad Social, ante el Delegado de Protección de Datos cuyos datos se encuentran en el segundo apartado de esta tabla. Le informamos de que en caso de considerar que su requerimiento no ha sido atendido oportunamente, tiene la posibilidad de presentar una reclamación ante la Agencia Española de Protección de Datos.
PROCEDENCIA	***¿Cómo obtenemos sus datos personales?*** Además de los datos facilitados por usted en su solicitud recabamos otros datos personales de otras administraciones y entidades en cumplimiento de la normativa y con el fin de agilizar y facilitar la actuación administrativa. Estos accesos a datos están amparados en normas con rango de ley.

J-6 cas V.38 20210310

www.seg-social.es **https://sede.seg-social.gob.es**

Borrar

MINISTERIO
DE INCLUSIÓN, SEGURIDAD SOCIAL
Y MIGRACIONES

SECRETARÍA DE ESTADO DE LA SEGURIDAD SOCIAL Y PENSIONES

INSTITUTO NACIONAL DE LA SEGURIDAD SOCIAL

Registro INSS

PRESTACIONES DE SUPERVIVENCIA

¿Ha trabajado la persona fallecida en el extranjero? SÍ ☐ NO ☐ . En caso afirmativo, antes de continuar con este impreso compruebe si debe solicitar otro diferente.

Puede solicitar este trámite a través de la Sede Electrónica de la Seguridad Social (*http://sede.seg-social.gob.es*), tanto con certificado digital como con Cl@ve permanente. También puede presentar un ejemplar firmado en un Centro de Atención e Información de la Seguridad Social previa solicitud de cita previa en los teléfonos 901 10 65 70 / 91 541 25 30 o en *www.seg-social.es*.

1. DATOS DEL SOLICITANTE

1.1 ACTÚA EN NOMBRE PROPIO POR SER EL: Viudo/a o equivalente ☐ Huérfano ☐ Otro familiar del fallecido ☐

Primer apellido	Segundo apellido	Nombre	DNI-NIE-Pasaporte

Domicilio (calle, plaza …)	Número	Bloque	Escalera	Piso	Puerta	Teléfono fijo	Teléfono móvil

Código postal	Localidad	Provincia	País

1.2 ACTÚA COMO REPRESENTANTE LEGAL DE: Viudo/a o equivalente ☐ Huérfano ☐ Otro familiar del fallecido ☐

Es usted: Titular de patria potestad ☐ Tutor ☐ Tutor Institucional ☐ Gestor administrativo ☐ Graduado Social ☐ Otros apoderados ☐

Si actúa en nombre de una entidad pública, indique:
Cargo que ostenta ....
Nombre o razón social .... CIF/NIF ....

(SI HA RELLENADO TAMBIÉN LOS DATOS DEL PUNTO 1.1 NO ES NECESARIO QUE CUMPLIMENTE MÁS DATOS DE ESTE APARTADO)

Primer apellido	Segundo apellido	Nombre

Fecha de nacimiento	Sexo	E. civil	DNI-NIE-Pasaporte	Nº de la Seguridad Social	Nacionalidad

Domicilio (calle, plaza …)	Número	Bloque	Escalera	Piso	Puerta	Teléfono fijo	Teléfono móvil

Código postal	Localidad	Provincia	País

1.3 DATOS DEL FUTURO TITULAR A EFECTOS FISCALES

Residencia fiscal: Provincia .... País ....

Si está en territorio común y desea un tipo voluntario de retención por IRPF indique cuál: … .... %

Tiene reconocida discapacidad … de 33% a 64% ☐ más de 64% ☐

Ayuda de 3ª persona o movilidad reducida … SÍ ☐ NO ☐

Cuantía anual de pensión compensatoria … .... €

Cuantía anual de alimentos a favor de los hijos: … .... €

Si está pagando préstamos por adquisición o rehabilitación de su vivienda habitual desde antes del 01/01/2013 y sus rendimientos de trabajo anuales, incluida ésta y otras pensiones, son inferiores a 33.007,20 €, marque este recuadro … ☐

Si está en TERRITORIO FORAL, a efectos de retención por IRPF desea que se le aplique:

Tabla general ☐ Nº de hijos ....

Tabla de pensionistas ☐

Tipo voluntario: ☐ .... %

1.4 LENGUA COOFICIAL en la que desea recibir su correspondencia: ....

1.5 DOMICILIO DE COMUNICACIONES A EFECTOS LEGALES (sólo si es distinto del indicado en el apartado 1 y deberá ser otro domicilio del titular si se solicita en nombre propio o por graduado social, gestor administrativo u otro apoderado, u otro domicilio del tutor o tutor institucional si se solicita a través de éstos).

Domicilio (calle, plaza …)	Número	Bloque	Escalera	Piso	Puerta	Teléfono fijo	Teléfono móvil

Código postal	Localidad	Provincia	País	Apdo. de correos

1.6 SI DESEA recibir información por correo electrónico, indique su dirección: ....

MS-3 cas V39 20210203

Apellidos y nombre:	DNI-NIE-Pasaporte

②

2. DATOS DEL FALLECIDO (A CUMPLIMENTAR SIEMPRE)

2.1 DATOS PERSONALES

Primer apellido	Segundo apellido	Nombre

Sexo	E. civil	Nombre del padre	Nombre de la madre	Fecha de nacimiento

Nacionalidad	DNI-NIE-Pasaporte	Nº de la Seguridad Social

2.2 DATOS RELATIVOS AL FALLECIMIENTO

Fecha de la defunción	Causa del fallecimiento:
	Enfermedad común ☐ Enfermedad profesional ☐ Accidente de trabajo ☐ Accidente no laboral ☐

DATOS A CUMPLIMENTAR **SÓLO** SI EL FALLECIDO **NO** ERA PENSIONISTA

2.3 PERÍODO ELEGIDO PARA EL CÁLCULO DE LA PENSIÓN desde .... hasta ....

3. DATOS PARA EL COMPLEMENTO PARA LA REDUCCIÓN DE LA BRECHA DE GÉNERO, COMPLEMENTO POR MATERNIDAD, Y CUIDADO DE HIJOS Y MENORES ACOGIDOS

3.1 DATOS PARA EL RECONOCIMIENTO DE BENEFICIO POR CUIDADO DE HIJOS/ADOPTADOS O MENORES ACOGIDOS, DEL COMPLEMENTO PARA LA REDUCCIÓN DE LA BRECHA DE GÉNERO Y DEL COMPLEMENTO POR MATERNIDAD

Solicita el beneficio por cuidado de hijos/adoptados o menores acogidos: SI ☐
Solicita el complemento para la reducción para la brecha de género/complemento por maternidad : SI ☐
En caso de solicitar el beneficio y/o el complemento, cumplimente los siguientes datos:

		Hijo 1	Hijo 2	Hijo 3	Hijo 4	Hijo 5	Hijo 6
Datos del hijo o menor	Nombre						
	1er apellido						
	2º apellido						
	DNI/NIE/Pasaporte						
	Fecha de nacimiento						
	Fecha de resolución de adopción o acogimiento						
Datos del otro progenitor, adoptante o acogedor(1)	NO EXISTE	☐	☐	☐	☐	☐	☐
	FALLECIDO	☐	☐	☐	☐	☐	☐
	Nombre						
	1er apellido						
	2º apellido						
	DNI/NIE/Pasaporte						
	Fecha de nacimiento						
	Sexo						
Firma del otro progenitor(2)							
Indique para qué hijos solicita el beneficio		☐	☐	☐	☐	☐	☐
Indique para qué hijos solicita el complemento brecha de género / complemento maternidad (3)		☐	☐	☐	☐	☐	☐

(1) Si es el mismo en todos los casos cumplimente únicamente los datos del primero de los hijos o menores. Si no existe o ha fallecido marque la casilla.

(2) Firma del otro progenitor, adoptante o acogedor dando conformidad para que el beneficio por cuidado de hijos se aplique a favor del causante de esta prestación (salvo que sea el propio titular de la prestación o en su caso de inexistencia o fallecimiento del mismo, acreditado documentalmente.

(3) Sólo se consideran hijos y adoptados.

MS-3 cas V.39 20210203

Apellidos y nombre: DNI-NIE-Pasaporte ③

4. COBRO DE LA PRESTACIÓN (A CUMPLIMENTAR SIEMPRE)

PAGO EN ESPAÑA (Banco o Caja de Ahorro)

BIC: ......

En cuenta del: Futuro titular de la prestación (1.1) ☐ Titular de la patria potestad o tutor (1.2) ☐

Código IBAN (antigua cuenta corriente)	CÓDIGO PAÍS	CCC			
		ENTIDAD	OFICINA/ SUCURSAL	DÍG. CONTROL	NÚMERO DE CUENTA

PAGO EN EL EXTRANJERO Cheque ☐ Transferencia ☐ País ......

BIC: ...... IBAN: ...... CCC: ......

ALEGACIONES

CONSENTIMIENTO TRAMITACIÓN ELECTRÓNICA

☐ Otorgo mi consentimiento, válido por esta única vez, para la identificación y autenticación por funcionario público habilitado del Instituto Nacional de la Seguridad Social para la realización electrónica de este trámite.

DECLARO, que son ciertos los datos incluidos en esta solicitud.

El Instituto Nacional de la Seguridad Social solicita su consentimiento para consultar y recabar electrónicamente los datos o documentos que se encuentren en poder de cualquier Administración, cuyo acceso no esté previamente amparado por la ley y que sean necesarios para resolver su solicitud y gestionar, en su caso, la prestación reconocida.

☐ **SÍ doy mi consentimiento**

☐ **NO doy mi consentimiento**

NOTA IMPORTANTE: En caso de no dar su consentimiento deberá aportar, en el plazo de 10 días hábiles, los documentos que se le indiquen que sean necesarios para resolver su solicitud y gestionar, en su caso, la prestación reconocida.

20210203

El Instituto Nacional de la Seguridad Social solicita su consentimiento para utilizar el teléfono móvil, el correo electrónico y datos de contacto facilitados en esta solicitud para enviarle comunicaciones en materia de Seguridad Social.

☐ **SÍ doy mi consentimiento**

☐ **NO doy mi consentimiento**

MS-3 cas V.39

INFORMACIÓN BÁSICA SOBRE PROTECCIÓN DE DATOS PERSONALES	
RESPONSABLE	Instituto Nacional de la Seguridad Social (INSS)
FINALIDAD	Gestión de las prestaciones del Sistema de la Seguridad Social competencia del INSS
LEGITIMACIÓN	Ejercicio de poderes públicos
DESTINATARIOS	Sólo se efectuarán cesiones y transferencias previstas legalmente o autorizadas mediante su consentimiento
DERECHOS	Acceder, rectificar y suprimir los datos, así como otros derechos, como se explica en la información adicional
PROCEDENCIA	Recabamos datos de otras administraciones y entidades en los términos legalmente previstos
INFORMACIÓN ADICIONAL	Puede consultar información adicional y detallada en la hoja informativa que se acompaña al presente formulario en el apartado "INFORMACIÓN ADICIONAL SOBRE PROTECCIÓN DE DATOS PERSONALES"

...... , a ...... de ...... de 20......

Firma

DIRECCIÓN PROVINCIAL DEL INSTITUTO NACIONAL DE LA SEGURIDAD SOCIAL DE ......

Apellidos y nombre: DNI-NIE-Pasaporte ④

5. VIUDEDAD

5.1 DATOS DE LA PERSONA PARA LA QUE SE SOLICITA LA PENSIÓN

Primer apellido	Segundo apellido	Nombre

Fecha de nacimiento	Sexo	Estado civil actual	Trabaja actualmente o cobra desempleo contributivo	Nombre de:	DNI-NIE-Pasaporte
Día	Hombre ☐	Soltero/a ☐	SÍ ☐ NO ☐	Padre	Nº de la Seguridad Social
Mes	Mujer ☐	Casado/a ☐	Está incapacitado judicialmente SÍ ☐ NO ☐	Madre	Nacionalidad
Año		Viudo/a ☐	Tiene reconocida discapacidad de 33% a 64% ☐ más de 64% ☐		
		Separado/a legalmente ☐			
		Divorciado/a ☐			

Relación con el fallecido

Casado/a ☐ Separado/a legalmente ☐ Divorciado/a ☐ Matrimonio nulo ☐ Pareja de hecho ☐

Fechas documentadas de su relación con el fallecido

De celebración del matrimonio ... ...

De inscripción como pareja de hecho ... ...

De inicio de convivencia ... ...

De cese de convivencia por causa distinta al fallecimiento ... ...

Tuvo hijos comunes con el fallecido ... ... SÍ ☐ NO ☐

Tras su relación con el fallecido

Se ha casado ... ... SÍ ☐ NO ☐

Ha tenido pareja de hecho inscrita en el Registro o legalmente constituida ... SÍ ☐ NO ☐

Si estaban separados o divorciados

¿Tenía usted derecho a cobrar pensión a cargo del fallecido, extinguida por el fallecimiento? ... ... SÍ ☐ NO ☐

Si el matrimonio fue nulo

¿Percibió usted indemnización por esa causa? ... ... SÍ ☐ NO ☐

Si eran pareja de hecho

	Solicitante	Fallecido
Estaban entonces casados o separados de otra persona	SÍ ☐ NO ☐	SÍ ☐ NO ☐
Ingresos acreditados obtenidos durante el año anterior al fallecimiento ...	.... €	.... €
Ingresos en el año del fallecimiento	.... €	

Ingresos, computados de acuerdo con la legislación fiscal, que previsiblemente obtendrá el futuro titular durante el año actual, distintos de la pensión de viudedad. Si prevé que van a ser iguales a los del año anterior ponga esa cantidad. Si no tiene ingresos ponga "0" (información necesaria a efectos del reconocimiento de un posible complemento a mínimos o el incremento del porcentaje aplicable en caso de existir cargas familiares o en el caso de tener 65 o más años y no tener derecho a otra pensión pública).

Rendimientos netos del trabajo	Rendimientos netos de actividades económicas	Rendimientos brutos de capital mobiliario y/o netos de inmobiliario	Ganancias patrimoniales (saldo neto positivo)	Pensiones de Organismos Extranjeros (importe íntegro)	
				Importe	País
€	€	€	€	€	

MS-3 cas V.39 20210203

Apellidos y nombre:	DNI-NIE-Pasaporte ⑤

20210203

MS-3 cas V.39

5.2 DATOS DE LOS HIJOS MENORES DE 26 AÑOS O MAYORES DE ESTA EDAD DISCAPACITADOS PARA LOS QUE NO SE SOLICITE PENSIÓN DE ORFANDAD EN LA PÁGINA 6, O ACOGIDOS MENORES DE 18 AÑOS QUE CONVIVAN CON EL FUTURO PENSIONISTA Y/O ESTÉN A SU CARGO

Los ingresos, computados de acuerdo con la legislación fiscal, deben incluir los ingresos brutos del capital mobiliario y de las pensiones de Organismos Extranjeros y netos del trabajo asalariado, actividades económicas y capital inmobiliario, así como las ganancias patrimoniales.

	Hijo 1	Hijo 2	Hijo 3	Hijo 4
1er apellido				
2º apellido				
Nombre				
Parentesco				
Nacionalidad				
DNI-NIE-pasaporte				
Nº de Seguridad Social				
Fecha de nacimiento				
Sexo				
Estado civil				
Discapacidad y ayuda de 3ª persona o movilidad reducida	de 33% a 64% ☐ más de 64% ☐ Recibe ayuda SÍ ☐ NO ☐	de 33% a 64% ☐ más de 64% ☐ Recibe ayuda SÍ ☐ NO ☐	de 33% a 64% ☐ más de 64% ☐ Recibe ayuda SÍ ☐ NO ☐	de 33% a 64% ☐ más de 64% ☐ Recibe ayuda SÍ ☐ NO ☐
Si su hijo no es del fallecido ¿vive su otro progenitor?	SÍ ☐ NO ☐	SÍ ☐ NO ☐	SÍ ☐ NO ☐	SÍ ☐ NO ☐
Fecha de adopción o acogimiento en su caso				
Ingresos anuales	€	€	€	€

5.3 DATOS DE NIETOS Y ASCENDIENTES A EFECTOS FISCALES QUE CONVIVEN CON EL FUTURO TITULAR

Debe incluir exclusivamente la información de ascendientes mayores de 65 años (o menores de dicha edad discapacitados) que conviven con usted durante al menos la mitad del año y descendientes menores de 25 años (o mayores de dicha edad discapacitados) que conviven con usted y, en ambos casos, siempre que no tengan rentas anuales superiores a 8.000 euros.

	Familiar 1	Familiar 2	Familiar 3	Familiar 4	Familiar 5	Familiar 6
Parentesco						
Fecha de nacimiento						
Discapacidad	de 33% a 64% ☐ más de 64% ☐	de 33% a 64% ☐ más de 64% ☐	de 33% a 64% ☐ más de 64% ☐	de 33% a 64% ☐ más de 64% ☐	de 33% a 64% ☐ más de 64% ☐	de 33% a 64% ☐ más de 64% ☐
Ayuda de 3ª persona o movilidad reducida	SÍ ☐ NO ☐	SÍ ☐ NO ☐	SÍ ☐ NO ☐	SÍ ☐ NO ☐	SÍ ☐ NO ☐	SÍ ☐ NO ☐
Si ascendiente: Nº hijos/nietos con los que convive durante el año (incluido Vd.)						

6. ¿SOLICITA AUXILIO POR DEFUNCIÓN? SÍ ☐ NO ☐

Apellidos y nombre:	DNI-NIE-Pasaporte ⑥

7. ORFANDAD

7.1 DATOS DE LOS HIJOS PROPIOS (P) DEL FALLECIDO, DE LOS HIJOS APORTADOS (A) AL MATRIMONIO POR EL CÓNYUGE SOBREVIVIENTE O COMUNES DE AMBOS CÓNYUGES (C)

	Hijo 1 P ☐ A ☐ C ☐	Hijo 2 P ☐ A ☐ C ☐	Hijo 3 P ☐ A ☐ C ☐	Hijo 4 P ☐ A ☐ C ☐
1er apellido 2º apellido Nombre				
Fecha de nacimiento				
DNI-NIE-pasaporte				
Sexo				
Estado Civil en la fecha del fallecimiento				
Nº de la Seguridad Social				
Nacionalidad				
Incapacidad judicial	SÍ ☐ NO ☐	SÍ ☐ NO ☐	SÍ ☐ NO ☐	SÍ ☐ NO ☐
Incapacidad laboral	SÍ ☐ NO ☐	SÍ ☐ NO ☐	SÍ ☐ NO ☐	SÍ ☐ NO ☐
Discapacidad	de 33% a 64% ☐ más de 64% ☐	de 33% a 64% ☐ más de 64% ☐	de 33% a 64% ☐ más de 64% ☐	de 33% a 64% ☐ más de 64% ☐
Ayuda de 3ª persona o movilidad reducida	SÍ ☐ NO ☐	SÍ ☐ NO ☐	SÍ ☐ NO ☐	SÍ ☐ NO ☐
Rentas de trabajo(*)	€/mes	€/mes	€/mes	€/mes
Tiene familiar con obligación de alimentos	SÍ ☐ NO ☐	SÍ ☐ NO ☐	SÍ ☐ NO ☐	SÍ ☐ NO ☐
Si es hijo aportado ¿vive su otro progenitor?	SÍ ☐ NO ☐	SÍ ☐ NO ☐	SÍ ☐ NO ☐	SÍ ☐ NO ☐
Convivía con el fallecido y a su cargo	SÍ ☐ NO ☐	SÍ ☐ NO ☐	SÍ ☐ NO ☐	SÍ ☐ NO ☐
Estudia actualmente	SÍ ☐ NO ☐	SÍ ☐ NO ☐	SÍ ☐ NO ☐	SÍ ☐ NO ☐
Adopción o acogimiento	Fecha	Fecha	Fecha	Fecha

Si los hijos son aportados por el cónyuge sobreviviente, fecha de celebración del matrimonio con el fallecido ....

Ingresos, computados de acuerdo con la legislación fiscal, que previsiblemente obtendrá el futuro titular durante todo el año actual, distintos de la pensión de orfandad. Si prevé que van a ser iguales a los del año anterior ponga esa cantidad. Si no tiene ingresos ponga "0":

Perceptor de los ingresos	Rendimientos netos del trabajo	Rendimientos netos de actividades económicas	Rendimientos brutos de capital mobiliario y/o netos de inmobiliario	Ganancias patrimoniales (saldo neto positivo)	Pensiones de Organismos Extranjeros (importe íntegro)	
					Importe	País
Hijo 1	€	€	€	€	€	
Hijo 2	€	€	€	€	€	
Hijo 3	€	€	€	€	€	
Hijo 4	€	€	€	€	€	

20210203

MS-3 cas V.39

7.2 DATOS DEL DOMICILIO DE LOS HUÉRFANOS

	Domicilio	Código postal	Localidad	Provincia	País
Hijo 1					
Hijo 2*					
Hijo 3*					
Hijo 4*					

** Cumplimentar sólo si es distinto del consignado en el Hijo 1*

7.3 DATOS DEL OTRO PROGENITOR FALLECIDO (si los huérfanos lo son de padre y madre)

Fecha de defunción	Primer apellido	Segundo apellido	Nombre	DNI-NIE-Pasaporte

(*) Ingresos computados de acuerdo con la legislación fiscal.

Apellidos y nombre: DNI-NIE-Pasaporte ⑦

7.4 DATOS DE FAMILIARES QUE CONVIVEN EN EL MISMO DOMICILIO DEL TITULAR, sólo en caso de causantes fallecidas como consecuencia de violencia contra la mujer, para el incremento de la pensión de orfandad o de la prestación de orfandad (los ingresos deben estar referidos al año actual)

	Familiar 1	Familiar 2	Familiar 3	Familiar 4	Familiar 5	Familiar 6
1er apellido 2º apellido Nombre						
DNI-NIE-pasaporte						
Parentesco con el pensionista						
Fecha de nacimiento						
Nacionalidad						
Sexo						
Estado Civil						
Rentas de trabajo y/o actividades profesionales (neto) (*)	€	€	€	€	€	€
De capital mobiliario (bruto) y/o inmobiliario (neto)	€	€	€	€	€	€
Ganancias patrimoniales (saldo neto positivo)	€	€	€	€	€	€
Pensión extranjera (bruto)	€	€	€	€	€	€

8. ¿SOLICITA AUXILIO POR DEFUNCIÓN? (sólo si no se ha pedido ya por usted o por otra persona) SÍ ☐ NO ☐

20210203

MS-3 cas V.39

(*) Ingresos computados de acuerdo con la legislación fiscal.

Apellidos y nombre:	DNI-NIE-Pasaporte	⑧

9. FAVOR DE FAMILIARES

9.1 DATOS PERSONALES Y ECONÓMICOS DE LAS PERSONAS PARA LAS QUE SE SOLICITA LA PRESTACIÓN

	Titular 1	Titular 2	Titular 3	Titular 4
1er apellido 2º apellido Nombre				
Fecha de nacimiento				
DNI-NIE-pasaporte				
Sexo				
Estado Civil				
Nº de la Seguridad Social				
Nacionalidad				
Parentesco con el fallecido				
Convivía a su cargo desde				
Se dedicaba a su cuidado	SÍ ☐ NO ☐	SÍ ☐ NO ☐	SÍ ☐ NO ☐	SÍ ☐ NO ☐
Incapacitado judicial	SÍ ☐ NO ☐	SÍ ☐ NO ☐	SÍ ☐ NO ☐	SÍ ☐ NO ☐
Incapacitado laboral	SÍ ☐ NO ☐	SÍ ☐ NO ☐	SÍ ☐ NO ☐	SÍ ☐ NO ☐
Discapacidad	de 33% a 64% ☐ más de 64% ☐	de 33% a 64% ☐ más de 64% ☐	de 33% a 64% ☐ más de 64% ☐	de 33% a 64% ☐ más de 64% ☐
Ayuda de 3ª persona o movilidad reducida	SÍ ☐ NO ☐	SÍ ☐ NO ☐	SÍ ☐ NO ☐	SÍ ☐ NO ☐
Tiene familiar con obligación de alimentos	SÍ ☐ NO ☐	SÍ ☐ NO ☐	SÍ ☐ NO ☐	SÍ ☐ NO ☐
Convivía con algún otro familiar además del causante	SÍ ☐ NO ☐	SÍ ☐ NO ☐	SÍ ☐ NO ☐	SÍ ☐ NO ☐

Ingresos, computados de acuerdo con la legislación fiscal, que previsiblemente obtendrá el futuro titular durante todo el año actual distintos de la prestación solicitada. Si prevé que van a ser iguales a los del año anterior ponga esa cantidad. Si no tiene ingresos ponga "0":

Perceptor de los ingresos	Rendimientos netos del trabajo	Rendimientos netos de actividades económicas	Rendimientos brutos de capital mobiliario y/o netos de inmobiliario	Ganancias patrimoniales (saldo neto positivo)	Pensiones de Organismos Extranjeros (importe íntegro)	
					Importe	País
Titular 1	€	€	€	€	€	
Titular 2	€	€	€	€	€	
Titular 3	€	€	€	€	€	
Titular 4	€	€	€	€	€	

9.2 DATOS DE LOS DOMICILIOS DE LOS TITULARES

	Domicilio	Código postal	Localidad	Provincia	País
Titular 1					
Titular 2					
Titular 3					
Titular 4					

20210203

MS-3 cas V.39

Apellidos y nombre:	DNI-NIE-Pasaporte ⑨

9.3 DATOS DE FAMILIARES QUE CONVIVEN EN EL MISMO DOMICILIO DEL TITULAR (Los ingresos deben estar referidos al año actual)

	Familiar 1	Familiar 2	Familiar 3	Familiar 4	Familiar 5	Familiar 6
1er apellido 2º apellido Nombre						
DNI-NIE-pasaporte						
Parentesco con el pensionista						
Fecha de nacimiento						
Nacionalidad						
Sexo						
Estado Civil						
Rentas de trabajo y/o actividades profesionales (neto) (*)	€	€	€	€	€	€
De capital mobiliario (bruto) y/o inmobiliario (neto)	€	€	€	€	€	€
Ganancias patrimoniales (saldo neto positivo)	€	€	€	€	€	€
Pensión extranjera (bruto)	€	€	€	€	€	€

☐ SÍ ☐ NO existen otros familiares del solicitante, no incluidos en la tabla anterior por no convivir con él, con obligación de prestar alimentos (ascendientes o descendientes y sus cónyuges/parejas de hecho). Si existen, identifique cada uno de ellos y los miembros de su unidad familiar.

UNIDAD FAMILIAR(1)	Familiar 1	Familiar 2	Familiar 3	Familiar 4	Familiar 5	Familiar 6
1er apellido 2º apellido Nombre						
DNI-NIE-pasaporte						
Parentesco con el pensionista						
Fecha de nacimiento						
Nacionalidad						
Sexo						
Estado Civil						
Rentas de trabajo y/o actividades profesionales (neto) (*)	€	€	€	€	€	€
De capital mobiliario (bruto) y/o inmobiliario (neto)	€	€	€	€	€	€
Ganancias patrimoniales (saldo neto positivo)	€	€	€	€	€	€
Pensión extranjera (bruto)	€	€	€	€	€	€

(1) Si hay más de una unidad familiar obligada a prestar alimentos, presente tantas hojas como necesite.

MS-3 cas V.39 20210203

10. ¿SOLICITA AUXILIO POR DEFUNCIÓN? (sólo si no se ha pedido ya por usted o por otra persona) SÍ ☐ NO ☐

(*) Ingresos computados de acuerdo con la legislación fiscal.

MINISTERIO
DE INCLUSIÓN, SEGURIDAD SOCIAL
Y MIGRACIONES

SECRETARÍA DE ESTADO
DE LA SEGURIDAD SOCIAL
Y PENSIONES

INSTITUTO NACIONAL DE LA
SEGURIDAD SOCIAL

Registro INSS

A CUMPLIMENTAR POR LA ADMINISTRACIÓN

Clave de identificación de su expediente:

Funcionario de contacto:

Apellidos y nombre: DNI-NIE-Pasaporte ⑨

SOLICITUD DE PRESTACIONES ☐ **VIUDEDAD**
☐ **ORFANDAD**
☐ **EN FAVOR DE FAMILIARES**
☐ **AUXILIO POR DEFUNCIÓN**

DOCUMENTOS EN VIGOR QUE SE LE REQUIEREN EN LA FECHA DE RECEPCIÓN DE LA SOLICITUD POR EL INSS:

1 ☐ DNI, pasaporte o equivalente NIE o CIF/NIF de:
- ☐ Representante legal.
- ☐ Viudo/a o equivalente.
- ☐ Huérfanos y acogidos.
- ☐ Otros familiares.

2 ☐ Acreditación de la representación legal/emancipación.
3 ☐ Libro de familia o documento extranjero equivalente.
4 ☐ Certificado literal de matrimonio/Acta de nacimiento.
5 ☐ Acreditación de parentesco y estado civil.
6 ☐ Certificación del Acta de defunción del:
- ☐ Causante.
- ☐ Otro progenitor (orfandad absoluta).
- ☐ De los padres (favor de familiares).

7 ☐ Sentencia firme y Convenio Regulador de:
- ☐ Separación judicial.
- ☐ Divorcio.
- ☐ Matrimonio nulo.

} con el fallecido.

8 ☐ Certificado de registro de parejas de hecho o equivalente.
9 ☐ Acreditación de ingresos del: ☐ solicitante, ☐ del causante, ☐ del obligado a prestar alimentos/miembro de su unidad familiar
10 ☐ Certificado de convivencia del: ☐ solicitante y ☐ de otros familiares con el fallecido.
11 ☐ Parte de accidente de trabajo o enfermedad profesional.
12 ☐ Certificado empresarial de salarios reales.
13 ☐ Auto judicial o Certificado de acogimiento familiar.
14 ☐ Certificado de discapacidad.
15 ☐ Tarjeta de Identidad de Extranjero o Certificado de inscripción en el Registro Central de Extranjeros.
16 ☐ Resguardo de matriculación en centro oficial de estudios.
17 ☐ Certificado médico de inicio de enfermedad común.
18 ☐ Factura gastos sepelio.
☐ Otros documentos:

Recibí Firma

20210203

MS-3 cas V.39

DOCUMENTOS NO NECESARIOS PARA EL TRÁMITE, QUE APORTA VOLUNTARIAMENTE EL SOLICITANTE:

1 ....
2 ....
3 ....
4 ....

Recibí los documentos requeridos a excepción de los números: ....

Firma

Cargo y nombre del funcionario ....
....
Fecha .... Lugar ....

DILIGENCIA: A la vista de los siguientes documentos en vigor:..
....
....

Se expide la presente diligencia de verificación para hacer constar que los datos reflejados en este formulario coinciden fielmente con los que aparecen en los documentos aportados o exhibidos por el solicitante.

Firma

Cargo y nombre del funcionario ....
....
Fecha .... Lugar ....

PRESTACIONES DE SUPERVIVENCIA

TRABAJOS EN EL EXTRANJERO.- Pida la solicitud de Reglamentos Comunitarios si ha trabajado en algún país de la Unión Europea, o Suiza, Noruega, Islandia o Liechtenstein; o de Convenios bilaterales si ha trabajado en Andorra, Argentina, Australia, Bolivia, Brasil, Cabo Verde, Canadá, Chile, Colombia, Corea del Sur, Ecuador, El Salvador, Estados Unidos, Filipinas, Japón, Marruecos, México, Paraguay, Perú, República Dominicana, Rusia, Túnez, Ucrania, Uruguay o Venezuela.

INSTRUCCIONES PARA CUMPLIMENTAR LA SOLICITUD

1.- **DATOS DEL SOLICITANTE.-** Si va a solicitar una prestación en ***nombre propio*** solamente, rellene los datos del apartado 1.1.

Si la solicitud, por el contrario, se formula a través de otra persona (por ser el interesado menor de edad o estar incapacitado, por ejemplo) rellene los datos que se piden como ***representante legal*** en el apartado 1.2, incluidos los personales.

Si va a solicitar una prestación en ***nombre propio*** (por ejemplo, una pensión de viudedad para usted mismo) y alguna más como ***representante legal*** de otra persona (por ejemplo, una pensión de orfandad para sus hijos menores) rellene los datos de los apartados 1.1 y 1.2. No necesita repetir dos veces los datos personales.

El término "equivalente" referido al viudo/a incluye al ex cónyuge y a la pareja de hecho del fallecido.

DATOS FISCALES.- Los datos referentes a discapacidad, tiempo de convivencia de los ascendientes y cuantía anual de alimentos para los hijos se utilizan para calcular la retención por IRPF y pueden disminuir su cuantía, excepto en los territorios forales. Su declaración es voluntaria y puede optar por suministrar estos datos directamente a la administración tributaria; si los cumplimenta se entenderá que presta su consentimiento para que puedan ser tratados informáticamente con esa finalidad. Si el futuro titular de la pensión tiene su residencia fiscal (más de 180 días al año) en un país extranjero, en una comunidad o ciudad autónoma, o en territorio foral distinto de donde solicita su pensión, debe indicarlo, ya que el tratamiento de retenciones puede ser diferente.

La elección de **LENGUA COOFICIAL** sólo surtirá efectos en las comunidades autónomas que la tengan reconocida.

El **DOMICILIO DE COMUNICACIONES** a efectos legales sólo debe indicarse cuando desee recibirlas en otro distinto del suyo habitual, incluidas las comunicaciones oficiales en las que se le pidan actuaciones en plazos determinados.

2.- **DATOS DEL FALLECIDO.-** En el apartado ***"Período elegido para el cálculo de la pensión"***, que debe rellenar sólo si el fallecido **NO** era ya pensionista, ponga el período de 24 meses ininterrumpidos dentro de los últimos 15 años que considere más beneficioso para el cálculo de la pensión. Si lo desconoce o lo deja en blanco tomaremos el más favorable para usted.

3.- **DATOS PARA EL COMPLEMENTO PARA LA REDUCCIÓN DE LA BRECHA DE GÉNERO, COMPLEMENTO POR MATERNIDAD, Y CUIDADO DE HIJOS Y MENORES ACOGIDOS.**

3.1 **BENEFICIOS POR CUIDADO DE HIJOS O MENORES:** se podrá computar como periodo cotizado, a todos los efectos excepto para alcanzar el periodo mínimo de cotización, un determinado número de días por el periodo comprendido entre la interrupción de la cotización por extinción de la relación laboral o fin de desempleo entre los 9 meses antes del nacimiento con vida (o los 3 meses antes de la resolución judicial de adopción o la decisión administrativa o judicial de acogimiento) y la finalización del sexto año posterior al nacimiento, adopción o acogimiento.

3.1 **COMPLEMENTO PARA LA REDUCCIÓN DE LA BRECHA DE GÉNERO:** para pensiones causadas a partir de 4/2/2021, si se cumplen los requisitos establecidos legalmente, se podrá reconocer un complemento para la reducción de la brecha de género a los hombres o mujeres que hayan tenido uno o más hijos nacidos con vida o adoptados cuyo nacimiento o adopción se hubiera producido con anterioridad a la fecha del fallecimiento.

3.1 **COMPLEMENTO POR MATERNIDAD:** exclusivamente cuando la solicitante sea mujer y para pensiones causadas a partir de 1/1/2016 y hasta 3/2/2021 se podrá reconocer un complemento sobre la pensión a las mujeres que hayan tenido dos o más hijos nacidos con vida o adoptados cuyo nacimiento o adopción se hubiera producido con anterioridad a la fecha de fallecimiento. Todo ello con independencia del país donde hubiera tenido lugar el nacimiento o la adopción (en el caso de las adopciones internacionales constituidas por autoridades extranjeras deben haber surtido efectos en España con arreglo a las disposiciones de la Ley de Adopción Internacional).

4.- **COBRO DE LA PENSIÓN.-** Cruce con un aspa la fórmula por la que desea que le hagamos llegar el importe de su pensión.

5.- **VIUDEDAD.-** Pueden solicitar esta pensión las personas que:

- Estuvieran casadas con el fallecido en el momento del fallecimiento.
- Su matrimonio con el fallecido hubiera sido declarado nulo y hubieran percibido indemnización por ello.
- Estuvieran separadas o divorciadas del fallecido, siempre que reúnan determinadas condiciones.

  En los tres casos el vínculo matrimonial ha debido durar al menos 1 año si el fallecimiento se ha debido a enfermedad común sobrevenida antes de contraer matrimonio, salvo que tuvieran hijos comunes o hubieran convivido determinado tiempo antes del matrimonio.
- Fueran pareja de hecho del fallecido, siempre que el fallecimiento se hubiera producido a partir de 1/1/2008, hubieran convivido al menos 5 años y acreditaran la existencia de la pareja de hecho, a través de la inscripción en un registro específico o de la formalización de escritura pública, con un mínimo de 2 años de antelación al fallecimiento.

La información de las personas que conviven con el futuro pensionista y/o están a su cargo se precisa para determinar la existencia de cargas familiares (haga constar también los hijos mayores de edad que soliciten la pensión de orfandad en su propio nombre).

Los datos referentes a estado civil, discapacidad y tiempo de convivencia de los descendientes y ascendientes se utilizan para calcular correctamente la retención por IRPF y pueden disminuir su cuantía, excepto en los territorios forales. También puede optar por suministrarlos directamente a la administración tributaria.

6.- **AUXILIO POR DEFUNCIÓN.-** Si se ha hecho cargo de los gastos de sepelio, puede solicitar aquí esta prestación. Esta prestación se resolverá y notificará de manera independiente a las demás solicitadas.

7.- **ORFANDAD.-** Identifique con todos sus datos a cada uno de los huérfanos para los que se solicita pensión de orfandad, incluso si se trata del huérfano mayor de edad que solicita en nombre propio y que figuraría ya en el apartado 1.1.

Los ingresos previstos para este año se requieren a efectos de un posible complemento a mínimos de la cuantía de la pensión.

Si los huérfanos lo son de padre y madre ponga los datos del otro progenitor fallecido, porque podrá influir en la cuantía de la pensión.

8.- **CONSULTE la instrucción número 6.**

9.- **FAVOR DE FAMILIARES.-** Identifique a cada una de las personas para las que se solicite la prestación, incluso si se trata del familiar que la solicita en nombre propio y que figuraría ya en el apartado 1.1, que hayan convivido con el fallecido durante los 2 años anteriores a la fecha del fallecimiento y dependieran económicamente de él (esta situación ha de ser suficientemente probada mediante la acreditación de ingresos del solicitante y, en su caso, de los familiares con obligación de prestarle alimentos).

10.- **CONSULTE la instrucción número 6.**

20210203

MS-3 cas V.39

PRESTACIONES DE SUPERVIVENCIA

DOCUMENTOS EN VIGOR A ENTREGAR PARA EL TRÁMITE DE SU PENSIÓN (*)

1.- EN TODOS LOS CASOS

- Acreditación de identidad del solicitante, representante legal y demás personas que figuran en la solicitud mediante la siguiente documentación:
  - Españoles: Documento Nacional de Identidad (DNI).
  - Extranjeros residentes o no residentes en España: Pasaporte o, en su caso, documento de identidad vigente en su país y NIE (Número de Identificación de Extranjero) exigido por la AEAT a efectos de pago.
- Documentación acreditativa de la representación legal, en su caso, o de la emancipación del solicitante menor de edad. Si es tutor institucional, CIF/NIF, documento en el que conste el nombramiento de tutela de la Institución y certificación acreditativa de la representación de la Institución. Si está incapacitado judicialmente debe presentar la resolución judicial que lo declare o certificado acreditativo del Registro Civil.
- Certificado del Acta de Defunción del causante fallecido.

2.- SI SE SOLICITA PENSIÓN DE VIUDEDAD

a) Si estaba casado/a con el causante fallecido:

- Libro de familia, acta de registro civil o documento extranjero equivalente debidamente legalizado o sellado, en su caso, y traducido, que acredite el matrimonio con el causante fallecido y el estado civil actual del solicitante.

b) Si estaba separado/a o divorciado/a del causante fallecido o el matrimonio fue declarado nulo:

- Sentencia judicial que acredite esa situación y Convenio Regulador de la misma o documento que reconozca el derecho a percibir pensión compensatoria o indemnización por nulidad. Si no es acreedor de pensión compensatoria: libro de familia si hubo hijos comunes, se separó o divorció antes de 1-1-08 y es menor de 50 años, o acreditación de que fue víctima de violencia de género.
- Declaración responsable de concurrencia de los requisitos relativos a la pensión compensatoria, mediante el documento facilitado por el INSS o accesible en la web: www.seg-social.es
- Acreditación mediante Certificado Literal de Nacimiento expedido por el Registro Civil de que el solicitante, tras el cese de su relación con el fallecido, no ha contraído matrimonio con otra persona.

Para personas comprendidas en a) y b):

- Certificado médico en el que conste la fecha de inicio de la enfermedad común que determinó el fallecimiento del causante siempre que no haya transcurrido un año entre la fecha del matrimonio y la del fallecimiento y no existieran hijos comunes, o provisionalmente declaración jurada, en los términos antedichos, mediante el documento facilitado por el INSS. Si existieran hijos comunes, sólo Libro de familia o actas de nacimiento que lo acrediten.
- Acreditación de convivencia si existió antes del matrimonio.

c) Si era pareja de hecho del causante fallecido:

- Certificado de inscripción de la pareja en el registro de su comunidad autónoma o localidad de residencia, o acreditación de la constitución de la pareja mediante escritura pública.
- Actas del Registro Civil que acrediten que el solicitante y el causante no estaban casados o separados de otra persona durante los 2 años inmediatamente anteriores al fallecimiento si la pareja se ha constituido mediante escritura pública.
- Certificado de empadronamiento del Ayuntamiento, o cualquier medio de prueba, que acredite la convivencia con el causante durante, al menos, 5 años inmediatamente anteriores al fallecimiento.
- Acreditación de ingresos del solicitante y del causante en el año natural anterior al del fallecimiento; y del solicitante en el mismo año del fallecimiento, mediante declaración sobre el IRPF o, en su defecto, nóminas salariales, documentos de entidades bancarias, etc.

3.- SI SE SOLICITA PENSIÓN DE ORFANDAD

- Libro de familia o Acta/s de nacimiento de los hijos o documento extranjero equivalente.

Sólo en caso de causantes fallecidas como consecuencia de violencia contra la mujer:

- Acreditación documental de dicha circunstancia.
- En el caso de extranjeros residentes en España, para un posible reconocimiento de la prestación de orfandad: certificado de inscripción en el Registro Central de Extranjeros o Tarjeta de Identidad de Extranjeros.

MS-3 cas V.39 20210203

PRESTACIONES DE SUPERVIVENCIA

4.- SI SE SOLICITA PRESTACIÓN EN FAVOR DE FAMILIARES

- Actas del Registro Civil (o documento extranjero equivalente) acreditativas del parentesco con el fallecido y del estado civil del solicitante.
- Certificado de empadronamiento del Ayuntamiento que acredite la convivencia con el fallecido durante los 2 años inmediatamente anteriores al fallecimiento.
- Certificado de defunción de los padres si la prestación se pide para nietos/as o hermanos/as del fallecido.
- Acreditación de ingresos (declaración del IRPF, nóminas salariales u otro medio adecuado) del solicitante, de los familiares que convivan con él y de las personas con obligación de prestar alimentos -ascendientes, descendientes y sus cónyuges/parejas de hecho- así como acreditación de identidad y del parentesco con el solicitante (actas del Registro Civil).

5.- PARA EL RECONOCIMIENTO DE UN POSIBLE COMPLEMENTO A MÍNIMOS

- En el caso de extranjeros residentes en España: certificado de inscripción en el Registro Central de Extranjeros o Tarjeta de Identidad de Extranjeros para fallecimientos posteriores a 1-1-2013.
- Libro de familia, actas del Registro Civil o certificado oficial que acrediten el parentesco con el solicitante.
- Certificado de discapacidad en un grado igual o superior al 33% en el caso de hijos mayores de 26 años.
- Auto judicial o certificado de acogimiento familiar expedido por la Comunidad Autónoma.
- Certificado de discapacidad y grado reconocido, en un grado igual o superior al 65%, expedido por el IMSERSO u organismo competente o auto judicial del futuro titular.

6.- PARA ACREDITAR OTRAS CIRCUNSTANCIAS

- Parte administrativo de accidente de trabajo o enfermedad profesional y certificado empresarial de salarios reales.
- Acta literal de matrimonio expedida por el Registro Civil con antelación máxima de tres meses cuando el funcionario lo considere necesario.
- Acta de Defunción del otro cónyuge si se solicita orfandad absoluta (para huérfanos de padre y madre).
- Resguardo de matriculación en un centro de estudios oficialmente reconocido, en el caso de huérfanos estudiantes de 24 o más años.
- Factura de gastos de sepelio si no es cónyuge, pareja de hecho o hijo menor, ni otro familiar conviviente con el fallecido.
- Certificado del Registro Civil o Libro de familia, resolución judicial de adopción o decisión administrativa o judicial de acogimiento que acrediten, según el caso, los nacimientos, adopciones o acogimientos que haya alegado. En el caso de adopciones internacionales constituidas por autoridades extranjeras deberá acreditarse que han surtido efectos en España con arreglo a las disposiciones de la Ley de Adopción Internacional.
- Personal de las Fuerzas Armadas y de las Fuerzas y Cuerpos de Seguridad del Estado: en su caso, Resolución del órgano competente del Ministerio de Defensa o del Interior declarativa de que el fallecimiento se ha producido en acto de servicio acompañada, sólo en el caso de Ministerio de Defensa, del informe técnico de antecedentes en que se base dicha resolución, y certificación de la Dirección General de Personal correspondiente del importe mensual y anual de la pensión extraordinaria que, en la fecha del fallecimiento, hubiera correspondido de haberse aplicado el Régimen de Clases Pasivas del Estado.

20210203

MS-3 cas V.39

(*) **Si los documentos han sido emitidos por organismos extranjeros, será necesario que cumplan los requisitos de legalización para ser válidos en España**

PRESTACIONES DE SUPERVIVENCIA

EL INSTITUTO NACIONAL DE LA SEGURIDAD SOCIAL LE INFORMA:

De acuerdo con el artículo único del Real Decreto 286/2003, de 7 de marzo (BOE del 8 de abril), el plazo máximo para resolver y notificar el procedimiento iniciado es de 90 días contados desde la fecha en la que su solicitud ha sido registrada en esta Dirección Provincial o, en su caso, desde que haya aportado los documentos requeridos.

Transcurrido dicho plazo sin haber recibido notificación con la resolución de esta solicitud, podrá entender que su petición ha sido desestimada por aplicación de silencio negativo y solicitar que se dicte resolución, teniendo esa solicitud valor de reclamación previa de acuerdo con lo establecido en el art. 71 de la Ley 36/2011, de 10 de octubre, reguladora de la jurisdicción social (BOE del día 11).

Si esta solicitud no va acompañada de los documentos necesarios para su tramitación, deberá presentarlos en el plazo de diez días contados desde el siguiente a aquél en el que se le haya notificado su requerimiento. Puede presentarlos, sin desplazarse, en la Sede Electrónica de la Seguridad Social utilizando certificado digital o Cl@ve permanente (http://sede.seg-social.gob.es), por correo postal o, personalmente, en el Centro de Atención e Información de la Seguridad Social solicitando cita previa.

El incumplimiento del plazo señalado tendrá los siguientes efectos:

- Documentos de identificación del titular y, en su caso, del representante legal, así como acreditación de la representación legal: se entenderá que desiste de su petición, de acuerdo con lo previsto en los arts. 66 y 68 de la Ley 39/2015, de 1 de octubre (BOE del 2-10-2015).
- Resto de documentos: se considerará que no ha acreditado suficientemente los requisitos necesarios para causar o calcular correctamente su pensión, de acuerdo con lo previsto en el art. 216 y siguientes del texto refundido de la Ley General de la Seguridad Social, aprobada por Real Decreto Legislativo 8/2015 de 30 de octubre.

El funcionario podrá requerir documentación complementaria si lo considera necesario.

RECUERDE:

20210203

Si se produce alguna variación en los datos de esta solicitud, tanto en lo referente a situación económica (ingresos laborales u otro tipo de rentas), familiar (cambio de estado civil, defunciones, etc.) o de su domicilio (de residencia, fiscal) debe usted comunicarlo a la Dirección Provincial o al Centro de Atención e Información (CAISS) de este Instituto más cercano.

Si debe acompañar documentación junto a esta solicitud, de acuerdo con las instrucciones de este formulario, puede presentar fotocopias de la documentación solicitada por las siguientes vías: sin desplazarse a través de la Sede Electrónica de la Seguridad Social utilizando certificado digital o Cl@ve permanente (http://sede.seg-social.gob.es), por correo postal, o presencialmente en un Centro de Atención e Información de la Seguridad Social solicitando cita previa.

MS-3 cas V.39

Si desea que las notificaciones que le remite la Seguridad Social se realicen a partir de ahora tan solo por medios electrónicos, comuníquenoslo en el servicio de desistimiento del canal postal en *http://run.gob.es/sckwao*.

PRESTACIONES DE SUPERVIVENCIA

INFORMACIÓN ADICIONAL SOBRE PROTECCIÓN DE DATOS PERSONALES

RESPONSABLE DEL TRATAMIENTO	***¿Quién es el responsable del tratamiento de sus datos personales?*** Instituto Nacional de la Seguridad Social C/ Padre Damián 4 CP 28036 Madrid, ESPAÑA https://sede.seg-social.gob.es
DELEGADO DE PROTECCIÓN DE DATOS	***¿Cómo puede contactar con el Delegado de Protección de Datos?*** Dirección del Servicio Jurídico de la Seguridad Social C/ Sagasta, 13 - 6ª Planta CP 28004 Madrid, ESPAÑA https://sede.seg-social.gob.es
FINALIDAD DEL TRATAMIENTO	***¿Para qué utilizaremos sus datos?*** Sus datos serán tratados con la finalidad principal de resolver esta solicitud y de gestionar, en su caso, la prestación reconocida. El tratamiento de sus datos de contacto tendrá como finalidad la realización de comunicaciones y remisión de información en materia de Seguridad Social. Los datos personales proporcionados se conservarán mientras sean necesarios para gestionar su prestación o las de sus posibles beneficiarios así como para otros fines de archivo y estadística pública.
LEGITIMACIÓN DEL TRATAMIENTO	***¿Cuál es la legitimación para el tratamiento de sus datos?*** El tratamiento de los datos se realizará sobre la base del ejercicio de poderes públicos autorizado por una norma legal (Arts. 66, 71, 72, 77 y concordantes Real Decreto Legislativo 8/2015, de 30 de octubre, por el que se aprueba el texto refundido de la Ley General de la Seguridad Social, en adelante, TRLGSS). Por lo que respecta a las comunicaciones y envío de informaciones en materia de Seguridad Social, el tratamiento vendrá legitimado por su consentimiento. La negativa a otorgarlo supondrá que no podrá recibir este tipo de envíos, si bien, no impedirá que le podamos informar por dichos canales del estado de sus solicitudes. También le informamos de que no está obligado a facilitar su dirección de correo electrónico y número de teléfono móvil y que, en caso de no facilitarlos, no impedirá el trámite de su solicitud.
DESTINATARIOS DE CESIONES O TRANSFERENCIAS	***¿A quién comunicaremos sus datos?*** Los datos personales obtenidos por el Instituto Nacional de la Seguridad Social en el ejercicio de sus funciones tienen carácter reservado y solo se utilizarán para los fines encomendados legalmente, sin que puedan ser cedidos o comunicados a terceros, salvo que la cesión o comunicación tenga por objeto alguno de los supuestos previstos expresamente en el artículo 77 del TRLGSS así como en los supuestos indicados en cualquier otra norma de rango legal. Si se trata de una solicitud basada en normativa internacional, sus datos podrán ser cedidos a los organismos extranjeros competentes para el trámite de su solicitud.
DERECHOS DE LAS PERSONAS INTERESADAS	***¿Cuáles son sus derechos cuando nos facilita sus datos personales?*** Respecto de los datos personales proporcionados, puede ejercitar en cualquier momento y en los términos establecidos por la normativa de protección de datos los derechos de acceso, rectificación, supresión, limitación y oposición, o bien retirar el consentimiento prestado a su tratamiento en los casos que hubiese sido requerido, todo ello mediante escrito presentado en un Centro de Atención e Información de la Seguridad Social (CAISS) o, por correo postal o a través de la sede electrónica de la Seguridad Social, ante el Delegado de Protección de Datos cuyos datos se encuentran en el segundo apartado de esta tabla. Le informamos de que en caso de considerar que su requerimiento no ha sido atendido oportunamente, tiene la posibilidad de presentar una reclamación ante la Agencia Española de Protección de Datos.
PROCEDENCIA	***¿Cómo obtenemos sus datos personales?*** Además de los datos facilitados por usted en su solicitud recabamos otros datos personales de otras administraciones y entidades en cumplimiento de la normativa y con el fin de agilizar y facilitar la actuación administrativa. Estos accesos a datos están amparados en normas con rango de ley.

20210203

MS-3 cas V.39

www.seg-social.es **https://sede.seg-social.gob.es**

Índice de términos

Referencias y bibliografía

Normativa de consulta

Legislación de consulta básica:

Constitución española.

Real Decreto Legislativo 2/2015, de 23 de octubre, por el que se aprueba el texto refundido de la Ley del Estatuto de los Trabajadores.

Real Decreto Ley 17/1977, de 4 de marzo, sobre relaciones laborales, (vigente en materia de huelga y cierre patronal).

Ley 3/2023, de 28 de febrero, de Empleo.

Ley 15/2022, de 12 de julio, Integral para la Igualdad de Trato y la no Discriminación.

Ley 10/2021, de 9 de julio, de Trabajo a Distancia.

Ley 31/1995, de 8 de noviembre, de Prevención de Riesgos Laborales.

Real Decreto Legislativo 8/2015, de 30 de octubre, por el que se aprueba el texto refundido de la Ley General de la Seguridad Social.

Ley Orgánica 11/1985, de 2 de agosto, de libertad sindical.

Real Decreto Legislativo 5/2000, de 4 de agosto, por el que se aprueba el texto refundido de la Ley sobre Infracciones y Sanciones en el Orden Social.

Ley 36/2011, de 10 de octubre, reguladora de la Jurisdicción Social.

Legislación de consulta complementaria:

Real Decreto 1659/1998, de 24 de julio, por el que se desarrolla el artículo 8, apartado 5, de la Ley del Estatuto de los Trabajadores en materia de Información al Trabajador sobre los Elementos Esenciales del Contrato de Trabajo.

Real Decreto 1424/2002, de 27 de diciembre, por el que se regula la Comunicación del Contenido de los Contratos de Trabajo y de sus Copias Básicas a los Servicios Públicos de Empleo, y el Uso de Medios Telemáticos en relación con aquella.

Real Decreto Ley 3/2004, de 25 de junio, para la Racionalización de la Regulación del Salario Mínimo Interprofesional y para el Incremento de su Cuantía.

Real Decreto 87/2025, de 11 de febrero, por el que se fija el Salario Mínimo Interprofesional para 2025.

Orden de 27 de diciembre de 1994 por la que se aprueba el Modelo de Recibo Individual de Salarios.

Real Decreto 902/2020, de 13 de octubre, de Igualdad Retributiva entre Mujeres y Hombres.

Orden PCM/1047/2022, de 1 de noviembre, por la que se acuerda y publica el procedimiento de valoración de puestos de trabajo previsto en el Real Decreto 902/2020, de 13 de octubre, de igualdad retributiva entre mujeres y hombres.

Real Decreto 505/1985, de 6 de marzo, sobre Organización y Funcionamiento del Fondo de Garantía Salarial.

Real Decreto 1561/1995, de 21 de septiembre, sobre Jornadas Especiales de Trabajo.

Real Decreto 1483/2012, de 29 de octubre, por el que se aprueba el Reglamento de los Procedimientos de Despido Colectivo y de Suspensión de Contratos y Reducción de Jornada.

Real Decreto 608/2023, de 11 de julio, por el que se desarrolla el Mecanismo RED de Flexibilidad y Estabilización en el Empleo.

Real Decreto 928/1998, de 14 de mayo, por el que se aprueba el Reglamento general sobre Procedimientos para la Imposición de Sanciones por Infracciones de Orden Social y para los Expedientes Liquidatorios de cuotas de la Seguridad Social.

Real Decreto 84/1996, de 26 de enero, por el que se aprueba el Reglamento General sobre Inscripción de Empresas y Afiliación, Altas, Bajas y Variaciones de datos de Trabajadores en la Seguridad Social.

Orden de 17 de enero de 1994 sobre Presentación de las Solicitudes de Afiliación y Altas de los Trabajadores en la Seguridad Social y de Afiliación, Altas y Bajas Relativas a Determinados Trabajadores contratados a Tiempo Parcial.

Orden ESS/484/2013, de 26 de marzo, por la que se regula el Sistema de Remisión Electrónica de Datos en el Ámbito de la Seguridad Social.

Real Decreto 2064/1995, de 22 de diciembre, por el que se aprueba el Reglamento General sobre Cotización y Liquidación de otros Derechos de la Seguridad Social.

Real Decreto 1415/2004, de 11 de junio, por el que se aprueba el Reglamento General de Recaudación de la Seguridad Social.

Orden PJC/297/2026, de 30 de marzo, por la que se desarrollan las normas legales de cotización a la Seguridad Social para el ejercicio 2026.

Decreto 1646/1972, de 23 de junio, para la aplicación de la Ley 24/1972, de 21 de junio, en materia de Prestaciones del Régimen General de la Seguridad Social.

Decreto 3158/1966, de 23 de diciembre, por el que se aprueba el Reglamento General que determina la Cuantía de las Prestaciones económicas del Régimen General de la Seguridad Social y Condiciones para el Derecho a las Mismas.

Real Decreto 286/2003, de 7 de marzo, por el que se establece la Duración de los Plazos para la Resolución de los Procedimientos Administrativos para el Reconocimiento de Prestaciones en Materia de Seguridad Social.

Real Decreto 1430/2009, de 11 de septiembre, por el que se desarrolla reglamentariamente la Ley 40/2007, de 4 de diciembre, de Medidas en Materia de Seguridad Social, en Relación con la Prestación de Incapacidad Temporal.

Real Decreto 625/2014, de 18 de julio, por el que se regulan determinados aspectos de la Gestión y Control de los Procesos por Incapacidad Temporal en los primeros trescientos sesenta y cinco días de su duración.

Orden ESS/1187/2015, de 15 de junio, por la que se desarrolla el Real Decreto 625/2014, de 18 de julio, por el que se regulan determinados aspectos de la Gestión y Control de los Procesos por Incapacidad Temporal en los primeros trescientos sesenta y cinco días de su duración.

Real Decreto 295/2009, de 6 de marzo, por el que se regulan las Prestaciones Económicas del Sistema de la Seguridad Social por Maternidad, Paternidad, Riesgo durante el Embarazo y Riesgo durante la Lactancia Natural.

Real Decreto 1148/2011, de 29 de julio, para la Aplicación y Desarrollo, en el sistema de la Seguridad Social, de la Prestación Económica por Cuidado de Menores Afectados por Cáncer u otra Enfermedad Grave.

Orden de 15 de abril de 1969 por la que se establecen normas para la Aplicación y Desarrollo de las Prestaciones por Invalidez en el Régimen General de la Seguridad Social.

Real Decreto 1071/1984, de 23 de mayo, por el que se modifican diversos aspectos en la normativa vigente en materia de Invalidez Permanente en la Seguridad Social.

Real Decreto 1799/1985, de 2 de octubre, para la aplicación de la Ley 26/1985, de 31 de julio, en la materia de Racionalización de las Pensiones de Jubilación e Invalidez Permanente.

Real Decreto 1300/1995, de 21 de julio, por el que se desarrolla, en materia de Incapacidades Laborales del Sistema de la Seguridad Social, la Ley 42/1994, de 30 de diciembre, de Medidas Fiscales, Administrativas y de Orden Social.

Orden de 18 de enero de 1996 para la aplicación y desarrollo del Real Decreto 1300/1995, de 21 de julio, sobre Incapacidades Laborales del Sistema de la Seguridad Social.

Orden de 18 de enero de 1967 por la que se establecen normas para la aplicación y desarrollo de la Prestación de Vejez en el Régimen General de la Seguridad Social.

Real Decreto 1647/1997, de 31 de octubre, por el que se desarrollan determinados aspectos de la Ley 24/1997, de 15 de julio, de Consolidación y Racionalización del Sistema de la Seguridad Social.

Real Decreto 1132/2002, de 31 de octubre, de desarrollo de determinados preceptos de la Ley 35/2002, de 12 de julio, de Medidas para el Establecimiento de un Sistema de Jubilación Gradual y Flexible.

Real Decreto 453/2022, de 14 de junio, por el que se regula la determinación del Hecho Causante y los Efectos Económicos de la Pensión de Jubilación en su Modalidad Contributiva y de la Prestación Económica de Ingreso Mínimo Vital, y se modifican diversos reglamentos del sistema de la Seguridad Social que regulan distintos ámbitos de la gestión.

Ley 27/2011, de 1 de agosto, sobre actualización, adecuación y modernización del sistema de Seguridad Social.

Real Decreto 371/2023, de 16 de mayo, por el que se desarrolla el régimen jurídico del complemento económico establecido en el artículo 210.2 del texto refundido de la Ley General de la Seguridad Social, aprobado por el Real Decreto Legislativo 8/2015, de 30 de octubre.

Real Decreto 900/2018, de 20 de julio, de desarrollo de la disposición adicional trigésima de la Ley 27/2011, de 1 de agosto, sobre Actualización, Adecuación y Modernización del Sistema de Seguridad Social, en materia de Pensión de Viudedad.

Orden de 13 de febrero de 1967 por la que se establecen Normas para la Aplicación y Desarrollo de las Prestaciones de Muerte y Supervivencia del Régimen General de la Seguridad Social.

Real Decreto 625/1985, de 2 de abril, por el que se desarrolla la Ley 31/1984, de 2 de agosto, de Protección por Desempleo.

Webs de consulta

Guía Laboral del Ministerio de Trabajo y Economía Social: www.mites.gob.es/es/guia/texto/index.htm

Seguridad Social: www.seg-social.es

Servicio Público de Empleo Estatal: www.sepe.es

Inspección de Trabajo y Seguridad Social: www.mites.gob.es/itss/web/index.html

Fondo de Garantía Salarial: https://www.mites.gob.es/fogasa

Agencia Tributaria: www.agenciatributaria.es

Contenidos extra

Si te ha gustado este libro y quieres profundizar un poco más en esta materia, te invito a descargarte una serie de contenidos extra que podrás encontrar en el código QR que adjunto justo abajo.

Por otra parte, si has adquirido este libro en Amazon, me ayudaría muchísimo que te tomases unos segundos para votarme con estrellas. Desde ya, mi sincero agradecimiento por tu tiempo.